ACRO
POLIS
衛城
出版

ACRO
POLIS
衛城
出版

帝國暮色

鴉片戰爭與中國最後盛世的終結

IMPERIAL TWILIGHT

THE OPIUM WAR AND THE END OF CHINA'S LAST GOLDEN AGE

STEPHEN R. PLATT
史蒂芬・普拉特
黃中憲 譯

獻給Francie、Lucy與Eliot

荒城空大漠，邊邑無遺堵；
白骨橫千霜，嵯峨蔽榛莽；
借問誰凌虐，天驕毒威武；
赫怒我聖皇，勞師事鼙鼓；
陽和變殺氣，發卒騷中土。
——李白，〈古風其十四〉

繞著他走三圈，
閉著眼，懷著神聖的恐懼，
因爲他以蜜露爲食
飲天堂的乳漿。
——柯立芝（Samuel Taylor Coleridge），〈忽必烈汗〉（Kubla Khan）

目次

第三部：殺氣之秋

俄羅斯
清帝國
北京
天津
日本海
黃河
舟山
寧波
東海
長江
廣州
澳門
臺灣（福爾摩沙）
印度
加爾各答
孟買
交趾支那（越南）
暹邏（泰國）
曼谷
太平洋
馬尼拉
阿拉伯海
英屬印度
孟加拉灣
南海
新加坡
蘇門答臘
印度洋
巴達維亞
巽他海峽
爪哇
阿姆斯特丹島
一七九二年英國皇家海軍獅子號駛往中國的路線

英吉利海峽
倫敦
巴黎
歐洲
羅馬
波士頓
紐約
馬德拉群島
加納利群島
泰內利菲島
摩洛哥
大西洋
非洲
南美洲
聖赫勒拿島
里約熱內盧
好望角
特里斯坦—達庫尼亞島

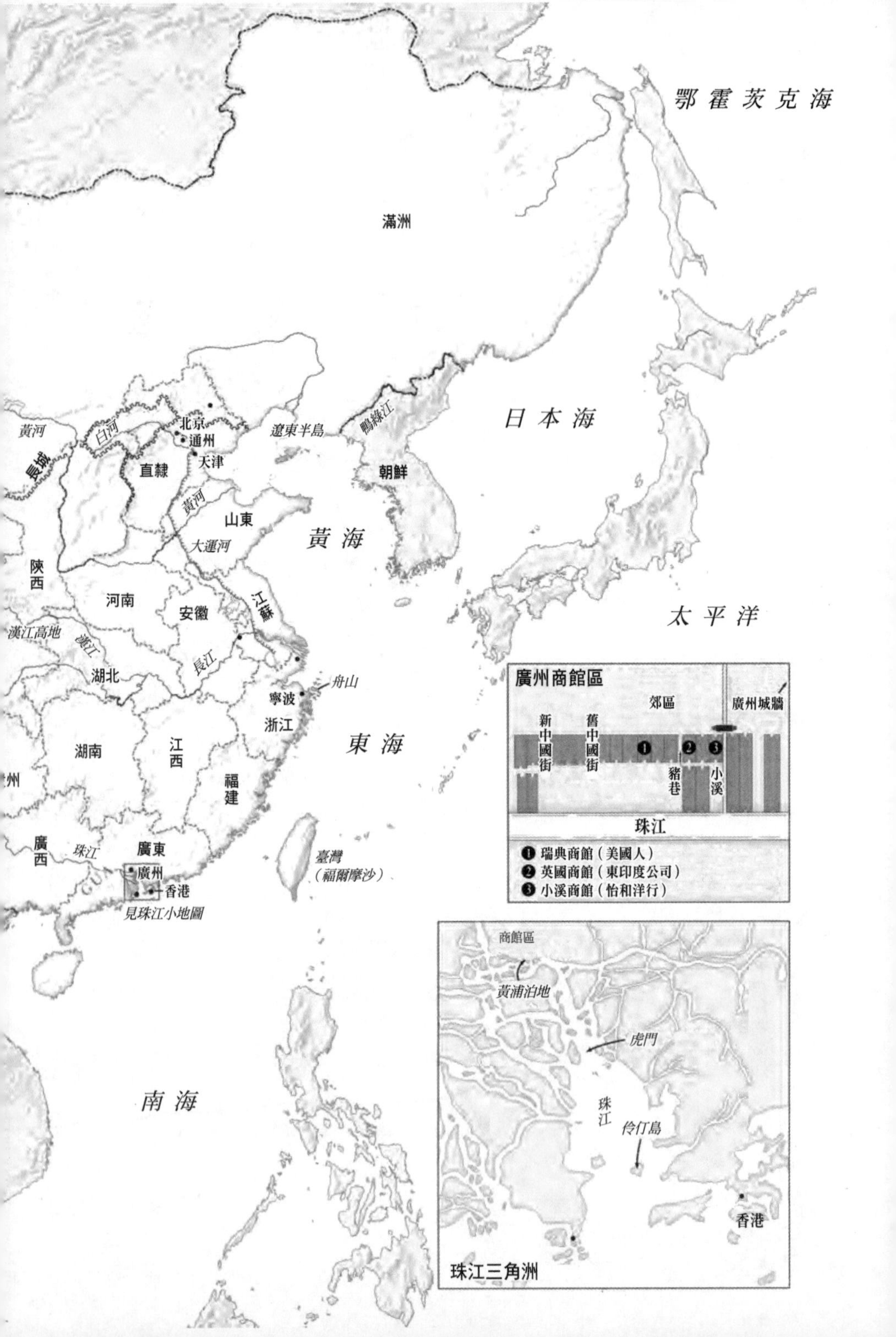

鄂霍茨克海
滿洲
日本海
北京
通州
天津
白河
黃河
長城
直隸
遼東半島
鴨綠江
朝鮮
山東
黃河
大運河
黃海
陝西
河南
安徽
江蘇
太平洋
漢江高地
漢江
長江
湖北
舟山
寧波
浙江
東海
湖南
江西
福建
廣西
珠江
廣東
廣州
香港
臺灣
（福爾摩沙）
見珠江小地圖
南海
廣州商館區
郊區
廣州城牆
新中國街
舊中國街
豬巷
小溪
珠江
❶ 瑞典商館（美國人）
❷ 英國商館（東印度公司）
❸ 小溪商館（怡和洋行）
商館區
黃浦泊地
虎門
珠江
伶仃島
香港
珠江三角洲

中國與英屬印度，約一八〇〇年

引言：廣州

站在城牆外，你絕對無法看出這座城有多大。廣州城建在平原上，從你站立處看不到城裡又矮又平的磚木結構建築。城牆高三十英尺，築有雉堞，底部用大塊砂岩建成，上部則用體積較小的磚。城牆往左右兩邊延伸到你視力所能及之處，城牆上每隔一段固定距離可見到堡壘，加農炮探向城外。距你不遠處是一座木造大城門，軍人和騎馬者守著陰暗的城門洞。廣州共有十二座大城門，每天破曉城門伊呀打開，每晚九點左右再度關上。你甭想入城。身為外國人，你會在城門前被攔住，然後趕走。城裡有密密麻麻的狹窄街道，路面用厚花崗石板鋪成，但你沒機會看到。一間間緊挨在一塊的鋪瓦斜屋頂磚造房子、有數千小房間的遼闊貢院、豪宅大院、廟宇、庭園或城裡的衙門，你也沒機會看到。[1]

你只能待在城外，往回走過城郊。城郊有數個漫無節制擴張、看不出輪廓的聚落，沿著城牆外圍分布，在那裡走上數英里都還是覺得走不完。天氣悶熱，溼度很大，冒出的汗似乎融入身子周遭的空氣裡。石板街曲曲折折而且非常狹窄，有時候身體會同時碰到兩邊牆壁。這裡的建築大部分兩層樓高，以散發香氣的雕木裝飾正面，窗子上有長長的活動遮板。頭頂上有繩子橫拉過小巷上方，衣服晾在繩子上，猶如披上華蓋。小販的沿街叫賣聲和搬運工、轎夫硬要擠過人群時的叫喊聲充斥於耳際，叫人很難聽到別的聲音。到處是人——步行的人或坐轎的人、在小巷裡閒逛的人、在露天餐館用餐的人，還有不斷找他們討賞的街頭賣藝者和乞丐。

如果城郊有其他洋人，你可能會無意中聽到斷斷續續的混雜英語（Pidgin English），也就是當地的貿易用語。它是由粵語和前來廣州經商的洋人所講的歐洲語混雜而成（pidgin為英語「business」的訛音）。這種英語以英語語詞為主體，有時夾雜些許印地語和葡萄牙語，語法和語音照漢語規則。它是多種語言交混而成，得花些時間才會習慣。其中有少許用語會反過來被納入英語，例如having a “look-see”（「看看」）或eating “chow”（吃「東西」），asking someone to hurry up “chop-chop”（要人「趕快」）或telling them “Long time no see”（告訴他們「好久不見」）。這種語言完全成型時，從嘴巴講出來就像在吟唱，很有特色。“I see a man eating”變成“My look-see one piecee man catchee chow-chow”。“He has no money”變成“He no hab catchee dollar”。“You belongy smart inside”，意為“You’re very smart”。

大部分房子的側邊掛著直式招牌，上面的中文字說明一樓店裡賣些什麼。你看不懂那些字，但或許會看到某些店鋪為了吸引你上門，掛出用英文字母寫成的招牌，心情頓時好了起來。你穿過一道挑高的中央門道，進入其中一家店，門道兩邊各有一面敞開的大窗。陽光照不進店裡，比較陰涼。其中一面窗附近有個櫃檯，上面堆著書面資料。有個店員用一隻手快速撥打算盤，另一隻手則把算出的結果寫下來。除了清脆的撥算盤聲，沒別的聲音。店裡的各式絲織品，往上一直堆到屋椽。

退回小巷，繼續往前走，經過一家家店鋪，販售的東西包括茶葉、藥品、瓷器等，多達上百種。大量的金錢在這裡易手。這裡有工匠和藝術家——細木工人、鐵匠、裁縫師、畫師。畫師用油彩作畫，畫在玻璃或帆布上。他們能為你製作中國畫或西洋畫，兩種畫得一樣好，不管你帶什麼畫上門，他們都能輕鬆複製。他們甚至會要像你這樣的訪客坐下來，替你畫人像。有些洋人說他們有時把人畫醜了。但洋人如此抱怨時，誠如那句玩笑話，畫師很乾脆地回道，「no hab got handsome face, how can hab handsome pictures?」（長得不帥，畫出來怎麼會帥？）

廣州城並不乾淨——但老實說倫敦或波士頓也不乾淨。珠江附近尤其髒，而我們要去的就是那裡。流入珠江的數條運河流動緩慢，河裡布滿從附近房子排出的汙水和垃圾。河上有數排繫在一塊的舢舨，船民就住那些舢舨上。河岸到處是垃圾堆。垃圾在溼熱的天氣裡腐爛發臭，那味道你總有一天會習慣，也就察覺不到。

這時我們來到珠江邊的商館區，也就是你該去的地方。

從河邊進去，你頭一個會注意到的東西，乃是眼前相對較寬闊的開放空間。在擁擠的城郊，完全看不到類似這樣的東西，小巷過去還是小巷，沒有開放的公共區域（城郊的大花園為私人所有且隱身在牆後）。但這個開放空間是一大片踩硬的泥土地，有空間讓人隨意四處走。這片屬於新生地的廣場往珠江緩緩下斜，最後抵達泥濘的河邊地區。河邊地區有好多艘緊挨在一塊的船，這些船都是小船，因為珠江相當淺；你以為會見到的遠洋大船，全都在下游約十英里處、水更深的泊地，人稱黃埔。

廣場上有三五成群的中國人在走動，如果把目光移離江水，就會清楚他們所為何來。十三棟用磚和花崗岩打造的大房子成排而立，很是壯觀，比你在廣州城裡看到的任何建築都高，甚至比城牆還高，相較於城郊低矮的木房，顯得很突兀。它們的外觀歐洲風格鮮明，築有帶圓柱的遊廊和露臺。其中幾棟有高高的旗杆立於房子前面，杆頂飄著西方國家的國旗：英國、法國、美國。

這些是商館（factory），洋人住的地方。factory這個詞有「工廠」之意，但這些factory並非製造東西的地方（factor一詞來自印度，意為貿易商）。商館裡有居住區、倉庫和辦公處所。每個商館有一名中國籍「買辦」，即總管，由他替商館找來一小群僕人——廚子、貼身男僕、專管酒類的男僕，乃至負責在熱得叫人喘不過氣的天氣裡拉繩轉動天花板風扇的下級僕人。他們使商館時時有充裕的食物和其他民生必需品。有些人負責照管幾頭牲畜和一頭乳牛。如果一家商館裡住的是同一國籍的人，那麼商館前方就會升起該國國旗。沒升上國旗的商館，住了多種國籍的外商，其中許多人來自印度。

大部分商館彼此挨在一塊以節省用地，但有三條熱鬧的短街道將商館區隔成四個區塊，這些街道上林立著中國人的平房店鋪。即使在這麼小一個區域裡，都有較好或較差「城區」之分。較好的巷子是新中國街和舊中國街，如果從水上往商館看，它們位在左邊。這兩條街大約十二英尺寬，零售攤和裁縫店排列得井然有序，是到此短暫一遊的外地人買紀念品和訂製衣物的地方。較差的巷子位在右邊，較窄較髒，叫作豬巷。緊挨在豬巷裡的店家以酒館居多，服務的對象是船隻停靠在黃埔的外國水手。這些水手偶爾能放幾天上岸假，而且跟他們停靠在其他任何港口一樣，大多喝到酩酊大醉來消磨假日。酒館的中國籍老闆取了Jolly Jack和Tom Bowline之類的英文名字。他們的賣酒棚屋非常小，小到沒有長椅或售酒櫃檯，只有一條繩子供水手把上半身趴靠在上面，喝到不省人事。

整個商館區裡就以英國商館最為醒目。它比其他商館都大，前方有一塊用圍牆圍起的自有空間，往下一直延伸到河岸。在這個悶熱的午後，站在前方空地垂著不動的英國國旗底下，能看到商館圓柱圍繞的寬闊露臺。從這個露臺可以飽覽珠江上下游風光，東印度公司的商人能在此享用午餐，有時享受些許海風。如果穿過前門，經過配備藤杖、一臉提防的中國籍衛兵身旁，再走過陰涼的遊廊，進到商館樓上，會發現一個可能會讓你忘了置身何處的歐洲人世界。沿著寬闊的走道，你會看到會計室、品茶室和起居室。一座小禮拜堂的尖頂上裝著商館區裡唯一的公共時鐘。有數間設備完善的居住房、一間可容上百賓客的食堂、一間彈子房、一間有四千部藏書的圖書室。

裝有枝形大吊燈的英國大食堂裡，一面牆上掛著國王玉像，另一面掛著前任大使的肖像。環顧食堂內部，喝著雪莉酒，等忙碌的僕人送上搭配肉汁的烤牛排及馬鈴薯晚餐，你若以為自己竟在無意間走進某個遠離母土的殖民地，也不算離譜。但這裡不是印度。英國人在這裡不是老大，中國人才是。這些房子全都屬中國商人所有，中國商人把房子租給洋商，讓他們有地方居住和做生意。商館的僕人聽命於中國籍上司，而非聽命於他們服侍的那些人。他們會把賓客的動態往上呈報。洋人時時受到看管，有時覺得自己像動不動就弄得一身髒的幼兒——無法自主，時時由保姆細心照料。幾乎任何事都要得到許可才能做。

生活環境雖然優渥，這些居民有時覺得像是自願到這裡當囚犯。外面廣場雖然感覺很開闊，商館區面積卻不大。商館區靠河邊那一面長僅三百碼，從外面的廣場到後面那片商館建築，只約兩百碼深。在這裡待愈久，愈覺得這裡小。洋人不准進廣州城，只能在最近的城郊區域蹓躂。更遠一點，會有成群男童出現，朝他們丟石頭，叫他們洋鬼子。再更遠的話，中國士兵會過來，禮貌地護送他們回去。每隔十天會准許一小群洋人到附近某座花園裡透透氣。除了這點待遇，商館區是他們的豪華牢籠。世上沒有類似的東西。歐美與世上最大帝國中國的正式貿易，完全在這個只有十二英畝的地方進行——有些人喜歡說，這裡還不如埃及一座金字塔的占地面積大。

你或許不想在這裡度過太多人生歲月，但以一八三〇年代初期的情勢來看，廣州似乎不像是那種會引發戰爭的地方。

對中國現代史影響最深遠的事件，莫過於鴉片戰爭。這場戰爭因為一八三九年在廣州商館區突然發生的一連串事件而爆發，會以一八四二年中國顏面掃地的慘敗並簽訂一個幾乎完全由英國侵略者決定條款的條約作結，為此後百年中國的對外交往立下一個貽害無窮的模式。中國的「近代」史教科書通常以鴉片戰爭為起點，中國自那一刻起拋下傳統過去，被強行拖進歐洲帝國主義的世界。鴉片戰爭占有這樣的歷史地位，不是因為它破壞極大；事實上，這場戰爭相對來講規模不大而且受到控制，未蔓延開來。太平天國之亂這類的十九世紀中國大型內戰，造成民生凋敝，人民流離失所，而鴉片戰爭所造成的傷害根本不及於此。它並未推翻統治王朝，連揚言要這麼做都沒有。敵我真正廝殺的次數也沒那麼多。

但鴉片戰爭的象徵性力量幾乎無限大。它長久以來被視為中國的弱點赤裸裸呈現在世人眼前的一刻，「百年恥辱」的開端，此後百年西方和日本侵略者先後向中國開戰，逼中國割讓土地和給予通商權。鴉片戰爭代表中國與西方關係重大改變的開端，外國人以求助者身分來華的時代就此終結，而以征服者身分蒞華的時代由此揭開序幕。這場戰爭具有特別強烈的感染力，乃是因為中國無疑處在道德高位；誠如此後眾人所記得的，也誠如當時批評家所指責的，英國為增進本國毒販的利益，出動海軍攻打幾無防禦之力的中國。開戰之前，這些毒販不顧中國禁令將鴉片偷偷運到中國沿海地區已有多年。不正當的開戰理由為近代中國民族主義打下基礎——從一九一二年推翻滿清，以及中華民國和中華人民共和國的先後成立，鴉片戰爭一直代表近代中國想要拋掉的一切東西的本質：衰弱、受害、恥辱。

我們生活在一個深受這項記憶影響的世界裡，因此較晚近幾代的西方人很容易就以為衰弱和受害是中國固有的本質，認為一直以來都是如此。整個二十世紀期間，中國是貧窮、積弱不振，而且經常陷入亂局的國家，似乎從來無意在國際稱雄稱霸。在較富裕的國家眼裡，它是第三世界國家，不是被輕賤就是被同情。因此，中國在二十世紀晚期和二十一世紀初期展現的雄心——要在聯合國扮演主導角色、要辦奧運、要把人送上月球——最初被外人以近乎困惑的心態看待，好似它是個忘記自己斤兩、太狂妄自大的初出茅蘆的小子。隨著中國把海軍武力提升到前所未有的程度並宣告大片具有爭議的海域為其固有領土，以當今之人未曾見過的方式施展其力量，如今那種困惑之情在許多地方已經轉變為驚恐。

但從長遠的歷史來看，中國根本不是初出茅蘆的小子。中國如今的經濟和軍事力量遠遠超過它在二十世紀所能具備的，於是它漸漸不像那個經歷過鴉片戰爭、積弱不振、飽受欺凌的國家，反倒遠更像鴉片戰爭前那個自信滿滿、以天朝上國自居的帝國。如果不把這場戰爭當成起點，而是當成終點，把目光移回到戰爭發生前的時代，移回到將歷史劃入近代的那道看似合理的區隔線之前，我們發現那時的中國富強優越，尤其受人欽羨。對那段逝去榮光的記憶，如今在中國更加牽動人心，提醒他們這個國家在世界上所可能擁有的地位（有些人會說是應有的地位），讓人在懷舊中浮現起中國所能再度成就的偉大。

本書談的是鴉片戰爭如何會發生——也就是中國如何從十八世紀的強盛中衰落，以及英國如何建立足夠信心，敢於利於用中國的衰落來謀取自身利益。在我看來，這場戰爭最該問的問題，不在英國是怎麼打贏的，因為它無疑會贏——從軍事的角度看，鴉片戰爭的一方是世上最先進的海上武力，另一方則是有著防禦薄弱之綿長海岸線的帝國，這個帝國此前一百多年沒有建立遠洋海軍的需要，因而此時並沒有這樣的海上武力。最該問的問題與道德有關：在中國開戰一事明明在英國內外都招來不留情的批評，英國怎麼還是打了這樣一場戰爭。

一直以來，我們基於後見之明為這個時代添上某種無可避免的必然性，似乎這場戰爭注定要開打，但從當時的角度看，打鴉片戰爭幾乎是再違反常理不過的事。撇開派一支小艦隊和數千名士兵向世上最大帝國開戰的風險不說，當時的批評者指出英國為了最含糊、最站不住腳的目標就開戰，會把英國未來的茶葉貿易整個押上賭桌。叫人覺得矛盾的是，一八三〇年代剛廢除奴隸買賣的自由派英國政府，竟調轉立場，為了力挺毒販而開戰；自由貿易提倡者竟與走私者沆瀣一氣。如果從當時的實際情況來回顧這些事件，而非根據後人的重新詮釋，我們會發現英美兩國內基於道德理由反對此戰的聲音，以及尊重中國主權的程度，其實會比大家以為的要多出許多。

現今的人太容易就忘記當時中國贏得世人多大的欽敬與讚賞，也就可能料想不到當時會有人反對開打。由於十八世紀晚期中國的富強，歐洲人對中國的看法，大不同於他們對東方其他國家的看法。在那個時代，印度是英國人欲征服的標的，中國是叫人尊敬、甚至敬畏的對象。偶爾有人主張動用海軍推進在中國的貿易，都被斥為自找苦吃而作罷，而廣州的英國商人如果生事，一般來講都會被勒令回國或至少被告誡要守規矩。在通商方面，中國占盡優勢。在研究東方的英國學者眼中，十八世紀晚期的印度是沉迷於過去、天真單純且內部分裂對立的地方，是等著被拿下與控制的好東西，中國則代表一個強大統一的帝國和另一個充滿活力的文明，與印度完全相反。

因此，熟悉東印度公司在印度開疆拓土那段歷史的讀者，會在中國看到與該公司大不相同的面貌。英國年輕人出海為東印度公司工作時，懷有帝國夢想的軍事冒險家和行政人員所憧憬的地方是印度。相對的，搞財務的人前往廣州（在此應該指出，十九世紀初期待在寧靜商館裡的那些財務人員，對倫敦母公司盈利的貢獻，遠大於征服印度那些人）。即便貨物（尤其是棉花和後來的鴉片）

從印度持續流到中國，這兩個地區之間也幾乎沒有專業人員的流通。公司的代理人在這兩個地區各自發展出大體上自成一體的世界觀。已適應英屬印度文化習俗的外地人闖入截然不同的廣州世界時，往往會惹出麻煩——不只令中國人困擾，也令他們較有經驗的同胞困擾。

鴉片把這兩個世界強拉在一塊，使長久以來對中國的欽敬和尊重被嗜血心態玷汙。但這場戰爭在英國境內從未得到所有人贊同，強烈反對在華動武的主張會在此後許久仍迴蕩於英國（一八五〇年代另一場引發爭議的對華戰爭，會導致英國國會解散改選，使那些想阻止這場戰爭的國會議員失去權力）。然而，鴉片戰爭終於開打時，兩種互別苗頭的世界觀之間的衝突，也就是尊重中國之富強的英國人與主張中國和印度一樣不值得欽羨的英國人之間的衝突，來到了緊要關頭。

於是，鴉片戰爭雖然是貿易問題引發的戰爭，但若談到這場戰爭的起源，卻和中國深不可測的神祕祕，如何隨著英國子民開始學習中國語和探索中國內陸，而在客觀知識的映照下逐漸被解開一事——以及那些學習探索計畫展開之後，西方原本盛行的欽敬中國觀念，如何隨著時日推移在十八世紀晚期被幻想破滅和鄙視之情掏空——有很大關係。要瞭解一八三九年時英國政府怎會一改二百年來的心態，首次願意考慮動武以促進其在中國的經濟利益，關鍵就在這一轉變裡。

西方人為一般讀者寫的鴉片戰爭歷史著作，長久以來把這段故事說成西方對東方可想而知的勝利，說成給一個幼稚民族的教訓，這個民族竟敢鄙視英國人為蠻夷而且還要他們「叩頭」（kowtow，這個詞原本指的是向清朝皇帝跪拜的儀禮，如今在英語中的一般含義是「表現出卑躬屈膝的敬意」）。在這類敘述裡，一般來講中國都被當作一成不變的背景，嘲諷中國僵固的傳統，以及那些食古不化、無法認清英國崛起事實的傲慢中國官員。[2]

在這本書裡，我反倒要把十九世紀初期廣州商館區之外的多變中國，生動呈現於讀者眼前——讓中國統治者傷透腦筋的民亂、貪腐猖獗、經濟困境，亦即本書最關注的那些涉外問題背後更大的時空環境。這時期的中國人長久以來被說成昧於外界形勢，但此說其實大謬不然。中國沿海地區的官員十分清楚他們抵抗不了洋人的海軍；知道如果給了英國人開戰的口實，英國人的能耐有多大。他們的天真並非源於無知，而是因為相信貿易具有穩定大局的力量——尤其是認為只要英國人在廣州經商有利可圖，就絕沒有理由動武（附帶一提，英國政府裡面有權置喙此事的人，一直以來也幾乎個個抱持這看法）。

在我筆下，涉及此段歷史的西方人是一批想打破他們在廣州的活動局限的英美僑民——貿易商、探險家、傳教士、政府代理人，還有走私者。這些人想打破清廷的規定，看看、接觸並瞭解中國更多地方，他們的動機有的值得讚賞，有的令人無法苟同。他們共同體現了西方長久欲打開中國門戶的夢想——這裡的「打開」不表示中國始終全面閉關鎖國（並非如此），而是要說明十八世紀晚期和十九世紀初期英國人與美國人的感受。他們在通商方面被綁手綁腳，不准學中國話，只能待在格外窄小的範圍，不能更深入帝國境內或與一般老百姓往來。有些人希望打破這種局面，他們為此所做的努力將會帶來很大的影響。

而在中國這一邊，我要講述的是一個從幾乎難以觸及的高處衰落的帝國。這個文明富強的國家，控制了全球約三分之一的人口，受迫於人口過多、官員腐敗、教派造反而四分五裂（值得注意的是，這三者在今日同樣名列中國政府最亟需處理的問題清單）。中國這一邊的人物包括欲維持國家秩序的皇帝和官員、叛亂者和其他欲顛覆現狀的社會邊緣人，以及有心改革的士大夫。這些士大夫並未死守傳統，反倒針對時弊提出具有新意且務實的解決辦法。我筆下中國與西方兩邊的故事，意在讓讀者從更廣的視角認識十九世紀初期兩個帝國的消長大戲——中國過了高峰，開始走上漫長的衰落，而英國則透過拿破崙戰爭和其他戰爭的勝利，把民族主義推升到前所未有的高峰。鴉片戰爭正是這兩道弧線最終交會的那個點。

最後，我們來談談必然性。中國與西方的這段早期接觸，長久以來都從事後的角度被當作本就注定要在戰爭中結束，其實不然。鴉片戰爭並非如後來西方某些人所說的肇因於人所難以掌控的文明衝突。這場戰爭也不像今日中國人普遍認定的那樣，代表某個宏大的帝國總計畫開花結果。對幾乎每個相關的各方來說，甚至包括對發動這場戰爭的政府大臣來說，這場戰爭在真正開打之前幾乎是難以想像的。事實上，長期而言，齊聚在廣州的洋人和中國人彼此的共同利益遠多於衝突之處。本書對於那些導致這場戰爭發生的人士多有著墨，但他們絕非整個故事的全部。本書也會談到其他如今大多數已遭遺忘的人，這些人挺身反對我們較熟悉的當時趨勢，能讓我們瞭解局勢的走向本來可能會有多大的不同——其中包括反對鴉片貿易的英國倡議者、力促以務實作風處理對外事務的中國學者、與中國商人的往來關係模式比大部分英國人更加正面的美國人。展望我們時代的未來，鑑於中國再度崛起，這類人物，一如那些引發種種事端的人，同樣值得我們銘記在心。

序幕：洪任輝之旅

一七五九年夏，洪任輝（James Flint）搭船沿著中國海岸北行，差點一去不返。他是當時唯一能說能寫中國話的英格蘭人，因為這項本事，他對那些一年裡有幾個月住在廣州城外商館的一小批東印度公司僑商極為重要。人稱「貨監」（supercargo）的這些英國貿易商，不久前得知皇帝不再准許他們走訪更北邊的沿海城市。這令他們很失望，不只因為他們想進入許多中國港口爭奪市場，還因為廣州海關監督（他們稱作hoppo，「戶部」）很腐敗。這個官員不時向他們索賄，課徵高於規定的關稅。在他們看來，唯一的辦法就是到北京直接向皇帝告御狀，希望他管管「戶部」，允許他們到另外一或兩個港口通商。洪任輝是他們之中唯一會講中國話的人，替他們告御狀的任務自然就落在他頭上。

洪任輝學中文完全不是出於自己的希冀或利益考量。一七三〇年代他年紀還小的時候，就在英格蘭被名叫里格畢（Rigby）的船長收養，里格畢帶他走過半個地球，來到廣州商館，把當時還是男孩的他留在那裡，要他學好當地語言，以便有一技之長，或許還能藉此在東印度公司找到工作。里格畢接著乘船離開，打算日後再與男孩團聚。三年後，年幼的洪任輝終於又收到里格畢的消息，里格畢來信要他去孟買。洪任輝從廣州啟程，但里格畢寫下這封信後不久就死於船難，洪任輝抵達印度時沒有人去接他。駐孟買的英國行政人員拿不定主意該如何處置這個孤兒，於是把孤伶伶且身無分文的他送回駛往廣州的船上。[1]

年幼的洪任輝沒錢搭船回英格蘭，即使他真能回到英格蘭，那裡也沒人會照顧他，於是他與東印度公司的貨監住在一塊。在貨監的監護下，他在廣州和附近的葡萄牙人移居地澳門度過成長歲月，成為一名少年，再成為留著長長中式辮子的年輕男子。若有英格蘭船隻停在港口，他就一身英式打扮，沒有的時候就一身中式打扮。他除了東印度公司沒有家人，除了寬大的廣州城牆外面洋人居住的小小商館區，由各國商人組成的貿易世界，他沒有家。除了母語英語，他學會講粵語和一丁點北京官話，也能讀寫中文。

如同里格畢船長的期望，這已足夠讓他維生。進出廣州的英國船隻付給洪任輝可觀的服務費，請他與當地商人談定貿易條件。沒有他，他們只得倚賴中國本地譯員，這些譯員收費高昂而且常常站在他們的中國主子那一邊。要是商談不順，當地譯員就沒什麼用。英國貨監老早就希望有個自己人來代表他們談生意，一個可以指望會把他們的利益擺在第一位的人，而洪任輝的出現，終於讓他們如願以償。日後他也當上貨監，一七五九年其他貨監送他北上告御狀時，他已在廣州服務超過二十年。[2]

洪任輝於一七五九年六月十三日早上搭成功號（Success）從澳門出發。成功號是一艘英格蘭二桅小帆船，船上配了八名船員、三名僕人，目標是沿岸中途的寧波港。他帶了一份以中文書寫的正式請願書要呈給皇帝，撰寫過程中有他的中國老師幫忙。除了請求皇帝調查廣州「戶部」，洪任輝的請願書還請求允許英國人到寧波經商，因為寧波較靠近茶葉與絲織品的生產重鎮（而且較接近北方氣候，英國毛織品在那裡的銷路或許會比在亞熱帶的廣州來得好）。以前英國人在寧波做過買賣，知道那裡的商人仍想和他們做生意——幾年前洪任輝數次北上航行至寧波期間，已確認這一點。但廣州官員不想讓其他港口分一杯羹。而且清廷也對往南運送至廣州的各種貨物課徵陸上運輸稅，從中得到穩定的收入，但如果這項貿易在較為便利的地方進行，這筆收入就會跟著流失。基於這些理由，同時也為了集中並嚴密監管對外關係，皇帝似乎決意限制英國人只能在廣州通商。[3]

這趟航程的初期階段並不順利。六月下旬抵達寧波時，港口官員告訴洪任輝不准把船停在那裡。洪任輝懇求道，他帶了要給皇帝的請願書，請求官員至少代為轉呈北京，但他們不願收下請願書，甚至不准任何人下船。他們要他返航廣州，但是他無法照辦，因為那個季節的風向沒辦法調頭南航，至少要到九月才能返航，到那個時候，夏季期間沿中國海岸往北吹的強勁西南季風才會轉向。登岸被拒之後，洪任輝於是放棄在寧波停靠的念頭，成功號繼續它的告狀行程，往北航向未知之地。

在沒有海圖的情況下沿海岸一路摸索前進又兩個星期後，成功號終於在七月十日來到華北寬闊渾濁的白河口（今海河口），這是通往內陸城市天津的海上門戶。過了天津之後，有一條路通到北京。這個低淺的河口由幾座大型堡壘扼守，其中一個堡壘的官員搭帆船過來，告知洪任輝不准將船駛入內陸。但什麼事都可以商量，進一步交談之後，這名官員說，或許可把洪任輝要陳情之事告訴他在天津的同僚。只要洪任輝付一筆錢，他就能告訴那些同僚成功號不是故意闖來，純粹是因為天氣惡劣被吹到這段海岸，如此一來洪任輝或許會獲准溯海河而上。這名官員索價五千兩銀子，相當於當時的七千銀圓，差不多是今日的二十萬美元。洪任輝說他船上沒那麼多錢，但這個官員說只要低於這數目的一半，就別指望他會冒著丟官的風險替他說情。他給洪任輝一個晚上好好想想。[4]

洪任輝無法回頭。除了風向不對無法南航，成功號擅自沿海岸北航一事，很快就會傳到廣州那些吃味的官員耳中，他們如果知道英格蘭人未能得到皇上關愛，很可能會更加敵視英格蘭人。於是洪任輝最後屈服了，表示願給兩千兩銀子——不及對方索要的數目，但還是很大一筆賄款。他會先奉上三分之二的款項，餘款會在離開時支付。那個官員果然說話算話，七月二十一日，洪任輝再度上路，溯河而上抵達天津。在那裡，天津知府給了他禮貌的接待。但天津的老百姓就沒這麼禮貌，一艘外國船到來引發群情騷動，官府不得不叫來軍隊，以防暴民攻擊船隻。有位官員把洪任輝的陳情書轉呈給紫禁城裡的皇帝，洪任輝本人則被移到岸上，安置在佛寺裡等待回覆。佛寺周邊有衛兵保護，以防暴民傷害於他。衛兵共有二十人，只能勉強把老百姓拒於門外。

一星期後，從京城發來回覆。就洪任輝得以知道的回覆內容來說，皇上被洋人抱怨廣州官員腐敗之事打動，指派欽差大臣前去調查廣州海關監督。於是洪任輝的陳情至少有一部分如願。事實上，一心要牢牢掌控整個遼闊帝國的皇帝，樂見英國人指控廣州海關超收關稅，他知道揭發官員貪贓枉法的奏摺，比那些不痛不癢、粉飾太平的奏摺，更難以送到他跟前。

由於洪任輝是告狀者，因此皇帝要他幫忙把指控之事查個清楚。皇帝要他把成功號和船員留在天津，不能照原計畫於秋天時和船員一起搭船南返，而是要立刻與欽差大臣一同走陸路到廣州，為欽差大臣提供海關監督貪汙的證據。兩人於隔天早上出發，沿著此前從未有英格蘭人走過的陸上路線，踏上南北貫穿帝國的旅程。洪任輝並未留下沿途見聞的紀錄，但六個星期後安抵廣州。成功號和船員則從此無消無息。[5]

令洪任輝感到遺憾的是，他後來才知道皇帝的回覆不只他所知道的部分。海關監督的確遭到革職，由較清廉之人接任，但除此之外，皇帝也對洪任輝膽敢繞過正規陳情管道上告御狀感到不安。尤其重要的，洪任輝搭英國船進入不准外國船隻進入的港口，而且他在帝國內沒有官職或地位，卻拿中文陳情書直接向皇帝告狀。

於是洪任輝回到廣州之後不久，就來了另一道聖旨，要官員依上述罪行將他逮捕。[6] 廣州當局欣然將他拘押，關在澳門邊緣的監牢裡。他在牢裡一待就是幾個月，然後變成幾年，這期間英國貨監束手無策，救不了他，連去看他都沒辦法。他被長期監禁那段時間，廣東巡撫甚至寫了一封信給英格蘭國王，頌揚中國政府寬大為懷，只判處洪任輝入獄，說這樣的懲罰是「驚人仁恤的對待，他一想起應會感激涕零」。他說來華貿易的英國人個個「承沐聖恩，應會為此雀躍而傾心向化！」[7]

洪任輝受到的對待，或許只有與他中文老師的下場相比才稱得上「仁恤」。就皇帝看來，若沒有中國本地人幫助他學習中文、書寫訴狀，洪任輝就不可能完成這趟航程，也就不可能犯下這些罪。他們是最該追究的人。於是在洪任輝遭逮那一天，根據皇帝另外下達的命令，他的中文老師也被拘押[8]，然後在廣州城梟首示眾，藉此警告當地人勿再幫助洋商學習中文。洪任輝被囚禁了三年，於一七六二年十一月獲釋，然後被當地政府強行押上英國船隻，從此不得再進入中國，他在多舛的人生裡習得的寶貴技能也就變得毫無用處。

有些中文史料稱洪任輝一出獄就過世，但他其實回到了英格蘭，只是過得沒沒無聞。有關他的記載很少，但他在一七七〇年一月曾教班傑明．富蘭克林製作豆腐。[9]他的知識終究沒有完全浪費掉。但洪任輝告御狀失敗又被遣離中國，代表英國東印度公司從此別想指望跨出廣州港的小小空間。洪任輝被捕之後的八十多年期間——後人所謂的「廣州時代」——英國、法國、荷蘭、印度、美國與整個中華大帝國的合法貿易，全都被清廷限制在這個南方港口，洋人只能待在為他們而設的季節性小商館區裡。它是海上西方人與陸上中國人獲准通商的唯一地點，既象徵著清朝照己意制訂國際貿易規則的實力，也象徵著清朝皇帝對英國人和受到同樣約束的其他外國人的鄙視。東印度公司商人要求放寬通商限制，但經歷過黯然收場的洪任輝事件，他們體認到最明智的做法乃是別再抱怨，知足於現狀。

東印度公司沒有做其他可能使自己在中國的小小據點陷入危殆的事，有其充分理由。就十八世紀晚期的歐洲人看來，清帝國的富強與制度舉世無匹。亞當．斯密一七七六年在《國富論》中便描述，中國長久以來一直是「世上最富裕的國家之一，也就是最富饒、最有教養、最勤奮、人口最多的國家之一。」他認為中國千百年來一直處於發展的最高點，至少從十三世紀馬可波羅造訪中國以來就是如此，而這意味著中國雖沒有進一步發展的潛力（他認為這樣的優勢大抵為歐洲所獨享），中國卻沒有從富裕頂峰下滑的跡象。他堅稱中國「或許站著不動，卻似乎沒往後走。」[10]

提倡理性的啟蒙運動人士，在中國身上看到合乎道德、治理良好且不需要教會的國家範本——一個建立在理性典籍、由學者治理、不受宗教擺布的帝國。伏爾泰在一七六五年的《哲學辭典》（*Philosophical Dictionary*）中以欽慕之情寫道：「孔子對虛假之事不感興趣；沒有妄稱自己是先知；沒有聲稱受到神靈感應；沒有講授新宗教；沒有哄騙。」[11] 他說，讀了孔子著作的摘錄，「我在其中只找到最純粹的道德觀，別無他物，沒有一丁點假充內行之處。」他深信建立在那些著作上的國家，是最古老、最可長可久的國家。他論道，「在歐洲，沒有哪個王朝擁有和中華帝國一樣確鑿無疑的悠久歷史。」

十八世紀下半葉中國的政治一體性，不只令英國經濟學家和法國哲學家大為驚嘆，也在美國開始以獨立姿態現身國際舞臺時，令美國人嘖嘖稱奇。一七九四年任荷蘭使華團譯員的荷蘭裔美國公民，出版了他此趟旅程的見聞錄，並將該書題獻給美國總統華盛頓，書中特別頌揚「閣下所具有的美德讓亞洲與美國有了鮮明相似之處」。對他來說，中國是可拿來衡量西方諸國的標準：華盛頓道德高尚，因為他表現出清朝皇帝的部分特質。對於他的新國家的前途，他所能生起的最高企盼，乃是華盛頓發揮其「原則和情操」，為美國掙得「與中華帝國相媲美的綿遠國祚」。[12]

這些並非純粹是西方人的幻想。十八世紀的中國不只是世上人口最多、政治最一體化的帝國，還是最富裕的帝國。華南、華東的富裕城市，生活水平無疑和西歐的相對應地區不相上下，平均餘命亦然。從糖和茶葉之類奢侈品的消費來衡量，十八世紀華東的生活品質似乎超過歐洲。[13] 但同時，由於清廷嚴格管制外人貿易和居住，中國在外人眼中也是戒心格外強烈、特別難以親近的國度，一如某英國作家所說的，是「世上唯一以猜忌性法律禁止他人闖入的文明國家」。[14] 中華帝國的無限財富，永遠令西方人灰心喪氣，卻也始終是可望而不可及。

於是，中國南部的港城廣州，做為中國與遨遊四海的西方人主要的接觸地，帶有特別濃厚的神祕氛圍。有位法國旅人寫下對廣州的早期記述，並於一六一五年在倫敦出版。這份記述說廣州是讓人摸不透的遼闊大城，「全中國的首要城市……而且別想越過該城更深入內陸；無論是誰都一樣。」他說，「除了（據說）有六位耶穌會士」進到廣州城後面的中國內地，從來沒有歐洲人成功進去過，而那六人「之後音訊全無，大家也沒指望看到他們回來。」[15]

一六三七年六月，英國人向廣州城叩關，欲打開通商大門，但一開始就不順利。當時，韋德爾船長（Captain Weddell）率領一支小型的英格蘭商船隊，帶著英王查理一世請求中國通商的信，來到澳門附近海域。澳門位於廣州下游八十英里處的珠江口，為葡萄牙人的移民地。葡萄牙人不讓韋德爾的船隊在澳門靠岸，於是他帶著船隊溯珠江而上，駛往廣州，最後在「虎門」被擋住。虎門是珠江上的戰略水道，有七座大堡壘扼守這條通往廣州城的要道。韋德爾要旗下大部分船隻先停住，只派一艘配有五十名兵力的重武裝船載艇上前，「尋求與中國人商談及通商的機會」。[16] 這艘船載艇沒有當地引水人帶路，小心翼翼往更上游摸索前進，最後碰上一支二十艘戰船的中國艦隊而折返。但中國艦隊司令迫使英國人離開珠江之前，邀了兩名英國人前來，以探明他們來意。幾天後，船載艇回到韋德爾的船隊，開心回報，中方艦隊司令雖明言禁止他們前來廣州，卻答應讓英國人與葡萄牙人一起在澳門通商。[17]

葡萄牙人得知此事之後，還是拒絕讓韋德爾的船停靠澳門，不甩中方艦隊司令的承諾。稍事商議之後，韋德爾決定調頭再進珠江，強行駛向廣州。這一次他要整個船隊通過虎門水道，招來兩岸中國守軍開火攻擊，他則以舷側炮反擊。一支登陸隊拿下了中方一個堡壘，升起英格蘭旗，劫走堡壘的火炮，然後燒掉堡壘裡的所有建築。戰事暫歇期間，中方邀幾名英國人上廣州談判，但是談判破局，幾個英國人被俘。船長韋德爾再度開火，一份記述上說，「摧毀村鎮，燒掉數艘他們的船。」[18]最後中方低頭，表示會讓英國人在廣州直接通商。但韋德爾的英勇舉措最終是白忙一場，因為他此行之後才過七年，明朝就覆滅了，而在一六四四年清朝創立之後的滿人征服戰爭裡，廣州城也大抵被毀。要再過將近八十年，英國人在廣州常態通商之事才得以確立。[19]

船長韋德爾試圖憑藉武力打開廣州通商大門之時，並不知道這個港口將來對他的母國會有多重要。值得注意的是，一六三七年隨韋德爾的船隊遠航的諸多商人裡，一位名叫彼得．蒙迪（Peter Mundy）的人，留下了英格蘭人喝茶的最早書面記錄。蒙迪的記載上說，就在雙方開打之前，珠江沿岸一些當地人「給了我們一種叫作茶的飲料」，「那就只是水，加上在其中煮的某種草葉。」他不覺得那有什麼特別，以冷靜口吻指出，「它必須溫熱地喝，被認為有益健康。」[20]

韋德爾帶來的商人是為了在廣州尋找糖和薑，不知道有茶葉這項產品。但一七一七年東印度公司開始大舉派船到中國時，船長除了購買紅銅、瓷器和生絲這些較熟悉的商品，還被吩咐要帶回「茶葉，船能裝多少就帶回多少。」[21]到了一七二五年，該公司每年從廣州輸入英格蘭的茶葉達二十五萬磅，擠下生絲，成為對華貿易的首要商品。整個十八世紀期間，英國對這種飲料的喜好持續激增，進口持續攀升，到了一八〇五年已成長將近百倍，該公司每年會運送二千四百萬磅的茶葉回英國。茶成為英格蘭的國民飲料，如某些政府官員所說的，「簡直是生活必需品」，一七八四年，國會通過一道法律，要求獨占英國對華貿易的東印度公司隨時都要有足供一年所需的茶葉戰略存量。[22]英國人能取得茶葉的地方唯有中國，而他們在中國境內只能在廣州買茶葉。

洪任輝被捕之後的三十年期間，這樣的情況一直沒變，直到一七九二年秋才有所改變。那年秋天，英國政府十足自豪於本國日益壯大的工業革命，希望清朝皇帝最後會被說服而修改其對外人在華貿易的限制，於是自行遣使赴華，欲真正打開中國大門。

第一部

陽和之春

一、嘖嘖稱奇的時代

一七九二年九月二十六日早上，下了數天的英格蘭冷雨終於停止，微風從北方吹來，英國皇家海軍第一線作戰軍艦、配備六十四門大炮的獅子號（Lion），在斯皮特黑德海峽（Spithead）揚帆起錨離港。當時英國外無戰事，海軍大臣覺得可以放心撥出這艘軍艦執行長達兩年的遠航中國之旅，讓搭乘此船的馬戛爾尼勛爵（Lord Macartney）能風光體面抵達中國皇帝的朝廷。[1] 獅子號載有乘客和船員共四百人，同行的印度斯坦號（Hindostan）是配備五十六門大炮的「東印度人」大貨船（East Indiaman，泛指東印度公司的商船，武裝程度和許多海軍軍艦一樣），載著擠不上獅子號的馬戛爾尼隨從，而他要帶去送給中國皇帝的六百箱或袋的貨物，大部分也在這艘船上。如果航行順利，馬戛爾尼會是第一個抵達中國表達其敬意的英國使節；五年之前，欲完成同樣任務的陸軍中校卡斯卡特（Charles Cathcart）從英格蘭出發，但在漫長航程途中死於海上。[2]

馬戛爾尼此前從事外交已久，但外交生涯並非一帆風順。他為人溫文爾雅，個性堅毅，有著方下巴和銳利眼睛，二十七歲就被封為爵士，更年輕時就以特使身分出使俄國，而若非在俄國期間誘使女王凱薩琳宮廷中兩名女子對他投懷送抱，他本可以當上駐俄大使。[3] 奉派使華的時候已入中年，身材略有發福，但仍被視為英國男子典範。使俄之後，他擔任過格瑞納達（Grenada）行政長官和馬德拉斯（Madras）行政長官，擔任後一項職務期間風波頻仍。從馬德拉斯行政長官職位退下後，東印度公司找他擔任印度總督，但是他拒絕了。馬戛爾尼自傲且樂觀，自認完全能夠應付英王此時派他去的那個國家的奇風異俗。

馬戛爾尼興奮期待，急欲一睹中國皇廷的東方氣派——其想像來自於他在一些空想的記述裡看過的介紹，以及他自己在印度的經驗——於是把所能找到的最鮮豔、最有派頭的服裝都帶上。他的貼身男僕如此描述：「一套帶有一顆鑽石星的深紫紅色花點絲絨服和他的絲巾；外面則穿上巴思勛位的整套服裝，有帽子和帽子上的成簇羽毛。」[4] 他把自己打扮得像隻孔雀，認定以這副模樣出現在那個他或大部分隨從、更別提他的同胞，只能憑空揣想的國家，肯定會萬眾矚目。

馬戛爾尼出使是英國政府和東印度公司聯手促成，由後者負責此行開銷。此行的首要目標是把英國人在華的通商地點擴及到廣州以北的數個口岸——和三十多年前洪任輝向清朝皇帝提出的請求沒有兩樣。洪任輝之行的結果讓英國人大為氣餒（但馬戛爾尼和其他一些人深信，如果一七五九年英國派往北京的是國王欽定的使節，而非單單一名譯員，情況可能會大不相同）。[5] 但在這三十幾年期間，在華的英國商人處境已大有改善。一七九二年，東印度公司占廣州對外貿易的比重，已超過歐陸的所有對手。才剛獨立不久的美國於一七八四年首度派貿易船到廣州，但相較於東印度公司的強大船隊（這家公司派到廣州的船隻數量是美國船隻的六倍），初出茅蘆的美國人仍未成氣候，談不上競爭對手。[6]

對東印度公司來說，最可喜的是一七八四年英國政府大幅調降茶葉進口關稅以打擊來自歐洲的走私茶葉，稅率從超過百分之百全面降為一律一二．五％，獲利因此大增。該公司的茶葉進口量增加了兩倍，賣給中國商人以換取茶葉的英國棉紡織品銷量大好。一七九一年倫敦《泰晤士報》以樂觀口吻指出，對華貿易「處於最興旺狀態。所有英格蘭製造商在該地都不愁沒有銷路；中國人開始認為我們的棉紡織品優於他們本地產的。」[7]因此，東印度公司本身對使華之事其實不是很熱衷。公司董事安於自己的優越地位，生活優渥，而且非常清楚先前他們與中國皇帝直接打交道的下場（或者更具體地說，從沒有過這樣的事）。他們擔心英國所提出的新要求會被中國人視為莽撞無禮，觸怒皇帝，危害而非增進他們在廣州的貿易。但北英格蘭的實業家要求擴大他們產品的銷路，於是，一派樂觀的內政大臣不甩東印度公司的疑慮，想方設法一定要讓訪華團成行。[8]

由於直接貿易已久，英國人非常清楚從英格蘭到華南澳門、廣州的航路，但獅子號打算到了廣州後繼續沿中國海岸北上，經黃海到北京，而這條航路歐洲水手尚未探明。於是，馬戛爾尼挑選英國皇家海軍上校高爾（Erasmus Gower）為獅子號船長。此前高爾環航過世界兩次，對於駕駛大船安然穿過未知水域有豐富經驗。為完成此次任務，英國政府不惜任何花費，並讓高爾自行挑選轄下所有軍官。他替獅子號找齊所需人員，人數之多，大大超乎平常編制。使節團某個團員以驕傲口吻說，這批人都是「年輕人，出身最受敬重的家庭，渾身散發青春活力與幹勁。」[9]

他們所要航越的水域狀況不明，的確危險，卻也是此次航行最吸引人的地方之一，因為此次遠航的一個附帶目的便是蒐集海軍情報。黃海位於清帝國與朝鮮之間，有位乘員指出，「要能穿越它，並增添這麼多的海上知識，又不致令清廷心生猜疑或不悅，這是再好不過的機會。」[10]畢竟，除非馬戛爾尼在廣州下船，帶著整批隨從和好幾噸容易破損的行李，走陸路跋涉一千英里到北京，否則他除了航越那片未知海域，別無他法抵達中國都城。別的不說，光是繪製出中國海岸線的基本海圖，就大有利於日後其他英國船隻行走該條航路，而且他們希望以後會有許多英國船隻行走這條航路。

馬戛爾尼使團的基本策略，從塞滿印度斯坦號船艙的禮物就可看出。有些禮物是英國人希望會讓中國商人心動購買，從而開闢新通商管道的工業製品（紡織品和製造品）。但更重要的是具有科學性和機械性的禮物，代表歐洲最新技術發展的東西。英國人認為這些是中國人所不知的東西，而由於英國國內大眾對它們嘖嘖稱奇，中國人看到之後理所當然也會既驚又喜。馬戛爾尼和英國政府希望使團帶去的新奇技術產品（更別提獅子號和印度斯坦號加起來的一百二十門大炮），會令中國皇帝嘆服於英國國力，從而讓他相信兩國通商既重要而且裨益良多。

在這些禮物中，有一件巨大的天象儀，花了三十年才造成，被視為「人類打造過的最奇妙機械」。[11]還有各種巨大的透鏡、天體儀和地球儀、兩輛比英國國王御用車還要裝飾華麗的馬車（一輛供中國皇帝夏用，一輛冬用）、「化學與哲學器具」、數門黃銅野戰炮、一批滑膛槍和刀劍樣品、迫榴炮、兩盞「富麗堂皇」足以照亮整個房間的玻璃架枝形吊燈（裝在十四只箱子裡）、花瓶、鐘、一臺氣泵、瑋緻活（Wedgwood）瓷器、描繪英格蘭人日常生活情景的藝術品、描繪陸戰和海戰情景的畫作、英國王族成員肖像畫、總值一萬四千英鎊的其他物品。[12] 除了要讓中國人嘆服於英國科學與工業的強大，《泰晤士報》還表達了希望文人學士也能與馬戛爾尼同去的願望：「我們差點希望（蘇格蘭作家）包斯威爾與他們同去中國，如果他在途中不忘寫文學日誌的話。」[13]

使團的機械專家是名叫丁韋迪（James Dinwiddie）的蘇格蘭人。他是天文學家和自然哲學家，既掌管精密的天象儀，也掌管示範用的實驗器具（包括一只潛水鐘和一個熱汽球），準備讓接待馬戛爾尼的中國人大開眼界。這種汽球是新發明的東西，具有危險性（人可能會從汽球上掉下來，汽球可能會墜毀、被風暴吹走、如果使用氫的話可能會爆炸，或者被困在樹頂），而在英格蘭，丁韋迪從不拿自己性命開玩笑搭熱汽球升空。不過，馬戛爾尼的使團成立時，他已是公認歐洲境內操作這類器物的最頂尖專家之一。套用他孫子後來說的話，「要讓中國人驚訝於英國人的能力、學識和巧思」，他是不二人選。馬戛爾尼邀他同去中國，他二話不說就答應，打定主意要在北京頭一次搭汽球升空，給中國皇帝瞧瞧，也讓他的子民懾服。[14]

但此行所帶最重要的東西，乃是英王喬治三世致中國乾隆皇帝的信。若說什麼是華而不實的外交語言，這封信是絕佳範例。信中英王極力以自己想像中乾隆會希望的來信口吻向他講話。於是，英王喬治說乾隆是「至高無上的中國皇帝……配活上萬萬歲。」他嚴正表示英格蘭人來華不是為了征服（的確是），也不是單單為了獲利（這就口是心非）。他說英國遣使訪華的目的只有一個，那就是增長見聞並改善英國自己的文明。他以無比熱情的口吻談到中國，說，「最重要的，陛下廣土眾民的帝國如此富裕，令周遭各邦欽仰，我們衷心盼望認識貴帝國那些名揚四海的制度。」[15]

英王的推崇之語，不只是寫給中國皇帝看——在他給馬戛爾尼的私人指示中也可見到。在這份指示中，他說中國人「或許是地球上最獨特的民族，擁有文明，培育出藝術，歷經許多個時代，連貫性為其他地方所不能及。」[16] 倫敦東印度公司的董事長和副董事長在與馬戛爾尼的私人通信中，也以肯定口吻提到「這個皇帝智慧、正義、公平的著名特質。」[17] 廣州當地官員的腐敗和難搞眾所周知，但此時政府和商界裡的英國人都對中華帝國的整個治理制度深感佩服，相信中國統治者本人的德性和睿智。

派使團訪華所要克服的最大難關之一是語言。馬戛爾尼需要一名譯員，但在一七九二年，就這項任務的主辦人所知，英國國內或其遼闊領土之內並無會說漢語之人。[18] 洪任輝已於不久前去世，自他被捕並逐出中國，三十年來東印度公司無心鼓勵公司職員學習漢語。他們在中國完全倚賴當地譯員，但沒人有把握那些通曉外語的中國人足以掌握外交用語的細膩精確，也沒人知道他們明知洪任輝的中國老師的下場，還願不願意陪洋人到北京。

找譯員的重任，落在久任馬戛爾尼書記官的喬治・倫納德・斯當東（George Leonard Staunton）爵士身上。他是馬戛爾尼的老友，後來成為這個使團的第二把手。他是具有準男爵身分的醫生，有個特別大的鼻子，把尋找漢語譯員一事視為提升他十一歲兒子喬治・湯瑪斯・斯當東（後文一律稱小斯當東）學識的絕佳機會。遺傳了爸爸大鼻子的小斯當東，從未見過中國人，但會以馬戛爾尼的少年侍從的身分同去中國。對於這個羞怯多病的兒子，斯當東決意以教育和社會歷練彌補他體弱的缺點。或許為彌補兒子出生後的頭四年，做父親的隨馬戛爾尼待在印度，未能陪伴在他身旁，斯當東很寵他兒子。他用心培養兒子，猶如在做一場哲學實驗。他帶他去聽科學演講，聘請私人教師而非讓他上一般學校，不准他看童話故事，設法培養他對自然世界的熱愛。父子倆遊歷英格蘭各地，實地瞭解農業、礦業和製造業方面的最新發展——如果有所謂的活教育，這就是一例。

為了兒子的教育，一七九二年初的冬季與春季，斯當東赴歐洲各地尋覓能講漢語之人期間，就把兒子帶在身旁。自十七世紀初期以來，一直有來自歐陸的少數天主教傳教士來往於中國，歐亞大陸兩端的連結，除了靠通商，一般來講就只靠他們。斯當東最有指望如願的地方是義大利，那裡曾是耶穌會赴華傳教團的大本營甚久，十八世紀初期他們被乾隆的祖父康熙驅逐出境（後來在歐洲境內也被打壓）後才中止。據說梵蒂岡雇用了幾名受過教育的中國人掌管其收藏的東方手稿，因此如果別的地方都找不到，梵蒂岡就是他們最後的希望。但法國比較近，於是在一七九二年一月，父子倆尋人的第一步，乃是冒著溼冷刺骨的天氣航越英吉利海峽，然後從加萊（Calais）搭馬車前往巴黎，看能否在當地找到從中國回來的傳教士。

他們抵達時，法國大革命展開才三年，處處令他們感到興奮和新奇，友善的農民戴著飾有三色帽章的帽子，慶祝新國家誕生（斯當東從沒料到這個國家會在不久後與英國兵戎相向）。他們向法王路易十六和王后瑪麗・安托內特致敬（兩人已下臺但還未被送上斷頭臺），參觀了巴士底獄廢墟。

他們去雅各賓俱樂部聆聽演說，參觀了凡爾賽庭園，很欣賞法國人將王宮改闢為供老百姓使用的商店。巴黎有兩個海外傳教會，其中一個沒有人去過中國，另一個則有一位去過。那是一名年老的天主教傳教士，回來已約二十年。他尚未完全忘記漢語，但堅定表示他「無論如何不想再去那個遙遠國度」。[19]

找人之事刻不容緩，逼得他們立即穿過德意志，南下義大利，在隆冬之際艱苦翻越阿爾卑斯山後抵達羅馬，卻發現他們掌握的資訊已經過時。梵蒂岡已經很久沒有雇用中國文人。但吉星高照，英國駐那不勒斯大使替他們找到了人。他指點他們去羅馬天主教傳道學院（Roman Catholic College of the Propaganda）。歐洲傳教士常把中國男童像植物標本那樣帶回國，為了教育這些男童，天主教會於一七三二年創立了這所機構。[20]傳道學院教這些男童瞭解天主教，打算讓他們返回母國成為天主教傳教士。斯當東父子抵達時，找到四個這樣的學生，那時都已三十出頭歲，除了精通母語漢語，還精通拉丁語和義大利語，而且很想返鄉。[21]斯當東聘了其中兩人當使團譯員（認為他們「和藹可親，品性好，坦率」）。[22]那年夏天，這兩人跟斯當東父子一起回到英格蘭，和他們一塊住在倫敦，然後於九月隨使團搭船前往中國。

獅子號和印度斯坦號會在海上度過十個月。他們從英格蘭往南航抵葡萄牙的馬德拉群島，然後到摩洛哥外海加納利群島的泰內利菲（Tenerife）島，在那裡裝了一批供航行期間飲用的葡萄酒。一開始有雙桅橫帆小型後勤船「豺號」（Jackall）伴航，但不久就和他們分開，他們以為豺號失事了（幾個月後它會再度現身，但那時他們已經快抵達中國，而且也買了另一艘替補）。[23]他們走在熟悉的航道上，碰到通常都會碰到的熟人，和要返鄉的英屬印度人講了話，經過法國與美國捕鯨人身旁。然後他們繼續往西南走，橫越大西洋到里約熱內盧，小斯當東發現那裡「不像（他母親說的）那麼熱，也沒有那麼多毒蛇出沒」，很是高興。[24]然後，他們迎來此次航程最長的一段，乘著順風往東穿越南大西洋，繞過非洲最南端的好望角，接著往上走，越過印度洋，來到今日印尼境內的爪哇、蘇門答臘兩島之間的巽他海峽。

船員在艱苦危險的環境下工作，睡眠不足，動不動就挨水手長一鞭，相對的，船上那些斯文的乘客，在令人頭暈想吐的漫長航行期間，幾乎沒事可做。但他們還是藉由讀書和交談、聽馬戛爾尼的樂師演奏、喝茶、看自然界的珍奇事物（不知名的鳥和魚、奇怪的天氣型態和夜空中的光）消磨時間。偶爾還能欣賞鞭笞之事，受鞭笞的是因喝醉和其他過失遭懲罰的船員。他們能在上層後甲板區活動筋骨，算著步數行走，力求在小小活動區走上一英里。有時他們能登上火山島，在滾燙溫泉裡煮魚或射殺奇禽異獸。

阿姆斯特丹島就是這樣一個島。它位在印度洋最偏遠的中心地帶，距最近的大陸超過兩千英里，其周邊水域充斥海蛇和狀似鱈的大魚。接近該島的時候，他們看到兩名男子在一座小山丘上拿著繫了手帕的棍子揮舞，大吃一驚。他們想當然爾以為這些人是遭遇船難受困島上，一問才發現他們是刻意住在那裡。他們共有五人住在這座多岩的島上，三個是法國人，兩個是來自波士頓的美國人。六個月前，一艘法國船按照與他們簽訂的合同，把他們留在那裡，要他們待上一年半，弄到可供運到廣州銷售的海豹皮。他們在島上克難度日，蓋了一間石屋，開闢出一條越嶺小徑。走小徑翻越一座小山，就是他們的狩獵地，他們已用棒子打死八千隻海豹並剝下牠們的皮。按照合同，他們還得待上一年才會有船前來，把他們帶到中國。在此短暫盤桓之後，獅子號和印度斯坦號離開了這幾個苦命人。船在夜裡起錨，島愈離愈遠，在島上火山微弱火光照耀下泛著紅光。[25]

在父親鼓勵下，小斯當東把航行時的許多時間花在與譯員相處，學習基礎漢語，終至能用漢語簡短交談和書寫一些漢字。年長的那名譯員叫「周神父」（Padre Cho），其實是個脾氣壞愛爭吵的人。但另外一個譯員雅各布斯・李（Jacobus Li）先生則較好相處，長著中國北方人臉孔的他既能講母語，也會講義大利語，打算在中國喬裝成外國人，以避開審查。他一身歐洲制服，配戴帽章和劍。他的中國姓「李」是李子的意思，而李子的英文是plum，於是英國人叫他普蘭姆先生（Mr. Plumb）——這其實是多此一舉，因為他的中國姓很容易發音。[26]

馬戛爾尼使團乘船赴華之行極不順利。或許是因為一名乘客在南大西洋深處的特里斯坦—達庫尼亞（Tristan da Cunha）島附近射殺了一隻信天翁，所以招來惡運。那天夜裡刮起大風，扯掉獅子號的錨，使船隻差點撞上礁石。他們捱過了這場災難，但繞過好望角北上進入東南亞時，船員飽受意外與疾病之擾。三月二十八日，印度斯坦號的廚子死於熱病。隔天，馬戛爾尼的木匠在岸上洗亞麻布時遭土著殺害。又一天，一名水手病死。這時他們正航行在五年前上一任使節卡斯卡特中校（Cathcart）赴華途中病死的那個地區。四月一日，他們抵達卡斯卡特埋骨之島，馬戛爾尼和船長高爾上岸探視岸邊標示他埋藏處的木牌。隔天，印度斯坦號上一名僕人死於熱病，四天後一名水手從船桅掉落水裡淹死。再一天，另一名水手死於熱病。四月十二日，獅子號的事務長病死。四月二十三日，又一名水手從主桅落下身亡。[27]

航入東南亞時，他們開始感受到中國的重力拉扯。他們老早就不再碰到大西洋上的歐洲船，眼前只有遼闊空蕩的印度洋，但在抵達今日的印尼之後，他們進入了中國航運勢力的外圍——體形優美、作工精細、有肋骨狀物加固船帆的中國式航海帆船，來往於從中國沿海往南到西邊的越南、馬來西亞、爪哇、蘇門答臘和南邊的菲律賓、香料群島的水路上。它們在這些航路上行走已超過千年。[28]在獅子號離中國還有甚久航程之時，使團就發現在他們所停靠以補給水等必需品的泊地和聚落，中國人造的船開始占最大宗。他們發現荷蘭人的巴達維亞殖民地（Batavia，今雅加達）是一個有二十萬人口的城市，他們聽說其中一半是中國人——流動商人、漁民、移居者。航行途中所至的各個島嶼和港口上的原住民，英國人一律認為是野蠻未開化之人，而移居海外的中國人，在他們眼中與原住民正好相反，代表另一個文明。獅子號上一名乘客以肯定口吻指出，他們「似乎是不多話又勤奮的人」，與土著的「野蠻凶狠性格」截然不同。[29]

一七九三年六月二十日，使團一行人在澳門附近的萬山群島（Ladrones Islands）首度觸及中國領土。斯當東搭小船到澳門兩天，向東印度公司的貨監瞭解情況（他們在非通商時期住在澳門，秋天才獲准回廣州），然後他回到獅子號，開心地回報皇帝已同意英國遣使拜會，沿海官員也被知會要滿足他們赴京途中的所需。更可喜的是，貨監已獲告知皇帝「迫不及待」欲見到馬戛爾尼，很想看看他們帶來的「珍貴禮物」。[30]斯當東還回報，荷蘭人與葡萄牙人為此大為眼紅，令他們對英國更加自豪。不過遺憾的是，他得知中國人的某些說法離譜誇大了使團所帶來的禮物價值，因此擔心禮物真的獻上時會令皇帝失望。[31]

周神父在澳門離開他們，擔心自己因為出海而遭官府逮捕，於是便上了岸，不願跟使團一同前往北京。只有偽裝成歐洲人的李先生繼續當他們的譯員，但有數名會說漢語的歐洲傳教士趁此機會從澳門免費搭船北上，希望能獲准定居北京。許多年來已有約三十名法國、義大利和葡萄牙的天主教徒受聘為皇帝的技術顧問。這些位在京城的傳教士大部分擔任數學家和天文學家為皇帝效力，不得傳教。他們也必須放棄返鄉的權利，因此那是終身的志業，幾無希望獲致成就或報酬。但一直以來還是有人想加入他們的行列。

獲准繼續前行之後，使團開始沿海岸北上。從這裡開始他們沒有海圖可以依循，此外，沿海的地理特徵沒有歐洲名稱，他們便以自己的姓氏來取名，於是有依獅子號船長取名的高爾角，有馬戛爾尼角，有斯當東島。中途停下來張羅水和食物等必需品並且把引水人載上船時，他們遇到的中國官員似乎也都歡迎他們到來，願意滿足他們所需。不過此行並不順利。他們行走在華北岸外的黃海時刮起了大風，船顛得非常厲害，又有兩人因此落海身亡，其中一人是馬戛爾尼樂團的一員。風平之後大霧籠罩，放眼看不到陸地也看不到另一艘船。夜色降臨時，印度斯坦號頂風停航，不想冒險，某位乘員寫道，「在陌生的海域，夜裡一片漆黑，島嶼突然就冒出來。」疾病在船上蔓延開來。馬戛爾尼的兩名衛兵死亡。獅子號上有超過百人生病。[32]

經過漫長險惡的航行才來到這裡，而且花了這麼多錢在船隻、船員、乘客和禮物上，若前功盡棄，損失甚大，為此，馬戛爾尼打定主意絕不能出差錯。獅子號和印度斯坦號靠近此行最後的陸地時，他針對在中國境內的言行舉止發下指示，告誡所有人（全船工作人員和乘客）絕對要循規蹈矩。他告訴他們，接下來他們代表英國。他們在中國的一言一行都會左右英國人日後在中國會受到如何的對待。使團的成敗取決於「贏得中國人的友善相待」。但有人告訴他，過去在廣州的緊張關係，使中國人相信英國人是「最差勁的歐洲人」，因此，展現「截然相反的言行」，讓中國人對英格蘭的偉大文明刮目相看，乃是船上每個人的職責。[33]

馬戛爾尼在其指示中解釋道，中國人是極團結的民族，即使是社會最底層的人，「凡是與外國人起爭執，都會得到本國更高階層同胞的奧援。」在這個國家，任何人民與外人起衝突而喪命，掌權者都「願意（為其）報仇」。因此他告誡手下，即使遇到最窮的人，都得「在每次交往或偶遇時審慎、溫和以對」。他警告道，如果有人在中國膽敢作奸犯科或傷害中國人，別指望他出手相救。[34]

除了擔心同行者言行不當，馬戛爾尼也時時煩惱自己會留下不好印象，於是對於禮物是否不夠感到憂心。獅子號沿海岸北行時，他逼數名上層家庭出身的乘客捐出帶來的個人物品（他們原本打算在廣州出售圖利），擴充使團禮物。令他大為驚駭的，他後來發現除了以使團名義送的禮，他也得以個人名義送禮給皇帝、皇子和某些大臣，而他根本沒為此備禮。於是他逼印度斯坦號船長把帶來的數只錶賣給他。[35]馬戛爾尼絕不會認為英國的國力較弱，但中國是不能等閒視之的帝國——國土遼闊，政治一統，富裕程度幾乎超乎想像。因此，第一位前來拜見中國皇帝的英格蘭人馬戛爾尼勛爵，是以懇求者的姿態前來，期盼以良好表現博得恩寵。

獅子號終於觸及華北海岸，憧憬已久的陸地映入眼簾時，種種憂心、準備和漫長的航行似乎沒有白費。馬戛爾尼喜不自勝。他想像自己進入某個未知的伊甸園，凝視此前從未有歐洲人見過的景致，感到無比欣喜。他在日記裡記下「在農人辛勤照顧下綻放笑顏」的美麗田野。房子在他看來就像書本裡的素描，風格不同於本國，但「完全不覺難看」。真正令他著迷的是人：成群的半裸孩童沿著河岸奔跑，看英國船，大人「長得好看，手腳勻稱，強壯，肌肉發達。」他把自己想像成莎士比亞《暴風雨》中的米蘭達，不禁想對著河岸上的人大喊，「人可真是美啊！嶄新的世界裡，有這樣的人在其中！」[36]

獅子號和印度斯坦號抵達水淺的白河口，就因船身太大而無法再前行，於是馬戛爾尼要船長高爾率船在中國沿海半途的舟山島等他，然後開始把船貨卸到中國人提供給他們航行內陸的平底帆船上。晚夏溼氣甚重，使團人員精神萎靡，蚊子在他們身旁不斷嗡嗡飛舞，空氣裡瀰漫著強烈的爛泥味和腐敗味。但收到補給品時，他們體會到一旦到了皇廷將受到何等盛大的款待。獲得補給的食物是皇帝所賜，包括二十頭公牛、一百隻綿羊、一百隻豬、一千隻家禽、數千個甜瓜和南瓜、一千條黃瓜、一百六十袋米、大批麵粉和饅頭、二十二箱桃乾。其中有些食材適於製作的料理，和英國人慣吃的料理不同，但他們很快就發現柔軟的中國饅頭如果切成片，製成吐司，還不算太難吃。[37]

使團溯白河而上浩浩蕩蕩進入中國，一行人共乘三十七艘帶帆的官船，並有軍隊護衛。村民跑出村子看他們，有男有女，男人光著頭，留著長辮子，女人纏足（而且並未如英國人認為的那樣躲起來不讓人看見；馬戛爾尼的藝術家指出她們「一路拖著沉重腳步行走，和英格蘭任何鄉鎮裡的女人一樣拋頭露面」）。風向變成逆風，無法再揚帆前進，轉而靠岸上的縴夫拉船往上游走，成排的壯漢套著木質挽具，身子前傾使勁一起拉，邊拉邊唱歌。岸上有護衛隊以整齊隊形和帆船並排行走，速度和船隊一樣。船隻停泊過夜時，護衛隊官兵在另一岸紮營，在明亮的篝火旁時時盯著黑夜裡的動靜。船隊經過城鎮時，樂師為它們吹起號角、打鼓、敲鑼，在大城天津，成排軍人立正站在河岸，綿延一整英里。[38]

離開天津，使團乘船前往大運河的終點通州，在那裡，他們把行李搬下船，挪到獸拉車和手推車上，以便走陸路到北京。但一行人在京城只會短暫停留，因為皇帝已去北邊熱河的避暑山莊避暑，他們得去那裡見他。為此，他們得從京城往北再走上六天。他們把容易破損的科學禮物留在北京城外的皇宮，深怕它們會在接下來的行程裡毀損，丁韋迪留下來督導天象儀和透鏡展示品的組裝，好讓皇帝於秋天回到北京時一睹。休息數日後，他們再度上路往北，九月五日通過長城的一道關口。長城逐漸在崩毀，因為它是為防範北方部族入侵而建，但其中一個部族這時已經入主中原，也就失去了防禦用途。小斯當東自行拿走數塊從長城掉落的石塊。馬戛爾尼大為驚嘆；認為長城是「人力所造就的最驚人工程」，其規模大概比世上其他所有堡壘總和還要大。他在日記裡評論道，長城的興建，「不只（標誌著）一個非常強大的帝國，還（標誌著）一個非常聰明、高尚的民族。」[39]

出長城後，他們繼續北行進入滿洲——他們所謂的韃靼（Tartary）——也就是滿人的發祥地。

在此，他們發現人口少了許多，完全看不到大城鎮。山勢陡峭，令馬戛爾尼想起瑞士阿爾卑斯山。氣候比關內涼，早晨寒冷，路線穿過照不到太陽的山谷，緩緩往北邊的夏宮爬升。他們乘坐沒有彈簧的木造獸拉車，走過主要供馬匹和行人行走而非供馬車行駛的道路，一路顛得非常厲害，沿途經過南邊山坡上分布稀疏且長不高的櫟樹和胡桃樹森林，經過有離群索居的山民靜靜盯著他們看的村子。他們在近乎廢棄的府邸裡過了一夜。那是皇帝往返途中停留的小站，裡面似乎只住了松鼠。[40]

馬戛爾尼還在為禮物的事煩惱。北行途中，李先生告訴他，在天津，有人說英國人帶了幾件神奇禮物給皇帝。據說其中包括一只能把人在睡覺時傳送到遙遠異國的魔枕、一頭只有貓一般大的活大象、一隻體型與雞相似而且一天能吃掉六蒲氏耳木炭的鳴鳥、數名身高十二英寸而且「身材、智力和近衛步兵第一團士兵一樣完美」的男子。[41]這些虛構的禮物，在中國人聽來或許比天象儀和透鏡更為神奇，馬戛爾尼對此傳聞一笑置之，但如果皇帝在馬戛爾尼的禮物箱裡找不到據說要送給他的這些小人和魔枕，的確可能會感到失望。

最後，九月八日大清早出發後，他們終於進入避暑山莊的領域。自一七九二年秋離開英格蘭，他們已旅行了將近一年，使團的成敗很可能在幾天後就分曉。他們在距夏宮一英里處停下，為獻禮儀式做好準備並重新整隊，然後踏上此行的最後一段路程，一行人以臨時組成的隊列行進，表現出他們最堂皇威儀的一面。英格蘭軍人和騎兵步行走在最前頭，然後是兩兩並肩而行的一隊僕人、樂師、科學家和數種有身分地位的人，殿後者是乘轎的老斯當東，最後則是乘坐四輪車廂式馬車的馬戛爾尼。小斯當東也坐在馬車裡，馬車後面跟著一位纏頭巾的非洲男童，那是此行一位有身分地位之人所帶來。[42]

表情嚴肅的這一行人，在早上十點左右抵達指定的區域。那是一座木石結構的低矮府邸，經八級氣派石階抵達府邸大門。但沒人在那裡迎接。馬戛爾尼原以為抵達時會有滿人宰相和珅在場迎接——英國人把和珅稱作Grand Choulaa，其實並無此頭銜，但西方外交官要花上五十年左右才認清此事。[43]不過，現場根本不見和珅人影。馬戛爾尼以為他有要事來不及趕到，不久後就會出現，於是英軍部隊開始整隊，千里迢迢來此的眾位英國人在府邸前列隊，一派莊重地等待和珅抵達予以迎接。他們就維持這樣的姿態，一個小時過去，再一個小時過去，和珅還是沒來。大部分時候他們就站在那裡枯等，但偶爾如有看來重要的人物接近，他們會開始列隊行進，結果來者無一是和珅，列隊行進一再喊卡。以整齊隊形枯等了六小時不見這位宰相人影，他們終於死了心，進屋裡用晚餐。[44]

最後，馬戛爾尼不得不自行去找和珅，從而使兩國關係一開始就蒙上陰影。但接下來幾天，雙方還是交換了大量禮物。英國人獻出小地毯、毛織物和棉織品。皇帝的代表則給他們大量華貴的織物（絲絨、絲織品、緞子），以及繡製品、數百把扇子、如意、形制非常多樣的昂貴瓷器、漆器、大量上等茶葉。[45]但就在這些贈禮當中，我們發覺到英國使團此行根本的矛盾之處。英國人想讓中國人刮目相看，於是帶來彰顯他們科學與技術、急速壯大之工業的最出色產品，他們的目的是要讓中國人懾服於他們的進步。但歷來前往清帝國的外邦使團，目的並非在此。鄰邦使團（泰國、越南，尤其是朝鮮的使團）來北京是為了貿易。馬戛爾尼想談出更有利的未來政策，希望獲准在北京常駐英國公使，但對來京拜見清朝皇帝的亞洲外交人員來說，遣使赴華本身就是貿易機會。因此皇帝賜予英國人大量上等貿易品（絲織品、瓷器、茶葉），以為那是英國人所最想要的，供他們帶回國販售。

此外，越南、朝鮮之類進貢國遣使來華，並非為了讓皇帝刮目相看，而是為了得到皇帝的認可，藉此取得他們在自己國內的政治權力。要在清朝皇帝跟前展現他們政府的合法性，就要表明他們自己的君主為何有權統治其國家，至少在中國眼中，他們必須如此。為了取得這項認可，他們要獻上貢品。他們願意比照清朝大臣向皇帝行叩頭之禮──行三跪九叩之禮，表明臣服之意。這麼做完全合理，因為他們承認亞洲最強國家中國的皇帝擁有至高無上的地位，皇帝則會承認他們在自己的小邦裡有至高無上地位。不管這類使團是否認為本國地位低於中國，照這套清廷儀禮拜見，終究最符合他們的利益。但這樣的關係絕不可能是馬戛爾尼勛爵所期望，就是因為拜見儀禮的爭議，英國使團苦撐的排場開始崩解。

最初馬戛爾尼並未體認到他得匍伏在皇帝面前。清廷官員向他解釋為何該如此，他也不願照做。他甚為佩服清帝國的繁榮與文明，但把乾隆視為和英王平起平坐，因而理該照他覲見本國君主的方式覲見乾隆。馬戛爾尼不會向本國國王行叩頭這樣卑屈之禮，自然覺得也不必向乾隆行這樣的禮。無論如何，他以為清廷會在此事上讓他破例，因而事先就提出那樣的請求，且獲告知請求獲准。但使團抵達熱河時，和珅否認見過這項請求，堅持要馬戛爾尼行完整的叩頭禮。清廷官員向馬戛爾尼保證那只是做做樣子，「一個純粹做給人看、沒有意義的儀式」，然後催促他照做。[46]

協商很不順利。馬戛爾尼主張，只要兩國都適用三跪九叩禮，亦即只要中國官員願向英王（更具體來說，是向馬戛爾尼帶來的英王喬治肖像）行同樣的拜見禮，他就會「爽快」行禮。[47]清廷不同意這項要求，馬戛爾尼隨即主張，針對英國之類「平起平坐」的國家（他認為英國和清帝國平起平坐，但清朝官員不這麼認為），應有另一套覲見禮，讓他的強大國家和朝鮮之類朝貢國有所區別。據此，他提議單膝下跪面見乾隆，並只低頭致意一次，與他見英王時的做法一樣。這項提議被接受了，令馬戛爾尼大大鬆了一口氣。這下他晉見皇帝、針對新貿易特權展開具有成效的討論，以及在北京長駐之事，就有了指望。當然他也以為，一旦英國使節——只有英國使節——不必向皇帝叩頭之事傳揚出去，英格蘭人自然會在中國境內更多地方得到更大的尊重。[48]

又等了幾天後，馬戛爾尼終於得知皇帝會在九月十四日見他，那時距他抵達已過了將近一星期。和珅仍未前來馬戛爾尼下榻地致意，從禮數的觀點看，這令人惱火，儘管較低階的清朝官員要馬戛爾尼別在意，說和珅未登門拜訪，純粹是因為馬戛爾尼的住所不夠大，塞不下和珅的所有隨從（此外，他們也避重就輕地說，和珅腳受傷了）。[49]但此刻，這件事似乎已經無關緊要；這位英國外交官就要謁見中國皇帝，使團成員終於能夠如願以償。

排定謁見那一天的凌晨三點，馬戛爾尼被急忙請進轎子，身著整套禮服——深紫紅色絲絨服、鑽石星、成簇羽毛。他的隨從和樂師跟在後面，穿過漆黑夜色。他們也穿上最體面的衣服，努力跟上腳步並維持整齊隊形，後來還是跟不上擡著馬戛爾尼轎子的中國快腳轎夫，便開始用跑的，隊形隨之亂掉，和凌晨道路上密密麻麻的豬隻與驢子混在一塊。[50]

僕人、樂師、有身分地位之人跑得汗流浹背，不成隊形，卻在乾隆禮帳的入口附近被丟下。馬戛爾尼在斯當東父子、譯員李先生陪同下入帳，把一只外面鑲嵌珠寶的金盒高舉過頭，盒裡有英王喬治的信。斯當東則穿著猩紅色的牛津服（和馬戛爾尼的穿著一樣，刻意要贏得「有學問」中國人的讚賞）。[51] 據馬戛爾尼本人的記述，入帳後，他登上通往皇帝寶座的臺階，照雙方談定那樣單膝跪地，獻上寶盒（此外也手腳笨拙地獻上一些錶）。皇帝似乎未因修改謁見禮而有一丁點不悅。後來老斯當東寫道，乾隆眼睛「炯炯有神，表情很誠摯」，與他們原以為會看到的「陰沉抑鬱」神態大相逕庭。[52]

英王的信件已經透過北京城裡的歐洲傳教士協助譯成中文。他們的譯文保留了英王極盡推崇的言語，甚至還予以誇大，因此乾隆實際讀到的，不只有原文的「萬萬歲」之語，還加上原文沒有的他「應該御宇」萬萬年之語。譯者也刪除了提到基督教而可能令乾隆不悅的字句，例如刪掉英王提到「偉大天主賜予各種土壤與氣候區的福惠」。此外，他們把這封信譯成標準敬語體，只要提到「中國」，就從另行高出一格書寫，提到皇帝則另行高出三格書寫。乾隆讀到的信，和自認與乾隆平起平坐的英王所寫的原信，已是大異其趣。[53]

謁見帳的華麗堂皇，令馬戛爾尼幾乎是目瞪口呆。他在日記裡寫道，掛毯和地毯、富麗的帷簾和燈籠，「布置得極為和諧，色彩繽紛，極富巧思」[54]，猶如置身畫中。他以陶醉的口吻回憶道，謁見儀式的「最大特點」，乃是「歐洲的高雅精妙尚未能企及的肅穆莊嚴，彰顯亞洲之偉大的嚴肅隆重。」馬戛爾尼的東方主義遐想，只有一個美中不足之處，那就是謁見皇帝的外邦使節不只他一人。

事實上還有來自幾個進貢國的使節，包括來自裏海附近的六名穆斯林和一名來自緬甸的印度教徒，但他語帶酸味地指出，「他們的打扮不怎麼氣派」。與馬戛爾尼不同的是，他們都樂於行叩頭禮。

謁見期間最叫人意想不到的一刻，而且是會讓英國人大大自豪的一刻，乃是乾隆當場問和珅有沒有英格蘭人會講中國話。斯當東的兒子就在這時上場。這個多病的男孩在獅子號上跟周神父和李先生學過中文，已懂得一些中文短語，這時他走上通往寶座的臺階，對著皇帝大膽展現所學。小斯當東說的不多（據他自己的日記，「他希望我對他說一些中文，我便用中文說感謝他送的禮物」），[55]但足以令他父親和馬戛爾尼在結束謁見後，認定這個十二歲男孩是神童，用流利的中文令眼前的老皇帝大為佩服。不管他是不是神童，他說出的中文肯定足以令乾隆激賞，乾隆從腰際拿出一只小小的繡荷包送他，以表達對他的賞識。[56]小斯當東於是成為自洪任輝以來第一個跨越中英語言藩籬的英格蘭人。無論他有意與否，那一刻將成為他日後整個奮鬥生涯的起點。

謁見之後，馬戛爾尼一行人獲准待在熱河數日。他們參加皇帝的壽宴，參觀園林，欣賞煙火表演，還聽了幾齣戲——他們並不曉得，其中一齣乃是以理想化手法演出英國使團來華之事。戲中唱詞宣告，「故有英吉利國，仰慕皇仁，專心朝貢。」[57]但不久後他們就被告知該離開熱河返回北京。九月二十一日，他們出發那一天，又有一個馬戛爾尼的隨行人員死亡，是一個名叫雷德的炮手。或許為求心安，馬戛爾尼把他的死歸咎於暴飲暴食，用不以為然的口吻指出雷德那天早餐吃了四十顆蘋果。但即使馬戛爾尼不願承認他的隨從可能死於傳染病，他的東道主卻有這樣的疑慮，據宮中傳言，他們被催促上路，乃是因為皇帝擔心英使團成員會感染他朝中的文武百官。[58]

這段期間，在南邊的北京，機械師、數學家暨熱汽球駕駛員丁韋迪一直在忙著備好所有儀器和科學示範作業，以便九月底皇帝從熱河回來時觀賞。京城的歐洲傳教士為他擔任譯員，在他們的協助下，他把北京城外皇宮的一個大殿塞滿了使團帶來的天象儀、透鏡、玻璃架枝形吊燈、球儀、鐘、氣泵、反射望遠鏡。他完全不羨慕這些傳教士，不只因為他們同意不再返鄉，或因為他們能去的地方受到嚴格限制，還因為他們的信件受到審查，身為外國人，他們特別易受宮廷陰謀所害，死活全在當權者一念之間。這樣活著太委曲，太可憐。但至少有他們作伴，而且能幫他翻譯。但不久他們似乎就開始對幫他感到厭煩，接著就完全不再過來。他無從知道原因，但其實他們奉命不得再與英使團往來。[59]

費了好一番工夫把透鏡在不同框架裡組裝好，讓巨大的天象儀開始運作，丁韋迪終於備好每樣東西，只等皇帝蒞臨。禮物全沿著宮殿牆壁整齊擺放，小斯當東從熱河回來時，和宮中一些僕役一起看到這些禮物，覺得那是「很漂亮的場面，中國人很欣賞。」[60]但皇帝不會這麼欣賞。他於十月一日前來參觀，要展示的東西當時才剛擺好。在丁韋迪看來（他透過一面鏡子偷瞧皇帝的神情），乾隆參觀殿內器物之時並未顯露特別的情緒。對著透鏡和反射望遠鏡瞧了一會（丁韋迪研判看了約兩分鐘），他說它們「很好，足以逗小孩子開心」，然後離去。[61]

皇帝沒有再來過，但至少和珅和一些朝中官員有再回去看丁韋迪示範。他先是示範了幾種機械實驗和操作氣泵，結果現場沒什麼反應。第二輪示範包括如何使用巨大透鏡熔化銅幣。和珅玩心大起，拿它來點燃自己的菸管，惹得隨從開心叫好，得知這個透鏡無法用來燒掉敵人的城市，他似乎覺得失望。這天下午的高潮是一名宦官把手指頭伸進集中的光束裡而燒傷指頭，引得哄堂大笑。

但就只有這樣而已。丁韋迪原本打算再多示範幾天，然後用熱汽球飛越北京做為精彩結尾。馬戛爾尼原也以為使團會在北京過冬，以便繼續「協商」，然後於春天返回廣州。[62]結果，十月六日，皇帝就突然要整個使團趁天氣尚未轉寒之前立刻離京。所有東西得立刻打包，這並非易事，因為許多較大的木箱已被使團的木匠拆掉，改製成家具。不會有潛水鐘的示範了。丁韋迪也沒辦法升起汽球讓中國人心生敬畏，對英國掌握自然世界的本事永難忘懷。於是，玻璃架枝形吊燈和天象儀被宮中人員匆匆拆解，一股腦塞回剩下的包裝箱裡，無視丁韋迪近乎歇斯底里的抗議，抗議他們打包手法太粗魯。

至於使團其他成員，每個人都度過緊張忙亂的一晚，忙著重新打包旅行箱和木箱，替收到的新禮物找地方擺放，比手劃腳地跟語言不通的中國僕人爭論。然後，整件事在十月七日落幕，英使團被送離北京。離開北京途中，他們才終於想到此行其實並不成功，自己是被很不客氣地打發走。某位怨憤的英國僕人說：「我們進北京時像貧民，待在北京時像囚犯，離開北京時像流浪漢。」[63]英國人還未離開，宮中僕役就開始拆除外賓居住區的所有裝飾。[64]

馬戛爾尼並不曉得他的「協商」令皇帝何等不快。早在九月十日，即謁見前四日，乾隆就對這位英格蘭使節在覲禮問題上的拖沓不決和他欲在熱河多待一些時日的舉動非常惱火，於是下旨給大臣表示對英國人「朕意深為不愜」，「所有格外賞賜，此間不復頒給。」乾隆說英國使團可保有原本計畫要送給他們的禮物，原本答應的會議照常舉行，但此外不再往來。他說自己原本打算讓馬戛爾尼在熱河待些時日，「瞻仰景勝」，但由於英使「妄自驕矜」，他決定在設宴款待後，立即令馬戛爾尼和隨從離開熱河，然後讓他們「在寓所收拾一二日」後即護送他們離京。乾隆下旨道，「朕於外夷入覲，如果誠心恭順，必加恩待」，「若稍涉驕矜，則是伊無福承受恩典。」65

雙方私底下關係緊張，但清廷款待使團時，表面的禮數仍然做足，不過實際上馬戛爾尼此行已經失敗，只是他還沒意識到而已。十月三日，亦即他們被下逐客令之前數日，馬戛爾尼收到乾隆給英王喬治信件的回覆：一份寫在御用黃絹上的敕諭，駁回英國人的所有要求。馬戛爾尼看不懂這份敕諭，這對他來說是好事。乾隆說，讓英使長駐北京的要求，（按照後來為給英王過目而擬就的譯本）「不符本帝國習俗，因而無法照准（譯按：中文原文為「與天朝體制不合，斷不可行」）。」乾隆說外國傳教士的確已獲准在北京居住，但指出凡是想取得這一地位者，「都得立即穿上中國服飾，與指派給他的團體同住，不能返回本國（譯按：「遵用天朝服色，安置堂內，永遠不准復回本國」）。」他說，即使同意讓馬戛爾尼享有這樣的安排，那仍與英王所希望取得的安排大相逕庭。乾隆說，貿易之事受到完善照料，沒必要只為了取悅一國即更易已行之百餘年的先例。66

乾隆指出他已賜予英國使團豐厚贈禮，他們應心存感激，打道回國。至於讓東印度公司花了那麼多錢備置、也讓馬戛爾尼在大半航行期間操心的英國禮物，乾隆指出他之所以收下這些禮物，不是因為他真的想要，純粹是為了「體念你們對我的誠心看重」（譯按：「念其誠心遠獻」）。他接著說道，事實上，「中華帝國偉大顯赫，聲名遠播，世上千個地區的外邦，翻山越海聚集於此，向我們致上敬意，帶來最稀有、最珍貴的禮物，我們哪還欠缺什麼？（譯按：「其實天朝德威遠被，萬國來王，種種貴重之物，梯航畢集，無所不有」）。」他還說了令英國人耿耿於懷約三十年的一段話：「奇怪、貴重之物，我不感興趣……我們無所不有。我不看重奇巧之物，貴國製造的物件並無用處（譯按：「奇珍異寶並不貴重……然從不貴奇巧，並無更需爾國製辦物件」）。」[67]

馬戛爾尼當時看不懂敕諭內容，不知其中有駁回英使請求之意，因此仍抱著希望。那天稍晚，他極力要求將一封信呈給乾隆。這封信由李先生譯成中文，並由小斯當東抄寫下來，信中他更加大膽列出他的主要要求：對英國人開放新口岸；以沿海一座島嶼供英國人存放貨物之用；讓英國人在廣州通商享有特別優待且受到保護，等等。乾隆對此信的回覆——在發給英王的第二道敕諭中——可想而知，更為不客氣。回信發出時，英使團已奉命必須離開北京，馬戛爾尼在離京途中收到此信。

乾隆第二道敕諭的根本要旨乃是他說了算，英國只能照辦。他闡述了自己心目中兩國長遠的經濟關係。乾隆在敕諭中告訴英王喬治，「天朝物產豐盈，無所不有，原不藉外夷貨物以通有無。」但接著又說，中國所生產的茶葉、瓷器和絲織品為英格蘭之類國家「必需之物，是以加恩體恤，在澳門開設洋行，俾得日用有資，並沾餘潤。」[68] 換句話說，通商完全是中國所施予的恩惠——而且此前一直是如此。他提醒英王，英格蘭只是前來廣州通商的諸多國家之一，如果給予英國特殊待遇，他也得一視同仁，讓其他國家同享此種待遇。

不過，乾隆無意為英王喬治魯莽無知提出這些要求而施予懲罰，指出不無可能是馬戛爾尼本人未得英王允許而擅自行事。事實上，乾隆表達了對英格蘭偏處一隅的同情，說英格蘭人民何其不幸，住在比荒陬之地還要遠的地方，不知中華文明。因此他並未取消英國已享有的特權，但逐一說明為何他不能答應馬戛爾尼的每個要求。他也間接表示英國人提出這樣的要求本身，即透露了他們自身的無知。

馬戛爾尼原本對此行寄望甚深，未能在清廷取得上風令他大為生氣。他原該立刻搭船返國，但此前船長高爾為了船員安危（許多船員掛病號），不得不把獅子號駛回澳門，因而當下沒船可將他載回南方，他也就有了不少時間好好思索這一路所發生的事（印度斯坦號並未南下，但馬戛爾尼抱怨這艘船塞不進所有人，而且大群人擠在一塊只會增加染病風險）。[69] 在皇帝允許下，馬戛爾尼一行人由清廷派人護送，走陸路前往廣州，一路走過運河和河川，翻過山口，為期達兩個月——和一七五九年洪任輝告別成功號之後所走的緩慢行程一樣。

根據馬戛爾尼寫於離開北京後的日記，兩手空空南返廣州途中，他先前的驚奇敬佩之情已為惱怒所取代。十月下旬他思忖道，「他們會不知道兩艘裝有大炮的英格蘭巡防艦，就強過他們帝國的所有海軍武力，不知道用半個夏天的時間，它們就能徹底摧毀他們的沿海航運，使主要靠魚填飽肚子的沿海省份居民食物嚴重不足？」此外，他幻想英國能從位在印度的領土引發西藏境內叛亂。或者英國海軍船艦能以僅僅「六次的舷炮齊射」，就摧毀扼守著通往廣州之河道的虎門要塞。他們能「消滅」廣州貿易，靠貿易工作的數百萬中國人「會幾乎立即就挨餓、造反。」[70]

但他也完全清楚——這是絕不可輕忽的一點——如果英國對中國顯露侵略之態，中國皇帝可以乾脆關閉對外貿易。如果走到那一步，馬戛爾尼擔心，「衝擊會立即降臨而且很嚴重」，英格蘭和英屬印度的經濟會受到難以估量的重創而且求助無門。對華貿易是大英帝國的生命線，於是他在心裡暗自坦承，在中國耀武揚威或攻占中國領土的想法，就算再怎麼能彌補他受傷的自尊，都「太離譜而不值得認真一提」。鑑於中英兩帝國的現狀，他推斷英國最穩妥的辦法是耐心以對。他推斷，「我們現今的利益、理性、人道考量，都不准我們有對中國人採取攻勢作為的想法，而以溫和手段達成目的，仍有一絲希望。」[71]

馬戛爾尼使華之行，最終難堪收場。後來的批評者會痛批「此行與眾不同之處，乃是叫人納悶的看不到得體表現和男子氣概」，說英國的第一個使華團，最突出的特點乃是「承認本國低人一等」。[72] 獅子號與印度斯坦號返國後，使團高階成員忙著撰寫此行的官方報告以便發表，但馬戛爾尼的貼身男僕搶先他們一步，迅速出版了一份比他們寫成的任何東西都要老實許多的報告——而且與馬戛爾尼和斯當東不同，他身為僕人，不必為了利害關係而維護政府與東印度公司的顏面。這位僕人未經粉飾的記述，出版後立即大賣，光是頭一年就重印了三次。[73]

馬戛爾尼受到沒完沒了的嘲笑。諷刺他的漫畫四處流通，把他畫成在臃腫圓滾的中國官員面前卑躬屈膝、手足無措的人物。筆名彼得・品達（Peter Pindar）的諷刺作家沃爾考特（John Wolcot），在〈頌戰船獅子號，載著使團從中國返國途中〉一詩中揶揄他。詩的開頭寫道：

親愛的獅子，歡迎你從猴子之旅回來；
詩人很高興看到你，你這艘了不起的船；
你消沉的艦旗，落到旗桿一半，
（我看恐怕會）引來眾人大笑！
……
你駛到讓英國人懂得像狗一樣爬行、低頭的地方，
駛到如歷史所歌頌的，東方君主面帶輕蔑笑意俯視西方國王的地方，
不覺得丟臉？[74]

但馬戛爾尼並未默默承受他的難堪。他對此行有自己的說法，把重點擺在中國皇帝的傲慢愚昧上。不管此次出使的結果如何，他這時被認為是極少數有資格談中國事務的英格蘭人之一。比起他在此行後半段所寫的東西，他返回英格蘭後的聲明，怨憤之意更為濃烈。他寫了一系列的心得報告供英國政府和東印度公司使用——論中國人民、中國經濟、中國農業、科學、法律制度等諸多方面的短文——而其一貫的中心思想是中華帝國遠不如歐洲先前以為的那麼富裕或穩定。

他在啟程返國前夕於廣州寫的日記裡，就已開始探索這個想法。他思忖道，「中國是一艘老舊不牢固的第一流軍艦，幸有一連串能幹而警戒的軍官努力操持，才得以在這一百五十年裡不致沉沒；她單單憑藉其龐大身軀和外表，就震懾住鄰邦。」他漸漸相信（或想要相信）中國的輝煌和強大只是假象，或最起碼，那是已經一去不復返之過去的餘暉。他繼續用他的航海隱喻手法寫道，「她

或許不會立刻沉沒，或許會以失事船骸的形態漂流一段時間，然後被沖到岸上化為碎片；但她絕不可能以舊的龍骨重建。」[75]

對於中國的前景，他愈是思量，愈覺得悲觀（而且應該指出，他回到英格蘭後個人尊嚴受損，使他更加不快）。不同於那些把中國想像成穩定、公義之治國典範的西方人，馬戛爾尼把中國說成「由少數韃靼人統治三億多中國人的專制國家」。而那些受統治的中國人，他悲觀地預測，忍受「其所痛恨的外族控制」不會太久——這樣的預測至少有一部分出於他個人想見到滿族皇帝受挫的心態。革命就要到來。[76]

他的預測還不止於此。他深信中國得到報應之日不僅必定會到來，而且很快就要到來。他寫道，「我常覺得巨大上層建築底下的土地是空心的，而在看來最宏偉繁茂的樹木裡，我找到迅速腐爛的徵兆。」人口眾多的漢人，「如今正從把他們打昏的打擊裡回過神來，正從韃靼人加諸他們的政治昏迷裡清醒過來，開始感到自身本土力量的重振。一丁點的碰撞就可能會使燧石生火，把叛亂之火從中國的一端擴散到另一端。」他預言消滅大清帝國一事會極殘忍無情，伴隨著「駭人情事和生靈塗炭」。而且很快就會到來。他推斷，「如果在我有生之年這個帝國就陷入混亂或分崩離析，我不會感到驚訝。」[77]

這些字句出自一位剛在中國遊歷過數月的人筆下，以怨憤之情寫出。馬戛爾尼對中國歷史或自己線狀行程以外的中國內部情況所知甚少。他不會講中文，看不懂中國書，沒有熟悉中國內情者或顧問給他意見，而且他的認知受到他個人民族自尊無可救藥的扭曲。但事實表明他的確是真知灼見。

二、黑風

乾隆皇行事向來超乎常人。他十一歲那年，離當上皇帝還很久，有次和老祖父康熙皇帝出去打獵，突然有隻受傷的熊往他衝來。這個男孩既沒移動也沒顯露恐懼，一逕坐在他的矮馬上，泰然自若，這個時候他的祖父一箭射中了熊，救了他一命。[1] 根據流傳下來的故事，康熙就是這時決定將乾隆的父親指定為皇太子，以確保這個小孫子未來能從他數十個孫子裡面脫穎而出統治中國。乾隆於一七三五年二十四歲時登基，在位之久超過此前任何中國皇帝，不只空前也會是絕後。他在中亞大規模用兵，所主持的文化工程規模之浩大是西方人難以想像（當時中國書籍種類之多超乎世上其他地方的總和，他命人編纂了總數達三萬六千冊的百科全書，足以塞滿一大間房間）。他是出色且多產的詩人和著名書法家，憑藉強勢的治國手段和好大喜功的心態，把帝國帶到富裕的顛峰。

一六四四年從明朝手中拿下北京後，清初的幾個皇帝即展開確立帝國版圖的大業。經過幾代的開疆拓土，他們往西伸入中亞，國土超出明朝原有的核心地區，將西南邊的新領土和東邊的臺灣納入版圖。但直到十八世紀乾隆在位時，清帝國才臻於鼎盛，大抵確立了今日中國的疆界。在乾隆治下清朝國力最盛時，帝國版圖從東北邊的滿洲綿延到西南邊的廣西、雲南二省，從東部外海的臺灣延伸到中亞，以新疆和西藏為最西的領土。帝國面積四百五十萬平方英里，比整個歐洲還要大。

馬戛爾尼前來向乾隆致敬時，乾隆剛要滿八十二歲。他身材健壯，雙眼下垂，有點雙下巴，留著長長八字鬍。他在位時間很長，因而洪任輝在世時中國的統治者是他，最初命令英國人只能在廣州通商的統治者也是他。馬戛爾尼使團來華時，乾隆已統治中國將近五十八年。而在位如此久不只他一人，因為他的祖父康熙在位六十一年（一六六一～一七二二）。他們兩人共同構成這個強盛王朝的骨幹。

不管留給英國人什麼樣的印象，乾隆並非視界短淺狹隘之人。他發給英王喬治三世的敕諭中，「奇怪、貴重之物，我不感興趣」這句尖銳的話——更別提他把丁韋迪的透鏡和天象儀貶為「足以逗小孩子開心」——主要是在裝樣子擺姿態。儒家典籍《尚書》告訴他，對外國珍奇之物表現出不感興趣的姿態有何好處。《尚書》說，「不寶遠物，則遠人格；所寶惟賢，則邇人安。」（白話譯文：不以遠方異物為寶，遠方的人就來歸附；所寶貴的唯有賢才，近旁的人就安定。）[2] 但私底下，乾隆對西方發明的新器物極為著迷。他珍藏了多年來蒐集的七十件精巧英格蘭鐘，曾寫詩抒發對外國玻璃的鍾愛，也以望遠鏡為題寫了數首詩。他不時下旨給廣州的海關監督，要他把歐洲的貨物或工匠送到京城。他贊助天主教傳教士，讓他們在朝為官，從事天文曆算、地圖繪製的工作。他給他們的自由不多，但看重他們帶來的技藝。丁韋迪在組裝後來遭乾隆公開蔑視的科學器材時，並不知道乾隆已命令傳教士仔細觀察丁韋迪的組裝過程，以便他離去後加以複製。[3]

乾隆也懂得欣賞西方藝術，過去曾以義大利人郎世寧（Giuseppe Castiglione）為宮廷畫家，要他為皇上繪製歐式中國風景畫，乃至皇帝本人的油彩肖像畫。一七四〇年代，他請郎世寧和一名法國耶穌會士在北京城外的圓明園，設計並建造一連串充斥噴泉和高聳圓柱的歐洲洛可可式大理石建築，並拿西方手工藝品當房間擺設。因此，他並非不欣賞西方的製造品或美學，無論如何他這輩子與歐洲人的接觸，遠比任何英格蘭王與中國子民的接觸還要多。但最重要的是，乾隆知道廣州對外貿易的重要，因為那裡的關稅收入有頗大部分用來支應皇室的龐大開銷。[4]

就更大的帝國經濟格局來看，乾隆在位期間對外貿易至關緊要，因為它是帝國最重要的白銀來源——中國是當時世上最大的白銀淨輸入國，而且自十七世紀以來就是如此。外商（主要是英商和後來的美商）帶來銀圓，以換取他們在廣州購入的部分茶葉和生絲，白銀從廣州流通到內陸，有助於穩定若沒有這些白銀大概會岌岌可危的內陸經濟。馬戛爾尼抵華時，有兩股相反的力量在中國境內運作。第一股力量來自過去幾十年人口暴增。拜乾隆在位期間天下太平和繁榮富裕之賜，家戶生養的子女愈來愈多。玉米和馬鈴薯之類從美洲引進的耐寒新植物，使原本無法利用的土地得以栽種作物，從而使更多這些新生的小孩得以存活。結果是乾隆在位期間人口空前急速成長，從一七四〇年代到一七九〇年代初，帝國人口增加了一倍。到了一七九四年，中國已有三至四億人口，也就是全球人口的三分之一。[5]

乾隆在位期間與前者背道而馳的另一股力量，來自面對人口急速成長，中央政府卻無力相應增加歲入一事。約八成的政府收入來自向農民和地主徵收的土地稅，而且稅額多寡與實際靠特定一塊土地過活的人數無關。一七一二年，乾隆祖父康熙承諾土地稅絕不再調漲，這項大氣魄的宣示，除了是為贏得具影響力的有地士紳支持，也在展示他對滿清王朝統治的信心。乾隆身為康熙的孫子，出於孝道，得尊重這項承諾。但到了十八世紀晚期，由於清朝的主要歲入來源並未隨著新領土（大部分是不適耕種的土地）的征服而增加，同時肥沃的華南與華東地區的人口大增，導致城市人口稠密到了危險程度，土地承受的壓力甚大，大量人口移居到國內較不適人居且未有官府管治的地區。由於土地稅收受到如此嚴格的抑制，清朝無法將行政機關擴大到足以牢牢掌控這整個龐大且變動的人口。在此背景下，靠廣州對外貿易穩定流入的白銀，做為少數的替代性政府收入來源之一，對穩住一個看來將要崩潰的體制來說更加重要。

有增無減的人口和停滯不前的政府兩者相互加成，也為帝國內數十萬想要做官的識字菁英帶來危機。千餘年來，中國政府都以科舉取士。科舉藉由測試考生對儒家典籍的理解程度來選拔人才，希望藉由這種遴選官員的制度，讓人可以完全透過個人的才華出人頭地，而非透過家族關係或財富影響力。此外，孔子把忠、義視為他思想的核心，歷來的皇帝都相信從小受儒家道德觀薰陶的官員，一旦派到各省為官，即使沒有朝廷的直接監督，仍會守忠盡義。

在外人看來，中國的科舉制度始終是中國文明最令人讚賞的地方之一。十八世紀法國哲學家將此譽為不受遺傳或教會之有害影響的菁英治國典範。伏爾泰寫道：「人類肯定想不出比這個還要好的政府，在這種政府裡，事事由彼此從屬的諸個大型審理機關決定，而且得通過數次艱難的考試才能成為這類機關的成員。」孟德斯鳩對於中國士大夫具有深厚儒家道德修養一事大為激賞，稱許他們「把整個年輕歲月花在學習這些道德規範，把整個人生花在實踐這些道德規範。他們受文人教導……中國得到良好治理。」十八世紀中期，已有人在英國通俗雜誌上呼籲仿照中國，在英格蘭建立以能力選拔人才的考試制度；一八〇六年，隨著東印度公司在倫敦建立自己的競試制度，這一波主張得到實現。東印度公司這項考試，大抵受到該公司商人對廣州科考制度的瞭解所啟發，藉此遴選在印度服務的人才，並且將會在十九世紀中葉英國政府建立自己的文官考試制度時，成為這項考試制度的基礎。[6]

儘管中國的科舉制度受到外人讚賞，到了十八世紀晚期這項制度卻已開始失靈。要通過科考，本來就非常困難，而由於乾隆在位時人口大增，想參加科考的人比以往多了許多，可供授予他們的官職相應較少。競爭愈來愈激烈，許多有才華的考生落選，從而產生許多受過良好教育但前途黯淡之人。他們一般來講屈就於私人教師、幕僚、下層官吏之類不如意的工作，也就是需要具備高等識字能力和學問但是工作性質不長久且完全倚賴雇主恩庇的不可靠工作。有許多父母不惜花大錢讓兒子受教育，冀望兒子當官好讓家族揚眉吐氣，在父母眼中他們的人生可謂失敗。

此外，就連千辛萬苦通過科考的學者，也都可能要等上十年或二十年才能透過正常管道覓得一官半職。於是，文官任用制度變成貪汙賄賂的溫床。掌握任官大權的官員，要通過科考者獻上大筆金錢才給予職位——基本上就是逼他們買官，然後往往要他們每年獻上一定數目的錢，才能續保官位。隨著這項惡習蔓延開來，許多官員踏上一踏上仕途，身上就揹著欠上司的沉重債務，而要還債，他們自然而然得向自己的下屬索賄，或者找其他方法（例如盜用公款）來填補微薄的薪水，支應官場不可少的花費、送禮開銷。

在最低層，即龐大的帝國治理機器與老百姓直接接觸的層級，這種金字塔狀的貪腐結構導致人民受到下層官員普遍的小規模壓迫和十足無情的對待，尤以最難抗拒他們敲榨勒索的廣大農民和位在社會邊緣者受害最深。這些受害者如果遭貪婪官員騷擾或毆打或搶走微薄的財產，幾無有效的法律手段可自保。一旦走投無路，他們所能做的就是造反。

一七九四年春，獅子號從澳門啟航踏上返英之旅時，有個傳言在中國中北部一些多山的縣份流傳，說山西省出現了「真主」。傳說這個真主左手有「日」字，右手有「月」字，兩字合起來正好是前一個朝代明朝的「明」字（從而是反清的標記）。根據這則傳言，他家鄉村子裡有顆大石，某天大石突然裂開現出經文：

一日一夜黑風起，
吹死人民無數，
白骨堆山，

血流成海。[7]

把這項傳言傳播到華中各地的人說，大劫就要降臨。躲過災殃的唯一辦法，就是熟記並念誦這段經文，然後開始儲備刀槍火藥，以便真主起事時共襄盛舉。起事日期定在兩年後的一七九六年春，屆時會吹起黑風，所有人會一起起義，摧毀舊世界，迎來新時代。

那年春天，許多人聽到這則傳言而且信以為真，湖北省西部一個偏遠多山縣份有個叫張正謨的農民，就是其一。[8] 他當時三十二歲，從華北某個巡迴各地傳教的白姓教主那兒聽到這則傳言。那人告訴他，真主信的教是白蓮教的一支。白蓮教在中國鄉村地區流行已數百年，由數個宗教團體鬆散結合而成，這些宗教團體共有某些來自佛教與道教的信條，但有彼此相競爭的師父。大部分時候白蓮教是無害的，他們的作為以信仰療法治病和消災解厄為重點。但他們的宗教也屬於程度各異的末世宗教：預言將有大劫降臨，信徒相信佛陀會再度降世，化身為彌勒菩薩返回人間，消滅世間的貪腐與苦難。彌勒會消滅政府和不信該教的人，打造一個新烏托邦，賞賜給協助「劫數」降臨者。

白蓮教裡的這股暴力潛流，清廷知之甚明，因為此前直至整個明朝時期，白蓮教曾激起大小不一的叛亂，有些白蓮教派甚至與助明朝得天下的叛亂有關。但一七九〇年代初期開始出現的新型白蓮教，毒害之烈遠更甚於大部分白蓮教教派——當時正值馬戛爾尼來華前後，但馬戛爾尼一行人走過的地方，離這些新教派出現的地區甚遠。它們的教旨要人更快起身行動，在不確定的年代，他們的教義更能打動人心。

張正謨皈依白蓮教，拜白姓教主為師，白教主向他說明真主的教義，助他籌劃接下來的作為。張正謨把他能捐出的小筆金錢捐給師父，開始暗藏武器。他也開始積極招募新血做為自己的弟子，做法跟他師父最初招募他時一樣：向他們講述真主即將降臨的故事，要相信他的人開始籌錢、蒐集武器、最後出去向他人繼續傳布這項消息。

張正謨居住的地區是帝國的內部邊區，湖北、四川和陝西三省交界的多山地區，政府控制力在此始終很薄弱。水勢凶猛的漢江貫穿此地區，劃出一道深谷，因此得名漢江高地。這裡的地形不適人居，使其成為華中境內最晚有人移居的地區之一，當地社會的根基因此較不牢固。這裡密布古老森林和植被茂密的陡峭丘陵，成為中國社會的邊緣人嚮往的地方——土匪在這裡安然生活，罪犯能在此輕易找到藏身之地。

但由於開發得晚，這裡也是十八世紀中國境內少數還有多餘土地可供開墾種植的地區之一。乾隆時期人口大增，導致大量窮人移居此地，從擁擠的華東、華南來此拓荒者細心開墾山坡地以種植作物，或在山區從事製木炭或雇傭工的工作。到了張正謨在這裡長大成人時，這地區的人口已多了數倍，土地承受的壓力已超出負荷，迫使移民爭奪水和其他必要的資源。[9] 這類衝突大多以暴力解決，符合邊區社會的傳統作風。

十八世紀晚期，漢江高地是讓人害怕且不穩定的居住地，該地區薄弱的公權力難以讓百姓安居樂業，因此白蓮教大劫將臨的警告，以及信教者會全身保命的承諾，很快就為移民所相信。到了一七九四年，清廷察覺到該地區教派活動變多，大略知道宗教團體打算造反，於是省府當局趁他們還未作亂，開始著手瓦解白蓮教的基層組織。取締行動始於一七九四年，最初把矛頭鎖定以四川和陝西為大本營的團體，然後擴及到湖北境內團體。針對如何處理白蓮教，乾隆給了清楚具體的指示。在那年九月下達的敕諭中，他下令凡是捕獲的教民都應依據犯罪性質予以懲罰。凡是教首，一律處以腰斬。凡是傳播白蓮教義者或煽動作亂的主謀都要斬首。跟從的信徒應予以逮捕，發配東北為奴。[10]

當地政府遵照指示，開始組織武力圍捕白蓮教民（官府對當地的治理始終很薄弱，因此圍捕工作有許多由村中的頭人以民間力量執行）。才幾個月就抓到二十名師父和一百多名追隨者。但挨家挨戶徹底搜索，手段殘暴，卻使情況更加緊繃。正規軍兵力不足以支撐範圍如此廣大的行動，於是雇請地痞流氓幫忙搜索。他們不管對有罪者或無辜者都索取賄款，揚言如不照辦就把他們當成教匪逮捕。那些證明自己並非白蓮教民的人——或至少是照流氓吩咐交出賄款的人——則拿到牌子供放在門上，表明「良民」身分。至於其他人則個個都擺脫不了疑犯身分，容易受到白蓮教民搜捕隊的迫害，深怕被指控為教匪而招致嚴懲。[11]

一如其他許多白蓮教友，張正謨得知官府派人搜捕，在搜查隊上門之前就離家逃亡。他逃回不遠處自小生長的湖北某縣，那裡較易隱匿行蹤，也較瞭解地形。一路上他繼續吸收徒眾。到了一七九六年晚冬，也就是馬戛爾尼發出中國就要爆發革命這個悲觀預言才三年後，據張正謨自己的估計，他已另外吸收到千餘名男女加入這個宗教。他原本不急於起事，但二月十五日那天，距預定的全面造反日還有兩個月，他得知當地官府要再出手鎮壓，而且似乎很可能會找上自己。[12]他擔心被捕，決定先發制人，於是召集身旁部眾，宣告動手時機已到。

張正謨的部眾上路，不久就與其他白蓮教基層組織合流。這些基層組織以其他招募新血者為核心發展起來，也都與他有所往來。才幾天光景，就有萬餘白蓮教民匯集在張正謨旗下，揹著刀槍火藥和其他物資。他們掠奪村莊以取得補給，強拉村民入夥，搶走村民糧食。張正謨的部眾不覺這麼做有何不妥，因為他們得到的教諭說，不信教的人會在彌勒再度下世時被消滅，而既然終歸要消滅，此時傷害他們又何妨。他們強拉壯丁入夥，吸收新信徒，人數很快就超過兩萬，並且設置路障阻止官軍入境。然後他們往山上行進。

張正謨部的第一個基地是一名有錢教民的山區莊園，但他擔心該地易攻難守，於是帶領部眾進入更深的山裡，來到一個他知道可以守住且具有戰略價值的山口。他們建造營地，用茅草跟木頭蓋了數千間簡陋木屋，插上白旗，纏白頭巾，有別於官軍。[13]至於武器，他們有大刀、小刀，以及三百枝火繩槍、六門栗木炮，還製作了數百枝箭頭抹有毒液以強化殺傷力的弩箭。他們設了一道環形防線，沿著穿過山區通往他們營地的小徑布設土製地雷，蓋起一連串石造防禦塔（石卡），塔裡部署哨兵，哨兵有槍炮、滾木和擂石用以擊潰來犯之敵。[14]

但雖有長達兩年的事先準備，領導者卻不善領兵作戰。張正謨不願帶部眾下山，認定官軍已在下方覆林山谷等著他們自投羅網，一旦碰上會全軍覆沒。於是他們掘壕固守，留在那裡長達數月，偶爾派人下山搶奪物資以便長期固守。一轉眼冬去春來，然後夏季降臨，在酷熱的六月時節，瘟疫大作，又奪走營地裡二、三千人性命。

到了七月，他們仍不願行動，但張正謨從斥候得知已有官軍慢慢圍攏。他原本有一本名冊，怕官軍破寨時搜出，屆時一個個都難逃脫，於是便把名冊燒掉。他們沒有真正的師父；張正謨很清楚自己不夠格當宗教導師。其他人都認為他見過傳說中的「真主」，但他其實根本沒見過。他們唯求張正謨指引，於是他欺騙他們，拿出自己舊有的一把古劍，說那是「真主」親手所賜。他竭盡所能給予他們縹渺的希望。

張正謨號召起事時，原想各處同教之人都會前來救應。但在初期階段之後，就不再有教民前來，於是他推測其他人想必已遭官軍截殺。他的部眾已無處可逃，而且沒人會來救他們。彌勒佛一直沒來。劫數未臨。他又撐了兩個月，九月官軍終於突破防線，攻進營地，他帶領部眾跪地求饒。

張正謨遭處決之前，官府訊問人員想知道他和部眾為何造反，問道：「你們都是百姓，我皇上普免天下錢糧、漕糧，普免積欠。凡遇水旱偏災，無不優加賑恤。你們俱有人心，應感激安分，何得以邪教為名，勾結滋事？究竟意欲為何？」張正謨並未反駁（此刻將被處死，他幾無選擇），答道：「我們都有身家，蒙皇上天恩，飽食暖衣。凡是百姓，都實在感激的。」[15]

但張正謨接著說道，他當初加入白蓮教並非出於憤恨或想煽動造反。他告訴訊問者，「只因一時愚昧。當初習教時，不過勸人行善免災。後來因被查拿緊急，又見習教被拿的都問重罪，心裡害怕。」換句話說，正是官府不當鎮壓白蓮教，促使他起兵造反。這是他自述裡的要點，而且會在其他人被捕後的自述裡一再出現——他說他起兵造反，純粹因為害怕官府。

若單看張正謨的造反，這場叛亂或許微不足道——在悠久的中國歷史裡，這樣的農民造反失敗的事例屢見不鮮，農民豁出去反抗殘酷的地方官員，結局通常是慘敗，造反領袖大多遭殘酷處死。但張正謨和部眾並非如他們自以為的那麼孤立。事實上，張正謨一起兵造反，「黑風」就已開始擴散，只是連那些被捲入黑風之中的人都不知此事。一七九六年春天到來，他揭竿而起之時，世人才真正看清楚打動張正謨心頭並使他人生轉向的大劫將至的傳言，傳播何其之廣，吸引力何其之大。張正謨造反之事從他家鄉的縣份經由口耳傳遍湖北省時，漢江高地的諸多山區縣份，開始同時爆發別的民變。他不知道此事，但他是引發燎原大火的星星之火。官軍闖進張正謨的營地時，他家鄉湖北省已被民變的烽火完全吞沒，造反浪潮越過未設防的省界，進入鄰省四川和陝西。官軍終於逮住他時，白蓮教亂已蔓延甚廣，聲勢迅猛，有沒有逮到他已經無關大局。

一七九六年二月九日，即農曆大年初一以及張正謨起兵造反的僅僅六天前，乾隆退位。退位一事老早就計畫好，早在他一七三五年登基後不久，他就發布上諭，說他希望在位和祖父康熙一樣久（六〇年），但不會更久。在位第六十年末尾時，他信守誓言——至少表面上信守誓言——辦了一場精心策畫的傳位大典，在典禮中正式退位，把皇位讓給兒子嘉慶。

但退位是虛晃一招。嘉慶的確登基為帝，而且在京城之外，所有曆書都把新的一年記載為嘉慶元年。但在京城內，皇帝真正當家作主的地方，年號卻是乾隆六十一年。兩部曆書並用，兩套皇帝起居注同時編寫，一套反映嘉慶登基的事實，一套反映乾隆以「太上皇」身分繼續在位之事。於是乾隆實際上繼續掌理國政，他兒子的皇帝之位坐得有名無實。嘉慶沒有實權，而且無力改變此事。

如果乾隆真心退位，對中國或許較好。因為雖然乾隆盛年之時治國有成，到了一七九三年馬戛爾尼使團來華時，他已快要無法視事。但遠道來華的英國人，從他的外表看不出體弱的跡象。馬戛爾尼認為他「身體硬朗……幾乎看不出年老體弱」，斯當東寫道，乾隆眼睛「炯炯有神」，「走起路沉穩挺拔」。[16] 但他們與乾隆只有短暫會面，而且注意力被他們所在環境的堂皇新奇吸引過去。後來在宮廷中待了較長時間的其他人，會看到另一面。馬戛爾尼訪華隔年，有位朝鮮使臣向上司回報，乾隆行事古怪，難以捉摸，例如有次剛吃完早餐，就要人再送上早餐。他似乎正迅速步入年老糊塗之境。三年後的一七九七年，另一名朝鮮使臣報告，乾隆可能晚上就記不得早上發生的事或前一天做過的事。[17]

在中國，皇帝衰弱帶來的重大隱憂之一，乃是朝中派系可能爭奪大權——不是直接篡位，而是架空皇帝把持朝政。這個過程於乾隆在位晚年開始出現，隨著他腦子變糊塗，情況更為惡化。趁著乾隆老年昏聵以奸巧手法把持大權的官員是和珅，也就是英國人稱為Grand Choulaa的那位滿人大臣。和珅於一七七五年首次得到乾隆皇注意，當時他是年輕的乾清門（紫禁城內廷正門）侍衛。他長得秀氣，而且特別俊美。一七八〇年見過他的一位朝鮮人，說他「外表文雅，整潔漂亮，有紈綺子弟之風，讓人覺得非正直之人。」[18] 與和珅初識後不到一年，乾隆即非常欣賞他，對他不次拔擢，包括讓他到軍機處當差——軍機處是皇帝最倚重的顧問班子，不受正規官僚機關節制，在某些情況下能代表皇帝執行政策。[19]

在接下來的二十年裡，和珅一直是乾隆最寵信的大臣，權力和影響力日增。一七八〇年，三十歲時，他出任戶部尚書，掌理帝國財政。同年，他兒子娶了乾隆愛女，兩家族聯姻。一七八四年，他出任吏部尚書，掌管清廷的文官任命體系。他與這位老皇帝關係非常緊密，因而隨著乾隆的官能開始衰退，和珅愈來愈成為他的代言人和代理人。到了一七九〇年代，就連斯當東之類的外人，都能看出和珅「幾乎獨享皇帝的信任」，「事實上或許可說在皇帝之下把持帝國的所有權力」。[20]

恰好，和珅也是個大貪官。在貪腐像疾病侵蝕整個文官體系時，他貪贓枉法肆無忌憚的程度無人能及。一七八〇與九〇年代期間，透過在朝中的大權，他把大部分官職當成他個人的恩庇網絡。僅以河道總督衙門為例，這個機關經手黃河的所有防洪經費，官員由他親自選任，並要他們為此肥缺給他豐厚回報。從這些官員身上，完全看不到透過科考選出賢能謙卑之士來治國的中國政治理想。清廷每年撥約六百萬兩銀子治理黃河，這個機關自然而然提供了中飽私囊的大好機會，到了十八世紀末，隨著乾隆漸漸不理政事並由和珅把持朝政，政府撥給河道總督衙門的經費，只有約十分之一真正用於公共工程，其他的錢都流入官員口袋，供他們拿去大吃大喝以及送和珅大禮。黃河以其破壞力之大而被稱為「中國之患」，此外讓廣大的黃河洪氾區受苦的農民處境更加不堪的是，河道總督衙門的官員發現，讓黃河不時破堤而出，對他們本身最有利，這樣一來才會有朝廷經費不斷流入他們口袋。[21]

和珅的貪汙行徑，朝中其他官員看得清清楚楚，但彈劾他或他的黨羽只會招來嚴懲報復。真正剛正不阿的士大夫，即使可能受到不公的懲罰，還是會直斥奸佞，但彈劾和珅如同批評皇上不該信任他，後果可能更加嚴重，因為此舉如同在說乾隆已大權旁落。即使有人這麼認為，也沒人敢公開指陳。於是，正派官員的彈劾矛頭只對準依附和珅的較低階地方官員，而和珅本人依然安穩如山。[22]

白蓮教亂一爆發即迅速擴散且波及廣大地區，原因之一是為大劫將至做準備的教民人數之多，遠超乎張正謨之類教主所能想像。另一個原因，與前一原因相互加成，是清廷可用來鎮壓初期亂事的武力遠少於本該有的武力。一七九五年湖南境內爆發漢人移民和苗族少數族群的暴力衝突，於是原本應該駐紮在首波白蓮教造反地區的官軍，大部分已調至湖南。張正謨家鄉湖北省境內的駐軍因此只剩基本兵力，有數個縣全縣官軍剩不到百人。[23]

白蓮教亂根本令湖北省各地官員猝不及防。在張正謨及部眾藏身地西北邊約一百英里處的某個縣城，官軍兵力只有數十人，而且武器不足，聚集在城牆外準備攻入的叛軍兵力則大上許多。鑑於敵眾我寡，縣令不得不下令城民製作大頭棒，把竹子砍成數節充當臨時槍管。他要婦女小孩把石頭滾到城牆邊以加固城牆，要他們組裝火彈。全省各地，準備不足且居於劣勢的官軍，以所能湊集到的武器（火繩槍、火彈、巨石、裝沸水的大桶）抵抗叛軍。他們請鄰省派兵援助，但叛軍聲勢浩大，非他們所能壓下。[24]

官軍兵力嚴重不足，各城士紳開始自力保衛家鄉，雇用農民組成臨時的小型民兵組織（鄉勇），發給他們武器。但這些傭兵部隊除了保護自己的主子，幾乎未對其他人施予援手。有人憶道，在張正謨營地北邊約三十英里處的某城鎮，親眼「見領鄉勇之紳士，道經屋後，乘馬衣裘，前矛後戈，朝赴城而晚歸。」但他們未著手保衛這座城鎮，反倒予以洗劫。此人寫道，「所稱鄉勇者，負荷俱避難人家之物，無一空手。先是，教匪如梳，而今鄉勇如篦也。」[25]這些民兵組織還是比較有紀律的團體。有些民兵組織係「鄉之好事者，聚眾成黨」而組成，他們「胸掛紅巾一條，書曰『鄉勇』。貪財圖產，報仇報怨，群赴而殺全家，乳食不留。」有人問他們為何殺某家人，「有何為據」，他們答說：「搜出白布一匹。」[26]

清廷把叛民一律叫作「白蓮」，但叛民給自己取了其他許多名字，因為他們其實代表了眾多彼此幾無直接接觸的教派。不過，這些互不統屬的教派在造反之前原本彼此爭奪教民和資金，開始造反後，即聯合起來抵抗共同的敵人：清廷。「官逼民反」成為白蓮造反團體四處可見的口號，寫在旗幟上和宣言裡，被捕的白蓮教民，不管出身背景為何，自述造反緣由時總會提到這四個字。這是種惡性循環，因為隨著清廷加大力度清剿白蓮教，教民造反就更為理直氣壯，更為凶狠。[27]

白蓮教造反始於乾隆退位之後，但主導平亂的皇帝肯定是他；他並未把這項重任交給兒子嘉慶。但乾隆把教亂視為該由地方軍力處理的地方問題。在他看來，內亂對帝國的威脅，遠不及邊境戰爭帶來的威脅，因此，官員請求派去在中國邊疆地區幾乎戰無不勝的精銳八旗時，乾隆予以拒絕，並要地方官利用自己的人力物力打擊白蓮教。[28]但儘管他不願派出精銳官軍，還是給予當地官員大筆金援——這是他能辦到的事，因為白蓮教造反時，清廷府庫充盈，有多達七千多萬兩銀子可用。

鑑於朝廷不同意派八旗前來平亂，加上省內官軍兵員不足，地方官仿效地方士紳，開始武裝農民，組建鄉勇，而且規模比此前建立的私人軍力還要大。叛亂初起時，這些鄉勇兵力仍不大——在大部分縣境，這類非正規軍有數百人，有時多達數千人。但隨著亂事擴及鄰省，朝廷撥予的軍費變多，鄉勇人數大增。到了一七九八年，湖北省會有將近四十萬編制內的民兵，鄰省四川和陝西也各有差不多人數的民兵。加上從他處調來平亂的約十萬正規軍，這三個省宣稱在整個白蓮戰區總共部署了超過百萬的兵力。才兩年光景，漢江高地不穩定的邊區移民社會，就幾乎完全軍事化了。[29]

但這些民兵團根本壓制不了叛民，而且他們帶來的傷害反倒遠大於效益。民兵出身形形色色，有可靠穩定的農民，也有游移無根不可捉摸的失業流動工人，而且許多民兵是犯了微罪的罪人，為了豐厚的薪餉而投入民兵團——民兵的薪餉和正規軍一樣高甚至更高，而且不必像正規軍那樣長期服役或受正規軍那樣的軍紀規範。對於想趁天下大亂撈取好處的人，這是很理想的一條路——無論如何比當土匪來得安穩，而且可以名正言順持有武器。此外，民兵是誰給錢就效忠誰，因此只要條件合意，他們樂於變節投入叛民陣營。這種事屢見不鮮，因而到了這場戰爭後半期，有人認為白蓮軍有一半兵力原本是民兵。[30]

再者，官府正規軍怯戰怕死、軍紀蕩然的情況到處可見。四川總督勒保憤慨表示，官軍上戰場時，要鄉勇在前頭衝鋒，自己留在安全無虞的後面。如果民兵遭叛軍擊退，開始潰逃，官軍就跟著跑。他還報告了官軍謊報勝利之事——官軍會按兵不動，等叛軍拔營離去數日後，再朝空蕩蕩的營地發炮，衝進去，殺掉附近村落裡的無辜難民，把他們的屍體搬到營地裡擺好，偽裝成叛軍屍體。他說，事實上，雙方幾乎根本沒有交鋒：「有賊之處無兵，有兵之處無賊。」最後，官軍劫掠與暴虐的行徑太過駭人，致使百姓開始把他們叫做「紅蓮」，因為他們比叛軍更為凶殘。[31]

在這期間，乾隆更加老邁糊塗，卻又堅持要主導這場戰役，從而使平定白蓮教亂的實際軍事指揮權落在和珅手裡，而和珅則把此事視為他整個官場生涯裡中飽私囊的最佳機會。乾隆把心思擺在戰事的細節上，日夜攬讀軍情報告——據他兒子所述，憂心到幾乎夜不成眠食不下嚥——和珅因此得以掌控哪些軍情要呈給皇上，哪些不要。他捏造捷報呈給乾隆，讓皇上覺得戰事進展順利，不讓他看到受挫和戰敗的報告。他安插自己人擔任軍中要職，創立榮銜獎賞他們根本沒打的勝仗。他掩蓋官軍屠殺平民之事，把軍費送進自己和追隨者的口袋，保護那些送他好處的無能軍官。[32]

戰爭頭三年，和珅實質上掌控朝廷軍費的撥發，在他的包庇下，白蓮戰役軍費遭到貪汙的程度高得嚇人。後來查明被招募來打白蓮教的數十萬民兵，有很大一部分根本是空額。軍官一直謊報員額，將不存在之士兵的薪餉（和他們不需要的裝備添購經費還有他們絕對吃不到的糧食）放進自己口袋。此外，針對那些真有其人而且戰死的民兵，貪汙的軍官還找到方法侵吞他們的撫恤金（很多時候撫恤金根本沒有送交他們的家眷），從而也使軍官心生讓更多麾下士兵戰死的惡念頭。為了平定白蓮教亂，朝廷撥出高得驚人的軍費，而與民兵有關的支出，占了這些軍費的大半，後來嘉慶帝查明，其中至少一半的軍費被貪汙的軍事指揮官拿走，從未用在平亂上。[33]

因此，白蓮教亂的猛烈和持久，與朝廷本身的貪腐有很大關係。叛軍領袖把殘酷無情、追逐私利的官員說成迫使他們造反的首要原因，而貪腐軍官平亂如此不力，則使叛軍聲勢日益壯大。如果說叛軍口號是「官逼民反」，一段時日之後許多忠於朝廷的廉潔官員也會以同樣心態看待這場戰爭。站在朝廷這一邊的學者章學誠，談到這場戰爭開打之前幾年期間湖北官場的貪汙惡行，說貪官「始則蠶食，漸至鯨吞，初以千百計，俄而非萬不交注，俄而且數萬計，俄而數十萬、數百萬計。」[34]另一位支持朝廷的學者汪輝祖，則說較低階官員裡，「端方之操，什無二三。」[35]這類批評主張，除非清廷檢肅本身的腐敗官僚，以杜絕叛亂分子造反的理由，否則平不了白蓮教亂。[36]

乾隆原以為平定白蓮教亂易如反掌。畢竟戰場指揮官虛報大量支出，把潰敗說成勝利，把只動員了數千或數萬民兵平定白蓮亂事說成動員了數十萬民兵。結果戰爭卻未能結束。看過和珅遞上那麼多捷報，乾隆對白蓮教教首仍不願投降感到氣憤且困惑。這場戰爭重重壓在他心頭，在他晚年一直苦惱著他，占去他所有注意力——或至少占去了他晚年僅有的注意力。一七九八年他在一首詩中傷感寫道，「雖云歸政仍勤政，覺此二年過更多。」[37]

一七九九年乾隆結束其長壽的一生時，鎮壓白蓮教亂的開銷已達將近一億兩——這是很可怕的數字，相當於清廷整整兩年的歲入。[38]戰前存餘的龐大資金因此耗盡，但戰爭卻還看不到盡頭。這是清朝打過最昂貴的戰爭，久戰無功也令乾隆意氣消沉。經過超邁歷來帝王的漫長統治——中國史上在位最久且文治武功名列前茅的皇帝——乾隆在無奈無助的心境下死去，死時國庫空虛，帝國的道德基礎漂移如他底下的沙。

三、世界的邊緣

漢江高地南邊五百英里處，港城廣州並未受到還在進行的白教蓮亂波及，但未能倖免於日益升高的貪腐浪潮衝擊，而貪腐正是逼使白蓮教民造反的原因。在廣州易手的金錢數額龐大——廣州是當時世上第三大城，僅次於倫敦和北京——因此廣州一地的官職成了肥缺，帝國內最適合藉權牟利的職缺，有一些就位在廣州。[1] 廣州是人口眾多的廣東省的省會，是廣東巡撫衙門所在地，巡撫之上則有兩廣總督。兩廣總督掌理廣東、廣西兩省，受皇帝直接節制——但俗話說得好，「天高皇帝遠」。巡撫的豪華官署和府邸位在廣州城裡，總督照官方規定駐紮於另一城鎮，但在廣州也有官署，而且大半時間都待在該地。

在廣州貿易的洋商不能與官府直接打交道。在實際面對面談生意的層次，有數個中國經商家族被賦予壟斷對外貿易的特權。這些家族稱作行商，通常約有十二個行商家族。西方人在華貿易一律得透過他們——如果你是某艘外國船的船長，你船上的貨物必須得到一家行商做保，才能溯珠江而上到廣州。只有那家行商能租倉儲空間給你，只有他能與你敲定你想帶回國的茶葉或絲織品的購買事宜。個人關係是關鍵，與某個行商私交良好，大有利於洋商在廣州貿易。但行商也得為他們擔保的船隻上面所有人員的行為負責。因此，如果有水手喝醉與當地中國人打架（這是頗常發生的事），行商就會受到追究。

中國與英國、美國還有歐洲大陸的貿易既全由這些為數不多的行商控制，行商發財的機會自然很多。不過，行商也得管控巨大的商業風險，得拿捏好從七百多英里外的長江流域運來的大量茶葉的運抵時間，確保茶葉的品質與數量符合要求，搞定茶葉的包裝和透過河路與陸路運送到廣州的事宜，確保茶葉及時裝上一年來華一次的外國船隻。天候不良、洪災、作物短缺——還有偶爾爆發的民亂——會推高他們與洋商締約供應的商品的價格，造成市場波動，而他們就得承擔波動的風險。從另一個方向來看，他們得承擔從海外買進的當紅進口品（例如海豹皮）需求下跌的風險。

但最重要的，由於他們有機會取得資本，使他們成為朝廷首要的索錢對象，用來支應征戰與賑災開銷的大額不樂之捐。有時候數額非常大；例如他們捐給討伐白蓮教的金額，達到三百多萬兩銀子（相當於當時的四百多萬銀圓，嘉慶帝對此大為嘉許，好似這些捐款是自願捐出）。因此，行商既屬於中國最有錢的圈子，卻也頗常破產。這樣的循環難以躲避，因為沒有得到那些壓榨他們的官員允許，行商不得辭去行商身分。

掌理廣州對外貿易事務的是帝國海關監督，即洋人所謂的「戶部」。海關監督的官署就位在商館區北邊。他的直屬上級單位是北京戶部，所有行商則向他負責。負責把關稅收入順利送到京城的海關監督，而廣州諸多官職中，就屬海關監督最容易自肥。

海關監督往往不受廣州洋商歡迎，在當時的中國人眼中，海關監督的形象也幾乎一樣糟。一八〇四年出版的中國通俗小說《蜃樓志》，以廣州為背景，書中清楚描述了海關監督周邊那些憤世嫉俗的中國人對他的看法。小說中的惡棍是剛上任的海關監督赫大人，小說提到他「謀任粵海關監督，原不過為財色起見。」[2]故事以他抵達廣州城開場，這時的他揹了一身巨債，債務則來自他為取得此官職所付出的賄款。他的首要之務乃是還清債務，而辦法就是把所有行商抓起來，扣上貪汙罪名，揚言若不交上數十萬兩銀子（這比他們事業的實際價值還要高），就要把他們毒打、流放。

洋商住在他們舒適的商館裡，只隱約意識到一七九〇年代中期在中國內陸深處打得正激烈的白蓮教亂，因此他們對這波亂事的瞭解，和他們對更近旁事情的瞭解一樣少，叫他們更為憂心的事，乃是英法兩國已經兵戎相向。一七九三年一月，雅各賓俱樂部成員將路易十六送上斷頭臺，令最初歡迎法國大革命的諸多君主國大為震撼。十一天後，法蘭西共和國向英國宣戰——經歷領導權易手和結盟對象變動，這場戰爭將使這兩個大國在接下來二十二年的大半時間裡烽火連天，並波及全球。馬戛爾尼還在北京時，就已從譯員周神父那兒得知法國發生的事。周神父於澳門離他們而去，走陸路抵達北京，以免和外國使團有瓜葛，並把來自廣州的最新消息帶去。獅子號船長高爾在沿海等待馬戛爾尼時得悉宣戰之事，在南下澳門途中，甚至捕獲一艘掛法國旗的船隻。對英國使團在來華途中於偏遠的阿姆斯特丹島上遇見的那五名海豹獵人來說，這真是個惡耗，因為那艘法國船正是他們承包期滿時要去接他們回去的船。獅子號拿下這艘船，使他們就此困在該島，離開之日遙遙無期。[3]

英法兩國的海戰擴及到有法國船或英國船航行到的世上每個角落，因此在馬戛爾尼返國時，獅子號擔負起為十三艘「東印度人」大貨船（包括印度斯坦號）護航的任務。船長高爾要船隻組成戰鬥隊形，這些船共載有二千名水手和將近四百門加農炮，重武裝的獅子號位在戰鬥編隊中央。[4]英國艦隊的綜合火力夠強，足以把返國途中所遭遇的任何法國船隻和海盜驅散，他們載運的價值數百萬英鎊的貨物，在戰爭風險升高時仍安然無恙。一七九四年五月下旬，英法兩國艦隊共五十多艘第一線作戰軍艦，在好望角北方六千英里處進行這場戰爭的最大海戰時，獅子號和它所護航的船隊仍在繞行好望角途中。英國打贏了這場後來人稱「光榮的六月一日」（Glorious First of June）的海戰，豪伊伯爵（Earl Howe）的海峽艦隊在這場海戰中消滅了法蘭西共和國的頑強艦隊，從美國駛出的一隊法國運糧船因而失去該艦隊護航。獅子號和船上的貨品幸運躲過這場戰事，不過在靠近祖國時，獅子號的確在英吉利海峽遇上豪伊伯爵的勝利艦隊。[5]

廣州或許離英法兩國的重要戰役甚遠，但仍感受到歐洲戰爭的衝擊。首先，這場戰爭使法國在華勢力從此變得微不足道。相較於法國在交趾支那（今越南）的貿易，它在廣州的貿易原本就不強，但在法國大革命之後又更為衰弱，然後在這場戰爭打得如火如荼時幾乎消失不見。中立的美國人迅即趁隙而入，派更多船隻過來填補法國商業活動減少後留下的空間，最終接管了法國在廣州已不再使用的商館，在原本飄著三色旗的桿子上升起星條旗（有位講話特別惡毒的美國人針對此事表示，「我們美國在法國的船骸上發財」）。[6]

更為不妙的是，這場戰爭使英國從此得以在廣州附近地區名正言順駐軍，而且一駐就不撤走。東印度公司的中國船隊載了一部分讓人覬覦的最值錢商品，航往廣州時滿載白銀，返程時塞滿茶葉和生絲這些值錢貨，因此，隨著這場戰爭開打，英國皇家海軍的巡洋艦來到中國海域，以保護來往中國的「東印度人」大貨船。它們的存在破壞了局面的穩定。過去，在廣州打交道的英國人和中國人始終是平民——一方是東印度公司的貨監，另一方是行商，行商代表洋商與海關監督和廣東省的官員打交道。這套制度相當管用，經過好幾代的運作，已累積了信賴和可預測性。但這些英國戰艦不受東印度公司管轄，它們的艦長不受商人指揮號令，因此它們讓人感受到威脅的存在，令相關各方都感到不安。

結果，麻煩在澳門爆發。澳門是葡萄牙人的移居地，位於廣州南方八十英里處。它不是葡萄牙殖民地，而是由清廷享有最終治權的中國領土，但經由特殊協議，葡萄牙人自十六世紀起即獲得在該地居住的權利（原是為了助明朝消滅海盜），而且獲准自行治理這個港城。當地葡萄牙人仍控制外國船在澳門的進出，也有權決定誰能不能住在那裡。在秋冬貿易季以外的時間，洋人不得在廣州居留，澳門因此有半年時間是洋人的重要基地。此外，中國人不准洋婦來廣州商館區（以免洋商在那裡過得太舒服而有定居下來的念頭），因此凡是攜家帶眷來華的洋商，都得把妻小整年留在澳門，在非貿易季時才與妻小團圓。

葡萄牙人在澳門長久以來持中立立場，葡萄牙已是沒落的強權，構不成貿易上的競爭對手。但一八〇一年六月，葡萄牙與法國簽署一項條約，條約當中有一個條款，載明所有葡萄牙人的港口都要禁止英國人進入。澳門一下子變得舉足輕重。倫敦海軍部擔心法國會派艦隊控制這個港口，有可能不准英國人住在那裡，從而危害英國人對華貿易（這是最好的情況），又或者是以澳門做為攻擊英國在華南航運的基地（這是最壞的情況）。為防止這些情況成真，他們准許駐孟加拉的總督韋爾茲利勛爵（Lord Wellesley）從印度派出一支海軍艦隊，搶在法國陸軍部隊之前抵達澳門。[7]

東印度公司的貨監不肯照辦。他們寫信給韋爾茲利和海軍部，提醒如果英國人揚言要在中國水域打海戰，會有什麼樣的「嚴重後果」。比起印度與英格蘭境內的本國同胞，他們遠更清楚干涉澳門一事不只會涉及英國人和葡萄牙人，還很可能把中國政府也捲進來。但他們的信件未能及時送達，一八〇二年三月還是有一支由六艘英國軍艦組成的艦隊抵達。這個艦隊要求停泊澳門以和平封鎖該城，葡萄牙人不同意，艦隊司令因此揚言攻擊。

貨監竭力阻止，堅決認為必須不計代價阻止與中國人產生衝突（他們待在中國純粹是為了貿易，一想到起衝突之後無法再於中國貿易，就感到膽戰心驚）。他們寫信給東印度公司在倫敦的董事，提醒他們在中國「要奉行的唯一且不變的行事準則……就是無論如何絕不要觸怒中國政府。」[8]然而，英國海軍指揮官不理會他們的抗議，堅持要讓中國人上談判桌。在發給兩廣總督的信中，他解釋英國艦隊來此不是為了開戰，只是為保護澳門不受法國人侵犯。兩廣總督不相信，嘉慶帝也不信。看過兩廣總督從廣州送來的奏摺，他稱英軍指揮官的理由是謊言，說不必聽信這些言詞，因為英國人的用意只是想隱藏拿下該地的意圖。[9]他命令兩廣總督務必將英國軍艦趕走，總督據此斷絕該艦取得糧食和淡水的管道。

兩國關係本會因澳門而陷入緊張，但不久後從歐洲傳來已簽署亞眠條約（Treaty of Amiens）的消息，令廣州商人大大鬆了口氣。這項條約結束了英法兩國的戰爭狀態，至少暫時是如此。英國艦隊撤銷戰備狀態，在季風轉向後駛回印度，廣州和澳門免去了一場戰禍。[10]

一七九三年馬戛爾尼使團無功而返時，對此結果感到失望的不只馬戛爾尼一人。當初他的書記官斯當東同意一同來華，主要因為他以為事成之後他會留在北京擔任英國公使。當初除了這項顯要的職務，同時還有人找斯當東去擔任東印度公司廣州貨監的「特別委員會」主席，而為了前一個職務，他回絕了後者這個比較沒那麼顯要但獲利較多的差事。這個特別委員會的主席又叫「大班」，是東印度公司在廣州的頭頭。當初若接下這份差事，他肯定會發財，返國時很可能可以在國會裡買到一個席位。但要在名和利二者擇一時，斯當東把賭注押在聲名上，結果賭輸了。乾隆不准英國人在京城長駐使節，斯當東不得不和馬戛爾尼一樣毫無所獲返回英格蘭，遺憾於當初未接下廣州大班之職。他唯一的希望，乃是東印度公司商館人事調動或英國再度遣使訪華，會把他再叫到中國出差。

結果希望落空。斯當東返國後不久就因為中風導致局部癱瘓，無法再參與公共活動。他要在中國發財以及當國會議員的夢想就此破滅。但至少他仍有兒子，那個曾用中文和中國皇帝講話的男孩。那次覲見之後，斯當東就斷定兒子的語言本事或許有助於他的前途，於是使團離華通過廣州時，他雇了兩名中國僕人，要他們一起回英格蘭，在國內繼續教小斯當東中文。中風之後，他寄望兒子實現他所有落空的計畫和希望，指望他做到父親再也做不到的事。於是，與小斯當東一起生活超過十年、帶著他遊歷世界、照自己理念培養他之後，斯當東於一七九八年把他不快樂的兒子再度送上駛往廣州的印度斯坦號——這次小斯當東全程孤伶伶一人——心知大概無緣再見到自己的兒子。[11]

根據小斯當東在接下來的航程期間所寫的信，他似乎並不清楚自己為何要再去中國。但他乖乖遵照父親的指示。他把他的中國僕人一起帶去，以便在航行途中每天能學上幾小時中文，要他們只能用中文和他講話，他的閱讀能力進步到能開始讀中國文學名著《三國演義》。此外，他還認識到中國境內有多種方言——廣州居民都講粵語，而講北京宮廷官話的人聽不懂粵語。他認識到，如果要用自己學到的中文和官員交談，他來自廣州的僕人幫不上什麼忙。

小斯當東很想讓要他學中文的父親開心，但在家書裡坦承每個人都認為那是浪費時間。他寫道，與他同搭印度斯坦號的貨監，「對於用中文跟該公司在中國的僕人交談以及認識中文所會能帶來的好處，表達了非常不以為然的看法。」[12] 貨監是英國商館裡很保守的一群人，不欣賞打破舊習之人，如果這類人的作為可能會危害商館與行商及廣州官員的良好關係，尤其令他們反感。因此他擔心自己和同事格格不入。他寫道，「我希望和其他人一樣有成就，至於我的中文知識……（那）肯定會使我比其他人過得稍稍快意些或稍稍不快意些，端視（情況）而定。」[13] 但他並不熱衷於找出這個疑問的答案，很害怕抵達廣州那一天到來。七月，船長告訴他大約再五個月就會抵達廣州。他告訴父母，「我或許是船上最不急著見到那一天的人。」[14]

一八〇〇年一月二十二日，已經十八歲的小斯當東終於來到廣州商館的小小世界時，迎接他的會是他後來稱之為「我這輩子最黯淡時期」的一段歲月。[15] 靠馬戛爾尼勛爵的幫忙，他父親替他在東印度公司的廣州商館弄到文書職務。那是那裡最低階的職務，薪水很低而且極無聊（主要工作是秤茶箱重量和抄寫文件），但前景大好。廣州的差事是倫敦東印度公司所能提供的最肥職缺，就連低下的文書工作，一般來講都只分派給該公司大董事的兒子。[16] 小斯當東雖懂得一些中文（公司並不看重的一項本事），但靠著老斯當東的人脈，才得以弄到這份工作。[17]

對這樣一個飽受呵護長大的年輕人來說，這裡的日子真是淒涼。他是獨子，自小大部分時候由父親調教，與同年齡的人幾乎沒有往來——或甚至可以說，與他家以外的人都沒有往來。啟程前往廣州之前，他在劍橋大學短暫就讀過，而即使是這段就學期間，他都與別人少有往來，因為他的父母搬到那裡，他能和父母繼續住在一塊，不用住校；無論如何，他父親很快就忿忿然要他退學，只因為校方未頒獎表揚他的拉丁文。

這時，小斯當東首度不再有專橫的父親在身旁——他離開後，父親寫了一封充滿思念之情的長信，向兒子保證這一切都是為了他好，說為了衣錦還鄉，他應該待愈久愈好，如果真的受不了那裡的生活，隨時可以提早回來。他要想辦法在異鄉安身立命，但置身於喧鬧奢華、充斥單身漢的東印度公司宿舍——喝酒、男孩般嬉鬧、通宵達旦的晚會——他覺得自己完全格格不入。廣州其他英格蘭人的「舉止粗俗和放浪行骸」令他覺得難堪。他父親是準男爵，但他的社交圈和董事子弟的社交圈不同，使他從一開始就覺得自己處處受排擠。他後來傷感道出，「我清楚意識到自己最初並非廣受歡迎」。[18]

但工作迅即占去他的心思——沒完沒了的抄寫帳單、書信、日記、公文急件和諮詢紀錄，以及處理秤茶葉之事——沒多少時間去細思未來要走的路。但真的思量過未來之後，他立下了三大目標，其中兩個不難理解，第三個則叫人較費疑猜。就不難理解的兩個目標來說，第一個是把當下的工作做得駕輕就熟而且做好，使自己最終能躋身貨監之列，從而大大提高薪水。第二個，他不想耐心等待公司把他升為貨監，因此想在東印度公司工作之外另闢財源。文書工作薪水很低，他認為賺的錢要多到讓他可以不必再來廣州，才能返國。

身為東印度公司文書，賺外快的門路不多。如果有人脈的話，可以替從印度境內運貨到廣州的某個大民間商行擔任廣州代理人——東印度公司壟斷英中之間和英印之間的直接貿易，但並未壟斷三角貿易的第三邊，即中印之間所謂的港腳貿易（country trade）。要賺取外快同時不占用正職工作時間，另一個辦法就是借錢給行商。行商始終需要資本，而且願意付一成五至一成八的利息。但小斯當東在印度沒有人脈，而且沒有大筆資金可拿來投資。於是，懷著想盡快返國的希望，他請父親能籌多少就寄多少錢過來，甚至可以另外向朋友借錢以增加錢款數目，如此一來小斯當東就能拿那筆錢投資在行商身上。他清楚表示，希望父親能籌到一萬英鎊，相當於他起薪的將近一百倍。[19]

小斯當東的另一個沒那麼容易理解的目標，是要弄清楚他的中文能力有何用處。他坦承在任何與貿易有關的職位上，這項能力都沒什麼助益——眾貨監一再如此告訴他。他失望地得知廣州已有一個英格蘭人，一個叫畢爾（Beale）的民間商人能講流利粵語，但並沒有從這項本事得到什麼好處；

這人當然不會講官話，也不具備小斯當東漸漸具備的那種讀寫能力，但他這個前車之鑑還是令小斯當東感到洩氣。他已不奢望東印度公司的鼓勵，於是把一切希望寄託在英國再派使團訪華之上——如若成真，他所有的辛苦都會得到回報。於是他得知乾隆去世的時候，心裡很高興，因為嘉慶開始正式當政，似乎是英國再度遣使來華的絕佳時機，他希望嘉慶會比他父親更友善對待外國人。結果一切沒變，而東印度公司一如以往，擔心遣使來華弊大於利。一位著名董事說得很白，「最明智的做法就是別去招惹中國政府。」[20]

英國皇家海軍出現於中國水域所引發的緊張，讓小斯當東首度有個好機會大展身手。他抵達廣州後幾個月，當地官府下令逮捕英國皇家海軍艦艇普羅維登斯號（Providence）上的數名水兵，因為普羅登斯號朝一艘滿載中國男子的小船開火，其中一人似乎可能因此傷重不治。普羅維登斯號船長狄爾克斯（John Dilkes）拒絕交人，說他們只是想保衛自己的船。狄爾克斯堅稱他們槍擊的中國人是小偷，這些人夜裡潛行到普羅維登斯號旁邊，想割斷船的錨纜。狄爾克斯不只拒絕交人，還要求中國人逮捕並懲罰那些小偷。

在正常情況下，貨監大概會遵照舊例辦理，不情不願地交出據稱犯罪之人以保住貿易。最鮮明的前例發生於一七八四年，當時一艘英國船因為鳴禮炮而意外擊斃兩名中國人。經過中國方面極力抗議，東印度公司終於交出炮手，隨後遭處死。那時貨監雖然很遺憾要走到這個地步，但也無能為力，而且中國當局握有關閉貿易的權力。但這一次，被指控的水兵來自海軍軍艦，船長狄爾克斯表明他不歸貨監管；他告訴他們，身為「國王的軍官」，他「不能……屈從於他們的干預或調解。」[21]他認為，這是他本人所代表的英國國王和中國皇帝之間要解決的問題，該公司無權置喙。

小斯當東自告奮勇出面調解，最後，兩廣總督要他在廣州城內的中國法庭上，替船長狄爾克斯和被告翻譯。這是史上頭一遭——連中國人有成文法典一事，都被小斯當東說成是一項「發現」。[22]所幸事情很順利，水兵最後獲釋，主要因為事發四十天後，受傷的中國人沒死，因此不能再以謀殺罪懲罰他們。但性情暴躁的普羅維登斯號船長對這個結果不是很滿意，揶揄東印度公司的貨監在中國官府面前那副怯懦奴顏的模樣。他寫信給他們說：「請准許我向你們恭喜，恭喜你們完全不必向英王效忠一事，在此得到白紙黑字的承認。」[23]不過，外國水兵和中國人之間的衝突，在法庭裡得到差強人意的解決，這是史上頭一遭。

這件事深具啟發性。首先，事實表明不准教洋人學中文的法律規定，未必適用在洋人身上（或至少沒有依法執行），因為小斯當東並沒有因為講中文受罰，反倒因為擔任譯員而大受歡迎，有個和他閒聊了一會兒的清朝官員，甚至稱讚他中文講得流利，告訴他再三年或許能像他開心寫給父親的家書裡所說的，「夠完美」。[24]對小斯當東來說，唯一美中不足之事，乃是事後有些行商似乎對他心懷怨憤，因為他以行動證明此後他能繞過他們直接和官府打交道。

此外，普羅維登斯事件足以令特別委員會主席霍爾（Hall）相信，不只小斯當東應該繼續學中文，公司還應該花錢讓他學中文，即使位在倫敦的公司董事不同意此事亦然。霍爾首度認識到，小斯當東的中文能力在某些情況下，能讓在廣州原本任人擺布的洋人扭轉情勢。小斯當東可以說已打破洋商在小小商館區的局限，窺見商館區外的世界。他不經行商中介，直接和中國官員打交道，而且似乎並未招來強烈反對，至少這一次是如此。

在霍爾的金援和鼓勵下，小斯當東加倍努力學習中文。在廣州城裡他學不成中文——他告訴父親，自己在那裡「找不到會講道地中文且膽敢教我中文的人」。[25]但他還是在較自由的澳門找到一位老師在夏季教他。那個人是信天主教的中國人，懂得拉丁文和中國官話。他開始讀皇上敕諭和種種法規條文。靠東印度公司出錢，他也買了一套共一百四十四卷的大清律例，在老師協助下將它慢慢譯成英文。自洪任輝以來，在廣州首度有了一位英籍譯員，而他的興趣遠不只是貿易事務的協商。這是一番大事業的開端，但小斯當東還不知道它會通往何處。

小斯當東在廣州鬱鬱寡歡的頭兩年，在一八〇二年收到父親去世消息時劃下句點——或者說達到最高點。老斯當東其實去世已有一段時間，但他位在中國的兒子半年後才收到噩耗。令人遺憾的，這個年輕人寫給父親的家書——請父親籌錢供他投資、告訴父親他首次運用中文的成果——大部分無緣讓父親讀到。小斯當東最終獲准返國，比預期還早了許多，但理由遠非他所樂見。

一八〇二年，小斯當東向東印度公司請了假回國，在英格蘭待到一八〇四年，以認證父親的遺囑和接管在愛爾蘭的家族莊園（他也在這時承襲了父親的準男爵之位，成為喬治爵士）。即使沒有了父親，他在國內還是得到他在中國感受不到的同情。馬戛爾尼勛爵如父親般關愛他，說把他視如己出。一八〇二年十二月，馬戛爾尼帶小斯當東覲見國王喬治和王后夏洛特。靠馬戛爾尼的贊助，加上他用心學習中文，他成為皇家學會會員，獲選為文學社（Literary Club）一員。文學社為撒繆爾・強森（Samuel Johnson）所創立，過去的會員包括亞當・斯密和愛德華・吉朋（Edward Gibbon）。能和母親在一塊，他很開心。一八〇四年六月他搭船返回廣州時，東印度公司已把他晉升為貨監。靠他所繼承的財產，加上升遷後薪水大增，他手頭寬裕了不少。但他並不想回廣州，仍認為在中國生活是「痛苦的犧牲」。[26]

知道不會永遠待在廣州，小斯當東至少寬慰了不少。身為貨監，再幾年後他就必然有假可休，如果他在商館裡繼續升遷，遲早會積攢到足夠讓他回國不必再來廣州的錢。他已讓廣州的特別委員會相信有個能講又能看中文的人輔助他們非常重要，但他無意把餘生都耗在替他們做這項服務。因此他回廣州後繼續學中文，用心翻譯大清律例，但還是希望找到人分擔工作。但每隔很久時間才會有新人來廣州，而那些在東印度公司贊助下過來的人，都不想學中文。不過，一八〇七年，新來了兩個不在預期中的人，改變了小斯當東的命運。

如果你是十九世紀初期想去廣州居住的西方人，你能有的選擇不多。如果你是英國人，你可以像小斯當東那樣成為東印度公司的文書，但除非你出身正確，否則幾乎不可能如願。不然，你也可以跟著民間商行搭船到印度，想辦法成為瑞典或丹麥之類他國駐廣州的領事，藉此衝破東印度公司駐廣州職員的橫阻——要打破東印度公司對英國人與中國貿易的壟斷，擔任他國領事是唯一法門（例如，會講粵語的英格蘭民間商人畢爾，嚴格來講就是普魯士駐廣州的領事）。如果你是美國人，你不必擔心東印度公司壟斷之事，但除非有錢買船並裝備船上一應設備，否則你就得投靠在廣州有常駐代表的美國新英格蘭地區的商行，而新英格蘭地區的商行家數非常少，規模極小，而且外人不易進去。如要成為這些商行的職員，你得生在對的人家，或透過聯姻打入那樣的人家——這比成為東印度公司一員更難。最後，不管你來自何處，如果沒有在已事先排好隊的既有公司裡覓得一職，想去廣州居住幾乎是門都沒有。對華貿易的商船通常並不載客。[27]

最初這不是大問題，因為基本上沒有英國人或美國人會為了貿易以外的理由去中國。就連那些為了貿易而去到中國的人，例如小斯當東，待在中國的大半時間都盼著早日返國。但十九世紀開始時，情況有所改變，這主要得歸因於馬戛爾尼使團團員所出版的許多遊記和回憶錄。這些書使中國不再那麼遙不可及，使為了貿易以外目的出國旅遊的人，首度對赴華心動。

這新一代旅人裡，第一個來到中國的是個玩心重、充滿朝氣且特立獨行的年輕人，來自英格蘭諾福克郡的馬吝（Thomas Manning）。馬吝是英國國教會教區長之子，面色紅潤，頭髮烏黑，在劍橋大學修過數學，但因為拒絕參加考試而沒有畢業。一八〇一年左右，出於他從未說清楚的原因，他開始如他朋友所說的，「滿腦子想著中國」。[28]用他自己的話說，馬吝開始一心「想著要實地探索那個國家，靠我自己的觀察和研究……局部消除籠罩該國道德史與人文史的模糊和懷疑。」[29]

在英格蘭無從學習中文，因此，有心赴華探索的馬吝於一八〇二年來到巴黎，受教於國家圖書館的哈格（Joseph Hager）博士。哈格鑽研過數份耶穌會文獻，聲稱已找到一個確切的理論來解釋中國漢字（這個理論後來被揭穿是胡說八道）。[30]但不管馬吝從哈格那兒得到什麼有用的知識，亞眠和約於隔年瓦解，英法再度交戰，他淪為戰俘，直到一八〇四年秋才逃離法國，而據說他是帶著拿破崙唯一發給英國戰俘的護照逃走。[31]馬客很喜歡自我推銷，暗示拿破崙之所以放他走，乃是因為支持馬客探索中國的志向，欣賞馬客是個「立志要走發現之旅的人」。[32]但安然回到英格蘭之後，馬客離中國還是一樣遙遠。失望之餘，他轉而學醫。有個朋友指出，他「很憂鬱，腦子裡似乎有著不為人知的事。」[33]

馬客與英國文學界過從甚密，是散文家查爾斯・蘭姆（Charles Lamb）的劍橋至交，而蘭姆本人又與華茲華斯（William Wordsworth）、柯立芝這兩位詩人私交甚篤。蘭姆為馬客打算去中國的奇怪想法感到高興且興奮。一八〇三年二月，他寫信給馬客說：「拜託，別再把心思擺在『獨立的韃靼利亞』了（譯按：大致相當於今日哈薩克、吉爾吉斯、土庫曼、烏茲別克、塔吉克諸國），」當時馬客正想著或許可從北方經俄羅斯進入清帝國。「我為你的基督徒身分擔憂。他們肯定會把你行割禮。」蘭姆還以更誇張的口吻說道，「我親愛的朋友，想想把身體這個部位埋在異教國度，和齷齪、言語不通、像馬一樣打嗝的韃靼人在一塊，有多可憐！韃靼人其實是冷淡、乏味、手腳可能不乾淨的一群人。和他們在一塊，你會悶悶不樂（如果沒被吃掉的話）。請勿執迷不悟。」[34]

馬客最終把目光放在廣州，希望在那裡跟著小斯當東學中文，然後潛入中國內地。他不是東印度公司職員，無法藉此身分前往廣州，但他有人脈。著名的自然科學家和皇家學會會長班克斯（Joseph Banks），替他寫了封信給東印度公司諸董事，推薦他負責一項祕密的探索任務。班克斯指出，若無法完全融入當地，馬客不可能達成任務，也就是他在穿著、舉止上必須像中國人，說起中文不會怪腔怪調——而他希望馬吝能在廣州學到這些本事。班克斯寫道，「我很關心這個非常和藹可親的年輕人的前途，既因為他溫和的性格，也因為他腦筋很好。」[35] 得益於班克斯的背書，公司董事同意讓馬吝於一八〇六年免費搭乘「東印度人」大貨船前去中國，還允許他在抵達後以醫師身分住在英國商館裡。[36]

馬吝很自負，希望潛入中國一事既流露出他敢於冒險的大膽，也流露他自認比大部分人聰明的信心。在航往中國途中，他厭煩於船上每個人都因為他的聰明才智而拚命巴結他，以厭倦口吻寫道，「我最缺的東西是益友」。「我身邊淨是十足無知之人。那些無賴很快就發現我的學識高人一等，如今，我其實不懂的事，他們會認為我懂。」[37] 他開始留鬍子，好似為突顯他的想法不同於大部分人，為使自己和船上一般乘客有所區別。抵達廣州時，鬍子已經有半英尺長，得到細心梳理，而且還繼續留長，最後會長及腰際。在他航行途中，蘭姆寫了一封大談劇界動態和柯立芝最近情況的信給他（柯立芝已於不久前來和蘭姆同住），「中國！廣州！」蘭姆寫道，「神佑我們——它叫人絞盡腦汁，想到頭疼！」[38]

一八〇七年一月，馬吝抵達廣州，立刻就去找小斯當東。先前班克斯已寫了一封介紹信給小斯當東，對馬吝美言不少。小斯當東對班克斯欽敬有加，班克斯是他父親生前摯友，曾協助籌備馬戛爾尼使團（班克斯原希望使團會帶回茶樹或中國茶農，或兩者都帶回，好在英屬印度種植茶葉，但未能如願）。[39] 於是小斯當東欣然歡迎馬吝來到廣州——終於又有一個想學中文的英格蘭人。特別委員會則對馬吝探索中國一事的可能性存疑，但還是讓他住進商館。他們坦承，「我們認為他成功的希望微乎其微……但於公來說，可能還是聊勝於無。」[40]

一八〇七年另一位新來的人來自英格蘭諾森伯蘭郡，名叫馬禮遜（Robert Morrison），是鞋楦匠之子。他二十五歲，圓臉，有一頭蓬鬆而鬈曲的濃密黑髮，來廣州的理由和馬吝完全不同，而且克服了更大的困難才得以前來。一如馬吝，馬禮遜未任職於東印度公司，也不想在該公司任職，但由於出身較卑微，他也沒有人脈可言。馬禮遜想方設法去中國，不是因為中國有什麼地方令他個人心動，而是因為倫敦傳道會（London Missionary Society）的董事認為他是第一位赴華傳播新教的適合人選。但他要如何完成這任務，他們卻沒有明確腹案。來自歐陸的天主教傳教士赴華已有數代，但這時中國政府已明令禁止他們傳教，因此只有少數被皇帝留在北京的人獲准在中國合法居住。其他人偷偷在華居住，一旦被發現就逃不掉嚴厲迫害。此外，其中許多人是法國人，而馬禮遜是新教徒而非天主教徒，即使撇開英法兩國還處於交戰狀態或中國政府對宗教的打壓不談，他知道從他們那裡得不到幫助。

甚至從他自己人那裡也得不到幫助，因為此前從沒有新教傳教士到過中國，而且東印度公司樂見這樣的情況。一八〇六年十二月馬禮遜於日記中悲嘆道，他想方設法欲取得搭乘東印度公司船隻到廣州的許可時，「在英格蘭和有英國人反對傳教活動的印度境內各個地方，存在著（那樣的）強烈偏見。」[41]該公司大部分董事認為傳教士道貌岸然，只會招來麻煩，很可能會惹惱當地官府，因此不願讓馬禮遜上公司的船——當時該公司的船是航行於英格蘭與中國之間唯一的民營船隻。照倫敦傳道會的指示，他得「以和平之君的使者身分，去到遙遠異地的異教徒那兒」，[42] 而東印度公司拒絕讓他上船，讓他一開始就情況不妙。

馬禮遜決定往反方向走，先搭船到紐約，希望在那裡找到可把他載到廣州的美國船。一八〇七年一月八日，就在他離開英格蘭前不久（以及馬del安抵廣州之際），馬禮遜獲委任為牧師以便展開他的行程。那就像要上戰場似的。「我得披上我的盔甲，」他在日記裡寫道，「才能『捨己，揹起自己的十字架』，跟從耶穌而去！」接下來的遭遇，有許多的確是憑著捨己的情操才得以熬過去。一百零九天橫渡大西洋的航程多災多難，碰上暴風雨、火災，還有遮天蔽日讓他看不到船首的大雪。一路上他克服恐懼和沮喪，竭力按壓住此行孤立無助所生起的憤恨之情（他在日記裡寫道，「若非為了上帝，我早就承受不住這些壓力而垮掉。」他試圖向船員講道，但沒人願意聽。抵達紐約，下了船，卻發現那裡也沒有船願意載他到廣州。[43]

絕望之餘，馬禮遜離開紐約，搭馬車一路顛簸到南邊的費城，在那裡，終於有船東願意給他一個鋪位，但要價一千美元，而倫敦傳道會為了他整個傳教任務所給的經費還不到一千美元，更別提他到廣州的交通費只是其中一部分。但美國人遠比英國人支持傳教士。有個熱心的美國新教徒組織收容他，替他安排了住所，介紹他認識同樣從事傳教工作的人，其中一人是向田納西州的徹羅基人傳教的傳教士。他們也為他奔走，而且他們擁有影響力。有一人想辦法說服了紐約的一個船長，讓他搭船到廣州，而且只要他負擔自己的伙食費（另一個美國人支付了這方面的費用）。他並非美國公民，但他們還是克服萬難說服美國國務卿麥迪遜（James Madison）替他寫封介紹信到美國駐廣州領事，請領事竭盡所能幫忙馬禮遜。[44]馬禮遜於一八〇七年五月上船，一百一十三天後的九月間抵達廣州，距他離開英格蘭已經八個月。

馬禮遜在美國受到的盛情接待，抵達中國時便消失無蹤，冷酷的現實迎面而來。他的英國同胞不願讓他住進廣州的英國商館。葡萄牙人信天主教，不想讓他入澳門。而且直到有個外國人告訴他，中國人若教洋人中文會被處死，他才知道在廣州要找到人教他中文有多難。[45]於是他找上小斯當東，唯一能幫他的人。皇家學會會長班克斯為馬禮遜寫了一封給小斯當東的介紹信讓他帶著，一如當初他為馬呑所做的，馬禮遜抵達廣州時，即把此信交給小斯當東。但在數個月前班克斯為馬呑寫的那封介紹信中，對馬禮遜的成功機會卻有更不為人知的評估。班克斯盛讚馬呑是勇敢的探險家，「把死都不放在眼裡」，然後隨口提到也有個傳教士要從英格蘭過來，而對於這個傳教士，他的態度冷淡許多。他寫道，「我傾向於認為他獲得殉教者榮銜的機率，比找到一個人皈依基督教的機率大得多。」[46]

小斯當東正打算於一八〇八年一月返英格蘭過第二次回籍假，因此有這兩個想學中文的新人出現，他很高興。他兩年休假期間，商館將會沒有中文譯員，因此他很想把自己的職務交接給馬呑和馬禮遜——如果能說動他們兩人接下的話。無論如何，在返國之前他只有幾個月時間幫他們搞定事情，他離開後他們就只能自求多福。

馬呑的情況很單純，因為他是在倫敦的東印度公司董事支持下來到廣州，而且已在該公司覓得一職。小斯當東替他安排了一名老師，讓他立刻開始學中文。他在商館人緣好，很健談，似乎很高興在中國的邊緣取得立足點。但他也定不下來。馬吝學中文，純粹為了遂行他打算的探索活動，因此為商館工作只是一時之計，一旦必須離開廣州，他會毫不遲疑離開。

馬禮遜的情況則複雜得多。他來到廣州時，小斯當東很想幫他，表示願請自己的老師教他中文，但公司董事堅決不讓傳教士住進英國商館，於是第一個要解決的問題是替他找個棲身之所。所幸馬禮遜帶了麥迪遜替他寫的介紹信。他抵達後的頭幾個月，多虧美國領事——名叫卡靈頓（Edward Carrington）的羅德島商人——的安排，偷偷住在美國商館裡，與同船過來的商人住在一處。為了待在那裡，他得假裝是美國公民，不能暴露英國公民身分。他也得從他本就不多的預算裡挪出錢來租借一個房間，存放他的中文書稿，以免被進出商館的中國僕人看到。[47]

小斯當東介紹他認識私人教師楊廣明（Abel Yun）。楊廣明是天主教徒，拉丁語流利，每天偷偷來他的住所——但盤纏就快用完的馬禮遜卻為楊廣明索費太高而憂心忡忡。他也為食物、洗衣、一名小男僕、木柴、特別是蠟燭方面出奇高的開銷而擔心。最後他搬進美國商館一樓一間租金較便宜但陰溼的房間。他也只吃中國食物，只用筷子，只穿中式衣服，藉此努力存錢，而且希望藉此樹立一則文化榜樣。他努力讓自己像中國人，甚至留起辮子，不剪指甲。但文化衝擊令他日漸消瘦，當他病倒時，他終於死了心，開始再度剃鬍鬚、剪指甲、剪掉辮子、重新穿起他從英格蘭帶來的黑色傳道士服。這時他已清楚知道自己得找到金援。

天不絕馬禮遜之路，新任的特別委員會主席羅伯賜（John Roberts）支持他傳教。但羅伯賜支持他，不只出於仁心善意——他想幫馬禮遜，歸根究柢出於他對中國人所抱持的強烈偏見。以他這樣職務的人來說，他對中國人的輕蔑超乎一般情況。羅伯賜自認是高人一等的基督徒，希望馬禮遜能把聖經譯成中文，以便他能拿著譯本給和他對應的中國讀書人，嗤笑著告訴他們，「這本書是我們眼中世上最好的書。」[48]羅伯賜成為馬禮遜在華第一年期間的贊助者，替這位年輕傳教士找了澳門的一棟房子，做為他非貿易季期間的住所，還憑藉他身為東印度公司特別委員會主席的崇高地位，使葡萄牙人無法把馬禮遜趕走。[49]但從道德的角度看，這有點像是與魔鬼打交道。馬禮遜為不得不如此倚賴商人而感到不安，畢竟商人行事出於貪婪甚於慈善、出於傲慢甚於謙遜。他初抵廣州時，就為貨監生活的富裕而震驚。他在某封家書裡寫道，「別想叫我跟住在這裡的英格蘭人一樣過著君王般氣派的生活」。[50]但眼下他就在那裡，住在由他們之中最有權有錢者提供的房子裡。但若非羅伯賜的贊助，馬禮遜就不可能在此立足，因此他還是心存感激。而要他違背原則妥協，這不會是最後一樁。

隨著拿破崙戰爭持續進行，東印度公司在華貿易的重要性急速下滑。英國已於一七八〇年代將茶葉進口稅降到一二．五%，以打擊來自歐陸的走私活動，但迫於亟需資金資助其對法國的海上戰爭，英國政府再度開始更進一步壓榨東印度公司，而它能說到做到，原因之一是戰時英國龐大的陸海軍武力使走私進入英國幾乎不可能。[51]英國政府於一七九五年拿破崙戰爭第三年期間開始調漲對東印度公司茶葉的課稅，並且每隔一或兩年就再度調漲。一八〇二年，茶葉進口稅達到五成，一八〇六年達到九成六（一八一一九年甚至會漲到百分之百）。[52]

在這同時，東印度公司的對華貿易收入使該公司來自印度的收入變得微不足道：十九世紀頭十年，從廣州進口的貨物提供了東印度公司在倫敦總銷售收入的三分之二。到了該十年的後半段，東印度公司對華貿易帶來創新高的獲利，而對印度貿易則有數年處於淨虧損。[53]這帶來的第一個影響，就是政府從對華貿易得到的稅收大增——多到據某些人的估計，英國歲入的十分之一來自在廣州的貿易。[54]英國政府日益倚賴來自該公司茶葉的稅收，也意味著廣州情勢的穩定攸關英國國家利益。任何打斷對華貿易之舉，都可能危害英國為戰爭籌資的能力。

於是，當這場全球性衝突引發的緊張局勢，在一八〇八年再度匯集於澳門身上時，情況惡化之快速與凶險，就遠甚於一八〇二年。事件爆發的原因和一八〇二年差不多：在廣州的英國人聽說法國人要派兵占領澳門。但這一次英國人會更先發制人，反映了自一八〇二年以來的六年間，這場戰爭的性質已有所改變。到了一八〇八年時，拿破崙已把幾乎整個歐陸納入他的大陸封鎖政策，禁止英國與歐陸貿易。一八〇七年夏，他也打敗了俄羅斯，而英國人晚近才驚恐得知拿破崙向俄國沙皇亞歷山大提議聯手進攻印度。[55]在這期間，英國雖在海上占上風，法國巡洋艦卻分布各處。尤其是在東南亞，法國人在爪哇島附近有一支龐大的海軍，而且實質上控制了菲律賓的馬尼拉港。[56]這一切意味著英國的對華貿易（澳門為其兩個重要門戶之一）不只比以往重要，而且比以往更難守住。

思索為澳門而重啟戰端是否可行時，英國人和中國人都有一八〇二年的先例可供指引。對清廷來說，一八〇二年的心得乃是兩廣總督堅決切斷英國艦隊補給的辦法奏效。英國船艦不久後就離開。儘管有亞眠條約這項外來因素，清朝官員向嘉慶帝回報時，把一八〇二年英國艦隊離開澳門說成清朝的勝利。[57]因此對中國政府來說，很清楚的，如果亂事再起，只需堅守立場，英國人就會退走。這段期間，在廣州的英國貨監和在倫敦的東印度公司董事為一八〇二年時對華貿易安然無恙而鬆了口氣，始終深怕皇家海軍行事不受他們控制。對他們來說，一八〇二年的教訓乃是應竭盡所能避免挑釁中國政府。因此雙方都承認中國占上風——這本身就確保了雙方不會輕啟戰端。

但並非每個人都對一八〇二年的先例有同樣的解讀。尤其是特別委員會新任主席（暨馬禮遜的贊助者）羅伯賜，把一八〇八年再度出現的緊張局面，視為英國殺殺廣州當局銳氣的機會。在他看來，一八〇二年中國未採取較強勢的作為——即英國艦隊最初拒絕離去時中國軍隊未向英國艦隊開火一事——證明清廷沒有有效手段（或意志）反制英國展示武力。特別委員會的其他成員最終贊同他的看法，或至少唯他馬首是瞻。於是，一八〇八年三月，特別委員會密函新任孟加拉總督閔多勛爵（Lord Minto），說如果英國再派海軍艦隊過來且這次拿下澳門，他們認為不會有不良後果。他們寫道，「如果先發制人占領（澳門）有利於反制敵人的意圖，……我們認為既不會妨礙我們的業務，也不必擔心中國方面會激烈反對。」[58]事實上，他們甚至推測中國官府會樂見英國駐軍澳門，因為皇家海軍打擊海盜肯定比葡萄牙人有效。後來，羅伯賜還信誓旦旦說，「中國方面的任何反對或阻撓都只會是暫時。」[59]

一八〇八年九月，一支英國海軍艦隊抵達，艦隊司令是海軍少將度路利（William Drury），即英國駐印度海軍司令。但這一次，不會有亞眠條約這樣的外部因素化解緊張。英國人也沒有譯員，因為小斯當東已在緊張局勢出現前離華前往英格蘭。馬吝的中文似乎還不管用。於是，儘管東印度公司董事堅持公司職員絕不可與傳教士有瓜葛，他們還是不得不請馬禮遜出馬幫忙翻譯。但他基於原則予以婉拒；倫敦傳道會派他來華是為了拯救中國人的靈魂，而不是為了充當外交譯員。事實表明他的決定很明智，因為後來受聘擔任英國人譯員的葡萄牙神父，遭澳門的中國官府逮捕，脫光衣服挨打。由於受到中國人如此凶狠的對待，即使出獄後，特別委員會還是不得不出錢將他送到巴西，以確保他的安全。[60]

情勢演變甚快。一八〇八年九月十一日，度路利致函澳門的葡萄牙行政長官，告知他欲占領該城。葡萄牙行政長官拒絕，請求兩廣總督保護。九月二十一日，度路利派三百名海軍陸戰隊員登陸，迅即拿下澳門的岸防炮臺，過程中遇葡萄牙人強烈抗議，但未遭遇實質抵抗。兩廣總督下令停止英國人在廣州貿易做為回應，逼東印度公司船隊的「東印度人」大貨船（仍滿載從英格蘭運來的船貨）連同已放棄廣州商館的貨監撤到澳門。度路利隨之從印度叫來七百名援軍加強澳門陣地防禦。[61]

兩廣總督隨之照搬一八〇二年的劇本，警告如果英國的海軍陸戰隊不撤離，英國艦隊和在澳門的所有英國居民將會被斷絕糧食補給。情勢升高到這地步，度路利有了退縮之意。他原就無意開戰，上級給他的命令也未准許他這麼做。但羅伯賜慫恿他繼續幹，堅稱錯在中國人，要度路利知會中國人，「只要中國人繼續其高傲作風，（英國人）就不可能讓步。」幾天後，羅伯賜建議度路利開火威嚇兩廣總督。度路利不予理會。[62]

北京的嘉慶帝收到英國人入侵澳門的奏摺，大為震怒，下旨給廣州的兩廣總督，說英國人「兵船輒敢駛進澳門，登岸居住，冒昧已極」，駁斥度路利所謂派兵前來純粹為了保護澳門不被法國人侵占的說法，要兩廣總督「必當立調勁兵，大加勦殺，申明海禁。」[63]兩廣總督接旨後，即在廣州調集八萬兵力，下令附近沿岸所有堡壘準備開戰，清楚表明這一次的局勢不會是一八〇二年的翻版。度路利收到消息，中國軍隊奉命殺掉留在廣州的所有英格蘭人並燒掉英國船隻。

羅伯賜力勸度路利虛張聲勢，要他揚言開戰，但不必真的打到底。他深信這已足夠把中國人嚇得俯首稱臣。羅伯賜警告道，如果度路利退縮，只會讓中國人知道他們可以隨意擺布英國人。那會令他們「完全確信藉由我們的貿易就可控制我們」。但這一次，與一八〇二年那時相反，東印度公司與海軍的角色對調。這一次，力主謹慎行事的是海軍艦隊司令。「虛聲恫嚇不是我的作風，」度路利忿忿回應羅伯賜。「那就像拿針劃傷人或噴人髒水，只是掩飾自己的無能。」他提醒羅伯賜，如果英國人拒絕撤離澳門，會有兩個嚴重後果。首先，那可能會激發中國人民大眾的民族主義情緒，而「那種情緒始終是狂暴的，無法平息也無法抗拒。」他指出，入侵澳門一事「已激使中國人出現敵意行為」，堅稱必須「避免點燃那股只要吹一口氣就會化為火焰的熱情」，並且告誡羅伯賜，「你再怎麼瞧不起中國人，他們並不缺那股熱情。」[64]

此外，度路利知道還有一件事，比激起中國廣大人民怒火更可能危害英國利益。那是盤繞英國人心頭的恐懼，當初心存報復、尋思光憑幾艘英國軍艦就能輕易重創中國沿海的馬戛爾尼，最終之所以打消此念頭，就是因為這股恐懼。也就是說，如果英國膽敢揚言對中國動武，中國皇帝可以永遠禁止英國人在廣州貿易——艦隊司令度路利警告，如果中國皇帝這麼做，「會使英國人永遠失去其在世上擁有的最有利壟斷地位。」

於是度路利打了退堂鼓。他不願冒與中國開戰的風險，因為他認為一旦開打，就永無寧日。度路利無視羅伯賜不斷慫恿（度路利不肯放話開戰時，羅伯賜試圖自己來，結果兩次都不管用），請求緩和緊張關係，他傳話給兩廣總督，只要在廣州的貿易得以恢復，自己願從澳門撤軍，帶著艦隊離去。兩廣總督同意。度路利甚至承認自己行事唐突，稱許兩廣總督的回應有理有據——度路利寫道，該回應「出於智慧、正義和高貴的男子氣概，支持遭到踐踏與羞辱的人、民族與自然三者的道德權利。」[65]

度路利從澳門撤離海軍陸戰隊，六天後，兩廣總督恢復英國人在廣州貿易。東印度公司船隻回到位於黃埔的泊位，開始卸下船上的毛織物、棉製品、白銀，貨監再度住進商館。英國人買了茶葉，茶葉稅收將再度流入英國國庫。英國方面的主要心態是鬆了一口氣。在印度，閔多勛爵迅即指出，他從未授權度路利在中國開戰，堅稱「我們從未有過建議開戰的念頭」。他說他「高度讚許」度路利撤退的決定。[66]

這段期間，在倫敦，東印度公司諸董事同樣為廣州免於爆發嚴重衝突而鬆了口氣，但震驚於羅伯賜似乎完全忘了一八〇二年的教訓。他們嚴正表示，他行事魯莽，使「公司的……財產、他們在中國的立足點、他們所擁有的最值錢貿易」陷入險境，[67]說他們寧可讓法國占據澳門，也不願冒與中國政府決裂的風險。他們同意度路利與中國開戰只會自陷困境的說法，而且為強調此點，他們以羅伯賜只圖一戰為由，一致表決通過將他革職。

羅伯賜被拔除特別委員會主席職位，召回國內，委員會其他成員遭降職調離，代以較資淺的職員。不過，比起他們的中方對手，他們的遭遇還算好。小斯當東希望嘉慶這位新皇帝會比其父親更友善對待外國人，結果事與願違。嘉慶對於軍方在英國初派兵登陸澳門時表現太過軟弱感到憤怒，痛惡廣州官員行事怯懦，未動用手中全部武力應對英方挑釁，於是將兩廣總督革職，遣戍西北邊疆。他也懲罰了另外數名較低階官員，指責他們對英國人太過讓步，接替他們職務的官員也由此清楚知道未來碰到同樣情事，皇帝要他們採取何種立場。68

四、海與陸

嘉慶貴為皇帝，在位初期的處境卻不令人豔羨。他體格粗壯，精於箭術，卻得處理在他父親年邁昏聵時已開始令清帝國動蕩不安的腐敗與民變問題。一七九五年乾隆立他這個第十五子為皇太子，隔年即位，卻得承受所有國事仍由父親和和珅之類的父親寵臣作主的恥辱。這時嘉慶已將近四十歲，勤於任事且渴望即位後有一番作為，但在位頭三年卻只是有名無實的皇帝，已退位父皇的大臣公然不把他放在眼裡，視他如傀儡。朝中有人觀察記錄道，「上皇喜則（嘉慶）喜，上皇笑（嘉慶）亦笑。」[1] 但從嘉慶後來的作為來看，他把最嚴重的問題所在看得非常清楚。只是父親還在世，他無力針對那些問題有所作為。

一七九九年乾隆去世，嘉慶終於掌握實權。嘉慶掌權之初的主要作為之一，乃是在「太上皇」駕崩隔天即下令逮捕和珅。經過一場迅速且眾所周知的審訊之後，刑部裁定這位先皇的寵臣犯了一長串與貪汙有關的罪，判他死刑。為顧及他的大臣身分和先皇對他的寵信，和珅獲賜白綾一條，自己了結一生——這是比斬首更保留顏面的處死方式。將他高調處死或許有助於宣洩民怨，有力表明新皇帝已經掌權，但光是此舉卻難以遏止已然四處蔓延的貪腐惡習。

在審訊期間和那之後的一段時期，清廷其實是把過去所有弊病全怪在和珅頭上，好似光他一個人就把整個帝國的行政機關拖進乾隆晚年追逐私利、藉權牟私的深淵裡。審訊文件和對和珅家產的查抄，透露了他貪贓枉法的驚人程度。與他遭處死最相關的罪名是政治罪，包括事先向嘉慶透露乾隆已選他為皇太子之事（宣稱嘉慶當上皇太子是他的功勞，以向皇太子表態效忠）；將本該呈給乾隆皇的白蓮教叛亂軍情報告隱匿不報；將排定升遷的官員從升遷名冊中剔除；假造上諭。[2]

但真正令人瞠目結舌的，乃是和珅當權二十年間積聚的驚人財富。首先，正屋一所共七百三十間，東屋一所共三百六十間，西屋一所共三百五十間，然後徽式新屋一所共六百二十間。他持有的土地，總共超過十二萬英畝田地（將近兩百平方英里）。種種豪奢之物，說明他生活的窮奢極欲：銀碗七十二桌、金鑲箸二百雙、銀鑲箸五百雙。他有數個庫房分別專門擺放珠寶、玉和人參。他有銀號十處，當鋪十間（資本達數百萬兩銀子），還有一個庫房專門存放珍珠。他主宅的一面夾牆裡被發現塞了將近五千磅的純金塊。地窖裡藏了四十噸白銀。他還積存其他白銀，數額龐大，包括數百萬盎斯的銀錠和洋銀圓。和珅財產總值，據估計高達八億兩白銀，這是讓人難以想像的天文數字，約相當於當時的十五億銀圓，也就是美國國內生產總額的四倍。[3] 較沒這麼聳動（而肯定較精確）的數據，估計他的財產仍在八千萬兩白銀左右，比白蓮教亂以前的整個國庫盈餘還多，足以使他和皇帝一樣富有。

隨著和珅的公開受審和處死，嘉慶展開了他的許多顧問希望見到的全面打貪行動。許多人認為貪汙是王朝面臨的最大威脅，比民亂還動搖國本，認為貪官是白蓮教民造反的禍首。但大陣仗懲罰和珅之後，嘉慶卻讓打貪行動漸漸無疾而終。這麼一來，可能會讓貪腐掛帥的官場文化繼續大行其道，但他察覺到如果撤下更大的網來打擊貪官，恐怕會帶來更大危險。他知道反貪行動很容易就會失控，成為全面大整肅，因為幾乎沒有人清白。官員會樂於作不利於自己政敵的證詞，恣意告發，但這個過程會止於何處（或終止之後留下的廉潔能幹之人是否夠維持政府運作）不得而知。朝政會更加難以推動，人人趁機報宿仇洩舊怨，官場派系對立只會更惡化。[4]

但那不表示和珅伏法之後一切都沒變。嘉慶在位初期，有個不易察覺但重要的轉變，那就是自清朝締建以來地位始終低滿人一等的漢人官員，更加大膽直陳帝國弊病。他們開始評論朝廷政策，建議解決之道，甚至在皇帝並不需要他們的建議時亦然。清朝的滿人皇帝長久以來對漢人文人的民間結社（詩社、書院之類）心存疑忌，因為漢人文人能藉此聚會，議論時弊。即使他們是出於愛國之心而針砭時弊，但如果建議未受採納，仍可能被政府視為眼中釘。十七、十八世紀時這類會社被徹底禁止，但十九世紀初的嘉慶年間，這類禁令開始沒那麼嚴格執行。[5]

引發這項轉變的頭一個因素，就是和珅案。一七九九年，有位神經質的失眠儒士名叫洪亮吉，由於不滿嘉慶帝不肯肅清和珅的黨羽，於是打破先例，大膽上疏嘉慶帝要求改革。他寫道，皇上應更深入探查貪官問題，應恢復德治，替官員找回曾從民眾那兒得到但現已失去的尊重。皇上應更加慎選身邊顧問，因為「俳優近習之人，熒惑聖聽者不少」。在這份嚴厲批評時政的疏文中，洪亮吉坦承他的官階不夠高，無法向皇上面陳己見（有位恩師替他將此疏呈給某親王，再由這位親王轉呈皇上）。但他不願因此就緘默以對，寫道，「蓋犯顏極諫，雖非親臣大臣之事，然不可使國家無嚴憚之人。」[6] 然後他一頁接著一頁，用數千字的篇幅，一一列出王朝的弊病，說明嘉慶帝身為統治者如何未能善加處理。

即使是嘉慶那樣在當政之初不必憂心於大權旁落的皇帝，看到這樣尖銳且不請自來的時政評論，都會氣到發火。於是，一如他的祖先在此情況下也會有的作為，嘉慶下令逮捕洪亮吉。刑部幾乎立即就以「大不敬」之罪將洪亮吉判處死刑。[7] 但後來嘉慶突然回心轉意，不只阻止死刑執行，而且還減輕其刑，只將他流放到遙遠西北。藉由饒他一命——儘管還是將他流放——嘉慶間接告訴群臣，這類批評即使不能完全容忍，至少不會招來殺身之罪。在其他較明哲保身、不放言針砭時政的學者眼中，洪亮吉體現了知其不可而為之的崇高情操，是向君王犯顏直諫的正直官員的典型。他前往流放地途中，每一站均有群眾出來為他歡呼。他們察覺到新的時代已經到來。[8]

極值得嘉許的是，嘉慶體認到他需要建議和指引，甚至需要他人的批評。帝國內部太亂，局勢太不穩，他無法像他父親那樣自信且獨裁地統治帝國。於是在一八〇〇年春，即將洪亮吉流放半年後，他赦免了這位學者，允許他回京。嘉慶甚且公開為懲罰他而道歉。他宣布自己做了錯事，竟把一位一心只想糾正君王錯誤的正直官員判刑。嘉慶昭告天下，他並未毀掉洪亮吉進諫的那份疏文，說他其實把疏文留在床邊，以便時時觀覽，提醒自己疏中所提時弊。那年在北京發生大旱，而一如中國所發生的其他天災，這場大旱被視為上天不滿皇帝施政的有力徵兆。據清史稿，嘉慶下旨赦免洪亮吉那天，甘霖終於再度降下。[9]

一七九九年甫掌權的嘉慶，第一要務是結束白蓮教之亂。乾隆去世隔天，嘉慶發布上諭，稱平定白蓮逆賊是朝廷最刻不容緩的要務。嘉慶寫道，乾隆在位期間，民亂始終只花數月即敉平，白蓮教亂卻一拖數年未定，且耗費白銀數千萬兩。嘉慶說，他最重要的職責是完成他父親這項未竟的工作，說乾隆自用兵以來「焦勞軍務，寢膳靡寧，即大漸之前，猶頻問捷報。」嘉慶寫道，「朕躬膺宗社之重，若軍務一日不竣，朕一日負不孝之疚。」[10]他痛斥帶兵大臣和將領的貪汙，指責他們拖延戰事只為牟取更多個人利益。他把白蓮教之亂歸咎於王朝官員的胡作非為，歸咎於他們多方搜刮，竭盡民脂民膏，因而激變如此。嘉慶以同情口吻寫道，「小民脂膏有幾，豈能供無厭之求？此等教匪滋事，皆由地方官激成。」

嘉慶首先將貪汙無能的統兵官將革職，竭力恢復官場的問責精神和廉潔之風。但嚴峻的現實狀況卻是，以當時的情勢，可用之才太少。[11]他父親那一代能征善戰的滿人將領大部分已過世，或年紀老邁無法帶兵作戰。較年輕一輩，則因成長於富裕年代，相對來講難當大任。其中有許多人與和珅及他的恩庇網絡有瓜葛，無法完全信任。但至少還有少數老將在，還有為乾隆打贏許多苦戰的幾個偉大戰士在。

其中最優秀者是肩膀寬厚、五官輪廓鮮明的滿人野戰指揮官額勒登保。一七九九年嘉慶要他帶兵平定白蓮教亂時已五十一歲，就帶兵出征來說年紀已偏大，但他剛正不阿，身經百戰，而且凶狠無情。他是清朝赫赫武功的代表人物，強勢而冷酷的軍人，勇猛的武夫，與治理帝國的文人官員迥然不同。一如他之前那些滿人戰士，他以殺人不眨眼的殘酷，在溫文爾雅的皇帝和朝中文臣背後，替帝國開疆拓土，平定亂事。但他生活的世界與吟詩作對的文人圈相隔太遠，只會講滿語，漢語連讀寫都不會。

額勒登保征戰的一生，猶如乾隆皇開疆拓土史的縮影：一七六八年二十歲時被徵去雲南省南部打緬甸人，一七七〇年代參與平定四川藏人叛亂，一七八四年參與平定甘肅回亂，一七八七年協助敉平臺灣林爽文之亂，一七九〇年代初期任職於西部邊疆，參與了攻打西藏和尼泊爾境內廓爾喀人的大戰役。一七九七年獲升為副都統，帶兵平定了湖南省境內苗亂。額勒登保與和珅毫無瓜葛，一七九九年初期，嘉慶調整剿滅白蓮教亂的軍方高層人事，將他提拔為此項戰事的助理指揮官（「參贊大臣」）。同年九月，嘉慶要他掌理這次戰事的帥印（「經略大臣」）。[12]

清廷剿滅白蓮教亂所面臨的基本難題在於機動。叛軍基本上只需要手持式武器，而且能從行經的村落取得所需的其他任何物資。他們移動時不需精心搭建營地，而且熟諳高山與密林地形，能像鳥一樣來去自如。反觀官軍，人數多了許多，不得向村民強索物資，因此得一路攜帶所有糧食，以及火繩槍、火藥、彈丸、弓、箭和其他所有必需品，這意味著正規軍除了得有一長列的搬運工隨行，還得揹負沉重行李。如果他們有經驗的話，這不會太苦，但大部分官軍士兵從帝國他處調來，不習慣多山地形。行經有叛軍盤據的惡劣地形時，官軍行進緩慢也累得叫苦連天。[13]

於是在戰爭初期，官軍指揮官偏愛設立正規的前哨基地，把部隊駐紮在固定陣地裡。事實表明，要對付高度機動、在他們周邊鄉間流竄的叛軍，這種懶人做法幾乎完全不管用。就連能征善戰的軍官都不願叫底下的人為了追逐敵人深入危險地帶，例如川楚交界的深山老林（據說在這裡，源於遠古洪荒時期的老林深谷之間，有大如車輪、以虎為食的蜘蛛）。[14] 嘉慶親自挑選的平亂將領，好讀書的年輕滿人那彥成，一八〇〇年冬說明他為何不願帶所部進入這些森林：「賊蹤奔竄，不出老林，密樹遮蔽，十丈以外，即不能見。又天氣苦寒，積雪數尺，勢不能放火燒焚，將賊轟出。」[15]

嘉慶為戰場指揮官的百般推拖和遲疑而大為光火。「那彥成現在兵力不為不厚，」他就此事忿忿回應道，「焉有萬餘生力精兵，合之鄉勇數萬，僅在老林追逐，曠日持久，辦此一二千殘敗賊匪之理！」[16] 到了夏天，嘉慶革去那彥成軍職，將他召回京城，他的部隊改歸老將額勒登保統率。與那些比較年輕、吃不了苦的將領不同，額勒登保不怕險惡地形與天候，願與士兵同甘共苦。[17]

清廷打白蓮教匪之戰，基本上是一場平亂戰爭，需要一套新策略，以因應叛軍和地方百姓融而為一並借地方百姓之力持續壯大的現實情勢。乾隆既已去世、和珅既已處決，嘉慶自可放手採行新做法，而額勒登保採取的所謂「堅壁清野」策略，最終將讓他打贏這場戰爭。[18] 這套做法是越戰頭幾年美國所採取但成效較差的「戰略村」（strategic hamlet）制度的先聲，主要靠兩個作為來收效。首先，將尚未被叛軍的意識形態影響的「良」民區隔出來，把他們遷入集中的安全之地。這些安全之地是嚴防重守的營地，每隔十或二十英里設一座，名叫「堡寨」，在堡寨裡，有些良民會被授予武器，訓練為鄉勇，保衛營寨。其次，把所有收成的穀物和儲存的糧食都移入這些將會有百姓遷入避難的堡寨裡，藉此「清野」，也就是讓叛軍無從取得糧食等補給。[19]額勒登保希望藉此使無從搜刮糧食的叛軍不得不走出藏身地，與兵力遠占上風的官軍交手。[20]

在額勒登堡統率下，「堅壁清野」策略普行於戰區全境。數百座築有防禦工事的堡寨在有教亂之害的諸省立起，堡寨四周環以厚牆和護城河。[21]至於守衛堡寨的鄉勇，他們不會像戰爭頭幾年那樣派上戰場，以免重蹈成事不足敗事有餘的覆轍。他們唯一的職責就是保護自家和鄰人，如此一來使他們較安份守己，不會有先前鄉勇違法亂紀的情事：洗劫、虐待地方百姓，見苗頭不對就轉向和叛軍合作。既已將良民集中於堡寨，讓他們得到自組的民兵組織的保衛，額勒登保的滿、漢部隊就可以在受教亂危害的諸省境內大肆征討叛民——經過「清野」之後，這幾省成了開闊的戰場。雖然偶遭挫敗（與先前的統帥不同，他並未向皇上隱匿戰敗之事），面對實力遭削弱且四分五裂的叛軍，額勒登保開始拿下一連串勝利。

到了一八〇三年初，額勒登保的平亂戰役已進入最後階段，清軍以殘酷手段翦除殘餘叛軍，開始要地方民兵解甲歸田。但嘉慶提醒將領勿太早放鬆戒心。他寫道，「大病雖癒，瘡痍未復，」要他們務必將尚存的白蓮教匪剷除淨盡：「一賊不盡，皆足滋曼。」[22]他們毫不留情執行皇上的指示，到了一八〇三年夏末，眾指揮官終於能向皇上回報，經過八年征討，已將教亂為害最烈的三省境內的白蓮教匪完全剷除。[23]

一八〇四年春初，額勒登保回京，將兵符交還嘉慶帝，表示白蓮教亂終於完全平定。但這是他漫長戎馬生涯裡的最後一場勝利——這位頭髮花白的老將隔年去世，享年五十七，一代人跟著他的去世步出歷史舞臺。但這位滿人將領不負皇上所託，到了一八〇五年，嘉慶首度得以全心處理帝國的未來，不必將寶貴資源繼續耗費在勞民傷財的白蓮戰爭上。[24]

這是場慘勝。數十年後某位中國史家估計，光是根據官方的傷亡報告，就有數十萬叛民喪命於平定白蓮教亂的過程中。至於官軍和民兵戰死的數目（不計死於非命、餓死或自殺身亡的大量平民），他承認無從確知。[25]至於死在官府部隊之手的「叛民」，究竟有多少是真正的白蓮教民，而非無辜的旁觀者、被強拉入夥者或官府平亂時受池魚之殃的其他祕密教民，同樣無從得知。但教亂敉平，華中諸省恢復安定（至少回到戰爭前的局勢），至少讓嘉慶覺得差堪慰藉。

但放眼帝國內更廣大的地區，情勢仍然混沌不明。就在清廷集中全部軍力和財力平定華中諸省白蓮教亂那幾年期間，國內其他地方已出現權力真空，從而在離華中戰區甚遠之處，為其他類的亂子打開了缺口。其中一樁最大的亂子，一八〇五年時仍是欲恢復社稷安定的嘉慶必須克服的難關，這個亂子不是出現於內陸山區，而是出現在有洋人活動的沿海地區。

對華南許多人來說，陸地與水域的界線從出生就不明確。在廣州之類擁擠的城市地區，有數萬船民構成的「浮城」，他們是窮人家，買不起地或租不起房子，從出生至老死都在狹窄的船上度過，很少踏上乾地。這些船彼此繫在一塊，在河岸邊停成七、八排。與生活在陸地的人不同，船上人家不讓女兒纏足，許多活兒（操舵、叫賣、到洋船上收衣服回來洗）由女人完成。在這個位於硬土地與無邊大海之間的過渡世界裡，生活雖然窮，男女之間卻平等得多。

十九世紀初期，就從廣州這個水上世界，冒出一個叫石陽的年輕女子。她早年身世不詳，但可以知道的是她曾在廣州聞名全中國的水上妓院當妓女。水上妓院有個較為詩情畫意的名稱叫「花船」，有錢人能在船上砸大錢享用美酒，聽歌女獻藝。目前為止未找到她的真實肖像，但據說長得妖冶迷人（由後來的發展來看，這傳說自在意料之中）。一八〇一年，石陽嫁給她的恩客，一個事業有成的海盜頭子，鄭一。此後數年，石陽會替他生下兩個兒子，收養一個年紀比她兒子還大的養子。最重要的，她會助鄭一將六個海盜幫統合為一大聯盟，至一八〇五年時，這個聯盟將有約七萬名水手，四百艘船，兵力比西班牙無敵艦隊大了一倍多。一八〇七年鄭一在海上遇上暴風雨身亡，石陽扶植她的養子為聯盟中最大海盜幫紅旗幫的首領，紅旗幫的地盤在廣州附近海岸。她則掌管整個海盜聯盟。[26]

當時，漁民成為海盜不難。只要生活困頓，願意為了改善家計搶別人家或別村的財物，自然就成了海盜，不需是個壞事作絕的亡命之徒才淪為海盜。幾個同樣時運不濟的漁民，只擁有幾艘小划艇和幾把小刀，就能組成一個海盜幫。但靠著這些小船和小刀，他們就能擄獲一艘小商船。商船的船員往往會有一部分留下來投靠他們。如此一再劫掠（如果未遭擒獲的話），幫眾愈來愈多。隨著他們日益壯大，冒更大的險，旗下的船愈來愈大，船隻愈來愈多。他們會替船隻添置大炮。由於經營有成，他們會吸引更多人加入，而在日子普遍不好過的時期，例如人口過多的十九世紀初期，尤其如此。許多窮人憤恨於官員壓迫，在陸地上討生活無望，紛紛走上海盜這一行。最後，最厲害、最富領袖魅力的海盜幫首領，統領大規模船隊橫行海上，旗下大船配備有十五門或更多門火炮。有位親眼目睹過一艘海盜旗艦的洋人，說那艘船甲板上配置了三十八門炮，其中兩門是能發射二十四磅重炮彈的長炮。[27]

石陽所轄海盜聯盟的核心船隊，一七八〇年代成形時，原是效忠於越南叛亂勢力的華人傭兵水師。一七九九年叛亂勢力被滅後，這些以掠奪為生的船隊失去了雇主，隨後帶著他們經過戰爭錘鍊的組織回到中國，開始吸納較小股的海盜入夥。他們回來得正是時候，清朝正忙於鎮壓內陸的白蓮教亂，此時清朝不只把用兵重心擺在內陸，還從沿海抽調走許多兵力，以增援在白蓮教亂地區陷入困境的官軍。一如白蓮教亂之前清朝調兵入湖南鎮壓苗亂，就在海盜大舉侵擾中國沿海地區之前數年，清廷也從沿海調動數萬兵力到內陸打白蓮教民。在這期間，清廷向廣州行商收取了數百萬兩白銀以協助支應鎮壓白蓮教亂的開銷——這些錢若用在當地的海防，對這些商人的助益會大上許多。[28]

即使清朝並未因為鎮壓白蓮教亂而無暇他顧，清朝當下也無力因應海盜的興起。這不是因為清廷本來就對付不了來自海上的敵人，純粹是因為自康熙在位以來，中國已有百餘年未面臨嚴重的沿海威脅。但康熙對沿海威脅的回應顯示，如果皇帝予以嚴正回應，清廷還是有辦法解決此類威脅。話說當時，在一六六〇年代，立朝還不久的清朝拿下北京才過了二十年，仍未能完全控制帝國全境。清朝面臨一支擁有千餘艘船隻和十五萬水兵的海盜勢力，而且這股勢力宣告要反清復明，與滿清政權公開為敵。那時康熙才剛即位，還未成年，他和他的顧問清楚本朝的滿人部隊善於騎馬打仗，對付不了勢力如此龐大的海盜。因此康熙不與他們正面對決，而是實施遷界令，要中國東南沿海人民全部往內陸撤。

將近一千英里的海岸線，從華東的浙江省往南一直到華南廣州和更南邊的海岸，居民全部往內陸撤，讓忠於明朝的海盜船隊無從取得物資或補充兵員。遷界令始於一六六一年，內遷三英里，隔年擴大為內遷十英里。官府畫出界線（士兵拉繩標線），凡是住在界線與海岸之間的居民，都得放棄家園村落，帶著能帶上的家當遷往內地。然後便毀掉農田，焚燒漁船和村子，使海盜上岸後除了兵營找不到別的東西。

從人道觀點看，一六六〇年代的遷界太不人道：數百萬人被迫移居他地，牽著耕畜，揹著老人，緩緩離開家園，進入沒有土地權利、不知如何謀生的城市和內陸地區。當時看到的人寫道，到處有嚎哭之聲，情景慘不忍睹。[29]但從軍事角度看，這個辦法奏效了。海盜艦隊無法在中國沿岸取得補給，只好放棄大陸，航越臺灣海峽，攻下荷蘭人在臺灣的殖民地。沿海遷界令會在大部分區域實行超過二十年，清朝利用這段時間打造水師，能力足以跨過臺灣海峽、消滅在臺灣建立新基地的海盜。打敗海盜艦隊之後，清朝將臺灣納入版圖，被迫遷往內地的數百萬人終於獲准返回家鄉。

這場勝利贏得非常徹底，讓中國沿海地區自此享有很長的太平日子。整個十八世紀期間，真正危及中國沿海地區安全者，只是小規模的業餘海盜。他們一般來講是窮困的漁民，在受制於風向而無法下海捕魚的時節，沿海岸北航幹起劫船越貨的勾當。他們構成的威脅不大，不值得清廷特別派大軍圍剿。沿海村鎮有必要時才自行籌款建瞭望塔和哨所，雇請本地保安保護市場，防範盜匪洗劫。直到十九世紀初期，地方的保衛措施都足以自保。[30]在新海盜聯盟造反與官府為敵之前，清朝已有百餘年不需遠洋海軍，其為攻臺所造的船隻老早就腐朽破敗。

因此，碰上石陽的海盜艦隊，清朝毫無準備，一遇即潰，畢竟這支海盜艦隊的規模和過去忠於明朝的那支艦隊幾乎不相上下。十九世紀初期清朝沿海水師主要倚賴行動遲緩的「米艇」，這種船原本用來運貨，只能貼著海岸航行，大大不如石陽旗下行動迅捷、操縱靈活、能行大洋的海盜船，武裝也較差。清朝水師船隻通常配屬四十至八十名水兵，加上幾門和船本身不匹配的火炮，而較大型的海盜船則有數百名船員，有時配置數十門大炮。

此外，清朝水師拿到的經費甚少，士氣低落，反映了水師長久以來受冷落的處境。指揮官之間無法協同作戰，水兵與艦長都不精於海戰，薪餉通常遲發。作戰損失或毀於暴風雨的船隻通常得不到遞補，就連基本的維修都可能因為港區官員侵吞公款而停擺（反映了當時貪汙的猖獗），因此水師當中只有部分船隻能出海。事實上，海盜艦隊初次來襲時，清朝水師艦船的兵員不足而且戰力太弱，掌管海防的官員不得不雇用當地漁民和其他百姓的非軍用船隻，來強化水師武力。[31]

結果是一敗塗地。清朝水師巡邏隊害怕與石陽的海盜交手，甚至破壞自己的船隻以逃避出海。還有些水師部隊藏在隱密港灣裡，生怕被海盜船發現，然後向上級謊報取得大捷。水師與海盜交手之事極為罕見，真的交手則幾乎每戰必敗。[32]直到一八〇五年，也就是白蓮教亂平定之後，嘉慶帝才終於可以全心對付海盜，但清廷還是花了一段時間才得以站穩腳跟出擊。

到了一八〇八年清朝在澳門與度路利起衝突時，石陽的海盜組織已差不多控制整個華東及華南海岸線。除了襲擊船隻、搶奪船貨、抓船員勒索贖金這些較為人熟悉的勾當，他們也建立起制度：

向討海為生的沿海村落收繳貢品（其實就是收稅），貢品則在海盜於陸上設立的一系列辦事處繳納。海盜也大做保護費生意，賣通行證給漁民和發貨人，這些人如果沒買通行證，幾乎上不了船。海盜非常專業，如果某票海盜掠奪了一艘船，而這艘船正好持有另一幫海盜所發的通行證，這票海盜的首領會要手下把搶來的貨全部歸還，還另外送上一筆損害賠償金。[33]

廣州的高階官員努力擴大本地水師兵力，但成效不佳。一八〇八年，海盜殺了一名被派去廣州清剿海盜的新司令官。到了當年年底，石陽的海盜已摧毀廣東水師將近一半的船隻。一八〇九年，新建的清軍水師大舉出擊，四十艘增配了武器的官船出海攻打一支海盜艦隊，但第一次遇敵時，就有二十八艘官船落入海盜手中，其他官船則轉身逃到安全之地。到了該年八月，海盜已猖狂到在陸上張貼告示，揚言攻打廣州城。[34]

但與清朝在華中獨力攻打白蓮教匪不同的是，在中國近海，有另一股力量與清軍並肩作戰：那就是洋商，尤其是有英國皇家海軍護送且配備現代火炮的東印度公司大船。白蓮教亂發生於內陸深處，來往於廣州、澳門之間水域的英國人和美國人察覺不到，但海盜就在他們居住的地方攻擊他們。只要情況對自己有益（一艘落單的船，船員配置不足或被暴風雨打癱的船更好），石陽的海盜攻擊起洋船，和攻擊中國船一樣毫不遲疑，而他們逼進目標時，與廣州水道裡密密麻麻的其他任何中國戎克船沒有區別，因此防不勝防。一如中國船的船長，外國商人也必須到海盜設於澳門與廣州的辦事處繳保護費，以保安全通過，而外國商人把繳保護費說成在繳保險，藉此自圓其說。[35]

海盜偶爾也擄洋人為人質，這些洋人對他們與海盜一起生活的經歷，留下極為生動的敘述。有個名叫特納（John Turner）的英格蘭人，在從孟買過來的某艘船上當大副，一八〇六年十二月在澳門附近被擄走，押了將近六個月。他描述了海盜每日生活的艱苦——海盜生活在狹促骯髒的小船上，而他與海盜相同，在船上只有約四十五公分寬、一．二公尺長的空間可供睡覺，每日吃的大多是米飯和魚乾。清朝官府抓到海盜後，處置非常殘酷（做法之一是用釘子將海盜雙手釘在一塊，而非用繩子綁住雙手），特納親眼目睹海盜如何殘酷回敬官府。他寫道，海盜擄獲一艘官船後，將船上一名高級船員的雙腳釘在甲板上予以毒打，然後帶上岸，大卸八塊。[36] 他寫道，「我認為其他高級船員也受到類似的處置。」不是高級船員的人質，則受到比較好的對待，如果一直沒有人拿錢來贖，許多人就此待在船上，替海盜做事。想逃跑的人質，一般來講下場非常慘。

至於特納本人，海盜表明如果他的雇主不付三萬銀圓贖金，他就只有兩條路可走，不是入夥當他們的炮手，就是把他殺掉。被擄五個半月後，他幾經討價還價，終於把贖金殺到二千五百銀圓，廣州一名英格蘭人（會說粵語的普魯士領事畢爾）付錢把他救了出來。被擄期間，特納想弄清楚他們為何下海當海盜，而他們給的答案全都與白蓮教叛民回給訊問者的答案非常相似，亦即家鄉的官員太腐敗濫權，他們只有出海投奔海盜才有安穩日子可過。[37] 那是同樣的心聲：清朝下層官員的腐敗殘酷逼他們下海為寇，一如白蓮教民因官逼而造反。

另一個名叫格拉斯普爾（Richard Glasspoole）的英格蘭人一八〇九年被海盜擄走，也說到海盜的殘暴，他寫道，海盜「滿腔憤恨，行事凶殘，常把敵人的心臟挖出配飯吃。」[38] 兩廣總督祭出沿海禁運措施，想藉此使海盜船得不到補給，結果只是驅使海盜循著廣東省錯綜複雜的河道進入內陸。擄走格拉斯普爾的船載著他溯河而上，讓他親眼目睹此事。這艘船越過與對外貿易有關的成排船隻，往內陸又行了甚遠，沿途看到如同廢墟的村鎮。他指出，這個河域不歸官府管，一整村又一整村的人向海盜納貢，數百艘海盜船駛經河邊村子時，村民在岸上向海盜艦隊唱歌。海盜攻擊其他城鎮之後安然脫身，趁著夜色划到岸邊，登岸燒掉官府衙門，要當地人答應每年獻貢，揚言如不照辦要毀掉整個城鎮。貢賦以白銀和實物（米、烤豬、糖）支付。海盜遭遇官軍時，要格拉斯普爾等洋人質拿起他們的歐洲滑膛槍一起作戰，他語帶譏諷地指出，面對主要以弓箭和老式火繩槍為武器的清軍，歐洲滑膛槍「幹掉許多人」。[39]

沿海海盜猖獗既困擾中國航運，也危害外國航運，位於華南的諸國海軍自然有了跨國合作的理由。畢竟中國人和洋人都想消除沿海的海盜危害，而洋船，尤其是與法國海戰未歇、戰力正磨練到極佳狀態的英國海軍船艦，其所能給予海盜艦隊的打擊，遠非行事馬虎、臨時充數的清軍水師所能及。

但嘉慶正告其大臣，清剿海盜攸關帝國威望。他認為即使小小倚賴外國援手都會損及本國顏面，形同坦承本朝無力綏靖海疆。他於一八〇五年三月發了一道措詞嚴厲的敕諭，說「近聞外洋貨船到粵，均有兵船護送」，不只英國如此，「必係因洋面不能肅清自為守衛之計」，然後說「迨駛至澳門。已近內地口岸，或有竊掠之事，豈不貽笑外夷？」[40]他下令兩廣總督「修明武備整頓營伍，使奸徒聞風自遠，以懾外夷而靖海疆。」在同一份敕諭中，他提到晚近英王喬治發來的一封信，信中英王語帶含糊表示樂於為清朝效力。嘉慶把那視為未明言的軍援提議，覺得有辱清朝顏面。嘉慶寫道「此言似非無因，自係聞洋面時有盜警，或需伊國兵力幫同緝捕，是以隱躍其詞。海洋地面番船往來，原應內地官兵實力查緝，焉有借助外藩消除奸匪之理？」九個月後，在給英王的回信中，他直言「無需爾邦出力之處」。[41]

不過，北京皇帝的自負和廣州當地官員的務實是兩碼子事，畢竟廣州官員得處理近在眼前的海盜橫行問題。嘉慶只在畫上見過歐洲海軍艦船，但廣州許多官員上過這類船艦，非常清楚它們對付海盜有多管用。但這些官員終究只向皇上負責，如果直接找洋人搬救兵（或起碼留下這方面的書面紀錄），然後為外界所知，恐怕難逃皇上懲罰。因此他們開始尋求外援，但基於政治利害考量，只能私下祕密進行。不過他們找上的洋人既不想偷偷摸摸，也不想搞私下交易，他們希望自己的援助得到表揚，想藉此促進通商。

經歷過度路利事件衝擊的華商與洋商關係，在一八〇九年石陽的權勢達到巔峰時已有所修復，變得和以往一樣相當穩固（附帶一提，度路利替自己入侵澳門之舉辯解時，一度說他是奉派前來襄助中國打擊海盜，嘉慶將此說斥為一派胡言）。[42] 一八〇九年八月，海盜在澳門附近海域追擊五艘美國船，截走一艘屬於帝汶行政長官的葡萄牙船。[43] 同月，廣州行商私下購買一艘一百零八噸重的英國雙桅橫帆小船「伊莉莎白號」，打算自己花錢配備武器以剿滅海盜。[44] 他們也將三百噸重的墨丘利號（Mercury）外國船編入現役，找來五十名美國志願者擔任船員，但因船體太小，效用不大。[45]

新任兩廣總督百齡處境尷尬。他的前任總督因對英國人太好說話而遭嘉慶流放。他知道該以強硬路線對付洋人，但也知道洋人對於清剿海盜大有幫助。

一八〇九年九月，隨著配備六十四門炮的聖阿爾班斯號（St. Albans）到來，有了一個大有可為的機會。這艘船是英國皇家海軍的第一線作戰軍艦，護送一支由十二艘「東印度人」大貨船組成的船隊來到廣州。該船船長法蘭西斯・奧斯汀（Francis Austen）戰功彪炳（但他的才華比起他妹妹珍・奧斯汀還是相形失色）。抵廣州數星期後，有個清朝中階高員赴英國商館拜訪奧斯汀，代表兩廣總督私下詢問是否可以領軍征討海盜。東印度公司的貨船要在數月後返航時才會需要他護送，奧斯汀因此表示願意考慮此事。但他提出兩個條件：首先要讓他自由往返廣州，不需通行證（正常情況下外國軍艦需要通行證），其次——這是此事能否談成的癥結——他受邀去殺中國子民，因此他要兩廣總督給他正式的邀請函。但他本人極願意幫忙，甚至針對如何強化清軍水師帆船裝備以加強威力一事，主動提供意見（但他的意見帶有沙文主義思想：除了建議配置洋炮，還建議以洋人而非中國人擔任水師船的水兵）。[46]

雙方敲定三天後艦長奧斯汀與兩廣總督百齡會晤，地點在商館區外的海關監督衙門。接下來的情況卻令奧斯汀不快。他以為對方既對他有所求，希望英國幫忙打擊海盜，自當對他大加禮遇，結果卻讓他「在一個密閉髒骯的大廳裡（等了）將近半個小時，讓每個能擠進通往該大廳的通道裡的無賴盯著他看。」[47]百齡並未現身，而是要海關監督代他接見奧斯汀。奧斯汀拒見，只想與兩廣總督打交道，不想與區區海關官員談。最後奧斯汀氣鼓鼓離開海關監督衙門，要求兩廣總督若想見他，就得親自到英國商館相見。清朝皇帝認為接受外援是示弱，嚴防地方官員有此舉動，奧斯汀不知百齡有這股壓力在身，於是把他未依約赴會單純歸因於「愚蠢，以及既認定自己無法抑制海盜壯大又拉不下身段的矛盾掙扎。」[48]此事就此告吹。

最終，在沒有外力大舉援助的情況下，清軍還是制伏了海盜，而且是照自己的方式辦到。他們剿滅海盜的方式，與動用數萬兵力強勢平定白蓮教亂的方式大相逕庭，因為除了發兵圍剿，此時清朝還祭出既往不究的口號和在中國過太平日子的吸引力來招撫海盜。白蓮教亂一平定，清廷就開始把資源轉用於在廣州附近沿海打造更強的水師。此一措施，搭配旨在打斷海盜補給線的沿海禁運，在一八〇九年晚期已開始收到效果。甫裝備武器的新建清軍水師在水上與海盜激戰，有時雙方投入超過百艘船艦，一打就是數天。但光是這些措施無法克敵制勝。一位中國水師提督哀嘆道，「賊勢之鴟張，由於我兵之不集。賊徒眾，我兵寡……強弱異勢，以故近日交鋒，師徒不捷。」[49]

清朝最終倚賴「撫」更勝於「剿」。廣東省府發出聲明，凡是棄械投降的海盜皆予以特赦，藉此剿撫並濟。這項提議打動了那些若遭官軍俘虜必遭處死的海盜。隨著禁運措施使水上生活愈發艱困，糧食供給變得匱乏（英籍俘虜格拉斯普爾整整三個星期只有煮過的毛毛蟲和米飯可吃，他說俘虜他的那些海盜大啖船艙裡的老鼠）。[50]這項困境，加上官府不斷增加陸上和海上兵力，海盜聯盟開始出現裂痕。向官府自首的較低階船長，迅即得到官府獎賞，然後把矛頭轉向以前的同志。

到了一八〇九年底，禁不住日益升高的外部壓力，海盜聯盟兩個最大幫的幫主——紅旗幫幫主是石陽的養子張保，黑旗幫幫主則是張保的競爭對手——開始失和。黑旗幫幫主擔心遭到攻擊，寫了降書請求官府從寬處置。他寫道，「今蟻等生逢盛世，本乃良民，或因結交不慎而陷入萑苻，或因俯仰無資而充投逆侶，或因貿易而被擄江湖，或因負罪而潛身澤國。」他以當時人常有的無奈口吻，表示他的手下淪為海盜，完全因為社會綱紀崩毀，才走上作奸犯科之路，而如今，他們就像不受教的小孩想回家。他接著寫道，「此得罪朝廷，摧殘商賈，勢所必然也……斯時也，欲脫身歸故里而鄉黨不容，欲結伴投誠而官威莫測，不得不逗遛海島，觀望徘徊……用是糾合全幫，聯名叩呈……赦從前冒犯之愆，許今日自新之路。」[51]

石陽想到黑旗幫主會聯合官軍一起對付她，大為驚恐，於是接受官府的赦免之議。一八一〇年二月，她帶著張保的妻小在廣州上岸，在兩廣總督衙門與百齡晤談投降之事。據一份對此次會晤的記述，百齡告訴她，他「亦惟體皇上祝網之仁，以不死貸汝，許張保歸命也。」[52] 統領紅旗幫的石陽養子張保不久後自首。清朝官員以食物和金錢贈予張保部下（而非將他們逮捕或大卸八塊），歡迎他來歸，後來論功行賞，授予他水師守備之職。他的部下有一部分人跟著他投效朝廷，其他人領了錢，改過自新，散歸壟畝。

於是，清廷主要靠積極招撫制伏海盜，與以焦土策略消滅白蓮教大相逕庭。清廷對付沿海海盜威脅時，並未像先前在華中的陸戰那樣發動龐大正規軍和民兵，而是只小幅加強水師兵力，主要較倚賴禁運和遠更節省開銷的赦免招降策略。張保會繼續效忠朝廷，直至一八二二年去世為止。妓女出身、終至統領七萬海盜幫眾的石陽，則會以平民身分在廣州度過餘生，在那裡經營一家賭館，過著太平日子，直至一八四四年自然死亡為止，得年六十。[53]

到了一八一〇年，清帝國的局勢已比乾隆晚年安定許多。嘉慶欽選的帶兵大員平定了內陸的白蓮教亂，平息了肆虐海疆的海盜。他們以行動證明只要給予龐大的清朝行政機關時間，還是能因應並打消新威脅。撇開國內局勢不談，清帝國與鄰邦並無嚴重的邊界衝突，而與度路利所率艦隊起了短暫衝突之後——這場衝突因英國人擔心挑起對華戰爭而化解——清朝與造訪廣州的洋商也是相安無事。嘉慶減緩了乾隆晚年國運的急墜之勢，至少局部恢復了秩序。情勢談不上大好，但有樂觀的空間。

不過，較為全球性的權力調整正在進行。就在清廷戮力解決內部叛亂，動員龐大陸軍攻打內陸頑強的叛亂份子那幾年，英國一直專注於發展海上武力。在這期間這兩個帝國都花了大筆金錢在軍事行動上——為了平定白蓮教亂，中國在八年裡花了兩億兩銀子，英國則與法國打了二十二年的戰爭，為此花掉約前者十二倍的錢——但英國雖然背負了相當於其戰爭開銷三分之二強的巨額國債，一八一五年結束其與法國的較量時，國力卻更強，充滿銳氣。[54]英國打敗拿破崙時，其海軍規模已擴大一倍，打造出世上最強大的海上武力，那是可以輕易轉用於控制一個廣大且有利可圖之水上帝國的利器。這個帝國涵蓋全球許多地方，而且在這場戰爭期間，英國為此帝國增添了許多新的戰略要地。到了一八二〇年，大英帝國將控制超過世上四分之一的人口，與中國的人口幾乎相當。[55]在這期間，中國忙著打國內和沿海的敵人，撥出的作戰經費裡有許多被貪官中飽私囊，雖然最終也是獲勝，但經過這段時期的折騰，國力卻變弱而非變強。

此外，平定國內叛亂，不像打贏外敵能帶來團結民心的威望，而且平定白蓮教亂之後，清朝並未像打敗拿破崙的英國那樣對自己的國力愈發有信心。事實上正好相反。白蓮教民高舉反清大旗，八年才平定，然後石陽的海盜幫接下此旗幟，大損清朝威信，鼓舞了帝國內其他不滿於清廷的團體。再者，打這些戰爭——尤其是平定白蓮教亂——的經濟成本，將大大拖累清廷前進的腳步。

誠如對平定白蓮教亂一事的完整記述所揭露的，嘉慶大砍軍費，嚴格控管開銷，以杜絕乾隆與和珅當政期間軍中普遍盜用公款的積習。[56]這類措施雖然止住公款的不當流失，但也使清軍日後領到的經費變少，使用的武器較老舊，士氣比乾隆盛年時還低。清軍仍是亞洲最強，碰到非常時期時，仍有深厚家底可供倚恃，但到了一八一〇年，非常時期似已結束。嘉慶認為未來將是天下太平，加以清朝所面臨的經濟情勢比他原來以為的還要慘淡，於是他形同拿中國軍隊未來的改善作抵押，以保住清廷近期的穩定。

對於幫助中國打擊海盜，英國其實曾表示願提供較無私的援助。印度的閔多勛爵提議派一個中隊的軍艦和一支炮兵分遣隊去中國，與東印度公司的船隻聯手消滅石陽海盜幫，並在一八一〇年備好了這支武力。但廣州收到他的好意時，已不需要這個援手。兩廣總督百齡忙著談殘餘海盜歸降之事，廣東巡撫於一八一〇年八月十二日回覆閔多勛爵，表示海盜已遭各個擊破，不再作亂；局勢已大為平靜，因此不需援助。[57]

南海太平，不需英國皇家海軍出手相助。但受惠於廣州貿易而都非常希望該貿易繼續繁榮的兩個帝國進行有意義合作的機會，就此失去。嘉慶可以懷著本朝軍力足夠應付一切狀況，不需外援就能維持華南安定的自信，大步向前。英國人則可以繼續相信嘉慶幾乎鎮不住帝國內蠢蠢欲動的亂民，但因為太自傲，太昧於形勢，而不願求助於他們。

五、進入點

一八〇九年小斯當東回到英格蘭休假，開始遊說政府再派使團赴北京。在寫給東印度公司董事長的信中，他提議英國應派一名國王使節前去修補艦隊司令度路利入侵澳門造成的損害。具體的說，小斯當東認為新使節應向嘉慶帝保證，英國政府從未批准度路利的行動，不認可任何與中國為敵之事，英國只想與中國建立「最友善、最互惠的關係」。[1] 他建議甚至可讓使節把英國政府文件譯成中文帶過去，以證明所言不虛，藉此恢復嘉慶帝對英國的好感。小斯當東說，即使使節只能辦到這件事，這次出使仍可算是成功。至於其他可能的發展，像是開放新口岸通商、互換使節之類，能否如願則無從預料；那取決於奉派出使者的談判本事。而在這一點上，小斯當東終於不再拐彎抹角，挑明他眼中的合適人選所應具備的條件。他寫道，如果國王的使者「有機會不靠譯員之助，即能與影響中國皇帝決策的軍機處那些人毫無保留地交換意見——此前從未有使者有幸擁有的機會……那麼，若說會因此取得最重要、最有利的結果，也不算離譜。」這段話的關鍵是「不靠譯員之助」：他認為自己就是奉派出使的不二人選。

這份提議相當受到看重。小斯當東有個關係很好的贊助者名叫巴羅（John Barrow）。巴羅是他父親的老友，馬戛爾尼訪華使團的一員，這時是海軍部二等書記官。他偷偷向小斯當東通風報信，說他「幾乎百分之分」會以國王使者的身分派去北京，應該立刻就會被召見。[2] 果然，小斯當東不久後就被叫去倫敦東印度公司總部與董事會主席開會。他得意洋洋走進氣派堂皇的東印度公司大樓，當時大樓剛擴建完成，用以彰顯管轄龐大領土的東印度公司蒸蒸日上的地位。他走進去，穿過十八公尺寬的入口，經過入口處的愛奧尼亞式圓柱，走過一尊騎在獅子上、象徵英國的女子人像底下（旁邊有一尊騎在駱駝上、身形較小象徵亞洲的人像），走進大樓裡煙霧瀰漫、用燭光照明的複雜走道和樓梯井，急欲聽到自他父母首度要他搭上駛回廣州的印度斯坦號以來一直企盼的消息。[3]

但是被叫進董事長辦公室後，小斯當東卻被嚴肅告知董事會覺得由東印度公司職員帶領英國使團並不妥當。使團要代表英格蘭國王，而非代表商人，他們認為小斯當東若成為使團一員會把事情搞亂。這消息猶如晴天霹靂，小斯當東心情跌到谷底。四十年後他寫回憶錄時，仍為那天他「羞愧到無地自容」而難以釋懷，認定他「受到極不公平的對待」，很可能「受害於某個卑鄙陰謀」。[4] 當時他自尊受損，認為只有讓此事破局才能消他心頭之恨：搞砸出使中國的計畫，至少讓別人也當不成赴華使節。

儘管遭遇這項挫折，小斯當東仍繼續努力將自己打造成英國第一個貨真價實的中國通。一八一〇年，就在那次返鄉休假期間，他出版了花費將近十年才譯成的大清律例英譯本。那是歷來第一部直接從中文譯成英文的重大著作，使他更能理直氣壯宣稱自己精通中國事務。但在此應該指出，本書之所以重要，與大清律例本身的鉅細靡遺或譯文的品質關係沒那麼大，反倒與此書想要從大格局呈現的中國面貌關係較大。小斯當東深信，就他所能入手翻譯的種種文本裡，就屬大清律例最能讓人一窺中國社會的運作情況，裡面含有「政府的體制和規章、政府國內政策的原則、政府與國民習慣和性格的關連、政府對國內人民一般狀態與情況的影響。」[5]

小斯當東出版此書時，馬戛爾尼使華時代盛行於英國的對華傾慕想像，已有一部分褪去色彩。使團的出版物已植下對華失望的種籽，其中某些團員暗示中國並非他們原本以為的無懈可擊的東方完美典型。馬戛爾尼那個中國境內將有革命爆發的悲觀預言，他還在世時並未公諸於世，但不久之前，他於一八〇六年去世後，已跟著他其他部分的中國行日記一起為大眾所知。[6]

與此同時，由於與法國在戰場廝殺多年，加上英國反天主教心態的推波助瀾，使得許久以前耶穌會士對中國的那些記述，後來被法國啟蒙運動哲學家用來將中國推崇為穩定且可長可久之政體典範的著作，已不再那麼受到看重。在拿破崙時代，英國人對法國人的不信任，擴大為對法國古人的不信任，尤其不信任伏爾泰之類，其著作也為法國大革命起了推波助瀾作用的人。一位英國作家在一八一〇年說，「法國哲學家容易受騙上當的程度，除開那些被他們誤導的人，無人能及。」他還說，在法國作家塑造的中國假象影響下，「世人一般來講仍相信中國在科學進步上、尤其是治國之道上的盡善盡美，後來馬戛爾尼勛爵使華以及該使團的記述……才讓人認清，至少使英格蘭人認清，他們精心打造的騙局。」[7]

憑藉這本介紹中國法律的書，英國人小斯當東接下此前數百年歐陸耶穌會士的棒子，以當時來講較為溢美的角度打造中國的形象。整體來講他對中國持肯定態度（鑑於他把個人前途繫於中國身上，這或許是勢所必然）。在此書的自序裡，他說中國是個相對較開明的帝國，以界定明確且（大體上）理性的法律治國。他寫道，中國顯而易見大不同於歐洲，但中國文明有許多令歐洲人欽敬之處。除了他眼中中國政府無意征服外邦這個特點，他特別稱讚「下層人民的行事有節、勤奮、乃至聰慧」、「幾乎完全沒有封建權利和特權」、「地產分配的一致」。他說中國社會這些令人讚賞的特色，全因「一套刑法，這套刑法即使不是最公平公正，至少或許是歷來的刑法裡，最面面俱到、最一體適用且最適合其施行對象之稟賦。」[8]

小斯當東特別想將中國與南亞、近東其他「東方」文明（西方讀者同樣認識不深而可能將中國與之混為一談的文明）區別開來，並想把中國的文明程度擺在這些文明之上。他從未質疑英國的優越性，但覺得中國文明的缺點主要因其不信基督教。他主張，除此之外，中國明顯優於包括印度在內的其他東方文化。他駁斥了晚近孟加拉境內某位傳教士關於中國話源於梵語的說法，反倒主張中國歷來留下的出色史書、中國的曆法、發明、技術等，在印度教徒國度並不存在。中國人擁有「一個建立在高明見識和實用智慧之上的法典」已經很久，而印度斯坦，他說，是個「可憐的國度，數以百萬計消極的人，在一些狡猾種姓的鐵腕統治下苟且度日。」[9]至於他當時的中國政府，小斯當東說嘉慶帝是個冷靜、有才幹的統治者，果斷的君主，其消滅和珅之舉，展現了「強大帝國君主的特質當中必不可少的政治勇氣和睿智」。[10]

一些書評家跟著他的論調放言高論。《每季評論》（*Quarterly Review*）針對小斯當東的著作，刊出一篇特別推崇的書評，稱該書「從任何觀點來看都是上乘之作」。[11] 但這篇書評的執筆者（照當時慣例匿名）是小斯當東的贊助者暨友人巴羅，也就是當初向他通風報信說很可能派他使華的那位仁兄——而且尷尬的是，正是小斯當東此書題獻的對象。至少《愛丁堡評論》（*Edingburgh Review*）裡一位較客觀的評論者，支持小斯當東所謂中國較其他非西方文化優越的說法。他論及大清律例的「高度合理、明確、一貫」，認為這部法典沒有「大部分其他亞洲法典讓人不忍卒睹的冗詞贅語——完全沒有充滿迷信的胡言亂語、可悲的不連貫性、嚴重不合邏輯的陳述和層出不窮的神諭似話語。」他說大清律例是「冷靜、簡明、獨具一格的一系列法令，從頭到尾帶有切合實際的判斷和歐洲人的高明見解。」[12]

其他人就沒這麼客氣。這本書問世後，別人如何解讀該書，非小斯當東所能控制，他所翻譯的大清律例無意間挑起潛藏的敵意，並不是對小斯當東本人的敵意——一般來講他憑著這項成就得到讚賞——而是對中國的敵意。大清律例細如牛毛的法條，還有各個法條分成許多級次的體罰（例如具體規定該用哪種大小的竹杖來打罪犯以及該打多少下），讓許多評論家覺得那正表明這個帝國的人民和普通船員一樣未受益於開明治理。《批判性評論》（*Critical Review*）徹底推翻小斯當東欲打造更正面中國形象的意圖，認為讀過他的書後，「我們高度傾向於認為中國人是比任何南太平洋野人更加無望改良的種族」。[13]

有幾位評論他譯作的人士，在大清律例裡找到中國文明與西方文明之間無法彌合的鴻溝，這與小斯當東的意圖背道而馳。其中一位表示，若把如此嚴酷的法典施加在英國人之類的人身上，會是「最殘酷可鄙的暴行」。[14] 其他人則認為中國與歐洲的文明相差如此之大，兩地人民自然理該生活在完全不同的法律與懲罰制度下。差別的癥結不在主權，而在種族——法律體系的公正與否取決於受審判之個人的本質，而非取決於此人當時住在哪裡，或哪個政府統治該片領土。從這個觀點再跨出一小步，就會得出下一個論斷——這些作家當時並未提出、但日後終會有其他作家提出的論斷——亦即即使在中國領土上，要英格蘭人受中國法律管轄，都是加諸平民的暴行。[15]

馬禮遜驚愕於他在廣州所見——崇拜偶像、燒香、拜月，因不識耶穌基督而注定永墮地獄的民族。馬禮遜不是開朗活潑之人，也不是寬容厚道之人。在這位傳教士的數幅肖像畫裡，他唇上微露笑意，連鬢鬍子往下長到下顎處，一頭蓬亂鬈曲的黑髮從他的圓臉往回梳。在其中一幅畫裡，除了他本人，還有他的兩名中國籍助手。這兩人俯身處理文件，聚精會神於工作，似乎沒時間擡頭看一眼肖像畫家。但馬禮遜的笑意究竟多真誠，不得而知。他是個執著之人，一設定目標就鍥而不捨，非完成不可，他的志業引來許多西方同胞的嘲笑，乃至敵視。

有位船東曾揶揄他，「所以，馬禮遜先生，你真的以為自己會大大改變中華大帝國的偶像崇拜習慣？」

「不，先生，」一派正經的馬禮遜回道，「我認為上帝會。」[16]

倫敦傳道會派馬禮遜赴華傳教時，認為他絕不可能獲准進入中國內地，因此他所接到的主要指示，乃是先學習中文，然後把《聖經》譯成中文。書能去到布道者去不到的地方，倫敦傳道會深信如果馬禮遜能把基督教福音書譯成中文，中國最終會變成基督教國家。據此，馬禮遜的基督新教傳教活動大不同於先前來華傳教的天主教傳教士。天主教徒一般來講不贊同將《聖經》譯成當地語言——皈依者如果想讀《聖經》，就得學拉丁文，而教堂儀式規定，外籍傳教士或被授予牧師職的中國人得在國內照料皈依者，聆聽懺悔和做彌撒。相反的，倫敦傳道會代表諸多新教教派，深信人所需要的，就只是一部看得懂的《聖經》，深信那就足以使人成為虔誠基督徒。美國麻塞諸塞州塞勒姆市一位傳道士，在一八一二年為《聖經》中譯一事募款時就說：「在羅馬天主教的黑暗時代，神祕巴比倫當道，俗人無緣讀《聖經》；很少人讀《聖經》，神職人員對《聖經》的理解也較少。最後，《聖經》被譯成英文並付印發行，成為宗教改革的重要利器。」[17]

派人赴華傳播基督新教的想法，出自名叫莫茲利（William Moseley）的英格蘭牧師。一七九八年他到處發傳單，呼籲組成一個「會社，旨在將《聖經》譯成人口最多的東方國家的語言」——這裡指的是中國和印度——因為世上的「異教徒國家」由於不識基督教福音而永墮地獄令他感到不安。莫茲利說，「中國的三億三千萬人」，在有機會讀到以他們自己語言寫成的聖典之前，「會繼續置身於黑暗裡和死亡的陰影裡」。[18]

莫茲利這個想法是受到馬戛爾尼使團的啟發。這個使團將喬治三世致乾隆的信成功譯成中文，似乎證實了把英文精確譯成中文一事的確可行——許多人原本認為這是天方夜譚。數年後，莫茲利在大英博物館的藏品裡發現一份來歷不明的中文手稿，讓他更受鼓舞。手稿的拉丁語說明文表示，手稿的內容含有四福音書。一八〇四年初期，小斯當東回到英格蘭處理父親遺產時，莫茲利請他檢視這份神祕手稿，希望小斯當東如果看得懂而且判定譯文精確——未含有某個憂心的主教所說的「天主教措辭特點」——就能將它出版，做為新的赴華傳教團的基礎。為此，小斯當東數次上大英博物館，想弄清楚手稿裡的中文是以欽定版英語《聖經》為本，還是以拉丁文《聖經》為本，最後，令莫茲利大為失望的，小斯當東斷定它以拉丁文《聖經》為本，而且大概出自耶穌會士之手。[19]

大英博物館的手稿有疑問，在英格蘭出版中文書的潛在開銷高得不可思議（由於欠缺任何種中文活字，不識中文的工匠得把手稿裡每個漢字像畫小畫般一一予以重現），莫茲利的支持者隨之打了退堂鼓。此外還有一個難題，那就是即使此書出版，除了透過天主教傳教士，別無他法可以將它在中國境內散發，而那些傳教士肯定不會同意幫忙散發新教版的《聖經》。莫茲利一再強調整整三分之一人類的永生靈魂，靠他的計畫才得以得救，而只有在中國境內有新教徒的情況下，這個計畫才行得通。最後倫敦傳道會出面接下這個計畫，決定派馬禮遜到廣州學中文，要他親自將《聖經》全本譯成中文，最後並找到辦法將它在中國大量出版、發行。這項任務比馬含之類單純的探險家可能會擬出的任務，都要更加艱巨浩大，看來更不可能辦到。

有位認識馬禮遜的人說，他比當時其他基督教傳教士更為老練：「他的虔誠已長出樹皮，而他們的虔誠還在嫩苗階段。」[20]而且他很孤單，儘管他並非刻意如此。原本排定要派兩名新教傳教士到中國，但另一位名叫布朗的傳教士因為受不了和馬禮遜共事，在動身前退出了。布朗寫信告訴倫敦傳道會的董事：「我們在同一個傳教團裡不可能合得來……至於親愛之情，我相信我們兩人都很少。」[21]馬禮遜十分遺憾自己是隻身赴華，他在中國很寂寞。幾乎沒人從英格蘭寫信給他。頭一年，他寄了兩百多封信給家人、朋友和傳教士同僚，結果只收到兩封回信。[22]

但一八〇八年秋，馬禮遜找到了愛。她叫瑪麗・莫頓（Mary Morton），當時十八歲，比馬禮遜小八歲。他在澳門遇見她，當時他住在羅伯賜提供給他的澳門房子。她父親是英國皇家海軍的愛爾蘭籍軍醫，攜家帶眷在錫蘭住了七年，這時返國途中停靠澳門。馬禮遜一顆心七上八下，追她追了幾個月。他與她家人一同吃飯，帶他們禱告時，愧疚於自己未把心思放在中文上面，因此對該不該追求女人心生躊躇。但他追求成功，一八〇九年二月二十日下午，就在她家人準備離開澳門返國時，瑪麗・莫頓與馬禮遜成親。他難得開心了一次。[23]

馬禮遜憑著獻身上帝之心學習中文，學習的過程艱苦又專一。瑪麗最初跟著他一起學，但趕不上他。情況許可時，他會跟著老師一天學上八個小時或更久，一週裡除了安息日之外，每天都這麼做（安息日時他則閱讀耶穌會士的中譯本福音書，這些中譯本來自大英博物館，他謄抄後帶來中國）。不久後他的中文閱讀能力就和恩師小斯當東相當，把馬吝甩在身後。[24]他在講的方面也超過這兩人，因為小斯當東和馬吝只想學漢語官話，以便和清朝官員溝通，馬禮遜則希望讓平民百姓皈依基督教，於是也學講粵語。

馬禮遜的諸位老師是草草拼湊成的雜牌軍。小斯當東替他在澳門安排的老師楊廣明（Abel Yun）

是來自華北的天主教徒，說的是官話，但因為受教於天主教傳教士，所以只會寫拉丁文而不識漢字。另一個堪稱是老師的人是馬禮遜的年輕男僕，教他講粵語，但遺憾的是這個男孩來自鄉下，口音很重，廣州人聽不懂他講的話。他最敬重的老師是他稱為李先生的老學者，在葡萄牙跟著耶穌會士學當神父十二年，然後還俗娶妻。離開耶穌會士之後，他返回廣州經商，但並不成功。他中文書寫流利，但做學問沒前途，同意教馬禮遜中文時已經七十歲，幾近破產。[25]

馬禮遜想將整部《聖經》譯成中文，工程浩大，他認為如果能完成的話，將會耗掉他大半輩子——畢竟英王詹姆斯同時動用了五十四名譯者才完成欽定版英語《聖經》，而馬禮遜大部分時候是獨力苦幹。但他有一個次要目標，而日後的發展顯示，這項目標對廣州他身邊其他說英語的人更重要得多：亦即讓在他之後來華的人學中文更為省事。來廣州不到一年，他就已擬出粵語基本字彙，送回倫敦，供日後來粵的傳教士先行學習。但他在這個領域的更大志向，是要編出華英字典，收羅字詞盡可能廣泛，並可用來破解存在於中國的任何一種文本。這是空前的創舉。

由於馬禮遜的語言成果，東印度公司終於注意到他。儘管該公司的倫敦董事毫不掩飾對他出現在廣州一事的敵意，當然更敵視他打從骨子裡蔑視商人的心態，但小斯當東不在廣州時，特別委員會需要譯員。馬禮遜本人則亟需收入來源，尤其是如果需要養家的話。因此在一八〇九年二月，馬禮遜在澳門成親那一天，羅伯賜（把他革職的人事令還在從英格蘭送來途中）邀他擔任公司的中文譯員，薪水是每年五百英鎊——和當時小斯當東的薪水一樣高，相當於馬禮遜在華頭一年的全部開銷。比這份薪水更有價值的是，如果接下這份工作，羅伯賜還邀他住進廣州的英國商館。[26]

這樣的安排可能會引發軒然大波——上帝的僕人竟為逐利之徒效力——但馬禮遜找不到別的辦法能讓他待在中國或繼續他的工作。而從特別委員會這一方看，由於小斯當東回英格蘭休假，在廣州沒別的人能源源不絕提供委員會已經習慣的英譯敕諭和法規（當然還有馬吝可用，但相較於馬禮遜，他的譯文很難懂，而且他自承中文講得「很不好」）。[27]度路利的艦隊撤走後，似乎不會再有與中國官府起糾紛的麻煩，馬禮遜可以指望在商館裡安靜又安全地用筆和紙為東印度公司做翻譯。於是這位新婚的傳道士決定按下良心不安，明知可能因此遭到國內的傳教界痛批，還是接下這份職務。

結果，倫敦傳道會比東印度公司更加樂見這項安排。在英格蘭某些傳教士圈子裡，謠傳馬禮遜「已拋棄他當初離開家國的初衷」，但傳道會董事接受他基於現實需要不得不為東印度公司效力的安排。[28]但東印度公司董事得知他們的廣州商館雇用了一名傳教士大為光火，命令特別委員會一待小斯當東於一八一〇年收假返華，就把馬禮遜革職。但繼羅伯賜之後接任特別委員會主席的人，和羅伯賜一樣認為馬禮遜非常有用，於是並未照辦。他推斷倫敦的董事絕對無法清楚馬禮遜的語言服務有多大助益，於是告訴他們，除非董事再下令要馬禮遜走人，否則特別委員會打算留任馬禮遜。特別委員會主席如此回覆，其實經過盤算，因為信件來往於廣州和倫敦單程就要花約六個月，意味著他要在一年後才能收到來自倫敦的回音。[29]

結果，馬禮遜獲准住進廣州英國商館一事，對他有利也有弊。一方面，這大大推進了他的語言工作，尤其是他編華英字典的進度。他甚至能收到一些新學生：商館的部分資淺文書，以及會講粵語的英國自營商畢爾、從海盜手中救回的一名年輕荷蘭人。[30]但在東印度公司當差本就累人，占掉他本可用於傳教的許多時間。他沒有時間或精力使當地中國人皈依基督教，而且翻譯《聖經》之事不可外洩，因為連特別委員會裡支持他的人，都不希望他在商館裡公然從事《聖經》翻譯。

但最痛苦的乃是瑪麗得留在澳門，沒有馬禮遜陪在身邊，因為中國法令不准洋婦住在廣州。僑居澳門的洋人比在廣州多了許多——澳門有數千人，廣州則只有數十人——但澳門洋人幾乎全是葡萄牙人，這帶來的麻煩不在語言上（因為瑪麗會講一點葡萄牙語），而在宗教上：他們信天主教，而瑪麗是新教傳教士的妻子，在那裡幾乎沒有朋友。清廷不准洋人自由往來於廣州和澳門，馬禮遜只有夏季時能和她在一塊。而即使團聚，由於他與其他歐洲人交情很差，他們的家，用他的話說，「寂寞又冷清」。[31] 從晚秋至春天結束，她都是孤單一人，這對新婚夫妻儘管相距比紐約和費城之間的距離還短，卻只能靠書信互通聲息。

但他們兩人團聚時如膠似漆，一八一〇年夏他們生下一子，取名詹姆斯，但出生隔日就夭折，瑪麗差點也跟著他離世。葡萄牙人不准瑪麗和馬禮遜把兒子埋在澳門唯一的洋人墓地，理由是那裡只供天主教徒下葬，他們兩人在澳門外僑社群裡的孤立處境，由此殘酷對待可見一斑。於是夫婦倆把新生兒葬在山坡上，從頭到尾靠他自己一人。瑪麗早有憂鬱傾向，隨著孤立和懷孕，憂鬱更形嚴重。失去孩子之後，她幾乎整個崩潰。馬禮遜寫信給友人，引用《聖經．以賽亞書》裡的話：「她行在幽暗中，沒有光。」[32]

十九世紀初期，中國境內基督徒日子很難過。在清廷眼中，各種非正統宗教差異並不明顯（如果清廷真的有認出這些宗教間的差異），因此隨著派兵清剿白蓮教，清廷也跟著開始鎮壓天主教徒。當時，除了朝廷裡受到嚴格控制的歐洲籍顧問，中國境內的天主教徒都偷偷摸摸生活、做禮拜。一八〇五年，嘉慶發布上諭，明令禁止出版基督教典籍，用來印製北京天主教傳教士所編纂的二百多種書籍的木印板就在此時燒掉。此後數年，嘉慶更進一步壓制基督教宗教活動，到了一八一二年已把印刷基督教小冊子定為可判死刑的重罪。一八一五年，有個一直偷偷摸摸住在湖南的天主教傳教士遭到絞死，他底下的教徒亦然。同年，一名法國老傳教士在四川遭處死，頭顱送到附近地區巡迴示眾以儆效尤。[33]不過，馬禮遜不顧危險日高，繼續他的工作。

一八一一年，馬禮遜終於說服澳門一名中國籍印刷工，替他印製一些《聖經》小冊子，為免遭人識破，冊子裝上了假封面（這是印刷工自行採取的預防措施）。首先是〈使徒行傳〉中譯本，一八一一年問世，然後是〈路加福音〉中譯本和論救贖的小冊子在隔年問世。但這些小書出版後，他卻沒信徒可給，只能給他的那些老師。那些老師安息日不工作時，他就勸他們放棄天主教，但未能如願。不過他向英格蘭的倫敦傳道會欣然回報他的成果，要他們放心，他並未因為在東印度公司當差而耽誤了傳教工作。

他這番吹噓自己的成就，差點使他被趕出英國商館。倫敦傳道會在一八一四年的年度報告中，得意地報導馬禮遜在宗教小冊上的成果，然後他們一反常態，竟把其中一份報告轉送到東印度公司在倫敦的總部。該公司董事得知馬禮遜一邊在他們的商館工作，一邊在印製非法宗教小冊，便下達了再清楚不過的新命令，要特別委員會立即將他撤職。他們痛罵馬禮遜「把熱情用錯地方」，嚴正表示不管他在擔任譯員方面的貢獻有多大，「他不只犯了自身行事太魯莽的錯，還可能危害東印度公司的利益。」他們警告，如果馬禮遜的非法活動被發現，他可能會給英國整個對外貿易帶來「嚴重損害」。[34]

但特別委員會不想失去馬禮遜的翻譯服務，所以再度抗命。他們回覆倫敦時向董事保證，馬禮遜在傳教方面其實毫無建樹，指出他在廣州數年連讓一個信徒受洗都做不到，因此沒有遭中國官府發現之虞。他們篤定認為他的福音書不可能廣為流通，也承諾如果中國政府真的注意到馬禮遜在傳教，他們會與他劃清界限。東印度公司董事最終採納他們在廣州當地職員的看法，允許他們留任馬禮遜為譯員。馬禮遜則寫信給倫敦傳道會董事，請他們日後行事更謹慎些。[35]

小斯當東和馬禮遜各自努力透過語言之門替英國打開進入中國之路，而嘗試親身實地走陸路進入中國內地的則是馬吝。馬吝對探索內地抱以浪漫憧憬，但實地執行後發現比他原本希望的還要棘手。他剛抵達廣州，特別委員會就竭盡所能幫他，甚至在一八〇七年十一月向廣州海關監督呈交請願書，建議讓馬吝以科學家身分前去北京，這也是天主教神父獲准進入中國的路線，但海關監督不肯將請願書轉呈京城。他告訴他們，皇帝已經有許多洋人科學家，不需要增聘。急欲進入中國內地的馬吝等不及官府批准，幾個月後搭上一艘受命繪製南海島嶼海圖的東印度公司測量船前去越南，希望想辦法加入赴北京的越南使團，藉此進入中國（為此他帶了一套越南服飾以便喬裝為越南人）。這條路也行不通後，他悻悻然回到澳門，再度學起中文。至少在這個領域，他開始有所進步。一八〇八年八月他寫信給父親，說「中文的神祕在我面前漸漸揭開」。小斯當東不在時，他會為東印度公司做點翻譯工作，把他的醫學素養用於行醫，但大部分時候他什麼都不做，只是等待時機，鬍子不剃，等更好的機會到來。[36]

一八一〇年冬，他終於行動。那年二月他離開廣州，搭船前往位於英國人控制的孟加拉領土當中的加爾各答。這時他決定只穿顏色鮮豔的越南式絲織服，那是他在廣州時請裁縫為他裁製的。他烏黑的鬍子超過一英尺長，精心梳理成漂亮鬍型，自開始留就沒有動刀剃過，但抵達印度之後，他立即修剪了髭的部分，便於喝湯[37]（他的鬍子令其他英格蘭人有點不快，但他不予理會，他告訴父親，「有些人不懂欣賞，那解釋不來」）。[38]特別委員會為他寫了封介紹信，讓他帶去給總督閔多勛爵，說馬吝一直在學中文以便進入中國。他們相信「凡是有助於讓人更全面瞭解中國語言和習俗的東西，都必然有利於貴公司和我們國家。」[39]

在加爾各答，馬吝開始赴城裡的各個酒館尋找能陪他走下一段旅程的中文譯員——馬吝用波斯語的「祕書」一詞，將譯員叫作「蒙希」（munshi）——至於他打算走這段旅程一事，他祕而不宣。沒有四處閒逛尋找中文譯員的時候，他與加爾各答城裡一小群研究東方學的傳教士學者為伍，這些人在動不動就變成爭辯大會的晚宴上滔滔不絕講述對宗教的看法和他們對印度與中國文明之起源的各種看法，晚宴常常到凌晨才結束。[40]和他們在一塊讓馬吝受益良多，但說到他們對中國的看法，他覺得他們「腦袋瓜子有點不行」。[41]

後來他終於找到一位願意當他中文譯員的人，一個叫趙金秀的中國人。那人是天主教徒，曾在廣州某行商底下當差。據趙金秀自己的說法，他在前一年來到加爾各答，在某個中國業主擁有的酒館裡工作。好巧不巧，他的雇主就在馬吝開始四處詢問有沒有人可當譯員時過世，於是他決定投奔這位留著長長鬍鬚、一身越南人打扮的英格蘭人。[42] 一八一〇年十月十一日，馬吝寄了一封令人費解的信給散文家查爾斯·蘭姆，說他「就要離開加爾各答前往沒人曉得的地方！」[43] 就此消失無蹤。

他要去的地方是西藏。他推斷，如果無法經廣州進入中國，他要經由清帝國的西疆進去。一八一一年九月，也就是他做了種種準備（至於做了哪些準備，他幾乎未留下記錄）以及寫下給蘭姆那封最後的信將近一年之後，馬吝和他的「蒙希」從朗布爾（Rangpur）越過邊界進入不丹，離開位在遙遠南邊的英國孟加拉領地。[44] 喜馬拉雅山橫亙在他們前方。兩人徒步前進，帶著一名當地嚮導和幾名搬運他們行李的挑夫。他們所走的路十分狹窄，布滿岩石，在低地區他們得涉過水深及腰的冰冷溪流。但隨著他們沿著之字形路線更往上爬，進入山區，他們得走過窄小搖晃的索橋才能越過溪流，而橋下是叫人頭暈目眩的深谷。

進入不丹山區約兩個星期後，這位蒙希開始給馬吝添麻煩。十月十六日從帕羅（Paro）動身後（這時他們騎馬），他發現趙金秀似乎把他的銀湯匙賣掉，換成白鑞匙。他們的嚮導和一名服侍他但不知名姓的「奴隸」似乎也參與了這項買賣。馬吝要他們回帕羅取回湯匙，但同行其他人都不肯。表面上看來這是件小事，但那使馬吝意識到自己處境的危險。他在日記裡寫道，「問題不在東西值多少錢，而在那件事點出了一個問題，我落在壞人手裡。」[45] 隔天，白雪皚皚的山頭剛浮現於遠方，他的憂慮更深。「這個中國佬非常不老實，悶著不講話，」他寫道。後來才弄清楚有所誤會。原來這個中國人曾經落馬，覺得馬吝不關心他死活，因此感到生氣。馬吝其實沒看到他落馬。兩人後來化解嫌隙，繼續上路。

一行人往上往北走，穿過不丹，一路上沿著鑿穿蜿蜒峭壁而成的朝拜路徑前進。夜裡若能找到棚子或廢棄的屋舍，馬吝和他的蒙希就在那裡過夜，若找不到就露宿。到了十月中旬，他們一早醒來就是天寒地凍的天氣，而山徑曲曲折折繼續往上爬，爬進迷宮般的層巒疊嶂。十月二十一日，他們終於離開不丹，跨過邊界進入西藏，抵達邊城帕里（Pagri），未受阻撓。自離開英格蘭已過了五年，但馬吝終於進入清帝國。

馬吝在帕里沒有想過要避人耳目，但也沒有四處宣揚他是英國人。他甚至去拜見了當地的中國縣令，縣令彬彬有禮。但他的蒙希顯然因為回到清朝領土而躁動不安。馬吝指出，「他一直不滿於現狀，不斷發牢騷。」[46]馬吝到了城裡幾天後，縣令親自登門拜訪，想探明他從何處過來。他問馬吝是不是穆斯林，馬吝說不是，他吃豬肉。他注意到縣令的譯員並未譯出他的小笑話。

一如馬戛爾尼使團的英國人察覺到他們行經東南亞途中遇到的華人移民和原住民有明確的文明差異，馬吝也看到中國人和他們治理的西藏「土著」間有巨大的文化鴻溝。他在帕里寫道，「中國人很有禮貌，即使是一般的中國士兵，都與這地方的蠻人形成強烈對比。」在他眼中，中國人代表了文明，藏人則代表了粗鄙。「中國人真的很有教養，不像牛那樣生活，」他在旅途中寫信告訴父親；「在冒著煙、滿是土的地方和西藏的本地牲畜一起過夜之後，住進中國佬的房子的確舒服，那裡至少肯定彬彬有禮而且乾淨。」就他那一代人來說，他是見識到何謂中華帝國的第一人——在這裡，受滿人統治的漢人征服了西藏，控制著離北京都城超過一千五百英里的西藏人民。在廣東，所有中國人在外國人眼中似乎都一樣，可以被想像成某種鐵板一塊的社會，但在西藏，馬吝發現統治民族和被統治民族有著截然相反的鮮明差異，那裡和他的同胞正在南邊數百英里處打造的殖民世界差異不大。兩者的相似之處他察覺到了，在帕里時他在日記裡寫道，「這裡的中國主子，猶如在印度的英國主子。」[47]

馬吝和他的蒙希在這座邊城得到善待。縣令給了他們食物，替他們搞定繼續前行的許可。弄清楚馬吝是英國人（或至少弄清楚他來自英國領地）之後，他說他樂見在西藏與印度之間開闢一條經由不丹的貿易線。馬吝也覺得這是個好點子，但他無權代表東印度公司談定協議。他認為他離開印度之前，英國當局就應把某種外交任職令授予會說中文的他。他在日記裡輕蔑寫道，「如果大使跟任何人都說不上話，只能透過愚蠢的譯員說些無關痛癢的普通言詞，那麼英國的大使究竟有什麼用？……他們真是蠢之又蠢，竟白白流失一個他們可能就此不會再碰到的機會！」[48]

馬吝是醫生的消息在城裡傳開，有些中國士兵來找他治病。他醫術高明，這些士兵便請他同行。於是，在十一月某個寒冷刺骨的早上四點，四周群山可見白雪，馬吝和他的蒙希從帕里騎馬動身之時，他們是和一支清軍部隊同行。這些士兵和統領他們的軍官對馬吝無比友善，把食物分給他吃，把綿羊皮衣借給他禦寒，紮營時也替他和蒙希搭了一個帳篷。

這支部隊的指揮官被馬吝稱作「將軍」，他有一半的滿人血統，來自四川，常過來與馬吝坐在一塊，抽他的菸斗，有時用他的琵琶為馬吝彈奏歌曲，旁邊有一、兩名士兵在唱戲。馬吝喜歡喝將軍的酒（儘管不是很喜歡他的廚藝），將軍則喜歡到馬吝的住所曬早上的太陽消磨時間，大談過去的日子和乾隆在位他年輕之時，清軍士兵更能吃苦耐勞之事。他非常欣賞馬吝的長鬍子，用馬吝的話說，「好似怎麼讚賞都不夠。」有次為了讓將軍看個夠，馬吝把他漂亮的長鬍子整個用心梳理過，將軍「看到它一整綹綿密的鬍子垂下來，呈往下逐漸收尖狀，他……嚴正表示從未看過這麼好看的鬍子。」[49]有親如兄弟的新同伴同行，馬吝非常高興。有天下午，來到一座冰封的大湖湖面時，他為沒有攜帶冰鞋以便在他們面前展現冰上功夫而失望。

另一方面，他與「蒙希」的關係卻沒這麼好。趙金秀動輒就勃然大怒，馬吝因此稱他「脾氣壞到極點」。他寫道，因為他脾氣壞，他們彼此盡可能不交談，「以免爭吵」。[50]有次趙金秀氣急敗壞問馬吝為何把他帶來。他說馬吝應該把他留在印度。兩人不和至少有一部分得歸因於這位蒙希的個性——他認為藏人尚未開化，對馬吝的文化也不大瞧得起——但身為清朝子民，他的天主教徒身分如果敗露的話，安全堪慮，更別提他身為來自廣州的卑下之人，未獲官府允許就去了印度和西藏，還偷偷護送一名洋人入境。他暴躁易怒有其充分理由。

將軍和士兵與他在江孜告別。江孜距帕里約一百英里，往拉薩的路在此轉向東北。馬吝和他的蒙希繼續往首府拉薩前進，只帶了一名嚮導，而且不久後這名嚮導就棄他們而去。他們騎著疲弱的馬匹穿越覆雪高山底下荒涼的山谷，循著冰冷的河川和愈來愈陡的路往上走，一堆堆的白石頭標出路的所在。十二月上旬，他們的臉被高海拔太陽曬到起水皰，下到一處平原之後，終於看到拉薩在遠方閃閃發亮。

馬吝是親眼目睹這座城市的第一位英格蘭人（也是直到十九世紀結束為止，最後一位看到拉薩的英格蘭人）。比他更早來過拉薩的歐洲人，就只有再早兩百年的兩個天主教傳教士。拉薩是傳說中的香格里拉，至少從遠處看是如此。達賴喇嘛居住所在的布達拉宮，挺著白色的宏偉身姿，高高矗立在俯瞰拉薩的一座小山上，從數英里外就可看到，外表看來比他想像的還要堂皇。但隨著愈走愈近，他開始感到失望。在通往拉薩的路上，他們通過一道牌樓，遠遠就可看到牌樓上的鍍金裝飾在太陽下閃閃發亮，但走近一看，馬吝覺得那些裝飾物既不對稱而且雜亂，讓他想起「糕餅」或「俗麗的建築」。白得叫人睜不開眼的布達拉宮本身像個蜂巢，裡面有許多身穿深褐紫紅色僧袍的僧侶，但布達拉宮下方的拉薩貧窮又簡陋。房子「髒兮兮，滿布煤灰和土。」長了疥癬、皮膚潰爛的野狗在街道上隨意奔跑，發出低沉的吼聲，到處挖尋食物。馬吝不禁覺得這個地方透著深深的古怪，非常不現實。「就連居民的歡笑，我都覺得像在夢裡，怪異得使人害怕，」他憶道。「我的確覺得不真實，怎麼也擺脫不掉這個想法。」[51]

馬吝採納蒙希的建議，假冒來自印度的喇嘛，而且是正好精通醫術的喇嘛。他會說也會讀中文，但沒有讓外界知道，因為既然會說會讀中文，還請個譯員會讓人起疑。他也不讓外界知道他會說英語，因此他們兩人在公開場合只用拉丁語交談（兩人都精通拉丁語，因為馬吝在劍橋大學學過，而趙金秀小時候受教於羅馬天主教傳教士）。於是馬吝與藏人講話時，要經過層層轉譯：首先得有人把藏語翻譯成漢語，然後馬吝的蒙希會為他把漢語翻譯成拉丁語，馬吝則用拉丁語回話，再反過來經漢語轉譯成藏語。為免引人側目——而且因為他決心讓自己喜歡上叩頭——每當有人要他向漢人或滿人官員叩頭時他都照做（但只叩頭三次，而非像覲見中國皇帝那樣三跪九叩）。他說，走了這麼久的路之後，他覺得跪下來其實正好可以好好休息，因此一有機會叩頭他都不想放過——包括向地位高的西藏人叩頭（他的蒙希為此不快，說中國人不會這麼做）。[52]

一八一一年十二月十七日，馬吝獲准覲見達賴喇嘛。為此，他得走數百級從山壁鑿成的石階上去，再爬數道梯子經過九層樓的布達拉宮抵達最頂層，宮中香煙繚繞，還瀰漫著犛牛油燈的煙。從最頂層可俯瞰拉薩城和遼闊平原，遠眺藍白色的連綿山巒，景致美不勝收。[53]有個僧侶護送他進入位在最頂層的會客廳，會客廳地板光滑，牆上掛著掛毯，又高又粗的柱子撐著天花板。陽光穿過一個天窗射下來。會客廳中央，他看到一個小男孩坐在由獅雕像支撐的一個寶座上。男孩身穿褐紫紅色袍服，頭戴金黃色尖頂法帽，似乎約七歲大（事實上剛滿六歲）。馬吝在達賴喇嘛面前跪下叩頭。

馬吝還留著鬍子，但已剃掉頭頂的毛髮，以便覲見時可讓達賴摸一下他的頭。這位平日頑皮的英格蘭人，在達賴喇嘛面前不得出聲。「我覺得，他的臉很好看，讓人覺得溫馨，予人印象深刻，」馬吝寫道。「他性情爽朗；漂亮的嘴總是綻出優雅的微笑，整個臉因此神采奕奕。有時，特別是他看著我的時候，他的微笑幾乎要變成輕聲的笑。」兩人簡短禮貌地交談。達賴喇嘛問起他一路怎麼過來，馬吝則請求賜予他藏傳佛教書籍，詢問能否由會講中文的人向他講授那些書的內容，不過遭到婉拒。但重要的不在這場交談，而在見到達賴喇嘛一事。與馬戛爾尼覲見乾隆不同，這場覲見裡面沒有權力關係在作祟，沒有隱隱的挑戰，沒有裝模作樣，只有好奇，還有友善。馬吝的玩世不恭在此消失無蹤。「我那股古怪之感，大概已一掃而空，」他後來寫道。「返家時我滿是感觸。」[54]

相對的，馬吝與清朝駐拉薩衙門打交道的經驗令他大為驚愕。清朝駐藏大臣是性質最近似於西藏總督的職務。西藏是受保護國，意思是它享有某種程度的內部自治，但中國透過軍事加以掌控。達賴喇嘛是西藏的政教領袖，但大部分重要決定得經由滿族駐藏大臣審批，駐藏大臣也完全掌控西藏的對外關係。因此，駐藏大臣衙門對馬吝的到來疑心較重，開始派特務調查他和蒙希。自稱是他們朋友的人，不斷到他們租住的房間拜訪，和馬吝尷尬交談，早該告辭還賴著不走，未經主人同意便擅自開門四處窺探。

駐藏大臣一度把馬吝叫來當面問話。面談過程頗為禮貌，但他直言正告馬吝，說他認為馬吝若非天主教傳教士，就是間諜，只是不確定他是何者。至於後一種可能性，他透露自己不只知道英國在印度攻占土地和此事對西藏可能帶來的影響，還對此表示憂心。他告訴馬吝，「這些洋人很厲害」——不確定他是哪裡人，想誘他透露口風。「如今有人來這裡刺探之後，會告訴別人。然後會有許多人來，最後他們會出現在這裡，從我們手裡搶走這個地方。」[55]

得知這位駐藏大臣特別討厭英國人，馬吝很尷尬。他原是兩廣總督，而且比起駐藏大臣之職，他遠更中意兩廣總督之職，一八〇八年艦隊司令度路利入侵澳門後，嘉慶把他革職，他才被派駐西藏。嘉慶以對洋人太軟弱為理由懲罰了多名官員，身為兩廣總督的他就是其中之一。因此他認為英國人是導致他被貶的禍首：在他看來，他被困在喜馬拉雅山區這個偏遠、半開化的不毛之地，未能在廣州過闊綽的好日子，全是英國人所害。

馬吝擔心自己被認定為英國人（而非只是他所佯稱的，英國治下的印度人）。他戴上中式眼鏡以隱藏身分，竭力不讓外界知道他去過廣州，更不想讓外界知道他曾為東印度公司的廣州商館做過事。若讓報復心切的駐藏大臣知道，那會招來什麼反應，只有天曉得。即使這位駐藏大臣沒有認出馬吝，他從廣州帶來的其中一位幕僚卻可能認出他來。或者他們很可能已經知道有個會講中文、留著長鬍子的英國人。馬吝知道清朝官員不放心他；已有傳言說他和蒙希會遭受拷問。他來之前的那個季節裡，有道彗星拖著明亮的尾巴出現，亮光在遠方地平線上存留了數個月之久。這位駐藏大臣認為那是拉薩將有壞事發生的惡兆。他告訴馬吝，他認為馬吝可能就是壞事。[56]

經過數天面談，駐藏大臣發了一份奏摺給皇帝，告知嘉慶帝他懷疑看來是西洋人的馬吝可能其實是天主教傳教士，佯稱佛教徒來到西藏，但其實欲偷偷傳播基督教。[57] 馬吝和蒙希不知駐藏大臣向皇上報告之事，但從他人口中得知這份奏摺的內容，蒙希為此膽戰心驚，擔心遭到處決，而且認為馬吝可能也逃不過這項厄運。

北京距拉薩的直線距離超過一千五百英里，因此駐藏大臣數個月後才會收到皇帝的裁示，才會知道嘉慶希望他如何處置這兩個可疑的旅人。於是馬吝和他的蒙希實質上淪為囚犯，被迫在拉薩過冬，等待官府告知將如何處置他們。蒙希抱著長住的心理，用小彩帶、一面鏡子和一顆印章裝飾了他的小房間。馬吝替人治病，與達賴喇嘛又見了幾次面。他的盤纏快要用完，不得不開始變賣家當——布、一條皮帶、數條手帕、幾瓶他帶來要送人的櫻桃白蘭地、一個觀劇鏡。他與蒙希的關係繼續惡化，蒙希對馬吝的貧困完全沒了耐心，馬吝則憤恨於蒙希「野獸般頑固的行為」。他們要繼續進入漢人居住的中國內地，看來幾乎是沒指望了。但大部分時候，馬吝只盼望自己不會被處死。

他竭力不去想那個情景，但腦袋瓜很不爭氣，還是往那裡想。他想像著，「我環顧四周，不曉得怎麼辦，沒有棲身之所；臉色紅潤、高顴骨、忙碌、咧嘴笑著的麻木不仁之人，帶來了拷問器具和處決工具……。」[58]

一八一二年二月下旬，剛過農曆新年，嘉慶的裁示終於送達。針對駐藏大臣將馬吝推測為天主教傳教士的看法，嘉慶認為「所慮甚是」。他寫道，「近來西洋夷人，散布各處傳習天主邪教，意圖煽惑，甚不安分，必應加意嚴防。」他最擔心的是馬吝，說「夷人馬吝，據稱係噶哩噶達部落。其地濱海，路通西洋，向不信奉佛教。今迂道遠赴西藏，顯係託名朝佛，潛來窺伺，或有隙可乘，即漸圖傳教惑眾，斷不可任其久留藏中。」[59]

嘉慶下令將馬吝驅逐出境，並且要西藏當局加強邊防，不要再讓西洋人從印度進入西藏。他說，未來若有西洋人以朝佛為名前來藏地，一律要其返回。考量種種因素後，驅逐出境算是薄懲，但那是對未犯殺頭重罪的外國人一貫的處置方式。至於馬吝的蒙希──也就是嘉慶在敕諭中所謂的「漢奸趙金秀」──並不是外國人。嘉慶下令將他逮捕嚴審。嘉慶上諭送達隔日，馬吝見了他的蒙希，然後就沒再見過他。當時他身陷囹圄，兩人談了什麼，未有記載。頻生口角的兩人一起旅行了數月之後，就此無緣再見。[60]

拉薩之行既是馬吝探險生涯的顛峰，也是終點。他自此未再敢於闖入中國，但他至少證明，只要有周全的準備，加上敢冒大險，還是能進入中國。他保住了性命，被官府戴上鐵項圈，押回到帕里邊界，釋入不丹，讓他返回印度。

從英國剛開始有能力認識中國這個更大的視角來看，馬吝此次西藏行所帶回的基本觀感，讓英國人對與中國人民交往一事躍躍欲試。此一觀感建立在兩個對比鮮明的現象上，一個是低階官員、將軍、士兵和達賴喇嘛對馬吝的熱情接待，另一個則是駐藏大臣與中國皇帝令人難以忍受的猜疑。馬吝除了證明中國的邊界有很多漏洞，還帶回清帝國許多漢人與藏人子民其實對外人很友善、願意接納外人的證據。他們似乎並不如英國人以為的那麼排外，其實似乎很想與西方人通商和從事其他種商業往來。數年後，馬吝會在欲擴大英國貿易的國會委員會面前證稱，中國的鎖國完全肇因於清廷的猜忌，而與人民本身毫無關係。[61]他的經驗讓人覺得，只要找到辦法繞過皇帝和猜忌的官員，中國的平民百姓會張開雙臂歡迎英國人。

這段期間，在廣州，馬禮遜正為兼顧編字典工作和照顧妻子而忙得不可開交。新生兒於一八一〇年夭折後，當地一名醫生宣告她的病無法治好，但她的情緒狀態穩定了下來，一八一二年兩人生下另一個孩子，取名蕾貝卡的女孩，而且這女孩活了下來。女兒出世後，瑪麗似乎比較快樂，不再那麼孤單。[62]一八一四年四月，又生下一個兒子，取名約翰．羅伯特（中文名馬儒翰）。小孩逐漸長大，但大部分時候沒有馬禮遜在旁陪伴。一如以往，他不得不在漫長的貿易季期間離家在外，這也意味著在廣州他能把所有精力用於他的語言計畫。尤其是華英字典編纂工作隨著年月推移愈來愈吃重，最後幾乎耗去他所有清醒時間。他在編纂字典中消解掉對家人的所有愧疚，有時一連數個月每天花十一到十二小時在字典手稿上，只有每週安息日時例外。瑪麗的精神狀況再度變差，一八一五年一月，在一名英國醫師勸說下，她終於帶著小孩返回英格蘭。馬禮遜自此可以整年心無旁騖工作，但也沒了人陪伴。[63]

這本耗去馬禮遜如此多心思的字典，其面臨的現實難題之一，乃是編完後要如何出版。他編的福音小冊全以中文書寫，只鎖定中文讀者，因此它們照當地做法用傳統木刻版印製成線裝書最為妥當。但華英字典的使用者，狀況理想的話，會是來自英美的英語使用者，而此書所需要的英文密集排印，用中國的木刻印版辦不到。它需要用到一臺地道的英文印刷機，而在中國沒有這樣的機器。但特別委員會得知他的字典可以出版之後大為振奮，認為這部字典會讓在華英國人擁有難以察覺的影響力，於是字典首卷快完稿時，他們斥下巨資替他從英格蘭進口了一部印刷機。

當時的特別委員會主席艾爾芬史東（Elphinstone）請倫敦的董事會送一臺印刷機到中國時，強調了馬禮遜的字典對「英國人在華大業」有多重要。他主張，這本字典將使在廣州的英國人得以和官員及許多當地菁英直接溝通，從而「漸漸去除（當地人）目前對外國人所抱持的可笑偏見」。它出版後必會使當地人從此認為英國人「理該受到更大的尊重與關注，因為我們的特質更為他們所瞭解。」[64] 換句話說，照他的推斷，馬禮遜華英字典的基本益處，將使中國人得以有機會更加瞭解英國人，而非使英國人更加瞭解中國人。但那或許是推銷此書的最佳話術，因為倫敦的董事對更加認識中國興趣不大；他們所追求的是增進貿易，而艾爾芬史東所構想的遠景與此目標不謀而合，於是同意了他的請求。

印刷機，連同負責操作機器的英格蘭印刷師傅湯姆斯（P. P. Thomas），一八一四年搭東印度公司的船隻來到澳門。湯姆斯帶來一整套英文活字，還有數萬塊空白的金屬活字字身，以便在澳門徒手雕製中文活字。公司董事並未特別提供他紙張，因為知道中國人的製紙術最精良。董事對這臺印刷機的使用只設下兩道限制，首先它得擺在澳門而非廣州（在廣州它可能會惹火官府或遭到沒收），其次，它絕不可用於印製宗教書籍。[65]華英字典第一卷隔年於澳門問世，採優美的四開本版式。他將這部字典題獻給東印度公司董事會，題上「他們深懷感激且非常順從的卑微僕人所著」，由此可見自東印度公司不願讓馬禮遜搭公司船隻到廣州以來，他與該公司的關係已有多大的改善。[66]

匆匆翻閱過此卷，就能看出馬禮遜編纂時所面臨的許多困難。首先，此卷有將近一千頁的篇幅，而且每頁大小超過一般尺寸，但此卷只是預定出版的整套九卷裡的第一卷。中文字詞繁多浩瀚。馬禮遜編纂時以當時最完整的中文字典——一七一六年的康熙字典——為依據。康熙字典收錄四萬個漢字（相對的，拉丁字母只有二十六個）。中國沒有哪個學者完全認識這些字。康熙字典裡有許多漢字非常冷僻，或者是某個相似漢字的變體。但編纂華英字典時，每個漢字都得編排進去並解釋其意義。

此外，每個漢字轉換成英文時，都有大體上語義相當的英文對應詞，但許多漢字可能一字多義或被用作複合詞的一部分，而這些不一樣的字義和複合詞也都必須予以定義。然後還有典故要定義，因為若不瞭解常出現於中國文人筆下的文學典故——來自儒家典籍、史書和詩詞的典故——許多文言文便看不懂。換句話說，馬禮遜的華英字典若要編得成功，不只得解釋數萬個漢字和常用的漢字複合詞的意義，還得讓字典使用者瞭解賦予它們意義的更深層文化背景。因此，他所要打造的作品，不只是用來看懂官方法規或皇上敕諭的技術手冊，他希望它還是瞭解整個中華文明的鎖鑰。

有些漢字用一或兩個詞就可輕易定義（例如基本名詞）。但其他漢字，視它們與英語裡的類似概念在文化上隔閡的程度而定，若要予以解釋，有時遠更困難得多。舉個例子來說，在馬禮遜的華英字典裡，光是「學」這個漢字，就用掉整整三十一頁的篇幅解釋。那是因為馬禮遜覺得，若要瞭解中國人所謂的「學」，得認識中國悠久的儒家著述傳統和中國社會及政府對教育的看重。於是，除了引用許多古文以闡釋此漢字的基本意義，馬禮遜還概述了中國教育的全貌。他翻譯了中國政府科考規定的要點，描述了科考的內容、科考的舉辦方式、參與科考的資格、科考的級等。

定義這個漢字時，他也把中國某書院的一百條規定一一譯出，以說明中國人對學問的敬重，包括：學生進教室時得先向孔子像鞠躬，再向老師鞠躬；學生就座得長幼有序；放學時得先讓最年幼的學生離開，而且他們必須直接回家，中途不得在外逗留（回到家時他們得先向家神鞠躬，再向祖先鞠躬，然後向父母鞠躬）；學生不得組成團體或制訂一同玩耍的計畫；讀書時要讀出聲，但音量要低；不得講粗俗的市井語言；坐時要端正不動，不得蹺二郎腿或歪斜身子；在外時不得蹦蹦跳跳或丟東西；要愛惜書籍，不使書籍受損；要每天實踐老師的生活教誨。種種規定占去一頁又一頁的篇幅，不惜印製成本的高昂——在馬禮遜眼中，這部字典的讀者必須瞭解這些東西，才能掌握「學」這個詞在中國的根本意涵。[67]

倫敦數家頂尖的文學雜誌社要求訂購馬禮遜華英字典已出版的第一卷和尚未出版的那幾卷，宣稱儘管整套要價很可能高達二十幾尼金幣（約合今日二千美元），但划得來，不只因為中文背後的悠久歷史，而且——這是最重要的一點——因為中文是活的語言。它不是拉丁語或梵語之類已死的語言。中文或許典雅而且古老，但並未過時——廣告文說道，經過將近四千年，它仍是「地球上最遼闊帝國的書寫媒介，運用於公私生活、文學、藝術，以及政府當中。」[68] 在英屬印度，《亞洲期刊》（*Asiatic Journal*）讚譽馬禮遜使「學會中文（變得可能），那是大部分人會認為……肯定辦不到且很了不起的一件事。」[69] 倫敦的《每季評論》（*Quarterly Review*）先前針對小斯當東譯出的大清律例，刊了一篇盛讚不已的評論，這時則說馬禮遜的這本字典，規模全然不同，說這部字典堪稱「歐洲所出現過最重要的中文著作」。他們還滿懷希望地表示，「誠摯盼望他能在有生之年完成這部作品。」[70]

六、暗礁

一八一六年，小斯當東出使訪華的心願終於得遂，雖然不是以公使身分率團出訪（公使榮銜被阿美士德勛爵拿去），但至少貴為副公使，終於有機會再到北京，完成他父親未竟的志業。小斯當東於一八一〇年回到廣州，一八一六年一月獲告知這項出使任務，這時他已爬到英國商館的最高職位。靠著頑強的意志，加上一些人恰好退休，他當上了特別委員會主席。他是英國商館的頭頭，中國人所謂的大班，廣州權力最大的英國子民。相較於早年身為下級文書，此時的他已不可同日而語，威信和權力都大了許多（更別提這個職位每年約二萬英鎊的薪水，約是他最初起薪的二百倍之多）。他已贏得商館裡所有下屬的尊敬，但和他們這些行事放浪的單身漢在一塊，他還是始終有些不自在。他偶爾會努力和他們打成一片——一八〇六年，他曾有數個月期間跟別人一起進行被他一本正經稱為「相當高尚之比賽」的活動，但終究因為生性太拘泥而玩不下去。只要離開廣州的時機一到，他會毫不眷戀地離開，而到了一八一六年，時機似乎終於到來：他已經賺到來廣州想賺的錢，而當上英國使華團副公使這麼高的職務，肯定將使他在英格蘭從此名聲顯赫。回國待下，或許甚至當上國會議員，看來已是指日可待。[1]

英國遣使訪華的近因，乃是一八一三至一八一四年間廣州的中英關係突然急劇惡化。當時，關係惡化到英國政府認為「有理由憂心貿易會完全停擺」。[2] 有些摩擦純粹限於當地——東印度公司出於某個理由想讓羅伯賜在廣州有第二次機會，但是當地的中國官員反對。另外，中國皇帝減少了能與英國人通商的行商人數，貨監對此表示抗議。但更早之前發生的一件事，才是打亂廣州情勢的更重要因素：就是一八一二年英美之間爆發的戰爭。這場戰爭使英美兩國船隻在廣州附近海域武力相向。由於法國人在華南的貿易量極少，拿破崙戰爭的戰火大體上並未波及這個地區，但美國人在廣州的貿易規模僅次於英國人，因此這一次，彼此為敵的英美兩國的船隻無從避開對方。

戰爭爆發後美國沒有巡洋艦護航本國商船，華南的美國人因此倚賴捕拿特許證和重武裝，把旗下商船改造為私掠船。他們也盡量避免與有海軍護航的東印度公司船隻同時靠岸，但時機有時沒拿捏好。一八一四年三月，英國皇家海軍裝有大炮的巡防艦多里斯號（Doris）捕獲三百噸載重量的美國私掠船杭特號（Hunter），把它當戰利品押入澳門。兩個月後，多里斯號和它的三艘小船追捕美國縱帆船羅素號，為此溯珠江而上，直追到距離廣州城僅數英里的黃埔泊地。然後這幾艘英國船在黃埔與另一艘美國船司芬克斯號（Sphynx）交火，成功登上司芬克斯號，將其扣押。此後數月，雙方你來我往，相互報復，美國人捕獲從印度駛入的輕武裝英國「港腳貿易」船，英國人有時會將這些船奪回——中國官府一再怒沖沖抗議，西方人則置之不理。最後，兩廣總督下令切斷對多里斯號的補給，揚言英美雙方若不安分，就要暫時中止與英國人和美國人的貿易。[3]

廣州的英國貨監訴苦說他們一如以往管不住皇家海軍，而這些訴苦一如以往未獲中方採信。與當地官府的敵對狀態迅速升高。有位通曉外語、在英國商館裡工作的中國人被官府逮捕，很可能受到刑求。自小斯當東來華初期，貨監一直享有一項習以為常的特權，即遞交中文信給兩廣總督閱覽，但這時兩廣總督開始拒絕此事。英國人自覺滿腹委曲又想扭轉局勢，於是破天荒自行停止貿易，把英國船隻撤離廣州，揚言若未受到中方較好的對待就不回去，以此測試英國對華貿易在中國政府眼中的份量。

此前在廣州出現過類似程度的緊張情勢，但都沒有促使英國人不惜成本派使團赴北京修補關係。一八一四年那時的問題或許比平常嚴重，但這一次的重大差異之處，在於東印度公司開始要求英國政府遣使之時，拿破崙戰爭就要結束。阿美士德啟程前往中國時，距一八一五年六月威靈頓公爵在滑鐵盧擊潰拿破崙才過了六個月，經此一役，英法兩國長達二十二年幾乎不停的交戰終於結束。東印度公司可以開始針對和平後的世局進行籌劃，公司董事未受廣州情勢影響，一心不讓法國在戰後搶在英國前頭遣使赴華。

於是，英國兩次遣使赴華，正好發生在與法國漫長交戰時期的約略始末兩端：馬戛爾尼啟程訪華時，正值戰爭爆發前不久，而由阿美士德率領的新使團，則要來宣告戰爭的結束。阿美士德奉命告訴清廷，英國攝政王喬治四世「很清楚國家的幸福有多倚賴於培養愛好和平的習性」，「在他看來，歐洲的歸於安定正提供了一個（遣使赴華的）大好機會。」（這時喬治三世已精神失常，而且與年老糊塗的乾隆不同，他不再掌權）。[4] 阿美士德使團的基本任務之一，是讓中國人知道英國如今是稱霸歐洲的軍事強國。

找威廉·阿美士德（William Pitt Amherst）率領使團頗為奇怪。他是個乏味但很有禮貌的人，不善於在公開場合講話，才幹並不出色而且長得不是特別好看，但出身名門。他父親是國王的侍從武官，父親死後，才八歲的威廉由伯父暨著名的英國陸軍總司令傑弗里·阿美士德（Jeffrey Amherst）撫養。啟程前往中國時，他的外交歷練就只有一八〇九至一八一一年擔任駐西西里大使這段經歷。他在這項職務上並沒有建樹，雖曾努力讓彼此不合的諸民族主義派系和兩西西里王國的流亡國王盡釋前嫌，但終究未能如願。一八一一年離職後他就沒有擔任公職，直到一八一六年突被找去當訪華團團長。[5]

派阿美士德使華，擺明是要繞過廣州當局。倫敦的東印度公司董事（誤）以為廣州的紛擾純粹是當地之事，以為嘉慶對此毫不知情。他們的目的是把自己眼中廣州官員的離譜行徑告知皇帝，（再度誤）以為皇帝會規飭那些官員，或許會為英國人所受的委屈道歉。因此阿美士德受命於前往北京途中避免和廣州有瓜葛，因為廣州海關監督和兩廣總督很可能會阻撓英國人繞過他們直接去找皇帝陳情。就連加入這支使團的小斯當東和其他商館職員都要另行搭船，在距廣州有段距離的海上，與阿美士德乘坐的那艘配備四十六門炮的巡防艦暗中會合。

但英國將派使團來華的消息於一八一六年一月傳到廣州時，小斯當東已無法確定時機是否恰當。派阿美士德使華的公開理由，也就是化解英國人在廣州附近攻擊美國船隻所產生的緊張關係，這時已說不通。一八一二年戰爭已經結束，英國軍艦不再埋伏攻擊美國商船（雙方的對立狀態不會就此消失；有位美國大商人從波士頓寫信給他在廣州的代理人，告知戰爭結束的消息，預言英國人還會繼續騷擾：「在太平時期我們會獲准從事先前的生意到何種程度，實在難以斷定，」他寫道，「英國既不喜歡我們，也沒把我們放在眼裡。」）[6]

小斯當東與兩廣總督的代表進行了一連串氣氛緊繃但成功的談判，修補了與當地官府的關係。貿易重新開啟了——在無外力干擾下，廣州對外貿易往往會自行重歸平衡，因為相關各方出於利害考量都樂見貿易熱絡起來。於是，等到小斯當東得知阿美士德要率團訪華時，他覺得「很有可能藉此達成的事，（恐怕）有許多已經達成。」[7]他一如以往想著有一天克紹箕裘，但對於遣使赴北京將英國人在廣州的困擾告知嘉慶，能讓英國人從中得到什麼好處，心存懷疑。他反倒覺得或許該問英國人會因此失去什麼。

然而，嘉慶對廣州的情況並非毫不知情。事實上，嘉慶不只瞭解英國人和廣州官員間的緊張關係，還對小斯當東本人有所瞭解，而且已經開始懷疑他會不會是個禍害。一八一五年一月，嘉慶已經派人調查小斯當東與多里斯號追逐美國縱帆船一直追到黃埔一事有沒有關連。嘉慶下諭道，「有嘆咭唎夷人哃當東，前於該國入貢時，曾隨入京師。年幼狡黠。回國時將沿途山川形勢俱一一繪成圖冊，到粵後，又不回本國，留住澳門已二十年。通曉漢語。定例澳門所住夷人不准進省。哃當東在粵既久，夷人來粵者，大率聽其教誘，日久恐致滋生事端。」[8]由於這道敕諭，有些行商向他們的英國商館友人示警道，勿讓斯當東跟著阿美士德的使團到北京，因為皇帝顯然不希望他再度來京。但斯當東不予理會。[9]

東印度公司不希望由公司職員出任赴華公使一事，小斯當東已認命接受，但對於他在使團裡的位階，他仍覺得氣憤難平：他向母親訴苦表示，「我在使團裡未取得應有的地位。」[10]他認為自己在阿美士德使團裡的地位攸關他父親死後的名聲，他花那麼多心血學習中文，全是為了再赴清廷面見皇帝。一八一六年，撇開在東印度公司任職一事不談，他自認是英國最頂尖的中國通，這樣的認定也確實沒錯。因此，發覺使團裡會有包括阿美士德在內的三位專員，而他很可能排在其中第三位，位階低於阿美士德的書記官，他老大不快。

就這樣，一八一六年七月當阿美士德搭乘阿爾塞斯特（Alceste）號來到人煙稀疏的香港島外海的祕密會合地點（這裡是廣州窺探不到的地方），小斯當東仍為自己的位階在嘔氣，最初甚至連和阿美士德講話都不願意，只願透過他的書記官和他交換信息。但阿美士德非常需要小斯當東的長才，不只是他的言語本事，還有他在廣州住了如此久之後對官府的熟悉。阿美士德本人當然毫無中國經驗，因此他和書記官對小斯當東說盡好話，安撫他受傷的自尊，終於贏得他的合作。幾經協商之後，阿美士德把小斯當東升到第二把手，排在他的書記官前面。[11]這是小斯當東所能指望的最佳安排，於是，在小斯當東有點斤斤計較地堅持要阿美士德勛爵把升遷之事白紙黑字寫下之後，他終於同意一道前去。他立即寫信給母親告知這項好消息，得意地告訴她：「你會知道，我已被確立為使團第二把手，如果阿美士德勛爵死亡或不在，我就會是第一把手。」他並非希望阿美士德快快死去（儘管他或許有此想法），但他流露出一種戀母情結，向母親吹噓道，即使他未當上正使，他的成就仍高於父親。他告訴她，阿美士德「勛爵還說『你的位階比你父親還要高，因為你真的躋身使團專員之列，而他只是使團的書記官和正使一職的遞補人選。』」[12] 兩者其實差異不大，但已足以讓小斯當東心甘情願同行。

確定要加入使團之後，小斯當東便把與此次任務有關且能夠帶上的東西都帶上。他說服馬禮遜以首席中文譯員的身分同行，另有商館裡三名跟著他學中文的人為他的助手（其中兩人是下級文書，另一人是醫生）。被逐出西藏後住在印度的馬吝於一八一六年五月回到廣州，也希望加入使團。馬吝最終會以中國探險家和鑽研中國的學者身分揚名英格蘭（他的胸像如今仍擺在倫敦皇家亞洲學會圖書館裡供人景仰），但由於他無意把自己的經歷或鑽研心得公諸於世，他在世時名氣並不響亮。不過他賦予自己一種神祕氣息，吸引了他人對他的注意，小斯當東覺得他的效力攸關使團的成敗。

馬吝回到廣州時，他就跟小斯當東一樣，已經如願完成了自己的使命。拉薩之行本身算是成功，但證明了要不敗露身分走過中國其他地方會有多麼困難，而被捕的恐怖經驗使他不願再嘗試闖入中國內地。他已準備好要返回英格蘭，只待有好機會就走。此前蘭姆一直懇請他回國，揶揄他遠離家鄉，在亞洲偏僻地區生活了這麼多年，一旦回到他們的倫敦圈子，會完全跟不上潮流（「你的玩笑過時了，你的雙關語會被挑剔地斥為上個時代的妙語」）。在一封寫於一八一五年聖誕節的感人信件中，蘭姆抒發了他為馬吝長久在外和時間無情流逝的感傷。「出巴比倫吧，我的朋友！」他寫道，「別指望再看到你離開的那個英格蘭。帝國被推翻，王冠被踩進土裡，西方世界已大大改觀；你的朋友全都老了。」[13]

因此，阿美士德使團為馬吝適時提供了讓他在中國的生涯最完美收場的機會：跟小斯當東得到的機會一樣，有幸到北京一趟。而且還附帶一個好處，即最後可順便搭阿爾塞斯特號返回英格蘭。唯一的難題在於阿美士德勛爵不願讓他同去。由於他不久前被逐出西藏，阿美士德擔心馬吝出現在使團裡會觸怒中國皇帝（事實上並未引發這個反應，但純粹是因為那位滿人駐藏大臣和處理阿美士德使團來訪事宜的官員，把他的英文名字譯成不同的中文名稱，因此從中文文件無從將這位探查過西藏的英國人與英國使團譯員連在一塊）。[14]

但更大的問題在於馬吝的鬍子。有著紳士派頭而不喜放蕩不羈行徑的阿美士德，對於馬吝的不修邊幅感到不悅。小斯當東為馬吝說情，他告訴阿美士德自己遺憾於「馬吝先生的特殊觀點使他的穿著未能完全符合英格蘭人的式樣」，但向他保證大鬍子只是反映了馬吝的「懶散天性」（這是某位作家的描述），而非反映了品德上的差勁。[15] 馬吝本人破天荒同意換下他顏色鮮亮的絲質袍服，改成地道英格蘭人的打扮，但仍不願剃掉鬍子。阿美士德最終讓步了。

比起一七九三年的馬戛爾尼使團，一八一六年的阿美士德使團顯得更加理直氣壯。這一轉變在很大程度上與拿破崙時代之後英國民族自豪感的大幅上揚有連帶關係。英國人此時信心滿滿，自認是稱霸世界的軍事與商業強權。在英國國內，有些人不解為何中國似乎沒有認識到這一點。在《英國評論》(*British Review*)上,有位撰文者義憤填膺寫道,在中國,「就連東印度公司這個世上最強大的商業社團,都未享有促進貿易的特權和保護那些特權的權利,就和來自葡萄牙或美國的最差勁冒險家所擁有的沒有兩樣。」鑑於英國的強大,中國不願給予英國貿易特權一事,使中國的領袖顯得相當愚蠢。這位撰文者語帶挖苦指出,「中國政府帶著半野蠻人的一貫自傲,宣稱不看重外貿這類無關緊要的事。」[16]

但伴隨著英國自豪感的普遍上揚,有種較難察覺的變化正在發生。這一次,英王的特使不再像馬戛爾尼及其隨員那樣是首度造訪中國京城的英國人,於是從探索的角度看,這趟行程不如前一趟那麼激動人心。阿美士德的書記官暨使團的第三把手埃利斯(Henry Ellis,原本是第二把手,後來被小斯當東擠下一級),就對這次出使特別不熱衷。在他「為供私交披讀」而寫、但後來公開發表的日記中,他一開始就向朋友致歉道,他很可能沒什麼有意思的事可告訴他們。小斯當東的父親和馬戛爾尼使團的其他團員已寫書談過中國,因此他認為大概已沒新鮮事可講。[17]

埃利斯是私生子,生父是權力甚大的管理委員會(Board of Control)主席(負責監督東印度公司、從而監督英屬印度的內閣閣員)。一八一六年時才二十八歲,就因為在印度和波斯擔任東印度公司和政府的特工(有時是祕密特工)超過十年,而失去這個年齡的人應有的銳氣。他對世界的懷疑悲觀,源於他漸漸成形的帝國主義觀點:遠東文明已是昨日黃花,乞求英國人以他們沛然莫之能禦的進步和商業動力予以翻新。這個世界觀一旦成形,就難以動搖,而他訪華後的結論,將和他剛入中國時的心態一樣消沉;也就是說他會找到他本就想找到的東西。我的「好奇心很快就被道德、政治、乃至地方的一成不變所滿足並毀滅，」他會在這趟行程尾聲時寫道，「因此，若非成為走訪過中國內陸的少數歐洲人之一，讓我得到那麼一丁點微不足道的滿足，我會認為已逝去的時間根本白白浪費掉。」完成好幾個月的往返中國之旅後，埃利斯花費極大心力整理他的日記以供出版，然後推出了厚達五百頁的使華行程記述。在這份記述的末尾，他的總結就只是中國是個「奇特但乏味的國家」。[18]

這次來華的英國人，抱持的期望不如前次來華者那麼高。他們抱著親善交好的心態前來，但更快就挑起毛病、受到侮辱、更快被打發走。他們看到的山川大地，看到的人，和馬戛爾尼一七九三年看到的一樣（至少是馬戛爾尼看到的那些人的下一代和下下一代），當年所見令馬戛爾尼激動到想向河岸上的人大聲念出莎士比亞劇作臺詞，但經過這些年，到了一八一六年，同樣的景致已激不起那樣的浪漫情懷。「這個國家看來很糟糕，」馬禮遜在曾引發馬戛爾尼無限懷想的地方寫道，「河岸上放眼望去只有低矮的小土屋。所經之處到處都有人聚在一塊盯著我們看；來此的外地人，若想到他們所居住的緯度，會覺得他們的膚色應該會頗白，結果他們個個都比預期還要黝黑。」[19]馬戛爾尼看到一個美麗新世界，馬禮遜卻看到一個充斥深膚色異教徒的國度。

阿美士德使團的團員也更敢於申明自己的看法。有小斯當東、馬禮遜還有馬各擔任譯員，他們能以譯員能夠理解的措辭把自己想表達的觀點說個清楚，不再倚賴中國人居中翻譯。他們把探索的觸角伸到東道主為他們劃定的範圍之外，致使英格蘭國內一位批評者抱怨他們「頻頻到處亂闖，逛到離他們的規定路線頗遠的地方。」[20]他們親眼看到清朝水師在廣州附近清剿海盜的亂無章法，從而也實地認識到清朝軍力的衰弱；中英兩國軍力的差距似乎從沒這麼大過。這時他們也知道了嘉慶在位初期發生了令清廷大為頭疼的嚴重白蓮教亂，以及清廷為了平定這場教亂已幾乎耗盡國庫。在發回國內的一份急報中，阿美士德談到自馬戛爾尼訪華以來清朝國力衰退的程度。他寫道，與乾隆掌有的「實權和威信」大相逕庭，他兒子嘉慶「近來頻頻困擾於民亂」。阿美士德也指出「帝國財政的凌亂狀態」。[21]總而言之，一八一六年的使團團員，不像馬戛爾尼那樣使抱著驚嘆不已的欽仰心態前來。

英國人自信心大增所造成的影響之一，便是阿美士德的船隻更加積極繪製海岸線圖。獅子號和印度斯坦號大體上甘心在舟山島乖乖等馬戛爾尼前來，而阿美士德的船隻在東印度公司兩艘測量船（名字取得很切合工作性質的發現號〔Discovery〕和調查者號〔Investigator〕）伴隨之下，兵分二路，並在白河卸下使團人員與行李之後，就立即開始作業。八月十一日，其他船隻往南航行，阿爾塞斯特號和發現號則往北走，越過長城與渤海的交會處，沿著滿洲海岸航行，局部繞行黃海，一路測繪所經的地形。它們繞行過遼東半島沿岸，然後沿著滿洲海岸繼續前行，抵達鴨綠江口，在那裡越過清帝國邊界，進入高麗水域。

阿爾塞斯特號和發現號一路上在數個村鎮下錨停泊，因此船上的高級船員得以上岸。這些高級船員記錄了人口、氣候、地質、土質方面的情況，記載了軍事設施（以及軍事設施的付諸闕如），測量了下錨處的水深。他們記錄了在何處受歡迎、在何處受敵視、當地人是否有武器、日子過得好不好、出海討生活還是只能在陸地上生活。他們做這些事，全靠一位不會讀寫中文的中國籍譯員。

在高麗海岸的某個村子，有個老人（他們認為是官員或村長）登上阿爾塞斯特號，非常激動，比手劃腳想跟船上的高級船員溝通。那位譯員不懂他要表達的意思。老人把話寫在紙上，但是他們看不懂。回到廣州之後，他們找人把它翻譯出來，意思是「我不知道你是誰，你來這裡做什麼？」有時他們心血來潮想和官府作對，就分發馬禮遜的《聖經》小冊子。如同先前的高爾船長所為，他們替遇到的地標取名，藉此偷偷表示這些地標為己所有，首度將沿海地理狀況呈現在英國地圖上：夏洛特角、利奧波德島、埃利斯山、阿爾塞斯特島。[22]

阿美士德勛爵和清廷都想以先前的馬戛爾尼使團為先例，做為此次應對的依據，但不幸的是雙方對於前例究竟如何辦理的看法不一致。三跪九叩的覲禮，對馬戛爾尼來說只是雙方幕後折衝的問題，並未影響大局，只有從事後來看，這項覲禮才對英國人來說顯得很重要（畢竟馬戛爾尼表示不願行此禮後，還是見到了皇帝，而且他所提出的諸多要求太過放肆，即使他行了叩頭禮，乾隆同樣不可能答應）。阿美士德帶著他認為遠沒那麼過分的請求前來，希望會比馬戛爾尼的要求更容易得到清廷接受。這次英國人不再請求在京城常駐使節，不要求開設新口岸或一個島上倉庫，只想談定讓東印度公司的廣州職員與一個能直達天聽的高階委員會直接溝通之事，免去廣州海關監督與兩廣總督的掣肘。他們也希望能與廣州其他中國商人自由買賣，而非只能和行商交易。這兩項要求是他們在廣州每日打交道的那些中國人（對這個使團極為光火的中國人）絕對無法接受，卻是皇帝可能答應的。至少東印度公司期望他答應。

但原本只是馬戛爾尼使團之次要問題的覲禮爭議，這一次卻成了中心議題。八月上旬英國船隻在白河口停泊，比預定在北京城外的圓明園覲見皇帝的日期早了幾星期，而英船幾乎是一停泊，前來護送阿美士德進京的官員就開始要他下跪叩頭接旨，以表明他懂得正確的叩頭禮。[23]英國政府對阿美士德勛爵下達的指示，在覲禮問題上的交待並不清楚：政府要他參考馬戛爾尼的先例，但也要他勿因為「枝微末節的小事」妨礙了覲見皇上的大事。[24]在這件事情上，英國政府要他自己便宜行事，照他覺得最妥當的方式去做。因此，第一次被要求行叩頭禮時，阿美士德只是搬出馬戛爾尼的例子：他說馬戛爾尼並未叩頭，乾隆仍接見了他，因此他應該也可以援例辦理。

但清廷口中的先例並非如此。處理此次使團進京事宜的張姓官員向阿美士德解釋，一七九三年馬戛爾尼其實行了叩頭禮，乾隆因此才接見他。張姓官員說嘉慶始終遵循祖宗先例，因此阿美士德如想得到皇上接見，也必須叩頭。[25]此外他還透露，嘉慶本人記得看到馬戛爾尼在乾隆祝壽大典上叩了頭（當時嘉慶已三十二歲，不是會憑空胡謅往事的小孩）。[26]英國這一方當然也有目擊證人，就是一七九三年時十二歲大的小斯當東，而他堅稱沒有行叩頭禮這回事。文字紀錄的差異擺在眼前，先例爭議於是演變成皇帝與小斯當東的說法針鋒相對——這是阿美士德這樣的外交官所不會樂見的狀況。

嘉慶原已斷定小斯當東是個壞蛋，張姓接待官員代表上司向馬禮遜怒批小斯當東的兩面作風。他問馬禮遜，如果小斯當東這麼熟諳中國事務，怎會不教導英使正確的叩頭禮？張姓官員說，據來自廣州的消息，小斯當東在那裡生活闊綽，養駿馬，住豪宅，甚至擁有一個大鳥舍（這全非事實，但老畢爾這位會說粵語、似乎無所不在的普魯士領事，真的有一個相當精緻的鳥舍，養了孔雀和雉雞）。他還說清廷很清楚小斯當東花錢弄到副使的職位。張說他是騙子，顯然未向阿美士德據實報告馬戛爾尼來華期間所發生的事。[27]被清廷挑出來痛斥一番，令小斯當東很難堪，而誠如阿美士德在寄回國內的報告裡所解釋的，小斯當東「只暗示說對於這麼久之前在他年紀還那麼小之時所發生的事，他所能記得的並不完整。」[28]

嘉慶的說法依舊有可能是對的。在英格蘭，馬戛爾尼使團團員所出版的著作，一致指出馬戛爾尼不願叩頭，只向乾隆短暫單膝下跪行禮，但當年十二歲的小斯當東那天親手寫的日記，對此事的記載卻沒那麼明確。小斯當東寫道，乾隆乘坐十六人擡的鑾輿來到御幄，「我們單膝跪下，俯首及地（bow our heads down to the ground）。」後來他又翻出此段記述，把「及地」（to the ground）之語刪掉。他寫道，馬戛爾尼在斯當東父子和李先生陪同下走向御座，「上到臺子邊，行了和先前一樣的禮。」他說自己上到乾隆御座前時，「上前行了應行之禮。」[29]

這裡的奇怪之處，在於刪掉「及地」之語——就是免除了俯首「及地」這個動作，把中英禮儀上的差異含混帶過，嘉慶才會記得英使曾向乾隆皇行叩頭之禮。至於小斯當東所謂的「應行之禮」究竟所指為何，也不清楚。小斯當東在他日記的另一處記載道，覲見皇上三天後，清廷替皇上辦了壽宴（嘉慶憶道他就是在這個場合看到馬戛爾尼叩頭），壽宴期間，他和他父親及馬戛爾尼置身在有兩三百名官員的人群中，「獲示意後，我們屈一膝，俯首及地，和其他官員一起行了九次這樣的禮。」[30]但不管是單膝還是雙膝跪下，他們把頭低到觸及地面，如此一連做了九次，比英國使團團員的任何記述，都遠更遷就清廷的「應行之禮」。

馬戛爾尼本人在日記裡並未承認有這類情事，反倒頗具體地寫道，當時在場每個人都連連叩頭，「只有我們例外。」[31]我們應該嘉許十二歲大的小斯當東年幼直率，應該把他的日記當成較直言無隱的日記來看待——後來的發展顯示，馬戛爾尼其實可能行了應行之禮，因為一八一六年時，成年的小斯當東雖然聲稱自己「記得的並不完整」，最終卻向阿美士德勛爵私下透露，當時他們回到英格蘭之後沒人承認此事，但其實馬戛爾尼行了一種禮貌的混合禮，幾乎俯伏在地做了九次，盡可能符合清朝規定的覲禮。[32]阿美士德認識到由於寬大的袍服遮住馬戛爾尼大部分身軀，馬戛爾尼的九次深深跪拜，遠遠看去就和叩頭幾乎沒有兩樣。[33]這次覲見後，雙方都宣稱馬戛爾尼照自己一方的期望行了覲禮，也就不難理解。

一七九三年那時或許有通融的餘地，但一八一六年似乎就沒有這樣的餘地（而阿美士德認為這項差異正清楚表明嘉慶的軟弱，相較於乾隆的堅定自信）。使團赴北京途中，那位滿心挫折的張姓官員將阿美士德一行人轉交給更高階官員接待，要阿美士德行叩頭禮的壓力變得更大。官員告訴他，行了叩頭禮，他才「不會在覲見那天吃虧」，並要他想想如果皇上拒絕接見，英國的貿易會受到什麼樣的傷害，想想他們被皇上拒見的消息傳了出去，英國在其他國家面前臉要往哪裡擺。有些官員勸阿美士德想想，如果千里迢迢而來卻無緣見到中國皇帝，他以青年侍從的身分一同來華的兒子會有多失望。阿美士德有意讓步而且想著更接近北京就愈可能見到嘉慶，於是表示他願單膝跪地而非雙膝跪地，但還是鞠躬九次，「以求一致」，或者如果他們較希望他跪下起身各九次，他也願意照辦。他說他願以超乎覲見歐洲君主的禮儀覲見中國皇帝，陪同他的中國官員聽了似乎很高興，至少短時間內如此。阿美士德也表示願意如同他吻本國國王的手那般吻皇帝的手，但中國官員覺得那太不成體統。[34]

接待使團赴京的最高階官員是英國人稱為「公爵」的滿人高官和世泰。和世泰是嘉慶帝的小舅子，在大運河港口通州迎接使團，帶領他們走完到京城的最後一段陸路。他特別堅持要阿美士德行叩頭禮，八月二十二日告訴阿美士德及其譯員，「天無二日，地無二主。」和世泰揚言，如果阿美士德不照東道主的要求叩頭——以額觸地而不只是鞠躬，雙膝跪地而非單膝跪地——會將他趕出京城，不讓他覲見皇上，他送的禮物也會退回。阿美士德透過馬禮遜抗議，說前一使團較受通融，「公爵」予以駁回：「前一使團怎麼做是前一使團的事……我們要談的就只是現在這個使團的事。」[35]

最後阿美士德勛爵實在想不通為此小事爭吵有何意義，八月二十七日，即預定覲見日之前數天，他決定打破僵局，照要求叩頭。[36]畢竟他既被派來覲見皇帝，照中國的宮廷儀式行事，似乎是應有的作客之道。在他看來，花了這麼多錢大老遠過來，為了覲禮之爭而失去覲見機會似乎划不來；而且嘉慶篤定馬戛爾尼向乾隆叩過頭，阿美士德若不照做，只是自取其辱。使團書記官埃利斯完全認同阿美士德的看法。他認為不該為了斤斤計較於鞠躬和跪拜、單膝跪或雙膝跪之間的差異，因小失大，危害使華目標的實現。對於這個剛在印度歷練過而初次嶄露頭角的帝國主義者來說，重點不在是否有失顏面，而在於他認為東方這類習俗，用他的話說，全是「荒謬做作之舉」。在他眼中，叩頭之類儀禮都是「可笑的」，從而是無意義的，因此，如果這麼做會讓你得到想要的，做出來給對方看，又有何妨？[37]英格蘭國內有許多人也會認同他的看法。

結果，英國使團裡唯一極為在意這項問題的是小斯當東。他的動機為何難以判定——他聲稱是基於原則和國家顏面，但他父親所參與且無功而返的那個使團的歷史名聲，也是一大考量，後來多虧阿美士德未屈服於叩頭要求，才挽回前一使團的名聲。如果阿美士德勛爵要靠放棄馬戛爾尼與小斯當東父親所立下的先例（至少他們聲稱立下了先例）來達成任務，前一使團就很可能被貶得一文不值，好似該使團是由一群不知變通、頑固到搞不好外交的蠢蛋領軍。於是，當阿美士德說他打算照清廷的要求行覲禮時，小斯當東懇求他再緩一緩。他請求先將這個問題請教那些「廣州紳士」，也就是包括同來的馬吝、馬禮遜和三名東印度公司低階職員在內的一群人，再做定奪。他告訴阿美士德，這些人較瞭解中國，因而較清楚叩頭會不會傷害英國利益。

小斯當東做此提議，早料到結果會對自己有利。這群「廣州紳士」若非他的下屬，就是曾受惠於他。他是使他們得以學習中文的開路者，而且他是現任的特別委員會主席——他本人又把這個爭議看得很攸關他個人利益——在阿美士德面前，他們自然不大可能說出與小斯當東相左的主張。那三位低階職員不出所料，立即附和他的看法。但小斯當東坦承，馬吝的同意「較為保留」。馬吝認為大體來講行叩頭禮無妨（畢竟他本人曾一再向達賴喇嘛叩頭，而且叩得心甘情願），但最終和小斯當東一樣認為，在眼前的情況下，受到東道主如此蠻橫的施壓，阿美士德若屈從於所求，或許不是最妥當的做法。馬禮遜則是唯一持異議者，說叩頭對公司無害。[38]

過半數人附和，已足以讓小斯當東宣告勝利。他在私人記事裡寫道，「我向阿美士德勛爵和埃利斯先生回報結果，請他們據此以我的意見為定案。」[39]他們採納了。阿美士德勛爵尊重小斯當東這位備受推崇的中國通的見解，違逆自己更高明的判斷，要書記官埃利斯擬了一封信，大意是英使樂於單膝下跪鞠躬，皇上要他鞠躬幾次他都願意照做，他會「把因此得以向世間最強大的皇帝致上我最深的敬意，視為我人生最大的幸事」，但要他照中方要求行叩頭禮，「絕無可能」。馬禮遜將這份聲明盡職地譯成中文，一位通外語的低階中國官員將信遞交和世泰。[40]

隔天早上，阿美士德一行人看著他們的行李和禮物在通州全部卸下船，準備踏上最後一段路程，走十二英里的陸路到北京城外的皇宮。人人一派樂觀。皇帝發了一道友善的諭旨給阿美士德的兒子，似乎在追憶一七九三年年紀還小的小斯當東用中文與乾隆交談時所營造出的賓主盡歡氣氛。嘉慶問這男孩年紀多大，有沒有讀過中文書，說期盼在北京見到他。[41]大小行李一轉移完畢，英國人便即上岸，坐上中國人備好的一列轎子和木造馬車，唯獨三位正副使和阿美士德的兒子搭乘一輛英國製馬車。這輛馬車是從他們的眾多行李當中取出組裝而成，這時由四匹騾子拉著走。

下午已過三點，太陽漸向西斜，他們和接待官員及一隊衛兵一同出發，走上通往京城的鋪石大道。一行人只在晚上七點左右停下來一次，在一間被一名英國人形容為「根本像客棧的馬廄院子」的破敗旅店裡用晚餐。他們在這裡坐下來，吃了毛沒拔乾淨的熟雞肉，阿美士德口中的「噁心食物」（可悲的是食物做成這樣，是為了盡可能類似英國食物，至少就招待他們的中國人所理解，英國食物該類似於此）。[42]沒人覺得這頓晚餐可口，但才稍事休息，護送他們的人就催他們上路，讓他們感到意外且生氣。他們獲告知，時間就要來不及，太陽就要落下，北京的城門一天黑就必然會關上。但張姓接待官員向小斯當東保證，北京城東門會開著等他們到來。張姓官員還提到皇上會在阿美士德抵達的隔天早上接見他，但小斯當東覺得這樣根本太趕，於是置之不理，認為那只是他為了催他們上路所編的說詞。[43]

一趟超現實之旅隨後展開。抵達北京時，已經天黑許久。距城數英里處，就有民眾聚集在路旁看他們，手上提著紙做的小燈籠，黃色燈光打在路邊和他們模糊的臉上，在漆黑的夜裡忽隱忽現。一行人抵達北京隱然高聳的東城牆時已近午夜，城牆高到他們幾乎看不出襯著黑色夜空的城樓。高大厚重的外城門並未如張姓官員所承諾的開著，他們進不了城，不得不轉向，繼續拖著緩慢的步伐走上環繞整圈城牆的次級道路。這條路崎嶇不平，他們在伸手不見五指的漆黑中以平常步行的速度前進，偏離原始路徑好幾英里。一行人搭乘的無彈簧木造獸拉車，在不平的路上不斷顛簸，坐起來非常不舒服，有幾個人乾脆下車走完這段路。

諸事不順的使團摸黑行進，一路沒有休息，終於在拂曉時來到北京西北邊的皇宮，衣冠不整，一身臭味。撇開當下的心情不說，這裡的景色的確很美，裝飾華麗的花園在旭日照耀下一片通亮，山巒隱現於遠方。疲累不堪的英國隨員大部分被告知在原地等待，阿美士德、小斯當東、埃利斯、馬禮遜則和另外數人一起被帶到更前面，安置在一間高雅的小等候室裡。這個房間四面開窗，約二．一乘三．六公尺，房間四周有一群戴著不同品級頂珠的大臣在走來走去，似乎在等著什麼。[44]

然後有人宣布阿美士德覲見儀式將立即開始——事實上他已經來遲了，皇帝此時已坐在龍椅上準備接見他。眾臣集中在一塊等待（從而說明了阿美士德房間外那群大臣所為何來），一會兒和世泰會進來護送阿美士德進入覲見廳，他等待已久的與嘉慶的會面即將實現。就在這時，阿美士德情緒失控，抗議說他還沒準備好。不只因為他睡眠不足而疲累不堪以及蓬頭垢面，也因為他為覲見特別準備的禮服還在他的行李裡面，而行李還沒送達（阿美士德為此次覲見帶來他參加加冕禮的袍服；小斯當東則仿效父親，在廣州請人裁製了一件劍橋學服）。阿美士德甚至尚未帶來英國攝政王要他轉交給皇帝的信。他說他不要去。

不久，和世泰從群臣之間開出一條路，一陣風似抵達。他說阿美士德非去面聖不可。阿美士德透過馬禮遜翻譯，說他不肯。和世泰與他爭辯，態度禮貌但堅定，阿美士德仍然不肯。最後和世泰告訴他，如果他堅持一定要照自己的方式跪見，那也無妨（在此值得指出，儘管英國人日後會在叩頭禮上大作文章，英國前後兩任使節其實都未因不肯叩頭而被拒絕覲見）。但這時阿美士德已打定主意，不肯讓步。叩頭不要緊；他要有時間把自己弄乾淨，而且得拿到他的行李。他想要休息。

為了這場覲見而集合的文武百官開始魚貫進入阿美士德的等候室，你推我擠想親睹一身奇裝異服的這位外國使節和他的隨從，想偷聽馬禮遜與和世泰在爭執什麼。房間裡擠了這麼多人，一下子變得很悶。各種品級和年齡的官員和僕人擠進房間裡，其他人則塞滿敞開的窗子，努力尋找一個有利角度，以滿足他們「極端令人不快的好奇心」（不知所措的埃利斯語）。英國人開始驚慌，覺得中了圈套。「他們似乎把我們當成野獸，而非只是與他們同類的陌生人，」埃利斯說。[45] 阿美士德的醫生惱怒道，「我們不禁覺得自己受到一個專制又難捉摸的政府擺布。」他寫道，王公、官員和太監「塞滿房間」，「像看某種異獸般盯著我們瞧」。[46]

然後情況愈來愈糟糕。和世泰叫另一個官員上來幫他，抓住阿美士德一隻手臂，似乎要把他硬拉去見皇上。阿美士德猛力甩開他們的手，把一臉吃驚的和世泰往後推。阿美士德的隨員一個箭步上來護主，伸手拔劍，隨時要「以暴止暴」（阿美士德語）。[47]慌亂的阿美士德稍稍回過神來，迅即命令手下把劍入鞘，擔心事情一發不可收拾。既絕望又被擁擠的小空間弄得渾身不舒服，阿美士德想強行闖出等候室，但人太多，密密麻麻緊挨在一塊，他出不去。最後是和世泰於心不忍，一把抓起衛兵手上的鞭子，開始猛力鞭打擠在一塊的朝臣和太監，為阿美士德清出一條脫身的路。他們爭相逃離和世泰的鞭子，但還是被打倒在地。[48]

可以很篤定地說，他們並未成功覲見皇上。

結果，等候室裡的混戰還不是最糟的。十一月十三日晚，未能見到皇上的阿美士德與小斯當東等人仍在走陸路緩緩南返廣州的途中，在南邊五百英里處，執行完華北海岸的測量任務之後，已回到廣州的阿爾塞斯特號火力全開，將艦上可發射三十二磅炮彈的舷炮，朝著扼守虎門（位於珠江入廣州處）的一個中國堡壘齊射。當時阿爾塞斯特號向黃埔強行推進，受到來自岸上數十門加農炮持續炮擊，於是便以舷炮反擊，把堡壘打啞，據說擊斃了四十七名中國士兵。[49]

十一月更早時，阿爾塞斯特號已完成探查任務南返。由於遭遇暴風雨導致船隻受損，阿爾塞斯特號艱難而緩慢地回到廣州，停泊於珠江三角洲某座島嶼岸邊。經歷過戰火洗禮的皇家海軍軍官麥克斯韋（Murray Maxwell）艦長請求允許將船艦駛到廣州南邊的黃埔泊地，以便在阿美士德勛爵尚未從北京返回之前予以修理。結果兩廣總督的代表回覆時，以阿美士德並未見到皇上、已遭遣離京城的消息奚落麥克斯韋。當地官員贏了。讓阿爾塞斯特號繼續駛往黃埔的要求遲遲沒有回應。

在外圍島嶼岸邊枯等了一個星期之後（阿爾塞斯特號被中國戰船包圍，只能以夜色為掩護將補給運上船），艦長麥克斯韋厭倦於對方敷衍以對，決定不等批准強行溯河而上。阿爾塞斯特號前行不久，就遇到一支中國水師艦隊要他折返。雙方相互發了一輪空包彈致意，不久就演變為警告式射擊，然後實彈對打。隨著阿爾塞斯特號伸出火炮，開始炮轟中國沿海的防禦設施，情勢就急轉直下。這艘軍艦強行溯水道而上，前往黃埔泊地，前往艦長麥克斯韋認為他的軍艦理應待的地方（後來麥克斯韋返國會獲封爵位）。

至少阿爾塞斯特號的軍醫覺得這件事讓人很興奮——「平滑的河面上映出火炮的閃光，爆炸聲在附近的山丘上發出轟然回響，很壯觀又振奮人心，」他憶道。許多中國人死於阿爾塞斯特號的炮火，但艦上未有死傷，只有船體被炮彈擊穿兩處和索具多處受損。終於停火之後，中國船繼續小心翼翼跟蹤這艘英國船，但或許雙方都理解到這本該是外交訪問，兩邊也就未使戰火升級。[50]

雙方都不大清楚該怎麼理解英國使團突然鎩羽而歸一事。對英國人來說，那似乎像一場夢。一般來講，使團團員將此事歸咎於嘉慶。阿美士德的醫生寫道，「我們只能推測，我們被催促（上路），受到各種有辱尊嚴的對待和不便，只是為了讓一個難以捉摸的專制君主高興。」[51] 嘉慶本人同樣一頭霧水。接待使團的官員就阿美士德不願叩頭一事誤導了嘉慶，使他篤定認為朝覲會照原計畫進行。嘉慶因此搞不清楚為何英使未照原訂時程出現（說是身體不適，但皇帝派御醫前去替阿美士德診治，發現他毫無病痛）。於是他一開始把這項失禮行徑完全歸咎於阿美士德本人，但經過一番調查之後，他斷定過錯其實是在接待官員身上，和世泰尤其責任最大。這些官員害怕觸犯龍顏，所以未據實秉報阿美士德的擔憂之處。嘉慶下了嚴厲的諭旨，指責接待阿美士德的官員無能與欺騙，將他們交由刑部懲治。[52]

但最重要的是，嘉慶絕非完全不尊重外賓的「難以捉摸的專制君主」，私底下其實打定主意要讓英國人來訪順利完成。嘉慶比他們所知道的還要願意遷就他們。這場覲見告吹的三天之前，他在某道敕諭中表示，阿美士德要不要叩頭一事，和世泰如有必要應彈性處理，不必拘泥於定制（指出一七九三年時他父親乾隆對馬戛爾尼就至少有所通融）。他指示和世泰，「凡事不可過於苛細，轉失馭外之禮，即（乾隆）五十八年亦係將就了此一事耳，總之逐回不如接見之為是。」[53]阿美士德和他的隨員會把使團未能完成任務歸咎於嘉慶的傲慢，但嘉慶其實非常希望與英使順利一晤，即使那意味著得在繁瑣的儀禮上有所妥協亦然。他也對英使來華未能在友善的接見中落幕感到失望。

兵戎相向來得很快很突然，但這項敵對行為被彼此的尷尬掩蓋也一樣快。阿爾塞斯特號抵達黃埔，炮口仍散發刺鼻火藥味之時，一名官員代表兩廣總督來到泊地，歡迎這艘船艦來到廣州，好似什麼事都沒發生。[54]經過在等候室的強拉硬扯，清朝官員很有禮貌地將阿美士德引領上路，完全不提先前的扭打。他初抵位於通州的河船時，一名使者趕到當地，帶來皇上有意盡釋前嫌的敕諭，並送上要贈予英王的禮物：一柄白玉如意、一盤翡翠玉朝珠、一些絲織荷包。從通州開始，使團要踏上長達四個月的內陸旅程返回廣州。嘉慶說，在當時的情況下，他無法接受阿美士德帶來的大部分禮物，但為表示真心誠意，他會保留阿美士德帶來的英王與王后肖像，以及一冊版畫和一本地圖集。

跟著禮物一起送來的致英王敕諭，寫於覲見告吹而嘉慶仍歸咎於阿美士德之時。在敕諭中，嘉慶嘉許英王「恭順之心」，才會遣使遠渡重洋來華。但他也遺憾「來使於中國禮儀不能諳習」，表明他不認為這是英王本身的錯，純粹是出使人選挑選不當所致。但似乎是想讓雙方的尷尬不再重演，嘉慶禮貌地請求英王勿再遣使來華。他寫道，「嗣後毋庸遣使遠來，徒煩跋涉。」他說，如果英王專心治理自己的帝國，「但能傾心效順，不必歲時來朝。」55

但不管雙方各自如何掩飾此中的尷尬，阿美士德使團無功而返。貿易仍照舊制，但雙方心中已埋下新的猜疑。嘉慶自此心存戒慎。國內還未解決的貪汙與煽動叛亂問題已令他心煩，他不想與英國人也挑起衝突。但他很清楚英國人可能會因為與他的大臣起衝突而惱火，尤其擔心（有充分理由的擔心）阿美士德的船艦擅自離開指定的泊地後有何居心。這次出使表面上宣稱是為了親善交好，但其意想不到的結果之一，乃是使英國人在清廷心目中比以往更為狡黠。至於英國這一方，東印度公司和英國政府原指望讓嘉慶見識英國在拿破崙戰爭後的新時代裡國力的強盛，指望得到他的尊敬與善意，指望打破廣州小小商館的局限，開闢新的訊息傳送管道，結果全部落空。阿爾塞斯特號載著阿美士德勛爵及其隨員返回英格蘭途中，撞上暗礁沉沒，一如這次出使以悲壯的結局收場——或許這是對這個失敗的使團最合適的結局。

在英國國內，論及阿美士德使團時，以失望的反應居多，但也帶有某種程度的困惑和憤慨（至於是困惑還是憤慨，視評論者的觀點而定）。《泰晤士報》的回應傾向於困惑。該報原本就對這個「時運不濟」的使團沒抱多大指望，以挖苦口吻論道，「那個熠熠耀眼的使團」去了之後，既未增加英國對中國的出口，也未降低茶葉價格，「讓英格蘭人民的早餐吃得愉快」。該報說，整體而言，阿美士德使團「未能達成英國政府為其擬訂並發布的目標」，「英格蘭的政治影響力既未得到令人滿意的展現或成功的發揮，而且，據任何人的分析來看，也未得到多大的確認或施展。」事實上，在《泰晤士報》看來，這次遣使訪華唯一可取的成果，乃是該團團員後來出版的一連串翔實的遊記。該報樂見它們的出版，認為由於這些記述，這個使團才沒落得徒勞無功。[56]

對阿美士德及其使團最尖銳的譴責，來自英國境內企盼打破東印度公司壟斷對華貿易的新一代自由貿易提倡者。他們認為阿美士德是個傲慢的蠢蛋，不肯入境隨俗而觸怒了中國人。他在叩頭禮上做無意義的計較，白白浪費了擴大英國貿易的難得機會。在《愛丁堡評論》上，有一位這樣的批評者以不滿的口吻說道，叩頭「對人的羞辱似乎沒有比其他宮廷禮儀大多少」，堅稱阿美士德根本就該客隨主便。這名批評者主張，英國與中國的種種紛爭，追根究柢，都源於東印度公司廣州商館裡的個人因素——不管那人是慫恿艦隊司令度路利入侵澳門的羅伯賜，還是力促阿美士德不要叩頭的小斯當東。他堅稱該公司職員坐擁不必與他人競爭的肥缺，除了整天坐著，從他們肥滋滋的獨占貿易撈錢，「幾乎沒有事幹」，破壞了英國與清帝國建立更有利關係的大好機會。

他還舉美國人以茲對比，指出美國人完全沒有公司壟斷對華貿易，在中國做生意卻做得很成功。他寫道，「美國人從事不受拘束且規模龐大的交易——在損及我方利益下逐年遞增的交易」，而且這些交易「從未因為與中國人或中國政府口角或爭論而受阻」。頑固守舊的東印度公司所碰到的那些與威望離不開關係的麻煩，美國人從未碰到。在他看來，解決中英關係問題之道，誰都看得出，就是英國政府廢除該公司的壟斷地位，讓英國民間商行能自由爭取廣州商機。他嚴正表示，「只要得到誠意（good faith）與法律的許可，就該立即把對華貿易鬆綁，如此一來我們就會有穩定而且成長的對華貿易。」[57] 未來這類看法只會更加強烈。

其他人則從較民族主義的角度看待此事，贊許阿美士德不惜失去改善對華關係的機會，堅持維護英國的尊嚴。在這個陣營裡，小斯當東的大清律例譯本在一八一〇年所挑起的那股敵意，這時再度浮現。《每季評論》審視埃利斯出版的日記，稱許他揭穿了中國文明迷思，揭露了「伏爾泰及其追隨者欲標舉為……值得全人類欽仰之榜樣的這個賢人政府」的「真面目」。[58] 另外，這份刊物贊許阿美士德未行叩頭禮，嚴正表示「阿美士德勛爵拒絕遵從一種讓人極度不快且貶低人的禮儀，從而維護了國家名聲。」這份刊物說，英國人必須繼續力抗中國人，因為「對這個怯懦傲慢的民族讓步愈少，他們會愈擔心後果。」[59]

循著這條思路走下去，自然生起教訓中國以令其知曉天高地厚的奇想——眾人未大聲說出的憤懣，催生出了拿嘉慶未承認英國皇家海軍的強大一事來挖苦的民族主義言論。筆名彼得·品達的諷刺作家沃爾考特，先前就以馬戛爾尼勛爵在乾隆面前自貶身分一事好好嘲笑了他（「話說，你低下頭，難道不覺得丟臉？／英國人在那裡，像狗一樣，學爬，學趴下前半身、蹺起屁股」），這一次他再度發出尖刻批評，但矛頭指向中國皇帝而非英國大使。他一八一七年的幽默比先前更為惡毒，一位評論家因此論道，在他的「愛國憤懣」中，這位名滿天下的諷刺作家的妙語變得沒那麼好笑。60品達針對嘉慶的文章說：

……

或許，你始終不屑於
把你至高無上的眼睛投在地圖上；
於是，自以為世上最有權勢之人，
以傲慢的鄙視對待我們——

要知道，老英格蘭的守護神若皺起眉頭，
她的雷擊會立刻動搖你的皇冠，
使你從鷹淪落為鶴鶉，
使你不可一世的驕傲變成痛苦難忍的東西，
逼得你跳過長城，
再度與韃靼部落一起以馬為食。

相較於這類得意洋洋、搬出英國軍力的睥睨群倫來發洩情緒的主張，主張審慎以對的較理智看法並不多見。但其中一位發出這種看法的人，對於一個國家自認的舉世無敵有時只是曇花一現，比當時在世的任何人都有更為深切的體認。這個人就是拿破崙。一八一七年七月，流放於聖赫勒拿島的拿破崙得知遭遇船難獲救的阿美士德勛爵及其隨員，不久後會在從中國返國途中停靠該島，希望與他一晤。等待他們到來這段期間，他與陪他流放在島上的愛爾蘭籍醫生奧米拉（Barry O' Meara）聊起這支英國使團的遭遇。

拿破崙認為阿美士德不肯叩頭實在可笑。他說，「不同國家有不同習俗。」如果英國人想遣使赴中國朝廷，就該要使者遵照中國人的習俗。「你無權派一個人到中國，告訴他們因為在英格蘭行什麼禮，所以中國人也必須行那樣的禮，」他說。這位老將軍眼神裡露出愉悅的神情，問奧米拉如果英國習俗要人吻國王的屁股而非手，會是什麼情況。他們去到中國時，會要皇帝脫下褲子？他說，英國人從阿美士德使團訪華所得到的，就只是為了一樁可笑的禮儀問題而失去中國人的友誼，還損及英國人在貿易上的優勢。[61]

奧米拉答道，有沒有贏得中國人的友誼不重要，英國人有皇家海軍。

談到這，拿破崙收起玩笑口吻，眼神轉為暗淡。他告訴奧米拉，「與中國這樣的大帝國兵戎相向，會是你們多年來幹過最糟糕的事。」他接下來所說的話，打動了每個暗自思忖如果這條龍醒過來會出現什麼情況的人內心的恐懼。拿破崙接著說道：「最初你們肯定會贏……但你們會讓他們認識到自己的實力。他們會不得不採取措施自衛，以抵禦你們的侵犯；他們會思考，然後說，『我們必須努力讓自己與這個國家匹敵，為何要任憑來自遙遠地方的人對我們為所欲為？我們必須造船，必須替船裝上火炮，必須讓自己與他們匹敵』。他們會從法國、美國、乃至倫敦，找來技師和造船匠；會打造出一支艦隊，總有一天會打敗你們。」[62]

天堂的乳漿

第二部

七、榮景時期

一八三〇年仲秋某個薄暮時分，有個美國年輕人搭乘一艘雇來的中國戎克船，穿行過擁擠的黃埔泊地，欲前往更上游的廣州。那是他第一次來到中國，但他抵達時令他印象最深刻的景象，與中國本身毫無關係，而是他的競爭對手：停泊在黃埔、排列整齊、氣勢龐然的東印度公司商船船隊——共十六艘大船，體型和裝載大炮的美國巡防艦一樣大，配有雄厚的武力和人力。這支浩大的船隊眼下靜靜不動，卻讓這位乘著雇來的小船駛過泊地的美國人感受到紀律、實力和團結。[1]

這個年輕人名叫約翰·莫瑞·福貝斯（John Murray Forbes），才十七歲，相當年少，來自波士頓南邊的米爾頓（Milton）鎮，在三兄弟裡排行老么。即使他不是恰恰生在對華貿易家族，還是免不了走上對華貿易之路。約翰父親飽受痛風之苦，始終未能善盡養家活口之責，早在六年前他十一歲時就去世了，而從那時候開始，養活母親和四個姊妹的重擔就落在他的兩個哥哥羅伯特·賓奈特·

福貝斯（Robert Bennet Forbes）和湯瑪士．泰諾．福貝斯（Thomas Tunno Forbes）身上，一個比他大九歲，一個比他大十一歲。所幸，因為一位舅舅的緣故，他們有機會走上一條獨一無二的路。他們母親的哥哥，湯瑪士．普金斯（Thomas Handasyd Perkins），是波士頓最有錢的富人之一，也是著名的慈善家。他的財富大部分來自對華貿易，自華盛頓擔任總統以來，他就在美國對華貿易上扮演吃重角色。[2]

約翰的哥哥羅伯特和湯瑪士早早就在他們有錢舅舅底下當學徒，先是在他位於波士頓福斯特碼頭（Foster's Wharf）的帳房裡當記帳員和收帳員，然後到更遠的地方替舅舅闖事業。羅伯特是天生當水手的料，很喜歡爬到高高的索具上，於是選擇了四海為家的經商之路。他十三歲就上了他舅舅旗下的「廣州貨運號」（Canton Packet）首次出海，才二十歲的年紀便當上波士頓—中國巡迴航線的船長。湯瑪士比羅伯特大一歲半，較中意於固定一地的經商方式，遂搬到廣州定居，一八二八年已是他舅舅之商號普金斯洋行（Perkins & Co.）的總經理，並擔任美國駐廣州領事。約翰年紀比兩個哥哥小許多，他們出錢送他進入麻塞諸塞州北安普頓的實驗性私立學校圓山學校（Round Hill School）就讀，他在那裡學會打早期形態的棒球，勇敢面對惡霸欺凌，攻讀法語、西班牙語和會計，徒步走過康乃狄克河流域的低矮起伏丘陵和松林。

約翰原以為自己會成為牧師，但在圓山學校讀了太多《聖經》後，反倒對《聖經》失去了興趣。[3]他的心常飄向中國，想著自己有一天會不會追隨兩個哥哥的腳步去到那裡。他欣羨他們，尤其是自父親死後堪稱一家之主的湯瑪士。兩個哥哥在中國闖天下，賺了不少錢，使他們得以供養母親和扶助他們的一個姊妹獨立生活，而約翰希望自己日後也能和他們一樣盡一份力。湯瑪士從廣州寫信給年幼的約翰，如同父親寫信給兒子，諄諄教誨他如何將學得的知識運用在日後商界發展、如何打扮得體又不致淪為「花花公子」、如何選擇能讓自己成為紳士的朋友。湯瑪士也提醒約翰勿虛度無憂無慮的年輕歲月。一八二八年湯瑪士寫道，「可以享受青春時盡情去享受，因為韶光消逝之日很快就到來。」[4]

結果，那一天比他們兩人所以為的都來得早。一八二九年夏，湯瑪士在澳門附近遇大風溺死。消息半年後才傳到波士頓，而接到消息後不到半年，約翰就在前往中國的路上了。湯瑪士一死，舅舅在廣州的事業沒人掌管，約翰一家失去主要的經濟支柱。他的二哥羅伯特，一個眼睛炯炯有神、膚色紅潤、頭髮鬈曲的年輕人，這時正好在美國家鄉裝備自己的船，準備投入對華貿易。這是艘三桅帆船，取名「伶仃號」（以廣州南邊約六十英里處珠江河口的小島命名）。那年夏天伶仃號在麻州的梅德福（Medford）下水，羅伯特搭乘首次出海的該船前往廣州，十七歲且已不再上學的約翰與他同行，接替過世大哥在美國商館裡的職位。

約翰一八三〇年秋抵達廣州，那時的廣州，與三十年前同樣年紀輕輕的小斯當東搭乘印度斯坦號抵達的廣州差不多，沒有太大變化，至少表面上看來是如此。商館區的窄小沒變，但經過一八二二年的火災，大部分建築為重建。規範商館區裡僅百名左右洋人生活的規定，一如以往嚴格，而有形貿易品——茶葉、生絲、棉花——也和以往一樣。但外僑社群本身已幾乎人事全非。那些老面孔，這時大部分已不在。小斯當東於阿美士德使團離華後不久，在一八一七年返回英格蘭，一八一八年一償他和他父親的夙願，當上國會議員——花錢買來的席位，而非真的打選戰拿下的席位，那個席位所代表的是個只有幾十個選民的「腐敗選區」(rotten borough)，但終究還是一個席位。[5]默默展開議員生涯後，他把自己弄進下議院的東印度委員會，希望在裡面能一展他在中國事務方面的長才為國服務（當然也是為了令他受益良多的東印度公司的利益）。[6]

其他人也已轉進他處。馬吝這個留鬍子的怪人，一八一七年跟著阿美士德一起離華，與眾人一同經歷阿爾塞斯特號船難並倖存下來。在英格蘭，他加入一八二三年由小斯當東和一名梵語學者一起創立的皇家亞洲學會，還曾短暫擔任該會的名譽中文圖書館館長。蘭姆歡迎他回到倫敦文學圈，也非常喜歡他。一八二六年蘭姆寫信給柯立芝，說「我很高興你器重馬吝，儘管你只看到他的外表或崇高名聲。他只對最優秀的崇拜者毫無保留，等到他離開世界時，除了我，幾乎不會有人知道他是個多了不起的人。」[7]

一直留在廣州的前輩只有寥寥幾個。老畢爾這位會說粵語的民間商人和名義普魯士領事，還在這裡四處閒晃。他於一八一六年破產，但仍照料著他位於澳門的鳥舍，這時他的鳥舍已養了數百種鳥，包括一隻罕見的天堂鳥和一隻會說「Bring Polly a pot of beer」的鸚鵡。[8]英國商館兩位低階成員，這時已升到高位。但商館區還留下來的前輩裡，資格最老者竟是馬禮遜。第一代會說中文的英國人裡，只剩他還住在廣州，且沒打算返鄉。非通商時節，他待在澳門傳道，在廣州時，則繼續做他已做了二十年的東印度公司資深譯員。多虧他編纂的《華英字典》（最後一卷出版於一八二三年），他底下的譯員陣容日益壯大；與小斯當東被告知學中文沒用的當年大相逕庭，這時決策委員會規定商館裡所有低階文書都得學中文。另也多虧馬禮遜所翻譯的《聖經》（同樣於一八二三年終於全部譯成），其他新教傳教士開始追隨他的腳步來華，希望進入中國以進一步推展他已開啟的工作。

一八二〇年馬禮遜的妻子瑪麗覺得自己夠堅強了，帶著兩個小孩從英國回到他身邊，但回澳門不到一年就死於霍亂。葡萄牙人仍不讓他使用天主教墓地，東印度公司職員於是替他買了一小塊地，闢成新教墓地讓瑪麗入土為安。[9]他於一八二四年在英國各地奔走，替他在中國的工作尋求支持，並於這時再婚，一八三〇年新任妻子已在澳門定居下來（她會替馬禮遜再生數個小孩）。他第一段婚姻所生下的唯一在世的兒子馬儒翰，和他一起住在廣州英國商館裡，並且克紹箕裘——不是當個向中國人傳教的傳教士，因為馬禮遜在這方面幾無建樹，而是當個中文譯員。約翰抵達的那個星期，十六歲的馬儒翰首度獲聘擔任譯員，替廣州的英國民間商人服務。[10]如果說年少的馬儒翰繼承了父親所從事工作中世俗的那一面，他的姊姊蕾貝卡則可說步上了母親的後塵，因身為女性而被禁止住在廣州。她跟母親之前的處境一樣，通商時節得留在澳門。

廣州最重要的改變，不像任何特定人物的來來去去那麼顯而易見。自小斯當東初抵廣州時的平靜歲月以來最大的改變，是這時候有了不折不扣的競爭。到了一八三〇年，以廣州商館為家的民間商人比從前多，且遠比先前的外商更勇於維護自己的存在，獲利也更巨大。這群日益壯大的民間貿易商，有來自印度的帕西人（Parsi）、亞美尼亞人、一些歐洲人，以及使出渾身解數和東印度公司競爭的眾多蘇格蘭人、英格蘭人。為與該公司競爭，這些蘇格蘭人、英格蘭人想辦法行使各種假造的領事職權來保護自己，反制該公司對英國人居留廣州一事的壟斷。然後，當然還有福貝斯兄弟之類的美國人。整體看來，美國人和英國民間商人加起來，人數上是東印度公司職員的一倍有餘，若再加上帕西人，則將近五比一。[11]財力雄厚且高度一體化的東印度公司仍認為自己是廣州商館區社交界、商界的老大，一如該公司船隊是黃埔泊地的老大，但東印度公司的老大地位，面臨愈來愈多周遭其他西方人和印度人的競爭和憤懣。誠如當時某個心懷鄙視的美國人所說的，該公司「以其不當阻撓和自以為高人一等的作風，在其影響力所及的其他所有地方，都惹人厭惡和不受歡迎，就跟專制獨裁政府所給人的觀感一樣。」[12]

況且，東印度公司就像那令初抵廣州的約翰・福貝斯驚嘆不已的強大船隊，其龐然和整齊劃一，卻也使其笨重不靈活，無法迅速回應外在變化。該公司的超強實力，為自營商（例如美國商人和從事印度、廣州間「港腳貿易」的英國民間商人）開闢出空間，讓他們得以跟在該公司後面賺錢——買賣該公司商船沒有載來的貨物，把船開到該公司沒有供貨的口岸，在該公司按照大費周章安排的日程行動時，以更為迅速且靈巧的動作穿行其間空檔。也因此，我們就能明白為何約翰・福貝斯坐船經過該公司浩大的船隊時，搭的不是他哥哥新造的船伶仃號（他從波士頓一路搭來的船），而是雇來的中國小船——在此應該指出的，伶仃號當時停在約六十哩外等，就在伶仃島這個外圍小島旁，不敢更近。廣州民間商人大增和廣州港裡競爭白熱化，是基於同樣的原因。也是這個原因讓那麼多人那麼輕鬆就變得那麼有錢。這個原因就是鴉片。

約翰那位臉頰紅潤的哥哥羅伯特・福貝斯，是鴉片買賣的中間人。他在麻州剛裝備好的伶仃號，是要拿來當「躉船」用——他以伶仃島西南隅外、廣州官府管不到的水域為基地，把該船當成水上倉庫，用來存放運來中國的鴉片。從印度等地載著鴉片進來的外船，會先停靠伶仃島，把一箱箱鴉片卸到港內福貝斯的船或其他船上，接著再將已清空違禁品的船隻駛往廣州城外的黃埔泊地以通過檢查。在商館區的某些「錢莊」裡，這些船的船長或貨監能與中國鴉片批發商會說英語的代理人會晤（其中有些批發商是行商，但非全部——鴉片買賣是非法的，因此行商的外貿壟斷權不適用在鴉片上，不像茶葉）。談定價錢之後，外商收下賣鴉片得來的報酬，中國鴉片商則派人到伶仃島取回放在躉船上的鴉片。[13]

羅伯特·福貝斯的職責很簡單。他船上的貨不屬於他；他只是為其他冒著（暴風雨、海盜劫掠、市場波動）風險把鴉片送到華南的其他商人，保存好這些托管的貨物。把鴉片運到內陸和運到更北方沿海地區，乃至最後於中國境內零售，全都是中國走私者的事。向官員行賄以確保官府不會到伶仃島檢查，或至少即使上島檢查，也事先就講好會以查無違禁品收場，這也是中國走私者的事。事實上，就在伶仃島另一邊，該島東北岸外，與福貝斯的伶仃號隔島相對之處，有數艘中國戰船駐守，但它們歸另一個縣管轄，不歸走私泊地的縣，而且通常這些船只會繞島一圈向走私者收賄，然後又回到東北岸外。[14] 羅伯特·福貝斯身為躉船伶仃號的船長，幾乎不用承擔任何風險。他所需要做的，就只是守在那裡，確保鴉片安全，從他保管的每箱鴉片賺取一筆佣金。對喜愛航行的這位美國新英格蘭年輕人來說，這份工作最難受的地方，就是得一直待在一個地方。但吃下這種苦，讓他每年賺進相當於今日八十多萬美元的錢。[15]

關鍵在於罌粟在英屬印度收成很好，若非如此，英屬印度會是特別無利可圖的殖民地（而且如果不是靠來自廣州茶葉貿易的豐厚利潤抵銷掉虧損和債務，英屬印度本來很有可能使東印度公司破產）。歐洲商人早早就知道，儘管鴉片在中國屬違法之物，鴉片在中國卻有小但穩定的銷路。從早在一七一九年出版的《魯賓遜漂流續記》（*The Farther Adventures of Robinson Crusoe*），就能發現中國人對鴉片的需求。這是笛福為小說《魯賓遜漂流記》寫的續集，名氣沒第一集那麼大，書中，漂流荒島獲救的魯賓遜從暹羅到中國賣鴉片，鴉片這個「商品在中國人那兒賣價很好，當時在那裡需求很大。」魯賓遜原本打算航行到中國北部賣鴉片，但有人勸他「停靠澳門，我們的鴉片在那裡不愁賣不掉。」[16]

一七三三年時，有了關於英國商人運印度鴉片到中國的更正式紀錄。該年，東印度公司通知旗下兩艘船的船長「中國皇帝最近頒行的幾條禁鴉片法律」，告誡他們「勿把鴉片運到中國，也不容許鴉片透過你們的船運到中國，若違反本正派公司的指示，後果自負。」[17]此後，這家「正派公司」禁止旗下的船隻運送鴉片，認為從走私鴉片賺得的小利，不及其檯面上茶葉貿易可能蒙受的損失，是划不來的買賣。但鴉片走私並未就此結束，反倒只是讓路給更願意冒險從事非法買賣的自營商。

到了一七九三年馬戛爾尼抵華時，印度鴉片赴華的非法買賣已頗為興旺，而打造這門生意的，是行事不受東印度公司左右的民間商人。但他們所賣的鴉片，相對來講並不多，只是該地區整體商貿的附帶品。無論如何，英國政府無意支持或保護這些人。馬戛爾尼所接到的指示坦承，「沒錯，我們印度領地內種出的鴉片，的確有不少流到中國」，但那些指示也說如果在商議條約期間皇帝要求英國支持消滅鴉片買賣，馬戛爾尼應同意照辦，勿因想保住該買賣「反使我們的基本利益陷入險境」。[18]（但後來馬戛爾尼和乾隆當然沒有商量議約之事，而沒有簽訂條約，就沒有提出要求這回事，更別提什麼答不答應了。）

十九世紀初期，鴉片在中國早已是公認的高檔奢侈品，儘管皇帝多次下旨痛斥鴉片的毒害，但在外人看來，購買或吸食鴉片似乎不是會讓人在社會上擡不起頭的事。馬各與「將軍」（有一半滿人血統且非常欣賞馬吝鬍子的清朝軍官）一同在西藏旅行時，問「將軍」想要什麼來自印度的禮物。「將軍」立即請求給予上好的布和「一兩磅鴉片」。[19]一八一六年阿美士德勳爵的使團走陸路南返廣州途中，曾遇一官員公開求索鴉片，阿美士德身邊的博物學家說，中國店鋪似乎未公開販售鴉片，但有人告訴他「帝國各地」都有人在使用鴉片，拿它搭配菸草抽，鴉片被認為是「最棒的奢侈品之一」。[20]

東印度公司始終避免讓旗下的船載鴉片到中國，但那不表示該公司未參與鴉片買賣。該公司的策略其實是透過獨占鴉片在孟加拉的生產來支配印度境內鴉片買賣的供給面，然後完全不碰中國方面的走私活動，以避免風險。該公司會在加爾各答的拍賣場上把鴉片賣給港腳商，由他們將鴉片運到伶仃島，賣給廣州的鴉片販子。然後，販賣鴉片所得（通常是白銀），一般來講會轉移到廣州東印度公司英國商館的金庫——商館會以匯票回報港腳商，港腳商可用匯票將錢款匯往印度或英格蘭，如果當初是以賒賬方式買下貨物，則可用匯票償還他們在加爾各答拍賣場上欠該公司的錢。

藉由這類辦法，東印度公司的廣州金庫能透過鴉片買賣不斷收到白銀，但從頭到尾不用自己運送鴉片到中國。該公司名利雙收，既從鴉片的生產、銷售大賺其財，又因為正派經營而仍能在中國政府面前保有端正形象。這樣的安排造成了一個意外的結果：相較於深入參與印度境內鴉片生產之管理與監督的東印度公司孟加拉職員，廣州英國商館的東印度公司職員卻是和中國境內實際的鴉片買賣扯不上什麼關係，因而才會有一名在廣州待了將近二十年的決策委員會成員，在一八三〇年理直氣壯地說他這輩子沒有見過一箱鴉片。[21]

東印度公司很想壟斷印度鴉片的供給，但該公司無法將鴉片生產完全抓在手裡——一八二〇年代起輸入中國的鴉片量遽增，這是首要因素。因為英國人只控制印度次大陸部分地區，主要是東北部。在東印度公司所控制不到的印度中部、西部諸邦，農民想種罌粟就種罌粟，想加工鴉片就加工鴉片，誰也管不著，然後他們將鴉片運到印度西海岸，自己談條件賣給出口商。承銷該公司孟加拉產區鴉片（大土，帕特納鴉片／Patna）的那些英國籍、帕西裔港腳商，到了一八〇〇年代初期，也開始做起投機買賣，購入產自印度自由地區的該公司對手產品（小土，馬爾瓦鴉片／Malwa），從孟買等印度西岸口岸運出。

理想上，東印度公司希望牢牢控制印度鴉片生產，以確保鴉片價格在廣州始終居高不下。但該公司只能控制帕特納鴉片的供給，到了一八〇〇年代初期，來自馬爾瓦鴉片的競爭已使該公司更難操控市場。為申明其主宰地位，該公司先是致力於阻止鴉片從孟買運出（孟買受英國控制），但馬爾瓦鴉片貿易隨之乾脆移到孟買北邊沿岸的達曼（Daman）、第烏（Diu）二港。這兩個港口由葡萄牙人控制，東印度公司管不到。[22] 到了一八一〇年代晚期，港腳商賣出的馬爾瓦鴉片愈來愈多，在整個廣州進口市場搶占了很大份額，東印度公司加爾各答貿易委員會的成員只好舉雙手投降，承認失敗。從此他們不再為了保護自己的獨占地位而打壓馬爾瓦鴉片買賣，反倒做出一個影響甚大的決定，要與馬爾瓦鴉片正面對決一分高下。

由於市占受到威脅，該公司一八二〇年開始在孟加拉擴大罌粟種植面積，增加帕特納鴉片產量，以將馬爾瓦鴉片商趕出市場，用加爾各答英國總督的話來說，就是要建置「一條規模大增且價格非常合理而足以遏止競爭的供給線」。[23] 與此同時，該公司企圖壟斷市場因此鋌而走險，開始買進大量馬爾瓦鴉片，此舉導致的主要後果，卻是促使諸自由邦產量更增。結果，總供給量暴漲，到了一八二〇年代中期加爾各答拍賣場上每箱鴉片的價格跌了將近一半。帕特納、馬爾瓦的短兵相接，為廣州的民間商人帶來一段興奮、冒進的時光。這也意義重大，因為隨著印度鴉片在中國境內變得較便宜，不只最有錢的人買得起，一般人也可以開始盡情享受了，中國的鴉片消費人口隨之擴增。[24] 說來諷刺，如果當初東印度公司可以橫行霸道，如果它能守住它在印度的壟斷地位，中國境內的鴉片消費量或許永遠不可能有那樣的成長。

至於成長的幅度，阿美士德訪華之後的幾年內，中國對外國鴉片的需求每年都維持在約四千或五千箱的程度（每箱裝約一三三磅鴉片）。但隨著中國自產棉花增加，印度棉花（歷來是英國在廣州最重要的出售品）在華銷售量開始減少，到了一八二〇年代初期，鴉片進口量陡增（主要因為就在棉花進口量持續衰退之際，帕特納、馬爾瓦兩種鴉片爭奪市場），一八二三年，鴉片首度超越棉花，成為印度輸入中國的最大宗商品。到了一八二八年夏，鴉片儼然要成為唯一能讓港腳商必然有賺頭的商品。那年運到廣州的鴉片超過一萬箱，占了英國對中國進口總值的一半強，而且重要的是，超過了那年東印度公司運回英格蘭之茶葉的總值。拜鴉片之賜，始終由中國享有順差的貿易失衡狀況開始倒向另一邊。[25]

但成長態勢未止。到了一八三〇至一八三一年，約翰．福貝斯來到廣州時，鴉片進口總量已達一萬八九五六箱，鴉片貿易規模在十年裡數值翻了將近四倍。[26]而在此應該指出的，這一數據只反映了從海外進口的鴉片數量：大部分來自印度，另有小部分（約占總數的八％）是美國人進口的土耳其鴉片（他們販賣較便宜的土耳其鴉片，主要因為沒有英國人跟他們搶這類鴉片）。這一萬八九五六箱不含在中國境內種植、加工而成的鴉片，數量少了許多但仍不可略而不計，也不包括越過中國西部內陸疆界走私進來的鴉片。然而，光是這些海外進口鴉片就足以滿足十五萬餘鴉片上癮者的一年需求。[27]就產值而言，這一萬八九五六箱即使造成鴉片價格下跌——而這一下跌效應大部分被中國的鴉片消費者變多抵銷掉——但在當時約值將近一千三百萬銀圓，使鴉片買賣成為世上最有賺頭的商品貿易之一。[28]

從事實際運送業務，把所有鴉片從印度運到中國的那些自營商，在廣州自成一個社群，與東印度公司商館相抗衡。他們的領袖是蘇格蘭人渣甸（William Jardine），此人頭腦精明，在愛丁堡大學拿到醫學學位，出社會後的第一份工作是進入東印度公司擔任船醫助手，一八〇二年，剛滿十八歲時，首度乘船前往印度。從船醫助手升為船醫後，他有了一項特權，分配到一個船艙小空間載運自己的貨物，他往裡面塞了獾毛製刮鬍刷、薰衣草香水、蛋白杏仁餅。一段時間之後，他發覺動腦筋想貿易策略比行醫更適合他，從事貿易的前途，比當船醫更令他心動，於是一八一七年，在替東印度公司賣命十五年之後，他辭職自己經商，開始投入印度、廣州的港腳貿易。[29]

港腳貿易在東印度公司的控制下進行，綁手綁腳，但有賺頭。所有英中、英歐之間的貿易都由東印度公司一手把持，渣甸之類的港腳商只准把印度產品運到廣州，只能在印度卸下他們從廣州取得的貨物，不准在廣州做任何歐洲貨品的買賣，尤其不准把中國茶葉或其他商品運回英格蘭。但印度產品包括鴉片和棉花，因此，即使有這些綁手綁腳的規定，他們仍能賺大錢。但該公司給了他們賺錢的空間，他們並不感激。大抵而言，他們瞧不起該公司。

改行從商三年，渣甸遇到他一輩子的合夥人馬地臣（James Matheson）。馬地臣也是蘇格蘭人，但出身較好，同樣因為受到棉花、鴉片的獲利前景吸引而投身港腳貿易。兩人個性互補，相輔相成——馬地臣比渣甸小十二歲，較易激動且直腸子，文筆較有魅力。此外，他在家鄉有錢，有較佳的人脈。相形之下，渣甸較拘謹內向，但認真且意志堅定，較有商業頭腦。兩人中，馬地臣較願意冒大的風險——一八二三年他想壟斷廣州的鴉片市場未成，導致供過於求，價格下跌——但話說回來，出了問題，他有家裡金錢奧援，渣甸可就沒有。渣甸家世較卑微，要供養蘇格蘭家鄉親戚，因此行事比馬地臣保守。[30]

在廣州，這兩人最初分別任職於他人創辦的不同商行，一八二八年起走到一塊，控制了馬尼亞克商行（Magniac & Co.），一八三二年會把該商行改名為Jardine, Matheson & Co.（中文名渣甸洋行，後更名為怡和洋行）——該商行營運至今，以香港為總部，是世上最大的跨國企業集團之一，員工超過四萬。[31]代孟買和印度其他地方帕西裔、英國籍的鴉片批發商銷售鴉片，占去渣甸和馬地臣業務的一大部分。他們會把這些批發商的鴉片在廣州賣掉，最後他們兩人在廣州的「小溪商館」（Creek factory）住了下來。小溪商館因鄰近商館區邊緣的一條小溪而得名，與東印度公司在廣州的大本營，英國商館，只隔了兩間門面。僑居廣州的英國自營商奉他們為龍頭，一八二五年馬地臣甚至自費進口一臺印刷機到廣州，以發行商館區的第一份報紙。這是繼東印度公司為馬禮遜的《華英字典》購入一臺印刷機後，第一臺再度進入廣州的印刷機。這份報紙叫《廣州紀錄報》（*Canton Register*），以通告貨運消息和宣揚自由貿易為宗旨（後一宗旨較為隱晦）。當時英國人只有任職於東印度公司才能在廣州居住，為避開此規定，馬地臣弄到丹麥領事的身分，渣甸（和他的整個商行）則在普魯士旗幟的保護下，渣甸從老畢爾那兒接下普魯士領事之職，畢爾的兒子則成為兩人的職員。[32]

渣甸和馬地臣在廣州往來的人大部分是英國人（其中大部分是蘇格蘭人），但他們生意上的合夥人，族群身分則多樣許多。渣甸在印度的主要合夥人是名叫吉吉博伊（Jamsetjee Jeejeebhoy）的帕西人，此人的發展軌跡在某些方面與渣甸相仿。吉吉博伊出身窮苦人家，十三歲就成為孤兒，年紀與渣甸相差不到一歲（渣甸於九歲時喪父），而且他和渣甸一樣，懷著到海外改善生活的希望而投入對華貿易。雙親死後，吉吉博伊搬到孟買，在那裡為一個賣瓶子商人工作，開始學英語。一七九九年，他跟在某個表哥身邊當學徒，以此身分第一次搭船赴廣州。不久後，他開始借錢包船，自行出海，數次遠赴廣州做買賣。一八〇五年，他和渣甸首次相遇，當時吉吉博伊搭東印度公司的船赴廣州，而渣甸就在那艘船上當船醫。兩人所搭的船落入一艘裝有大炮的法國巡防艦之手，淪為階下囚，最後被擄走他們的法國人遺棄在好望角。[33]

一八〇五年，吉吉博伊和渣甸各自返回家鄉，但兩人似乎一直保持聯絡。經歷過被囚的悲慘遭遇後，吉吉博伊決定不再冒險前往中國，改成以寄售方式將貨運到廣州，再由當地一名代理人處理——而到了一八二〇年代初期，代理人通常都是渣甸。有了渣甸這位可信任的合夥人，吉吉博伊可以人留在孟買，但同時仍能收取廣州貿易的獲利。他在鴉片和棉花上大膽搞投機買賣（當時最大膽的投機商人之一），到了一八二二年，他已從他的中國風險事業賺了大錢，連帶著渣甸也開始成為有錢人。[34]

如果說靠對華鴉片貿易發了大財的那些外國人有什麼共同之處，那就是他們不僅在家鄉完全沒有因為所從事的生意而遭鄙視，反而在社會上備受崇敬。就像福貝斯三兄弟的舅舅湯瑪士·普金斯在波士頓地區以樂善好施出名，一八二〇年代吉吉博伊同樣以慈善家的身分在孟買博得令名，用從鴉片投機生意賺來的錢蓋學校、醫院等重要的公共設施。[35]最後連渣甸也成為意見受到首相看重的國會議員，但那是後話。

約翰·福貝斯來到廣州後，住進他舅舅普金斯洋行所在的房子，即所謂的瑞典商館，與渣甸洋行隔了五間門面（雖有瑞典之名，裡面住的全是美國人）。[36]一如其他大部分商行，普金斯洋行以雙面示人：在廣州公開進行的檯面上貿易，以茶葉、生絲、棉花等合法商品為買賣品，在伶仃島進行的檯面下貿易，以鴉片為買賣品。約翰住在廣州商館，代表普金斯事業公開、合法的一面。他當時的帳簿，主要反映了購買茶葉與生絲、該商行職員所需的各種東西（家具、肥皂、棋子）的開銷，以及付給替該商行服務的中國通譯和僕役的費用。在這些帳簿中，鴉片是見不得光的存在：他的帳目裡包括對伶仃號躉船的每日補給，還有偶爾出現的土耳其鴉片船貨的保費，但從未提到鴉片銷量，也沒有提過一次印度鴉片。[37]

一八二九年湯瑪士・福貝斯溺死後，普金斯的事業陷入混亂，雖然湯瑪士去世前才剛全權掌理廣州商行不久。他事先即安排好，萬一他有什麼不測——心知家人要幾個月後才會收到惡耗，更別提來到廣州——商行業務要暫時交由其主要的美國競爭對手，來自康乃狄克州的孤兒山繆・羅素（Samuel Russell）創辦的商行掌理。約翰・福貝斯來到廣州時，湯瑪士的遺囑早已生效，這最終促使普金斯、羅素這兩家相對抗的商行決定永遠合併。合併後的商行取名旗昌洋行（Russell Co.），一八三〇年成立後，是當時中國境內代表美國利益的最大公司行號，而它在廣州的合法貿易規模，則僅次於英國的東印度公司。[38]

在此之前，美國人在中國始終是另一種經商作風。美國諸商行沒有一個像英國人那樣的獨占公司發揮統合力量，這些商行從一開始就是自營商，單打獨鬥，彼此競爭。這使得它們在廣州的集體影響力較弱，但也意味它們的貿易活動不會有損害國家威信之虞，可避開馬戛爾尼、阿美士德兩次使華鎩羽而歸時英國人所面對的那種難堪。對華貿易占美國整體貿易的比重始終不大（十九世紀初期只占美國外貿約五%）——從事對華貿易的商行數量不多，而且都由相關家族牢牢掌控在手裡，因此在中國經商有成的美國人，個個都能積累到驚人財富。[39]

但他們得在經營手法上自出機杼，才能有此成就。美國人在亞洲沒有東印度公司在印度的殖民地那樣的商業基地，不得不做更廣泛的經營，從事更久的遠航，在所謂的鏈式貿易（chain trade）途中一路買貨賣貨（由諸多環節串連而成，因而得名鏈式貿易）。[40] 一般來講，十九世紀初期從波士頓或紐約出發前往廣州的美國船，可能會先往南航繞過南美洲最南端的合恩角，一路上拿歐美貨物換取南大西洋地區的海豹皮，然後在墨西哥或祕魯靠岸，把剩下的船貨盡可能賣掉以換取白銀這項最重要的商品。一八二〇年代中期後，倫敦的匯票讓美國人開始能以賒帳給英國人的方式買進中國貨，這比帶沉甸甸的錢幣到廣州省事，但在這之前，白銀（主要是西班牙披索）這項商品占了美國對華出口總額的四分之三。[41]

然後，這艘船離開墨西哥和祕魯後，可能繼續沿著北美大陸西海岸北上到奧勒岡，在那裡船員會拿鐵製品和紡織品換取海獺毛皮。這條路線常有美國船隻航行，因而一八〇五年路易斯和克拉克這兩位探險家初抵哥倫比亞河口時，發現拜廣州毛皮貿易之賜，當地原住民已會說一點英語（但據路易斯所述，他們的英語詞彙，幾乎就只有「滑膛槍」、「火藥」、「開槍」、「小刀」、「臭傢伙」、「狗娘養的」這些——勾勒出從事此貿易之水手的可能形貌。）[42]

從太平洋岸西北地區，這艘美國船可能接著往西南航行前往夏威夷或斐濟群島，在那裡，幸運的話，或許會弄到一些檀香木運到廣州。公平貿易是一回事，但擅自上門拿走值錢的天然資源卻可能招來當地人暴力以對。一八一一年有艘船在南太平洋收採檀香木，據該船某個美國人的記載，船上三名船員在斐濟與當地原住民打鬥遇害，被「烤了吃掉」（這艘不幸的船，杭特號／Hunter，最後雖成功抵達中國，卻遇上一八一二年戰爭波及澳門地區，在澳門被英國皇家海軍的多里斯號奪走）。[43]裝載了檀香木之後，美國船可能繼續航向太平洋另一端，進入東南亞，用以物易物的方式換來海參等珍饈，然後或許在馬尼拉裝上稻米或糖，最後載著與離開美國時所載船貨幾乎完全不同的貨物抵達廣州。[44]

但旗昌洋行的諸董事也熱衷印度貿易。從一八二〇年代後半山繆．羅素主掌洋行後開始投入，一八三〇年與普金斯洋行合併後繼續積極拓展，與以加爾各答為大本營的幾個美籍代理人合作，從英國人所掌控的印度鴉片貿易裡買下一部分鴉片的承銷權。合併後不到一年，這間美國商行就經手了輸華印度鴉片總量的五分之一有餘，成為渣甸、馬地臣等想把持港腳貿易的英國商人的強勁對手。[45]由於後來發生的事，大家會把對華鴉片貿易幾乎完全怪在英國人頭上，但五分之一的份額絕非小數目。

每個住在廣州商館區的人都清楚在清帝國鴉片不合法，但沒人知道那所謂的不合法是什麼意思。「我們的讀者大多知道中國法律嚴禁吸食鴉片，」一八二八年四月馬地臣的《廣州紀錄報》說道。「然而（中國）這個國家是印度鴉片的最大消費國，還消耗掉許多土耳其產的鴉片。」[46]鴉片貿易的本質，就存在這樣的弔詭現象：他們知道這項商品遭禁，但也知道它受喜愛。出於道德理由不做鴉片貿易，意味著放棄在中國最容易、最管用的經商成功之道，何況做這個買賣幾乎沒有受罰之虞。對大部人來說，鴉片貿易太誘人，抗拒不了。

但這些人不認為自己不道德。在該報下一期，主筆埋怨某些西方船隻常使一個伎倆規避關稅。這些船把合法且應課稅的進口品運到伶仃島或其他島嶼，卸貨在中國人的船上，而非運到可讓中國官府課予應有之稅的廣州或澳門。這位自營商主筆譴責這種做法，寫道「在這個文明的時代，且令我們感到高興的是，也是一個道德提升的時代，凡是會稍稍有損那傑出品德的事情，都是我們所不樂見的。過去，商人就因那傑出品德而得到Prince的稱號。」[47]也就是說，merchant prince（商業鉅子）因文明和德性增長贏來的美名，似乎因避稅而有喪失之虞。但賣鴉片沒事，好得很。

中國官府對於壓制這種半公開的走私，有一搭沒一搭且態度敷衍，原因之一是許多官員自己就吸食鴉片或涉入鴉片買賣，基於自身利益，樂見這項買賣繼續下去。沿海地區直接負責阻止鴉片流入內陸的官員，也是最容易被中國走私者行賄的人，廣州官員當然也對貪汙習以為常。嘉慶於和珅受審後展開的掃貪行動以失敗收場，完全制不住他們的貪腐，而鴉片供給日增，等於給了他們一個新財源。就外國人所能看到的情況而言，中國官府的執法不只無效，而且幾乎不存在。[48]

然而，廣州的鴉片貿易雖被官府定位為非法，但該貿易最顯著的特點之一，卻是不同國籍的人以誠信進行大宗交易。來自不同大陸、講不同語言的中國、英國、帕西、美國商人，一起做鴉片買賣，很少簽下書面合同，且未受到法律或各自政府的保護，通常就只是握個手就談定交易，但彼此的買賣非常安全、友善且文明。幾乎沒有抱怨受騙或被搶之事，也幾乎沒有發生過交易時有哪一方動粗。在某些觀察家眼中，這簡直是更大格局的國際關係所應效法的典範；誠如某個美國人於一八三〇年所說，「說到做外交，沒幾個人比（廣州鴉片貿易的）商人和中國籍仲介做得好。」[49]英國自營商龍頭渣甸寫信給英格蘭家鄉友人，說廣州鴉片貿易是「我所知最安全、最有紳士風範的投機活動。」[50]

不管英美鴉片貿易商是否承認他們選擇的行業不道德，英美國內的人並非不清楚鴉片的壞處——這不是說歐洲醫學特別精於斷定什麼東西有害，因為像是連茶葉都曾長久被批評為危險物品。一七〇六年，有個鄧肯醫生寫了本書叫作《勿過量飲用熱飲的忠告》（*Wholesome Advice Against the Abuse of Hot Liquors*），把茶葉和咖啡、熱巧克力、溫白蘭地列在一塊，說它們都會嚴重傷害身體器官。鄧肯寫道，過度飲用熱飲「為死神的王國獻上大批子民」。[51]一七二二年的一本小冊子，《論茶葉的性質、用途和濫用》（*An Essay on the Nature, Use, and Abuse, of Tea*），批評更為尖銳，警告說茶會造成「貧血，過度飲用茶會導致「精神低落」，從而使人「受苦於恐懼、擔心和焦慮」。[52]該文主張，茶對女人的傷害最烈，會造成「她們生殖力降低、易流產、生下小孩後無法提供小孩充足的營養。」[53]

在英格蘭，也有人基於階級觀點抨擊茶，指責窮人花太多錢在喝茶上，毀了他們的人生（中國也將出現與之呼應的觀點，士大夫終於還是擔起了管教責任，大力取締百姓吸食鴉片）。一七七七年一位匿名的英國作者，寫了一本小冊子把茶和糖、白麵包、奶油等「現代奢侈品」一併斥為「貧窮的主因、傷害人類勞動力的萬惡根源」。[54]這位作家寫道，除了浪費掉本就不夠用的錢，「它使人心神不寧，體質變差，喪失本性，毀了英格蘭人。」他說在茶的影響下，英格蘭農家女孩「賞心悅目的微笑」消失，取而代之的是「憔悴、發黃、枯瘦的面容」。她們受苦於「食欲不振、疾病、一群瘦弱的小孩」，她們的家庭變成「地主永遠甩不掉的重擔」。

這類警告未能減緩中國茶葉在英格蘭的普及和愈來愈受歡迎，倒是的確干擾了英國人對鴉片的認識——替鴉片辯護的人通常說它的危害程度介於茶與琴酒之間。一如十九世紀初期英國人和美國人對鴉片的認知，鴉片是十足合法的藥物，藥店、菸草店、葡萄酒販賣店、糖果店、理髮店都可自由販賣此物。[55] 各式各樣的鴉片酊劑被當成止痛劑和治咳嗽、腸道不適的藥物販售，有時甚至被當作給正在長牙的幼兒服用的鎮定劑（以「貝利媽媽的止鬧糖漿／Mother Bailey's Quieting Syrup」之名販售）。鴉片滴劑也是公認的省事好用自殺藥，只要服用足夠劑量就可如願，通常會摻入葡萄酒製成鴉片酒（laduanum）飲下。以約翰・福貝斯為例，他媽媽給還是小嬰兒的他喝鴉片酒防暈船，差點要了他的命。[56]

但把鴉片當成娛樂工具以得到快感，這在西方相對來講較少見，而且從未像在中國那樣盛行。一八二〇、三〇年代英格蘭最著名的鴉片上癮者是一名叫德昆西（Thomas De Quincey）的記者。他自命為知識分子，一八〇四年左右開始吸食鴉片，墮入他所謂的差點逃不掉的「極樂深淵」。[57] 一八二一年，他寫成《一名英格蘭鴉片吸食者的自白》（*Confessions of an English Opium-Eater*），詳述他成癮久難自拔的駭人情狀。蘭姆助他將此文分四次連載於《倫敦雜誌》（*London Magazine*）。[58] 一八二二年，刊登於該雜誌的文章集結為單行本出版，大為暢銷，出了數版。德昆西在自序裡寫道，「我以宗教熱情對抗此一令人沉迷之物，也已……幾近徹底解開束縛我的可惡鎖鏈。」[59]

德昆西吸食的鴉片來自土耳其（當時英格蘭境內販售的鴉片都來自土耳其），但在他令人驚駭的幻覺裡，最生動逼真的景象，卻是中國——和整個「東方」。他寫道，「我闖進佛塔，被固定在塔頂或暗室裡數百年；我是偶像；我是祭司；我受人膜拜；我被拿去獻祭。」對他來說，鴉片把他拉進一場東方夢魘，他食用鴉片後，一直擺脫不掉一些幻覺，而中國是這場夢魘的根源，是那些幻象的根源之一。他寫道，「我有時逃了出來，又發現自己置身於中國人的房子裡，房裡有藤編的桌子等傢俱。桌、沙發等傢俱的腳全都立即動了起來：令人厭惡的鱷魚頭，帶著令人不快的眼神，朝我看過來，幻化為一千個一樣的東西。」[60]

德昆西想像的中國是個令人上癮、恐懼的世界，是讓人逃不出來的種種夢境，而他把他吸食鴉片後所受的苦，幾乎全怪在這個國家頭上。在某個特別尖刻的段落，他寫道，如果他有朝一日被迫離開英格蘭，置身於「中國作風、生活方式和風景之中」，他會發瘋。[61] 德昆西把他的夢中幻境和奇異陌生的超現實中國深深聯結在一塊，一般讀者很難從中意識到當時並非有愈來愈多鴉片從中國外流，而是愈來愈多鴉片流入中國，而且鴉片被帶到中國，大部分是借助英國人之手。

在英格蘭的文學界，也有比較低調的上癮者，包括與蘭姆、馬吝都有交情的柯立芝。柯立芝於一八〇七年與德昆西結交，在這之前他已開始親自嘗試食用鴉片。柯立芝吸食鴉片後的幻象，為他某些最不朽的詩作提供了創作的靈感，而那些詩作，一如德昆西吸毒後的幻境，有時以虛構的中國為背景。誠如柯立芝在某份手稿末尾潦草寫下的〈忽必烈汗〉，最叫人吟詠再三的英語詩之一，「寫於我吃了兩格令的鴉片而陷入幻想的狀態下」。[62] 該詩一開頭就召喚了中國元朝的創建者忽必烈：

在上都，忽必烈下令
建造一座堂皇的逍遙宮：
在那裡，聖河阿爾孚河
流過深不可測的洞穴，
流進不見陽光的海裡。

到了末尾，該詩的恐怖氣氛節節升高、催人入迷：

我要把那座宮殿建在空中，
那座陽光耀眼的宮殿！那些冰窟！
凡聽聞樂音者，皆得見，
凡得見者皆大喊，小心！小心！
他炯炯有神的眼睛，他飄揚的髮絲！
繞著他走三圈，
閉著眼，懷著神聖的恐懼，
因為他以蜜露為食
飲天堂的乳漿。

蘭姆是最早聽到〈忽必烈汗〉這首詩的人之一，該詩還未發表，柯立芝就在一八一六年向他朗誦了這首詩。後來蘭姆寫信告訴華茲華斯，說這是首「幻境詩，詩中談到他一再見到的幻境，叫人無比著迷，他吟誦這首詩時，我的客廳因此滿室生輝，它帶來了天堂和令人彷若置身天堂的樹蔭。」[63] 但吸毒後的瑰奇幻境，讓柯立芝陷入與毒癮的長期搏鬥，鴉片癮使他此後餘生苦不堪言，有時還導致他無法參與公共生活，乃至下不了床。與德昆西公然揭露上癮之事不同的，柯立芝並未對外透露自己飽受毒癮之苦，至少直到一八三四年他去世為止是如此。他去世那年，個人事業正搖搖欲墜的德昆西寫了長文「柯立芝和吸食鴉片」(Coleridge and Opium-Eating) 談他的朋友，向整個英語世界揭露這位名詩人患毒癮而身體嚴重受損之事。[64]

然而，這類講述鴉片如何讓人上癮並毀掉其一生的文章，雖令許多人讀了大受震撼，卻未能改變外國人在廣州走私鴉片的殘酷事實。德昆西文章的讀者受到很大驚嚇，但在一八三〇年代初期，這些讀者的某些同胞，而且是值得尊敬的同胞，正大量地把這毒品輸入中國，每年運去的鴉片，總重超過兩百五十萬磅。但那發生在遙遠異地，半個地球外。那些賣鴉片者回到國內，對此隻字不提。

至於當時的廣州外僑，有少許微弱的聲音對賣鴉片一事表現疑慮，這些聲音主要出自當時唯一表示擔心中國人民受害的一小群人，亦即基督教傳教士。但隨著來華的新教徒跟從馬禮遜的步伐，隨著馬禮遜在東印度公司擔任要職——而該公司正是鴉片貿易的幕後主導者——助紂為虐的問題更形尖銳。一八二三年，有個剛到中國的英格蘭年輕傳教士寫信給馬禮遜，說他認為鴉片貿易與《福音書》的道德教誨相牴觸，說他無法像馬禮遜那樣始終坦然接受廣州商人的幫助。這位年輕傳教士寫道，「有個中國作者說，真正的『君子存天理，滅人欲』，難道我的德行竟比不上一位異教徒？但願不是！我怎能一手把生命的糧遞給中國人，另一手卻遞出鴉片？我怎能為了宗教目的，使用腐化我眾多同類、帶給他們不幸所賺來的錢，而不覺於心有愧？」[65]

這位年輕的傳教士無法像馬禮遜那樣為了能待在廣州而容忍違背良心之事，最終離開中國不再回去，轉而致力於打擊他眼中當時英國另一個非常糟糕的惡行：西印度群島奴隸貿易。他告訴馬禮遜，賣鴉片和賣奴隸這兩個非常糟糕的生意，有個共通之處，即不管在主的眼裡那多令人反感，卻連最值得尊敬的英國貿易行，都毫不遲疑地做起這些生意。馬禮遜對此作何回應，沒有記載。除了偶有批評中國人吸食鴉片過量之語，他對鴉片問題罕置一詞。

不只馬禮遜如此。大體來說，廣州、澳門的外僑只想從財務的角度談鴉片。那些真的質問賣鴉片是否合乎道德的人，通常都不是從這項買賣獲利的人，而且很擔心那些從此買賣獲利的人造成不良影響。有個替旗昌洋行效力的美國人，原任馬禮遜《廣州紀錄報》的主筆，但只當了六期就因直言無諱而被革職。他嚴正表示一八三〇年中國境內消耗的鴉片數量「叫人嚇一大跳」。他完全相信鴉片的致癮特性，寫道「那些抽鴉片成癮的人，處於吸食後的興奮和等待再一次興奮之間，是最可憐、麻木的一群人，他們虛有其表的生龍活虎，全是靠沉溺於這種自毀惡習換來的。」[66]剛從麻州來到廣州的傳教士裨治文（Elijah Bridgman），那一年從廣州把他日記的第一部分寄回國時，附帶一個提醒，以防他的上司把它公諸於世。他告訴他們，「談鴉片貿易那一段或許最好刪掉，因為在這裡鴉片是最敏感的議題，少碰為妙——況且對中國來說，那是要命東西。」[67]

鴉片進口暴增之勢一直持續到一八三〇年代開始之後，在這情況下，大家很容易忽視了一個事實，即在廣州還有幾種可行的外貿模式並不涉及鴉片走私。例如，約翰·福貝斯與鴉片沒有直接瓜葛——不是出於道德理由，純粹因為那不屬他在廣州的職責範圍內。在廣州，他幫忙處理旗昌洋行合法的業務，鴉片業務則由他哥哥羅伯特在伶仃島負責。但約翰沒有直接參與鴉片業務，對他日後的職業生涯是一大利多，因為十七歲的他雖然還太年輕，剛入旗昌洋行時只能當個基層職員，但他在商行裡職位低，也使他得以在廣州自由承接其他工作，尤其是兼差當某行商的英語祕書。這位行商叫伍秉鑑，外國人叫他浩官（Houqua）。

約翰·福貝斯透過名叫顧盛（John Perkins Cushing）的表哥介紹結識伍秉鑑。顧盛比他大二十六歲，由兩人共同的舅舅普金斯撫養長大，比約翰的兩個哥哥還早到中國。一八二八年顧盛開始把家族事業交給湯瑪士·福貝斯掌理時，告訴他，「我認為浩官是這個國家最厲害的生意人」。顧盛寫了一份長長的備忘錄，就如何周旋於廣州商界給湯瑪士建議，其中一再提到伍秉鑑是唯一可完全信賴的共事者，而且不只是以中國籍商人而言，以外籍商人而言亦然。他還寫道，「這裡的其他外國人，我不想與他們在生意上有任何瓜葛。」[68] 顧盛原本打定主意在一八二八年永遠退休，但一八二九年湯瑪士·福貝斯去世，他不得不趕回廣州，助新管理階層上手普金斯洋行業務。他與約翰·福貝斯同時待在廣州約一個月時間，在那期間他介紹他的這位表弟與伍秉鑑認識，把多年來雙方累積的信任傳承下去。

在靠個人人脈推動的商業世界，沒有人比伍秉鑑在廣州貿易裡更有影響力。與約翰初結識時，他已六十五歲左右，看起來比他同歲數的人還要乾癟虛弱，有著長長脖子、下垂的眼睛、尖尖的山羊鬍。約翰覺得他是個腦筋很好的人，溫和且持重。約翰的哥哥羅伯特說他是個「能力不凡的人，丟到哪個群體都會是領袖。」伍秉鑑負責東印度公司廣州商館的所有業務，與經他挑選過的外商一同合作，值得一提的是，他不只堅持不碰鴉片貿易，而且要他的外籍合夥人也如此（羅伯特·福貝斯晚年時回憶，伍秉鑑曾跟他打趣，說福貝斯家三兄弟裡「只有一個壞蛋」，這個壞蛋就是指羅伯特，因為他掌理伶仃島的鴉片業務）。[69]

做為廣州最正派、合法貿易的代表人物，伍秉鑑以誠信和高明的經商手腕受到外僑社群敬重。凡是他經手的茶葉，都被視為世上最上等的茶葉，而且在英格蘭和美國家喻戶曉，以一個中國人而言實屬罕見。誠如後來某作家所說，浩官這個名字是「中國人正直品性的象徵……真誠、優越的表徵，此皆商人不可或缺之特質。」[70] 他說，完全因為伍秉鑑的個人名聲，「中國人的誠信已是有口皆碑」。

伍秉鑑也可能是當時世上首富。廣州的美國人估計一八三〇年代初期他的資產淨值達到兩千六百萬銀圓，遠遠超過當時美國首富阿斯特（John Jacob Astor）的財富。[71] 伍秉鑑住在與廣州城有一水之隔的島上，府邸裡廣建樓閣和花園，他自己家族和他幾個兒子一家都住在那裡。他的府邸非常豪華，他在商館區的辦處事卻以樸實無華著稱。[72]

就在那個儉樸的辦事處，約翰．福貝斯為伍秉鑑做祕書工作，幫這位行商處理往來的英文書信，在長時數的旗昌洋行職員工作之外添補收入。伍秉鑑說得一口流利的廣州港洋涇浜英語（Pidgin English），能和任何洋商輕鬆面對面溝通，但還是需要英語為母語的譯員來處理書寫正規文件方面的業務。這不是說他很看重合同本身——他一位美籍貿易合夥人強調，與這位中國商人打交道多年之後，他所能找到類似書面合同的東西，就只有寫著「四萬元，浩官」這幾個字的一張小紙條。[73] 但伍秉鑑的確與外商維持穩定的通信，信中內容涵蓋要在廣州買進或賣出茶葉等各種商品（但不含鴉片）的交易細節。

或許因為約翰．福貝斯年輕，加上承繼了伍秉鑑對他表哥和已故哥哥的厚愛，他得到伍秉鑑的器重，但約翰為他辦的事很快就不限於處理書信。伍秉鑑漸漸非常信任約翰，幾乎視如己出，認為約翰比其他任何洋人更瞭解他的想法。[74] 不到一年，他就讓約翰當他的代理人，投資他自己的航運業務。傳統中國貿易大體上是單向貿易，外商搭船來華然後離開，中國商人的交易全在廣州當地進行，但伍秉鑑的作風與此相反，他派自己的船赴海外，照自己的條件售貨，觸角伸到中國和廣州體制之外。約翰．福貝斯滿十八歲時，伍秉鑑要他包下多條船，裝上伍秉鑑的茶葉，拿著讓人以為那些船貨全歸約翰一人擁有、控制的文件，從廣州出海。伍秉鑑給他豐厚的一成佣金，據約翰．福貝斯自己估計，在他名下的航運投資物業很快就超過五十萬銀圓，全由伍秉鑑擔保。[75]

約翰走上一條迅速茁壯的捷徑。「約翰很好，與人交往使他的性格成熟許多，」他哥哥羅伯特於他來廣州約一年後寫信告訴舅舅；「他人緣很好，我相信不久後他就會以某種方式把我們蒙受的悲慘損失補回來。」[76]約翰將一直活在他已故哥哥湯瑪士的陰影下，將一直甩不掉養家的責任，但他欣然接受這角色。他後來在信中得意表示，「我很快就發覺自己扮演起大人的角色」。他的外表也開始像個大人：雖然個子小，體重只四十五公斤多一點，他已開始禿頭——而他認為那使他比實際年齡老成，增添了權威感。[77]

回過頭來看，老行商伍秉鑑和美國年輕人約翰．福貝斯的合夥關係最引人注目之處，在於這份關係深刻反映出廣州時代的深厚潛力，但對比之下也彰顯出將在當時中國與西方諸國的更廣泛互動裡失去的東西。伍秉鑑與福貝斯的關係是信賴、親愛、尊敬的關係，令雙方都得益的關係。這份關係建立在私人情誼上，且持久不墜。他們的關係不涉及任何彼此衝突的行為模式或信仰體系，對他們來說，商業資本主義是共同語言，放到更大的格局來看，這也是英國、美國、中國互動最良好時在國家層級上講的語言。廣州的外貿不可或缺——至少合法的外貿不可或缺——令許多人獲利，以令所有參與者共蒙其利的方式將各個國家和帝國連成一體。在這段後人幾乎完全用傲慢、敵對等字眼來描述的中西關係時期裡，伍秉鑑和約翰．福貝斯示範了一種更有助益的工作模式。

八、火與煙

一八一三年十月八日皇宮遭入侵時，嘉慶的次子綿寧還只是皇子。那天早上，三十一歲身材修長的綿寧一如以往在大內東南角的上書房讀書。大內是北京紫禁城北區，皇帝家人居住的地方，與外隔絕，向來平安無事，生活起居有太監照料，極為封閉的世界。上書房附近有道厚重的木門，是穿越三十英尺高紅石牆的出入口，可通往紫禁城其他地區。更往外走，穿過另一道牆的另一道門，可到滿人居住的皇城，出皇城，穿過又一道牆，則是漢人城區。從漢人城區再往外走，穿過高大的北京外城城牆，就是京城之外的中國。這位皇子剛從長城以北的皇帝避暑地熱河回來，他父皇嘉慶則預計隔天回來。[1]

紫禁城東城門有著寬闊的階梯和下斜的黃瓦屋頂，城門外是熙攘的街道，街上有茶館和酒館，為來自附近官署的幕僚和等著覲見皇上的官員提供飲食。這天早上，由於皇上不在京，東城門外店鋪比平日安靜，但還是有顧客圍桌而坐，聊著天，享受悠閒的早晨。眼尖的人或許已注意到其中一些顧客似乎心神不寧，有點侷促、畏怯。但再眼尖的人都不可能看出他們在衣服裡藏著白頭巾，或是看出他們藏著刀子。

一八一一年秋見到那顆大彗星，想解開其中兆示的人，不只有對馬吝來到拉薩一事感到憂心忡忡的那位滿人駐藏大臣。當時世界各地的人都看到了那顆大彗星。在俄羅斯，托爾斯泰於《戰爭與和平》中寫道，它「警示我們各種駭人之事和世界末日即將到來」，預言了拿破崙將入侵俄國，造成生靈塗炭。密西西比河流域在它出現之後，發生一連串大地震，重創密蘇里州，遠至俄亥俄州和南卡羅來納州，房子和教堂的鐘都震得嘎嘎作響。在北京，欽天監語帶樂觀地宣布，這顆彗星對朝廷是吉兆，但並非每個人都相信。尤其是白蓮教分支天理教的首領——清廷雖竭力清剿，但事實上白蓮教仍未被徹底剿滅——他仰望天空，在這顆閃亮的彗星身上看到大清氣數將盡的徵兆。此後經兩年的精心籌備，在一八一三年十月上旬這個早上，這個新教派終於準備好將計畫付諸行動。[2]

半晌午時，即有數批教徒三三兩兩分頭來到紫禁城東城門外，他們身穿平常服裝，在街上買早餐或賞古玩來消磨時間。其中大部分人此前沒來過北京，不熟悉遼闊且遍布狹窄街道的城區，於是倚賴嚮導帶路。有個嚮導是演傀儡戲的，常進城表演，熟門熟路。值得注意的是，另外幾位嚮導是來自皇宮的太監，他們和其他人一樣相信白蓮教義，暗中追隨教主。那天早上這些人進城，陸續通過城門——漢人城區、滿人城區——把武器藏在衣服裡或藏在裝著柿、棗的簍子下面，努力不露出恐懼之色。有幾人心生怯意，還沒走到這地方就折返。

快正午時，兩個太監走出紫禁城東城門，進入一家酒館，和其中一批起事者坐在一塊，低聲聊了一會兒。正午時他們起身，開始往回走向敞開的城門。這是信號。散布在街上幾家茶館、酒館裡的起事者成群起身，把椅子往後推，放下杯子，開始跟著兩個太監走向城門。總共約六十人。有些人拿出白巾，纏在頭上。兩人展開橫布條，上書「奉天開道」，然後拔刀衝向城門。

城門衛兵發現他們衝來，察覺對方企圖，立即開始拚命轉動開關，把厚重的木鐵製城門關上。有些起事者聽到關門的嘎吱聲，心知進不了城門，於是扯掉白頭巾往回逃，穿過城中狹窄的街頭，邊跑邊把刀子丟進運河或排水溝。城門猛然關上，但還是不夠及時。五個人跟著那兩名太監闖了進去，隨即不見蹤影，遁入如迷宮般的紫禁城紅牆通道中，警報同時響起，宮中上下都知道有逆匪闖入。

他們往北跑，跑向大內，大內是紫禁城裡防衛最薄弱的地方，后妃、皇子都住在那裡。兩名侍衛持棍擋住他們去路，但力戰不敵挨了刀，入侵者丟下在地上淌血的侍衛，繼續往前衝。但警報愈傳愈廣。他們再度遭受攻擊，三人被撂倒；另外兩人（和兩名太監）繼續往北衝向大內的城門。時值正午，城門無衛兵看守，但進入大內後，這兩人最終還是被捕。其中一名私通叛逆的太監溜走，消失無蹤，另一人轉身攻擊他帶進來的人，裝出協助捉拿叛逆的樣子。皇子綿寧看見扭打，帶一名堂兄弟前去查看母后住所，確認她是否安然無恙。

但還有另一批起事者從西門同時進攻，而且攻勢較為順利。在這一端，叛民衝進城門未遇抵抗，隨後關上城門，以阻止衛士進入；約七十人成功衝進紫禁城裡。一如前一批起事者，他們往北衝向大內，跑過曲折的通道，攻擊阻擋他們的侍衛和宮役，一路上又有其他同謀的太監與他們會合。起事者膽大包天，密謀拿下紫禁城，等隔天嘉慶從熱河返回宮中，再將他和他的家人一併殺害。

從西邊攻入的起事者，一路闖到將他們與內廷宮禁隔開的最後一道門，但這過程花掉太多時間，抵達這道門時門已關，侍衛全力戒備，叛民繞過牆角，轉到另一邊，與正從數個宮殿衝過來的侍衛打了起來，入侵行動隨之轉為血戰。他們四散逃走，尋找藏身之所。其中兩人翻過平滑的牆，爬上內院的黃瓦斜屋頂，往北搜尋皇族成員。

皇子綿寧還在前去查看母后安危途中，聽到西門也出了亂子。他看到一人站在屋頂上，頭纏白巾。下方有太監跑來跑去，但他們的武器就只有棍棒。紫禁城裡嚴禁使用火器，太監又上不了牆抓那個人。但這位皇子決定自己出手收拾亂局，叫一名奴才跑去取他的獵槍和火藥，把禁令甩在一邊。奴才回來時，那名叛民還在屋頂上。綿寧裝上火藥、彈丸，從他站立處瞄準，朝那名叛民開了一槍，看著他從牆上墜地。然後他跑進相鄰宮院，另一名叛民正在屋頂上揮舞白旗，喊著要其他同夥爬上牆，跟上他。綿寧再次裝上火藥、彈丸，再度瞄準，把他擊斃。

隔天，嘉慶安然返回紫禁城，對宮中發生的變故大為震驚。他下詔譴責逆賊入侵宮中，語氣透著不確定和自責；一如歷來明君，嘉慶下詔罪己，但說他不知自己做了什麼錯事，竟為自己家人招來這樣的攻擊。「我大清國一百七十年以來，定鼎燕京，列祖列宗，深仁厚澤，愛民如子……朕……亦無害民之虐事，突遭此變，實不可解。」他接著說，錯肯定在他自己，全因他「德涼愆積」。他寫道，「諸臣……悠忽為政，以致釀成漢唐宋明未有之事」，承認當時貪腐之弊。嘉慶保證「改過正心」，以「下釋民怨」。通篇語氣慘澹悲涼，最後說他「筆隨淚灑」。[3]

宮中禁衛軍花了兩天才將藏頭露尾、四散躲藏的餘黨肅清。未自殺的叛民遭處死，與他們合謀的太監亦然。宮中回復安定，但一樁事實擺在眼前：經過官府數十年清剿，朝廷似乎在一八〇五年平定了白蓮教亂，但這個教派並未完全剷除。乾隆朝的民亂發生在距京城數百英里處，如今逆賊竟長驅直入，攻進皇城最深處。他們還得到皇帝的宮中奴才在內策應，統治者豈不驚憂。

一八一三年那天，至少有件事能令嘉慶感到寬慰：兒子英勇殺敵。嘉慶已決定讓皇子綿寧當清朝第六任皇帝，只是綿寧本人還不知情。

叛民攻入宮中一事加深了清朝國力衰落的形象。逆賊得到皇家成員奧援的謠言，在中國傳開，也就是說是嘉慶自己的親戚陰謀暗殺他。即使這些謠言不實，仍挫傷了嘉慶的威信，也加深了如下觀感：年邁皇帝看著自己國家一步步墮入貪腐、陰謀、煽動叛亂卻無力回天。謠言很快就傳到廣州，再從那裡往外傳到英語世界。一八一四年英屬印度某報刊出某人的來函，該人信誓旦旦說當今皇上的三個堂兄弟與太監、叛民合謀要殺掉他。據這位來函者所聽到的消息，嘉慶和他的腐敗家族至少得為這場民亂負起部分的責任。他寫道，「皇帝不在京時，留下九個兒子當家。他們追求快活，吸食鴉片，只有一兩人被看好為治國之才。」[4]

但謠言終歸是謠言，廣州的英國作家無從確切掌握紫禁城裡發生的事。但從皇子綿寧留給後世的著作來看，謠言至少有一部分屬實：嘉慶的接班人真的吸食鴉片。有次綿寧寫道，「倦則命僕炊煙管吸之再三，頓覺心神清朗，耳目怡然。昔人謂之酒有全德，我今稱煙曰『如意』。」[5]接著他寫了一首詩歌頌鴉片，其中幾句為：

吐納香偏馥，
升沉意頗般，
凝時疑海滃，
靄處出山雲。[6]

一八二〇年，來自英屬印度的鴉片貿易正要開始不可遏阻地成長時，嘉慶駕崩，那位深諳鴉片之樂的年輕人接位，是為道光皇帝。他個人體會過吸食鴉片的快活，但他不僅未因此就對鴉片吸食和販賣較為縱容，反倒大力壓制——他像是正因為非常瞭解鴉片，所以比他任何一位先祖更不放心鴉片讓人無法自拔的力量。

把鴉片引入中國者非英國人。鴉片何時傳入中國並不清楚，但八世紀唐朝年間中國境內已有栽種罌粟。[7]罌粟花有多種用途，花開甚美，罌粟嫩苗和罌粟籽為可食的珍饈（罌粟籽被稱作「御米」）。到了十二世紀，中國的醫書列出罌粟的多種已知用途，可止咳、治腸道不適等。這些醫書也指出它有毒。接下來數百年間，中國境內罌粟種植愈來愈廣，醫療用途更多樣。到了十五世紀，鴉片一詞首度出現，明朝和清初都把它當成合法醫藥產品予以課稅。[8]

隨著人們發現可將鴉片與菸草摻在一塊吸，中國與鴉片的關係有了貽害深遠的轉變。用吸的，比用吃的，更讓人飄飄欲仙。吸鴉片煙濫觴於十七世紀的爪哇島，被荷蘭人從爪哇傳到當時他們在臺灣的殖民地。此法再經由商人傳到中國沿海諸省。到了一七二九年，吸鴉片煙在中國已頗盛行，致使乾隆父親雍正下旨禁止。他要求禁絕鴉片的使用、販賣或運送，但最嚴厲的懲罰（絞死）並不施加在走私鴉片者或吸鴉片者身上，而只施加在鴉片館老闆身上。這樣的規定有其道理，因為雍正下了一連串敕諭，譴責那些引誘或迷惑他人敗壞風俗者，而禁絕鴉片只是其中一道敕諭而已——這些敕諭還包括禁止賣淫、教授武術，以及批准監禁瘋子。無論如何，雍正的鴉片禁令大體上是宣示性質；此後直至他退位未再下諭禁鴉片，乾隆在位六十三年間亦然。從一七三〇年代一直到十九世紀頭十年，就目前所知，清帝國沒出現過一樁明確是因鴉片被告獲罪的案子。[9]

直到一八一〇年代，嘉慶才恢復祖父雍正反鴉片的立場。帕特納、馬爾瓦兩種鴉片的競爭，使鴉片供給量於一八二〇年代大增，但在這競爭發生之前，鴉片仍是昂貴且相對較稀有的商品，最有錢的人才享用得起的奢侈品。印度鴉片在廣州和東部的繁華城市扎根之後，即往北移（有人說印度鴉片被納入每年從廣州送到京城的禮物裡），然後得到嘉慶宮中許多太監青睞。太監在人數上約為他們所服侍皇族的四十倍之多，吸鴉片的風氣就從太監這兒迅速傳播到他們侍奉的皇族成員（例如綿寧）身上。[10]

一八一〇年有人想把六盒鴉片偷偷帶進京城但失風被捕時，嘉慶首度表達其對鴉片的憂心。嘉慶跟他祖父一樣，主要擔心鴉片使人民萎靡不振。「鴉片煙性最酷烈，食此者能驟長精神，恣其所欲，久之遂致戕賊軀命，大為風俗人心之害。」[11] 一八一三年，他驚愕指出，鴉片在上流人士圈子裡傳播之廣，勝於他先前所知。就連皇帝侍衛和政府官員都在吸食鴉片。鴉片漸漸為社會所認可，不再是壞東西。[12]

一八二〇年嘉慶去世後，道光進一步落實他父親的反鴉片立場。在位初期，他稱鴉片煙「大為風俗人心之害」，要官員消滅沿海鴉片走私，尤其把矛頭指向收「稅」（即賄賂）讓鴉片入境的貪官。道光寫道，「儻查有奸民以多金包攬上稅，及私運夾帶進口等弊，立即從嚴懲辦，以除積蠹。」[13] 但此後繼續有官員上疏談鴉片吸食之害，令道光大為不安。同年，北京科舉主考官報告，從南方沿海省分前來應試的學者有吸食鴉片成癮者，而在三天應試期間，他們癮頭發作卻無鴉片止癮，有些人因此發狂，死在考場。[14]

十九世紀初吸鴉片煙的中國人，有多少人稱得上是我們所謂的毒癮患者，不得而知。有些人肯定已上了癮，但若考慮到進口的鴉片數量，這類人，相對於中國的龐大人口，不可能稱得上多。一八二〇年道光即位時，每年從印度進口將近五千箱鴉片，足供全中國約四萬名中等上癮患者吸食，或多達十萬名上癮程度最輕的每日吸食者使用，所以頂多占全人口的幾萬分之一而已。[15] 此外，這時大部分吸食鴉片者似乎未因鴉片而受到嚴重戕害——他們仍具有生產力，未遭家人或所屬的職業圈唾棄。事實上，吸鴉片煙是個大體來講不用避人耳目的大眾行為，有許多為社會所認可的理由允許人投身其中。撇開醫療理由不談（這樣的理由有數十個），生意人借助鴉片集中心思，以利談出更上算的交易（至少他們以為那是吸鴉片煙所致）。學子吸鴉片煙以使頭腦清晰，認為此物有助於通過科考。對風雅人士來說，鴉片是晚餐後拿來請客人享用、讓人放鬆的東西。對閒散無事的特權人士（例如紫禁城太監或位高事少的滿人朝臣）來說，鴉片是打發無聊的東西。[16]

換句話說，鴉片得到上流社會百分之百的接納。隨著有錢人吸食鴉片，對煙槍等附屬器具力求精緻美觀的鑑賞文化隨之興起，這些器具的開銷和奢華，提升了吸鴉片煙本身的形象。此外，在鴉片的使用方式上，中國人是用吸的，相較於英國境內用吃的，顯得揮霍；許多鴉片在這過程中被浪費掉，吸鴉片煙者一天消耗的量，很可能達到能讓直接食用鴉片者喪命的程度。[17]對那些家境較差的人來說，儘管他們抽不起鴉片，但投入鴉片買賣這一行，成為運毒者和毒販子，至少為他們帶來賺錢機會。

從純經濟的觀點來看，鴉片有其優於其他商品之處。鴉片值錢又易運送（價值是同重量米的三百多倍），對廣州的中國商人來說，外來鴉片買賣是筆很好的生意。[18]非法的鴉片能迅速換來白銀——大多只要幾天便可獲利，茶葉相對而言需要大規模的種植地和運輸網，每一年的投資通常要花上半年或更久才能得到回報。廣州商人從國內顧客身上賺回的錢多於他們付給外國供應商的錢，因此鴉片買賣對他們來說也是增加自己白銀存量的便捷手段，然後他們再用手上白銀買進要賣給外國人的茶葉。而且雖然他們得向官員行賄，但這項非法買賣不用再繳其他稅。[19]

沒有證據顯示道光帝的道德勸誡說動了一般百姓。[20]眾所周知，二十世紀時中國人基於道德和公共衛生理由普遍反鴉片，但在此時，完全沒有這種現象。或許，皇上的這番說教，只會迎來民眾的反抗；十七世紀初，明朝基於和清朝禁鴉片非常類似的理由出手禁絕菸草，甚至下令凡是種植或販賣菸草者一律處死，但還是禁不勝禁。[21]到了清朝，那些禁令早已無人記得，菸草成為中國民眾習以為常之物。嘉慶或道光的禁鴉片敕諭，成功的機率當然一樣低。

十九世紀初的中國人常被說成個個保守偏狹，鄙視外來事物，而這種看法主要緣於後人在解讀乾隆給英王喬治三世的敕諭時，對於其中的陳腐用語過度拘泥於字面意思。在該敕諭中，乾隆說他不看重外來器物。但事實並非如此。一八二〇年代時，西洋貨（毛皮、玻璃製品、精細時鐘、棉織品和透過廣州進口貿易進來的其他產品），大受中國有錢都市人歡迎，買得起這些洋貨的人，也多以蒐藏它們為樂。十九世紀初的中國零售商鮮少遇上鄙視洋貨的客人，反倒發現自己的貨物若要賣個較好的價錢，就得在它們的名稱前面加上「洋」這個字眼。[22]

洋貨的風靡，有助於說明來自英屬印度的鴉片為何在中國如此受歡迎。今日民族主義者說是英國人來華逼無助的中國消費者吞下鴉片，但事實上當時中國境內已有一個國內鴉片生產體系（尤其是清帝國西部、西南部省分裡）和廣州的進口市場相抗衡。還有數個管道從中亞走陸路進口鴉片，而且這些來源的鴉片比英國人帶到廣州的鴉片便宜許多。[23]但鴉片是奢侈品，有錢的鴉片消費者不會討價還價，他們要的是身分地位。在中國都市地區追求時髦的鴉片消費者偏愛來自英屬印度的鴉片（有東印度公司封條做為品質保證的帕特納鴉片），而這主要因為它是「洋」貨，購買和抽這款鴉片煙被視為體面得多。[24]

十八世紀晚期英國商人開始將印度鴉片大量運到廣州，是因為知道那裡有銷路，他們才這麼做。他們無法強逼哪個人吞下鴉片，事實上他們連親身進入這國家都辦不到；他們所能做的，就只是把鴉片運到中國南方沿海地區，賣給中國籍代理人。鴉片從那裡進入清帝國後的事，全由中國人處理。進入十九世紀，處處可見的抽鴉片煙行為，成為幾乎是中國獨有的社會習俗，廣州的鴉片市場，主要受國內因素影響，成長為世上需求最大的市場。如果說鴉片在名義上為法律所禁，實際上則幾乎從未如此，這是造訪廣州的外人和清帝國境內的子民都清楚看到的事實。誠如某英國經銷商一八三〇年向一個政府委員會證稱的，「偶爾皇帝下了措辭強烈的敕諭要禁這買賣；但一如其他中國敕諭，效力甚微。或許一時片刻會帶來些許阻礙，但也讓中國官員可趁機向經銷商勒索。」[25]

所以把鴉片運到廣州的西方商人才會一輩子堅稱，他們只是滿足需求，而需求非他們所創造出來。他們主張，與鴉片貿易有關的道德問題是中國人的問題，也就是中國人自己要問、要回答的問題。這是為自己開脫之詞，但也含有些許實情。由於長期以來，尤其是自洪任輝時代以來，廣州洋商完全受官府擺布，這些洋商自然不難找到理由證明他們對中國或中國的法律或習俗毫無影響，中國對外貿易黑暗的一面也就不能怪在他們頭上。

到了一八三〇年，也就是鴉片進口不斷成長和消費者分布日廣的十年之後，道光皇帝的憂心轉為驚恐。他在該年一月的上諭中寫道，「鴉片流行內地，吸者日眾，鬻者愈多，幾與火煙相等，耗財傷人，日甚一日。」[26]他要諸省高官上報各自轄區鴉片買賣的狀況，隔年他們上呈的報告揭露了政府官員及其眾多部屬吸食鴉片的情況，嚴重程度令人心驚。有份報告說，在華北直隸省，「俱有食鴉片煙之人，而各衙門為尤甚，約計督撫以下，文武衙門上下人等，絕無食鴉片煙者，甚屬寥寥。」[27]來自帝國各地（不只沿海這個主要的對外通商地區）的其他報告，描述了綿密的行賄網絡、大量的吸食者和毒販、幾乎暢行無阻可任意駛往各地的走私船、被鴉片腐化到打不了仗的士兵。[28]

這時，中國境內的鴉片走私已是很有效率、條理井然的事業。進口外商和廣州的代理人一達成交易，中國走私船就會被派往伶仃島。這些狹長的走私船因配備了多達五十至六十支槳，形似伸張的蟹腳，而得名「快蟹」，又因速度快而被當地人稱作「插翼」，能輕易擺脫官船的追擊。[29]中方代理人會派一名職員上外國躉船監督卸貨事宜，把裝箱的鴉片拆裝成數個便於運送的小包，替每顆鴉片丸秤重以確保重量符合要求，再把船貨帶回倉庫。[30]然後分裝鴉片，送往內陸：走次要水路，走荒涼陸路翻山越嶺，走小徑穿過官府管不到的區域。徒步運毒者能把鴉片輕易藏在衣服底下，或把較大量鴉片藏在裝了穀物或鹽之類其他商品的大袋子裡挾帶運走。檢查站最礙事——要通過城門或通過主要橋梁——但如果運毒者與檢查員很熟，行賄之後就能安然過關。鴉片到處都可買到；旅人能在客棧裡，乃至某些佛寺裡，輕易買到小量鴉片。城鎮裡的店家老闆偷賣鴉片以改善生意。[31]

在廣州周邊洋溢「君子風度」的鴉片批發買賣世界裡，暴力很少見，但在轉運進入中國的沿途中，則屢見不鮮。「快蟹」船武裝強大，使水道沿線的官船不敢進犯，若有官船逼近，立刻開炮。在福建省，相對立的宗族為爭奪本地鴉片市場大打出手，雇傭兵以武力保護自身利益。[32]帝國各地，凡是攜鴉片在身的旅人，都是土匪眼中的肥羊，因為鴉片一度很昂貴，又便於攜帶且脫手容易。此外，由於鴉片是違禁品，被搶了，也只能吞下這口氣，不能找官兵幫忙討回來。

一八三一年道光收到數份事態嚴重的報告，便要求官員加強消滅鴉片走私。但朝廷終究還是撼動不了這一買賣背後的更大勢力：以宗族、地區為基礎，包攬大部分批發性買進、運輸、轉賣鴉片等活動的黑幫。北京制不住他們，因為，如同世界各地許多類似情況，比起遙遠的中央政府，鴉片黑幫頭子能讓地盤裡的居民過上更好的生活。他們給了鄉村居民工作、收入、安定生活，因此買賣鴉片的黑幫組織比遙遠的統治者更受本地人尊敬，也更令他們害怕。

朝廷在內陸查緝鴉片期間，地方居民會聯合起來自保。在某些例子裡，成群村民攻擊派來村子逮捕鴉片販子的官兵，把他們趕走。全面掃毒之事很少見，法辦上層人士（士人、富商、黑幫成員、貪官）之事則幾乎沒有。道光年間因為鴉片獲罪而被逮捕並審判的人，往往是未受到地方勢力保護的邊緣人：離鄉背井在外討生活者、窮店主和流動攤販、少數族群、沒有影響力或有力關係的人。[33]

道光已經獲知大致情況。官員貪汙是防不勝防的事實，他身邊有些大臣因此提醒，任何全面查禁吸鴉片煙的行動，不可能讓在背後真正控制此非法買賣者有所收斂，反倒很可能令吸食鴉片的老百姓受害。一八三一年，有位省級高層官員警告，用更嚴格的法律對付吸鴉片煙，只會讓地方胥吏有新的手段騷擾百姓，以執行那些法律為威脅向百姓勒索錢財（這與乾隆末年發生的情況類似，當時成群惡棍以緝捕白蓮教民為幌子，挨家挨戶索賄）。他提醒道，抽鴉片煙的市井小民已苦於日子難過，懲罰他們只會使他們處境更慘——他們會更快破產，會妻離子散。他提醒皇上，頒行禁令的本意是保護人民免受傷害，但如果禁令太嚴苛，染上毒癮者會毫無希望；他們的人生可以說已經窮途末路。[34] 按此理路（根據道光的作為研判，這番推論打動了他），寬大對待一般吸食鴉片者，乃是最富仁心的做法，顯示統治者真正關心民瘼，想減輕他們的苦而非雪上加霜。但這也使吸食鴉片之風不受約束地擴散，遍及全國老百姓。

有個人在這日益敗壞的世界長大，想有番作為激濁揚清。這人是個士人，叫包世臣。他眼睛深陷，唇上掛著鬍子，靠自己努力出人頭地。他於一七七五年生於安徽鄉下，父親是村中私塾老師，有父親養家，一家人不致陷入貧困，但也無法給他們更好的生活。包世臣年少時，曾有數年在一塊租地上耕種，然後把菜運到附近市場賣以撐持家計。但他也學會識字和寫字，苦讀科考必讀的儒家典籍。一八〇八年三十出頭時，到安徽省城應鄉試中舉。這是了不起的成就，但他的功名就此止步。要有資格當上像樣的官，得進京通過會試，而會試三年才一次。包世臣赴京應考十三次，但每次都名落孫山。[35]

然而，包世臣研讀的書籍，也不限於或許能讓他在科考更上層樓的傳統典籍。他早年就憂心時弊，曾寫信告訴友人，「世臣生乾隆中，比及成童，見百為廢弛，賄賂公行，吏治汙而民氣鬱，殆將有變。」[36] 他因關心所處社會的經濟問題和日益升溫的社會緊張局勢，而注意起比較實用但未列入科考項目的學問，如農業、法律、兵法。科考特別看重詩藝和撰寫有固定格式的八股文，但包世臣日後會成為泛稱「經世」之學領域裡的領袖人物之一。經世之學是一群儒士推動的非正式運動，他們極關注治理、政策方面的實務議題。[37]

包世臣當不了官，意見始終上達不了天聽，但還是開始撰寫政論文章，而且這些文章在同樣憂心國勢衰頽的官員和其他士人間廣為流通。這些文章讓他被公認是廣結達官顯貴的新一代漢人士人裡，最具影響力的人物之一。這些士人中有許多並非是正式的政府官員，而且很多跟包世臣一樣，中了舉人，但未能考上進士。然而，他們透過在書院、詩社裡的人脈，受聘為省級高階官員的助手和幕僚，在嘉慶、道光年間開始從幕後發揮很大的集體影響力，這是立朝以來其他同樣遭遇的士人所不及的。

包世臣和與他一樣有心改革的儒士，治學風格一脈相承於洪亮吉。一七九九年洪亮吉這位士人向嘉慶獻上長篇大論，請求改革和懲罰和珅，險遭問斬，後被赦免保住一命。包世臣比洪亮吉小了將近三十歲，但因有一位共同的贊助者，兩人有了連結。洪亮吉認為和珅受審後，嘉慶應更大刀闊斧整頓文官以剷除貪汙，包世臣同意此觀點。包世臣和他那一代的其他人，追隨洪亮吉的腳步，承繼了直陳朝政時弊的儒家傳統。在這傳統中，士人的職責不是盲目追隨皇上，而是向他提供意見和指引，必要時還要予以糾正。他們這樣的漢人士人自雍正當政以後，一直被滿人壓得不敢吭聲，數代以來不得結社、集會，但嘉慶赦免洪亮吉，等於給了他們重拾諫諍角色的機會。

一八二〇年代道光在位時，這批新一代漢人士人已就多種政策性議題——糧食供給、穀物運輸、水患防治系統管理、貨幣改革，以及攸關國家長遠發展而他們認為朝廷處理不當的其他事務——踴躍各陳己見。經過超過五十年的壓制，他們行事謹慎，不敢太放言高論——避免直接批評皇上，力求低調以免讓人覺得他們影響力太大——但在書院和詩社裡，他們開始透過非正式流通的著作，提出多種改革提議，希望最終會得到朝廷採納，化為政策。[38]包世臣就是其中一人，而且是就鴉片貿易對中國經濟的危害發出警訊的第一人

包世臣極力主張保護本國利益，是個保守派，許多欽仰他的人亦持同樣立場。他像英國境內痛斥茶葉把英格蘭窮苦下層階級的微薄財力浪費掉的那些人，包世臣最初也是藉由更廣泛批評中國境內日常奢侈品的經濟代價，來表達他對鴉片的憂慮。他深信應頒行嚴格的禁奢令，以阻止人民把錢浪費在沒必要的東西上，例如應規定人民只准穿簡樸衣物，並視職業而異，規定人民只准穿特定顏色的衣物。[39]生長在國內百姓因長期人口過多而生活不易的時代，他認為種植菸草之類奢侈性作物，或種植用來釀製烈酒的穀物，把原本應用來種植糧食作物的土地、勞力、肥料浪費掉了。[40]

順著這樣的思路，包世臣自然而然把矛頭從菸草和烈酒轉到鴉片上頭，但他認為鴉片帶來的問題並不一樣，因為菸草和烈酒完全由國內生產供給，而鴉片來自外貿（他其實清楚中國國內也生產鴉片，但他深信中國所產鴉片全經由澳門賣給外國人再內銷，因而將鴉片視同外來貨）。[41]於是，鴉片問題所涉及的，就不只是浪費國內資源，因為鴉片也使整個帝國易受外國擺布。

包世臣對外貿老早就持鷹派立場，早在一八〇一年還二十多歲時，他就主張關閉中國沿海的進出口貿易，把外商永遠逐離廣州。當時他也建議完全禁用英國紡織品、時鐘之類外國貨，凡是繼續進口它們的中國人，一律砍頭。[42]根據他自己的統計（粗疏且主觀臆測到了近乎離譜的程度），他估計一八二〇年時中國總共有將近三百萬常吸食鴉片的人，並認為他們每年花在這習慣上的錢，總共超過一億兩銀子，比朝廷一年稅收還多（相對的，為了平定白蓮教亂，近十年只花了兩億兩銀子）。

他主張，抽鴉片煙的財務成本由中國消費者負擔，獲利則全落到英美商人手上。因此他示警道，中國的財富正大量流出，落入外國人手裡。[43]

他主張，要使中國白銀不再流出國，唯一穩妥的辦法就是徹底關閉進口貿易。他坦承這麼做會使朝廷少掉每年總值數百萬兩銀子的廣州關稅收入，但他覺得中國全國人民所得到的經濟好處將無可估量。包世臣知道他的提議會惹人反感。他寫道，「說者或以為回市已久，而驟絕之，恐生他患。」畢竟，斷了外商財源，外商絕對氣得跳腳。但在他看來（再度展現他本國利益至上的強硬立場），那是杞人憂天。他寫道，「通商各國以英夷為強，然其地其民不足當中華百一」。他認為英國人來自遙遠的蕞爾小島，無可懼之處，主張沿海官員若拿恐生衝突示警國人，唯一理由就是因為他們從外貿發了財，不想就此斷送財路。他暗指這類官員根本誇大了英國實力來嚇唬朝廷，欲使朝廷放任該地區貿易如故。[44]

包世臣是他同代中人暗示外貿正對中國造成長遠經濟傷害的第一人，而在後來的相關辯論裡，他的早期觀點會成為最強硬一派的立論基礎。此後與他持相同立場的人，重申中國應關閉對外貿易，同時進一步闡發他的基本觀點——廣州貿易非中國所必需，貿易有可能耗盡中國境內白銀。另一個持此立場的士人，在安徽巡撫衙門當幕僚的管同，更把矛頭指向中國有錢城市人愛用洋貨之風。他於一八二〇年代後期撰文議論時事，主張威脅中國經濟者，不只鴉片，還有每樣受到追捧的舶來品——毛織品、時鐘、玻璃製品等。他說了一個警世小故事，講有個大富人家（當然在暗喻中國）的鄰居，開始以奇巧無用之物上門炫耀，誘大富人家購買。這戶人家的子弟愛上這些東西，久而久之，把錢財都給了鄰居，最後淪落到一無所有。他寫道，「凡洋貨之至於中國者，皆所謂奇巧而無用者也。而數十年來，天下靡靡然爭言洋貨，雖至貧者，亦然竭蹶而從時尚。」[45]

管同主張，凡非中國歷來沿用之事物，皆非必要之物。中國消費者買洋貨時，把財富給了外人，久而久之就會落得和故事中那戶人家一樣的下場。因此，在他看來，道光帝的禁鴉片令根本不足以因應大局，中國應禁用所有洋貨，而非單單鎖定鴉片。他寫道，不管是拿錢換取罌粟，還是換取外國奢侈品，皆「傷民資而病中華」。但「今也獨禁（罌）粟而餘皆無禁，是知其一而不知其二者也。」他的結論很嚴厲：「洋與吾，商賈皆不可復通，其貨之在吾中國者，一切皆焚毀不用。違者罪之。如是數年，而中國之財力必紓矣。」[46]

但有一干大相逕庭的看法，開始從廣州冒出，與這類要求關閉對外貿易的主張打對臺。大部分強硬派成員從未涉足對外事務，但已在廣州居住、工作頗長時間的士人，這方面的歷練較多。他們較清楚海上貿易的好處與風險，當然還有英國海軍的強大，因此不願貿然主張更改既有體制。出身遙遠外地的本國利益至上者，卻建議與外國人斷絕往來，有一廂情願之嫌。包世臣最初要求關閉通商時，從未見過外國人，未見過外國船，當時他的生計，還有他周遭諸人的生計，都不仰賴外國人（但後來他在一八二六年於廣州海關衙門短暫任職，那之後他的看法開始變得較溫和）。但主要在廣州活動的士人，非常清楚廣州的經濟已倚賴對外貿易到何種程度，其中有些人為外貿遭中斷的後果感到憂心。

反外貿者的主張，招來很多強烈回應，其中最強烈的回應之一，來自歷任高職（包括巡撫）且在廣州工作超過二十年的程含章。他和包世臣一樣憂心白銀流失，但堅稱對外貿易絕不可斷。他坦承「諸番所產之貨，皆非中國所必需」，但指出洋商通常一年會把價值千萬金的棉紡織品、毛紡織品、香木、銅錫之類金屬、藥材等產品帶來廣州，以貨易貨，不必以實銀交易，「於中國尚無所妨」。唯一偏離此模式的貨物是鴉片，他稱「唯鴉片一物，彼以至毒之藥，並不自食，而乃賣與中國，傷吾民命，耗吾財源，約計每歲所賣不下數百萬金，皆潛以銀交易，有去無來。」[47]

因此，鴉片貿易有造成白銀長期流失的風險，不只包世臣擔憂，程含章同樣也察覺到了，但對於得關閉所有對外通商才能解決此問題一說，他強力駁斥。他寫道（在此他把矛頭指向那些採納包世臣看法的人），「或曰：嚴海口，謹關津，但令海關不收其稅，便可禁其不來。」但他說，中止外貿是想都不用想的辦法。中國根本沒有落實此一禁令的武力。「沿海數千萬里，處處皆可登岸，雖有十萬兵，不能守也。」[48]

不過，他最擔心的是外商會如何回應，關閉沿海不可行這一點，只是他帶出問題的引子。他說，「彼諸番之與中國交易，已數百年矣，一旦絕之，則必同心合力，與我為難。兵連禍結，非數十年不定。」因此，不只禁外貿一事對中國來說不切實際，就連試圖這麼做都可能引來戰禍，而這樣的戰爭會如何收場，他遠不如包世臣那麼樂觀。程含章斷言，為免生起貽害甚大的衝突，應讓洋商繼續在廣州做各種傳統商品的買賣。他說，清廷不應把中國的鴉片問題怪在洋人頭上，反倒應加強國內可操之在己的部分：更加努力查禁走私，治療鴉片吸食者以降低對鴉片的需求，「又廣為教戒，使民回心向道」。

這場民間辯論，談朝廷該如何對付洋人和解決鴉片問題，很快就引來正反雙方激辯，但叫人不禁納悶的是捲入其中的士人對相關的他國有多少瞭解。因為他們無人去過海外，歐洲人透過耶穌會士的著作和去過廣州之商人的經驗，對中國有少許瞭解，但中國缺乏類似的參考，沒有前往歐洲或美國然後返鄉向自己國人分享遊歷的久遠傳統。道光年間討論國際貿易利弊的中國士人，只有少數人進去過廣州城牆外洋商居住的商館區。不過，他們所掌握到的有用資訊，比一般人以為的多。

一八三〇年代初期，對外貿的憂慮日增時，至少有一位中國士人開始認真研究英國這個與中國通商諸國中最強的國家。這位士人是地理學家蕭令裕，包世臣的摯友（一八二六年蕭令裕寫了封信給包世臣，預言「十年之後，患必及於江浙，恐前明倭禍，復見於今日」）。[49]蕭令裕為江蘇人，任職於廣州海關衙門，在那裡花了些時間蒐集有關英國人和他們與中國之互動的資訊。他在當地檔案機關翻找資料，親自訪談人物，讀過其他士人的記述，一八三二年將所有蒐集到的資料集結為專著《記英吉利》，代表了當時中國對英國的最佳認識。[50]

以當時的條件，他從中國方面所能得到的對英國人的認識肯定不多，《記英吉利》因此顯得不凡，若考慮到大家普遍認為當時的中國人對英國軍力毫無所悉，這部專著更顯難能可貴。蕭令裕寫作於一八三〇年代初期，已能詳細且明確地介紹在廣州附近所觀察到的英國船的特點：能配備多少火炮、能載運多少海軍陸戰隊員、船帆的配置方式、航海術的高超。他詳列了英國船桅杆高度、吃水深度、木船殼厚度的尺寸，描述了英國船底包了銅因而不會腐爛，列出船隻所配備的武器種類（「有長槍，有短槍，有連環槍」）。他解釋道，與中國所用需要一根火繩引燃火藥的火繩槍不同，英國人擁有使用燧石的現代「自來火」槍。英國人的大炮尤其令他讚嘆，說這些大炮使用「測遠鏡」來瞄準，能打到數英里外的目標，發炮「無不奇中」。[51]

蕭令裕也清楚英國人憑恃這些船和槍炮得以橫行海上。在論英國人開疆拓土的一節中，他說明印度是英國殖民地，而當時中國境內知道此事者並不多。[52]他也談到英國控制了東南亞數個島和戰略要港，包括最近期占取的新加坡（一八二四年取得）。蕭令裕寫道，英國憑藉其海軍奪得這些殖民地，如今每年從這些地方收取「貢稅」。因此他認識到英國的帝國擴張由貿易和追求獲利所驅動（而與清帝國大相逕庭，清帝國擴張主要出於國安需要，是為了消弭邊境威脅）。而雖然蕭令裕注意到中英兩帝國勢力在西藏與印度接壤處強碰，但意識到英國若借道新加坡則影響更大，因為新加坡距廣州僅數日航程——這是包世臣特別憂心的一點，因為英國轄下的新加坡有漢人，他擔心英國人會利用他們，以此前英國人從未能做到的方式滲透中國。[53]

蕭令裕用的是中國方面的資料，所以他文中最精確的部分，都與廣州一地的互動和中國人在更大範圍的東南亞海上貿易有關連；當他把觸角伸到更遠處，描述起英國社會，他的看法就有點奇特，叫人啞然失笑。他闡述，在英格蘭，「婚嫁聽女自擇，女主貲財，夫無妾媵」，還說「自國王以下，莫不重女而輕男。」他解釋道英國人有二十六字母，沒有漢字這樣的書寫符號（但他認為許多英國人能說寫中文，若真如此，小斯當東聽了定會很高興），「西洋國皆奉天主耶穌教」，因此使用基督教紀年法。他寫道，英國「地多田少」，以馬耕種，雖然能種出豆子和小麥，「國俗急功尚利，以海賈為生」（從而「精修船炮」）。他們身材高大，碧眼，髮呈紅色或黃色。兩人相見時皆脫帽致意，「至敬則以手加額」（也就是敬禮）。他解釋道，英國人不管任何情況皆不下跪，即使面見國王，也是「直立不跪」——讓人想起馬戛爾尼、阿美士德來華引發的緊張局面。

值得注意的，蕭令裕不認為鴉片是對外關係上應關注之處，反倒認為那純粹是內政問題，對那些想把鴉片問題歸咎在英國人頭上的人不以為然。他寫道，「或謂英吉利專販鴉片以蠹中國，鴉片流行自嘉慶十年以後，其人精勤織作，商粵東已數十年，呢羽罽布之貨走天下，初非全資於鴉片，故中土之人無吸食，彼亦莫能為也。」54

蕭令裕替英國人摘除了扣在其頭上的鴉片貿易罪過，但還是提醒中國人切勿低估英國的軍力。他接著說，「或又謂船炮之精，中國無難仿效」，但指出明朝時中國人進口法國火炮用於邊境，但中國「將士不善用此」。此外那些舊炮「小者二十斤……大者七十斤」，而英國的新銅炮「大至數千斤」，想操控更是難上加難，「無機括運用，轉恐將以資敵」。

蕭令裕接著陳述中國與英國人更久遠的貿易史，欲從中找到可資借鑑之處，做為與英國人打交道的依據。他寫到一七六〇年洪任輝被囚和接下來限制英國人在廣州一口通商之事。他列出為商館區洋人制定的規則，詳述了一七九三年馬戛爾尼使華（用他的話說是來獻「貢」）和乾隆如何拒絕這位英使的要求之事。他寫到一八〇八年英國艦隊司令度路利入侵澳門，暗示貿易是中國決定這場危機如何收場的最有力武器。他寫道，儘管度路利打算進攻，英格蘭商人「懼」中國不同意，「未敢顯言據澳」。英艦真的入侵澳門後，正是「封艙、禁貿易、斷買辦」之類舉動，使英商心生恐懼，轉而站在度路利的對立面。誠如蕭令裕所引述的一位英國船主之言，「犯中國而絕市，雖得澳門」，有何好處？

但這番陳述不是出於盲目愛國心，不在表明中國高人一等。中國雖然在與度路利攤牌後令對方知難而退——迄當時為止英國人與中國人最接近兵戎相向的一刻——但蕭令裕說得很清楚，中國決勝的關鍵在貿易：英商擔心失去市場，度路利因此退走，通商得以恢復。但中國若選擇動武，其軍力並不足以擊退度路利。蕭令裕主張，中國在廣州附近的水師完全守不住海岸，他寫道，「水師不能禦艇匪，而艇匪乃深畏夷船」。他判斷一艘洋船就抵得過至少十艘中國船。換句話說，中國的沿海水師根本和英國人的海軍不能比。

蕭令裕筆下的中英關係史，以阿美士德使華一事作結，而寫到這裡他已幾乎對英國人的鍥而不捨感到同情。他提到這位英使拒行叩頭禮，最終未能如願見到嘉慶，但也詳述了阿美士德進京前那段漫長且艱辛的旅程。蕭令裕接著談到嘉慶斥責和世泰強逼外國貢使倉促面聖，也認為阿美士德諸多冒犯皇上之舉情有可原，說這位英使連夜奔波石路疲累不堪，而且他的禮服尚未送達。

蕭令裕不清楚英國方面對阿美士德使團未能達成任務，有何久久難平的怨懟，或者說至少他選擇不去想這個的問題。他的《記英吉利》以阿美士德勛爵啟航返國前夕，兩廣總督設宴款待他一事作結。宴上，兩廣總督解釋皇上不看重異國奇巧之物，英格蘭毋須再遣使上貢，還說如果英國人覺得還是必須繼續上貢，將貢物送到廣州即可，毋須大費周章派船到北方（據蕭令裕的記述，阿美士德對此點頭稱是）。然後兩廣總督提醒阿美士德，對華貿易令英國受惠良多：阿美士德的同胞來廣州通商已有百年歷史，每年在廣州的交易金額達數千萬兩，英國人從中獲利甚大，比中國的獲利高上許多，因此英國人應竭盡所能守住此一局面。

蕭令裕決定以一八一七年阿美士德勛爵使華一事結束他對中英關係史的描述，他除了暗示此後直到一八三二年兩國關係未再起波瀾（大部分時候是如此），最後還引述了阿美士德的一句話——至少他筆下的阿美士德是這樣說。兩廣總督談到對華貿易對英國的重要後，阿美士德勛爵直言回應，「凡市，中國與本國兩利，毋徒為我計。」此後又一行字，全文即結束。[55] 因此，蕭令裕停筆時，心態上是相對較樂觀的：英使阿美士德勛爵坦承英國很看重廣州貿易，只回嘴道此一貿易中國也受惠（即使中國朝廷不願承認，廣州的中國商人也會很乾脆承認的一個事實）。蕭令裕十分清楚靠武力完全鎮不住英國人——這時他的讀者也已清楚這一點。英國的武器大勝中國武器，英國船的強大遠非可憐的清朝水師可比，英帝國在亞洲日益擴張。但從頭至尾貫穿《記英吉利》的想法，乃是指望靠貿易控制英國人。蕭令裕站在一八三二年，回顧此前的兩國關係，從他筆下所述來看，顯而易見的，不管過去曾有何波折，廣州貿易攸關英國人獲利，因此英國人絕不會甘冒失去該貿易的風險為所欲為。

他沒理由不這麼想。

九、自由

廣州又生波折，起因是新任的英國商館大班無法忍受妻子久久不在身旁，頗為無傷大雅的小事。這位大班叫盼獅（Baynes），照澳門某婦人的描述，是個「緊張多病之人」。[1] 他是羅伯賜提攜出來的人，一八〇八年羅伯賜竭力慫恿艦隊司令度路利攻打廣州，生出許多事端。他和羅伯賜一樣傾向於支持對華強硬（因此想法也與東印度公司董事確保貿易平順的意念背道而馳）。一八二九年，盼獅當上決策委員會主席，靠的是對前任主席發動小政變。當時，他聯合委員會裡的資淺委員，同聲要求公司停止與中國人貿易，直到海關監督處理完某些不公平的情況，再行恢復。決策委員會主席反對向中國官府發出威脅，認為那有害而無益，結果投票表決時輸給唯盼獅馬首是瞻的三名資淺委員，氣惱之下，隨後離開廣州返回英格蘭，由盼獅接替其位。[2]

叫人意想不到的，多病但固執的盼獅竟有個漂亮妻子，而且比英國商館諸男子的老婆都還漂亮。她跟歷來隨夫來華的其他妻子一樣，在十至四月的貿易季期間得留在澳門，丈夫則在廣州，盼獅對此安排大為不滿。[3]於是，一八三〇年二月，他把妻子偷偷帶進廣州。他要妻子喬裝改扮，在他從澳門乘船來廣州時，把她挾帶入城，偷偷帶進豪華的英國商館同住。此舉令僑居澳門的洋人大為驚慌，沒人知道接下來會發生什麼事。禁止洋婦入廣州的規定，從未有人以身試法。但令每個人驚訝的是，似乎安然無事（至少頗為平安，才會不久後又有兩位英國人的妻子前往廣州加入她的行列）。

行商未通報官府，反倒前來向盼獅夫人致意，竭盡所能助她隱藏，不讓官府知道——畢竟他們得為洋人的行為負起責任，可能因她潛入廣州而受罰。她甚至大搖大擺出門四處走，當地中國人爭相推擠想要一睹這位英格蘭女人，場面幾乎失控。出門的她不再喬裝，一身道地的倫敦時尚打扮，包括穿泡泡袖連身裙等等。幾個在河上有小船且有創業頭腦的中國人，搞起收費一睹她風采的生意。[4]但官府清楚知道她在廣州，卻不予追究，似乎認為那是小事，沒必要查辦。到了四月，她和另外兩位英國人的妻子安然回到澳門，每個願意聽她們講述這番大冒險的人，都聽得津津有味。

但並非每個人聽了她們的故事後都很開心，尤以人在澳門、對此特別眼紅的美國姑娘哈麗特·洛（Harriet Low）為然。她是澳門當地洋男最心儀的英裔美籍年輕單身女子，二十歲年紀，來自麻州的塞冷（Salem），前一年陪同嬸嬸來到澳門，她叔父是旗昌洋行的合夥人之一。為了讓她待在國內的姊姊知道她的情況，她寫了用語相當尖酸刻薄的日記（說盼獅多病者就是她），在日記中她指出這麼多中國人跑出來看盼獅夫人沒什麼大不了，好比如果有個中國女人出現在西方，也會有同樣的事發生。她在日記裡寫道，「如今我認為中國人比美國人或英格蘭人更文明有禮許多，如果有個中國女人一身本國打扮、纏著小腳出現在我們街上，會立即引起騷動，招來大笑。」[5]

哈麗特．洛向來是澳門舞會上最美的女人，對此習以為常。一群說英語的男人和每年總有固定時期沒丈夫陪伴的妻子，置身在孤懸於洶湧大海之中、不時還有葡萄牙天主教慶典活動的異國小島上，自成一個小小的社交圈，而她是這個社交圈的核心人物。她的小小天地裡，不斷有晚會和歌唱聚會，她總會在這類活動裡跳方陣舞直到深夜。她有一大票追求者——船長追求她，東印度公司的隨船牧師積極追求她，她美國新英格蘭地區的數名親戚友人亦然。與她的叔父共事的福貝斯家兄弟待在澳門時，常登門拜訪她（她覺得其中矮小且頭髮漸禿的那位，約翰．福貝斯，人不錯，但「在美貌上未受惠於上天太多」）。在非貿易季期間，馬禮遜待在澳門居所時，她每個週日早上聽他講道，但不是每次都完全專心聽。她與他的女兒成為至交好友。[6]

直到這三位英國人妻子去到廣州之時，哈麗特．洛才真正深刻感受到自己的美國人身分——她們能去，是因為她們有東印度公司這個靠山。她叔父的商行，旗昌洋行，絕不會為了讓她可以隨意四處走，置商行在華貿易於險境。哈麗特．洛原本始終對英國人心懷猜忌，在來到澳門之前從沒見過英國人。她原本想像會因為他們惡名昭彰的傲慢自負而討厭他們，但與英國人相處一段時日後，發覺他們比她以為的和藹可親、討人喜歡。無論如何，英國人的妻子是她在澳門小小社交圈的重要成員，她們去了廣州，把她丟在澳門，讓她心裡很不痛快。貿易季期間大部分男人離開澳門，已讓她覺得孤單，如今連女人都走了，自然非她所樂見。[7]

秋天再臨，貿易重啟，盼獅決定繼續他的實驗。這一次他在貿易季開始時就帶妻子到廣州，一八三〇年十月四日抵達，只是這時中國官府已是忍無可忍。他們抵達一星期後，兩廣總督下令，盼獅夫人必須照規定立刻離開廣州。盼獅不予理會。兩廣總督指出，除了帶女人到廣州，還有人見到洋人坐轎出行，照規定這也是禁止的。他命令他們勿再違反商館區的規定。盼獅還是不為所動。兩廣總督的助手於是在商館區貼上中文告示，說明英國人的行徑如何不成體統，要行商和懂外語的中國人竭盡所能教他們當個文明人。

就在這時，原本應是無傷大雅的一件事開始惡化，變得不可收拾。催化劑是第三方：由渣甸和馬地臣領導的一群英國自營商。身為民間商人，幾乎沒有什麼比東印度公司更令渣甸和馬地臣厭惡的了。該公司壟斷英國對華貿易，使他們無法隨意擴大對歐洲的生意。但如果他們無法忽視這一壟斷，他們至少能催促該公司的決策委員會以更積極強勢的態度，向他們所唯一更厭惡的東西——嚴格限制外貿的中國朝廷——申明他們的利益。不管後果會如何，如果能讓做為他們對手的東印度公司難堪，他們一直很樂於推上一把。

這些英國民間商人和東印度公司廣州商館的職員或許在商場上競爭，但他們都是英國人，而這些民間商人就利用同屬一國的關係大作文章。兩廣總督譴責英國人行為不得體的告示一出來，以渣甸和馬地臣為首的二十六名民間商人即聯名寫了一封信，要求東印度公司處置在他們看來嚴重侵害本國名譽的行為，指控兩廣總督「十足侮辱人」的告示，「在中國人眼前公然把外國人當成卑劣下等人」[8]。這或許反應過度，但盼獅別無選擇，只能對此事追究到底；他如果不這麼做，就可能被這些民間商人扣上懦夫之名（更茲事體大的是，被他們的報紙《廣州紀錄報》說成懦夫，他們在聯名信裡提到這份報紙，該報訂戶遍及大英帝國各地）。

盼獅面對要他挺身維護英國名譽的呼聲，找來公司旗下譯員，擬了一份中文抗議函，發給兩廣總督，函中引用儒家典籍，抗議指稱英國人不文明或不受教的說法。他還要求讓他的妻子留在廣州，質問「明令妻子不得伴隨丈夫身側，不得與丈夫低調同住商館，怎合人情義理！」[9] 十月二十日兩廣總督回覆——非正式回覆，由伍秉鑑居中傳口信——說盼獅夫人非走不可。他請盼獅就他妻子返回澳門一事給個期限，警告說如果他不照辦，官府會派兵把她從商館押走。

「兵」與「妻子」這兩個字眼同時出自兩廣總督之口，令盼獅失去理智。他立即要求武裝部隊保護妻子，隔天早上，已有百名來自東印度公司商船的英國水兵在廣州登岸，並帶上卡隆炮，用決策委員會的話說，他們「至死抵抗，絕不容許有人威脅要侵犯商館區，這向來是神聖不可侵犯之地。」好似兩廣總督的部隊已在英國商館大門前擺好陣勢，隨時要將盼獅一矛刺穿，決策委員會宣告若不強勢回應這一威脅，「將大大傷害我們在此國所代表的國家利益和名譽」。在渣甸和民間商人的操弄下，一件小事演變成國家危機，這時事情已不只是一名魯莽的公司職員違反規定和妻子多相處一些時間這麼單純，而是要力抗中國朝廷「威脅」，保住英國國家名譽。[10]

兩廣總督似乎對盼獅的過度反應感到困惑，可說是立即就透過伍秉鑑澄清，說他根本無意只因為有個洋婦住在商館，就派兵進入那裡。但盼獅不為所動，要求總督白紙黑字寫下不會動商館的承諾。兩廣總督以高高在上的姿態提醒他，不准洋婦進城和不准白人坐轎的規定自一七六〇年施行至今，沒理由突然更改。最後，十月三十一日，盼獅聲稱取得勝利（以他的妻子尚未被拖出去來說是如此），要水兵撤銷戰備狀態，回他們船上。兩廣總督稱許盼獅迷途知返，但提醒他要守規矩，不然貿易會受害。三個星期後的十一月二十三日，一艘東印度公司船隻從倫敦抵達，帶來將他撤職的人事令，盼獅的搗亂角色自此劃下句點。跟之前的羅伯賜一樣，盼獅遭解除在中國的職務，奉命帶著美嬌妻返國。

騷亂期間，哈麗特．洛不想在勇闖廣州上落於人後，想方設法終於也去了廣州一趟，她嬸嬸與她同行，兩人成為最早走訪廣州的美國女人。她們穿上厚重的袍服，拿頭巾遮住頭臉，以不讓人識出，來到瑞典商館，與洛的叔父和旗昌洋行的其他職員會合。但與英國女人不同的是，她沒有士兵保護，中國商人也不像先前掩護盼獅夫人那樣願意掩護她。有個高輩分的行商語帶遺憾地解釋，盼獅夫人來廣州有其必要，因為盼獅先生生病需要她照顧。他冒稱另一個來廣州的英國人妻子是盼獅的侄女，說盼獅病得太重，需要兩個人照顧。至於洛，他幫不上忙。「我不能再說生病，」他以洋涇浜英語道歉，「現在我不知道該用什麼理由」。11

中國官府的確立即下令要哈麗特．洛離開廣州，揚言她若不離開，就不准黃埔泊地的兩艘旗昌洋行船隻卸貨。她的叔父無意替她出面說情，於是她帶著嬸嬸，氣鼓鼓離開。她抱怨，「我們得回澳門，那些英國女士卻可以留下享樂。」不過，洛雖然對廣州商館的純男性世界只有匆匆一瞥，印象卻很好。「你不曉得那些單身漢在這裡日子過得多美，」她寫信告訴她姊，「難怪他們喜歡這裡。」12

她的出現據說在那些單身漢之間引起很大騷動，其中許多人整年住在商館裡，好幾年沒見過未婚的美國女人了。有個來自旗昌洋行的職員描述了美國商館男員工的老土，說他們不習慣身邊有女人，在爭相想讓洛對自己刮目相看時絆倒彼此。他在日記裡寫道，「老傢伙們穿上存放在樟腦旅行箱裡已有十或十五年的寬大外套，還戴上大領結和已不成手套樣的手套」，全跑去向哈麗特和她嬸嬸致意。十一月三十日這兩個女人啟程前往澳門時，美國商館裡的男人個個三步併作兩步趕往碼頭目送她們離開。她們走後，有個性格乖戾的老頭鬆了口氣說道，他希望廣州不會再有「女士打擾」，但前述那位職員在日記裡指出，這個發牢騷的人「是個脾氣壞得有名的老傢伙」。13

於是，盼獅夫人或哈麗特．洛都安然脫身，但英商與中國官府間的嫌隙繼續擴大，至一八三一年未消。新組成的決策委員會遠沒有盼獅和其下屬那麼愛惹事，但如果不能挺身維護母國名譽，他們仍難逃被扣上懦夫之名。英籍民間商人則不肯罷休，不願讓前幾個月所受的「侮辱」就此算了（而且一如以往想找法子打擊東印度公司威望），於是在一八三〇年十二月聯名向下議院送了一份請願書。這次發難者，除了渣甸、馬地臣，還有另外四十五個在廣州的民間商人。他們抱怨「長期默默忍受中國政府的專制腐敗統治」，請求英國政府以強硬手段替廣州貿易打造新基礎。

由於馬戛爾尼、阿美士德兩次使華都以「徹底失敗」收場，請願者主張「斯文有禮的外交」在中國不管用。若聽任中國政府作主，絕對得不到讓步；他們表示，歷來得到的東西，都是靠堅守原則面對挑戰獲得。他們說，「就連暴力相向都常換來友善對待，而聽話與服從其專斷的法律，只得到對方回敬以嚴苛、壓迫的對待。」他們以艦隊司令度路利為例，說他在中國威脅下撤走之後遭受羞辱，且一無所獲。但此後頻頻騷擾中國沿海的海盜頭子（指石陽的養子張保），「官袍加身，最後出任要職。」換句話說，屈服於中國政府威權的英國艦隊司令，「受到鄙視、侮辱」，而挺身對抗中國政府的海盜最後卻「躋身貴族地主之列」。這說明了什麼，再清楚不過。

這些商人抱怨兩廣總督的布告把他們說成「野蠻、無知、墮落的種族，十足低等。」他們訴苦在小小的廣州商館區無緣享有「自由的空氣和活動」，禁止洋婦入廣州的規定使他們無法擁有「神聖的家庭關係」，懇請英國政府派一名王室外交官取代東印度公司，代表他們維護在中國的利益。但考慮到自馬戛爾尼使華以來中國一直拒絕讓英國在華常駐使節，請願者沒有直說他們希望英國該如何促成此事。他們不會明言，但讀他們請願書的議員很清楚那是在含蓄要求動武。[14]

英國民間商人寫請願書呈給國會時，東印度公司貨監正在處理他們自己的難題。多年來他們把木樁打進軟土，建造延伸到河裡的石造碼頭，以便從水更深處進出，想藉此擴大坐落於小塊土地上的商館的腹地（儘管官府清楚表明不准擴大）。他們甚至已在新生地上種了灌木，為此頗為得意。一八三一年五月，非貿易季期間，他們人在澳門時，得知廣州巡撫下令剷除他們新植的灌木，以及破壞新生地和碼頭。與此同時，他們還得知廣州巡撫趁他們不在時進入商館，四處搜索，據說還要人揭開食堂裡英王喬治四世肖像的遮蓋物，然後背對著肖像坐下來。後來廣州巡撫堅稱他不曉得肖像裡的人是誰（說他以為那是不重要的人，因為該肖像擺在食堂末端，而在中國，擺放肖像的尊位是中央）。[15]但再怎麼解釋都無法令他們釋懷；就他們的理解，這位巡撫侮辱了他們已故的國王。

渣甸領導的民間商人再度發難。在一八三一年五月三十日獲採納的決議中，他們自稱「廣州英商」，嚴正表示廣州巡撫「無端侮辱英王肖像」，以及「剷除」灌木、「硬闖」入東印度公司商館和其他輕慢舉措，顯示「存心要壓迫、貶低英國子民」。[16] 東印度公司的貨監接手發動攻勢。有了民間商人同胞的大力支持，他們派一艘船帶信赴加爾各答，信中請英國總督從印度派來一支海軍艦隊，以維護英國在中國的名譽。緊接著他們又派另一艘船到倫敦，帶去一封給東印度公司董事會的密函。「為了確保我國名譽和利益不致受損，我們用盡各種手段，」他們語帶憂心向董事會示警，「如有維護不力之處，只因力有未逮。」[17]

美國人約翰·福貝斯的哥哥羅伯特，冷眼旁觀這場危機的發展，為英國人所抱怨事項的荒謬感到好笑。一八三一年六月，他在寫給表哥顧盛的信中以開玩笑的口吻講起這件事，說廣州巡撫「闖進他們的食堂，背對著英王肖像」，並且，「有人認為這樣的委屈非同小可，值得為此派艘船到加爾各答。」[18] 後來，等著看會不會有英國艦隊從印度駛來時，他告訴舅舅這些要求動武干預的英商很可能會為自己的行事後悔。他說，如果這些「好戰分子」「喚起戰爭的幽靈，鴉片貿易會變得非常低迷，代價無從彌補。」他認為，沒了鴉片貿易，「那些大聲疾呼要求洗刷他們所虛構之冤屈的『廣州英商』，將很樂見情況恢復如昨。」

接著他提出了一個重要見解——日後其他人也會提出的見解——廣州貿易雖有諸多缺點，這急就章且半合法的貿易制度卻是世上最自由的商業體制之一。他問道，「誰會把現在這種不限制貨物種類的自由貿易，拿去換像在倫敦那樣受關稅、入境許可、形形色色規矩約束的正規商業體制。在這裡，貿易設施一直相當完善，那些見多識廣的人都百分之百願意忍受維持現狀。」[19] 在他看來，英國人耐不住性子，為在中國的小衝突和他們認為受到的侮辱大作文章，只顯示出他們身在福中不知福。

開始以身犯禁者，不只洋商。一八三一年夏，英國商館的灌木遭劃除前後，二十七歲傳教士郭士立（Karl Gutzlaff）正首度嘗試進入中國內陸。這位黑髮普魯士人，精通數種語言，一生將接連娶幾個英國女人（以及和哈麗特．洛打情罵俏，儘管差不多每個心儀她的男人都這麼做），基本上兼具他的兩位前輩馬禮遜和馬各的特質。[20]他跟馬禮遜一樣，是虔誠新教徒，精通中文說寫，自認受到主的召喚前來傳福音給中國人，因此他非常感激馬禮遜編纂《華英字典》和中文《聖經》的劃時代貢獻。但郭士立也充滿「冒險熱情」——他某位同僚的委婉形容——因此他跟馬各一樣（而與馬禮遜大不相同），打定主意要進入中國內地。[21]他想實地觀察中國，不想被局限在廣州，為此，他願意喬裝改扮，冒生命危險非法闖入。

最初，郭士立未費心進入廣州，而是以傳教士身分在東南亞（尤其是今日馬來西亞和泰國）度過頭幾年，在那裡他能較隨心所欲向海外華人傳教。從友人和皈依者那兒，他學會說福建方言。後來，他還替自己取了福建方言名字，據說甚至在被一福建人家庭收為乾兒子後，宣稱自己是歸化的清朝子民。[22]就四處行走方便來說，他的喬裝改扮遠比馬各更可能成功——他有黑眼睛和黝黑的膚色，善學語言，全身中式打扮（且沒有叫人側目的鬍子），很容易就被當成來自福建的中國人。他喬裝時只有一點沒做足，就是沒有薙髮留辮——清朝順民的標誌——反倒纏上頭巾。需要證明他真是外國人時，拆下頭巾就可以。23

一八三一年沿著中國海岸往北行時，他搭的是一艘從曼谷出發的本地戎克船。那是艘兩百五十噸重的船，要駛往天津，船長為廣東人，五十名水手皆是中國人。郭士立跟馬吝一樣，是擔任船醫這樣的協助角色。他也在船航往中國和接下來沿海岸往北駛向天津途中幫忙導航。他在統艙裡的睡位是個惡臭、狹小的隔間，僅讓他勉強可以躺下，飲食方面他和船員吃得一樣簡單，有米、菜、鹽。在可供他擺放自己貨物的空間裡，他帶了一些藥和「大量」用中文書寫、打算沿途發送的基督教短文。

這艘中國船的船員，對於船上有個洋傳教士，並不在乎，但郭士立對他們沒有好臉色。身為虔誠基督徒，他此行的目的只有一個，就是散播道德救贖的種籽，而他在船上所看到的離譜罪行，令他非常反感——用他的話說，這艘船簡直是浮動的鴉片窟。船長「老早就有抽鴉片煙的癮」，導航員和他的助手亦然。船上的高級船員全都「一起盡情享用這個叫人陶醉的奢侈品」，他們因此不適於執勤，而那些我行我素沒人管的船員，更是令旁人感到羞恥。船首度在中國靠岸時——在從廣州北上約兩百英里的一個港口——一群小船靠了過來，向船員兜售鴉片、酒、妓女。郭士立以驚愕口吻寫道，「接下來的情景叫人極反感，我們的船若冠上索多瑪之名，大概當之無愧。」24

然而，郭士立這趟旅程的主要感受，是一路上每個人都對他非常友善，至少就他所述是如此。他寫道，與他同行的中國人為即將返國感到興奮激動，「恭喜」他終於「離開番地，進入天朝。」船北行途中，他也收到類似的恭喜。在天津，他偶遇他在曼谷醫治過的一些中國人，而且那些人還記得他。他寫道，「他們稱讚我人品高，願意摒棄番俗，逃離番地，歸順『天子』。」他很想知道沿海人民對外國人的看法。有人告訴他英國人粗暴，另有人說英國人把新加坡治理得很好。但與他交談過的人，大部分除了知道歐洲是個「小國，住著一些講不同語言且主要靠與中國通商來養活自己的商人」之外，所知甚少。[25]

郭士立為日後的傳教工作打下基礎時，記錄了他所到口岸令人沮喪的抽鴉片煙景象，以及賣淫、賭博這兩種傳統的墮落行為。他說情勢有些不穩：傳言道光帝的皇太子死於鴉片吸食過量，官府正加強取締。就像馬吝，郭士立行醫的消息一傳出去，即有許多人來找他治病（但與馬吝不同的是，郭士立還向病人講道，發基督教小冊子給病人帶回家看）。有個贊助人把他安頓在天津一棟大宅裡，在那裡他醫治了大批病患，把藥都用完，因此名聲遠播；有個住在街對面的富人主動表示願以二千兩銀子買下他，似乎希望借助郭士立替他的店鋪招來生意。甚至有些官員前來看他，主要因為他們聽說他或許知道如何治鴉片癮。[26]

郭士立此行出乎意料的順利，自阿美士德使華以來第一次有西方人沿中國海岸北行並進入華北內陸，自洪任輝以來第一次有西方人未經官方批准就這麼做。經過劇烈顛簸的航行，郭士立於十二月回到廣州，然後向他的水手朋友告辭，回到澳門（中國水手口中「住了許多番人」的地方）。[27] 他於十二月十三日抵達，馬禮遜在那裡迎接在外奔波了六個月的他。郭士立的喬裝改扮很管用。他的福建方言講得頗流利，連官員都以為他是本地人。他發送了他的福音小冊子，講了一點道，在這過程中未遭逮捕或遣送出境。更可喜的是，不同於馬吝的西藏行，他這次航行似乎說明再走一趟可行。

在當時人記憶中，從未有人這麼做過。

一八一〇年時，馬吝很生氣印度英國政府不願利用他祕密潛入西藏的機會打開孟加拉與清帝國西疆之間的貿易。但郭士立一八三一年沿中國海岸北上時，情況已開始改變。廣州有許多雙眼睛密切注意他的動態。

廣州英商的求助函花了六個月才送到倫敦，等英國政府終於收到時，斷然拒絕。渣甸和其追隨者從下議院那兒得到最支持他們的意見陳述（據說在下議院有人說他們「不只可敬，而且是英國子民，在偏遠的世界一隅促進英國的繁榮」）。但辯論的結果，給了再明確不過的論斷：不會為了解除他們所謂的痛苦狀態遣使赴華，更別提派海軍艦隊過去。誠如某議員所說的，「連威脅要訴諸武力都絕不考慮，因為有遠比這更好的辦法可把事情輕鬆解決。」托利黨議員查爾斯·福貝斯（Charles Forbes），出於和羅伯特·福貝斯一樣的思路（兩人無親緣關係），建議在華的英商要知福惜福。他說他真希望能「問問這次聯名請願的那些人，他們在那裡是要受那個帝國的法律約束，還是要受英國的法律約束？」在他看來，答案很簡單：在中國，他們能隨心所欲走私而不受罰；他們真的想放棄這樣的待遇，變成像在英格蘭一樣受到明確規定約束和嚴格監督？[28]

上議院更不支持。決策委員會請求英國海軍從印度前去支持他們的消息傳到倫敦後，上議院一八三一年十二月展開一場討論。在這次討論中，輝格黨首相格雷伯爵（Earl Grey）提到，「廣州商館似乎表現出非常不得體的行為」。新近出任管理委員會（負責監督東印度公司）主席的埃倫博勒勛爵（Lord Ellenborough）指出，如果廣州市場因為這些紛擾而關閉，英屬印度會損失多少收入——東印度公司會受重創，付不出紅利，很可能會拖欠債務。更別說如果該公司向英格蘭輸入茶葉遭中止，英國政府會損失的每年數百萬英鎊稅收。他不懂到底有多大的好處值得不惜這樣的損失也要放手一搏。他建議政府「勿答應動武干預的請求」，反倒應「下令英國商人遵守所居國的法律」。[29]

事實上，來自國內的意見，幾乎全是指責。英國國內相關的執事者嚴厲譴責廣州當地商人逾越分寸的希求，以不同方式告訴他們最好開始安分點。東印度公司董事寫信給決策委員會，「嚴正譴責你們請求孟加拉政府派軍艦援助一事」。誠如他們後來所闡明的，「我們和其他國家的子民一樣，無權命令中國政府只能以什麼原則與外國人通商。」[30]

但最憤怒、最尖銳的回應，來自海軍大臣格雷姆（James Graham）。他寫了一封措辭嚴厲的信給駐印度的英國總督，把東印度公司貨監的挑釁舉動批得體無完膚。他要廣州的英國商人「絕不要以為政府會為了滿足他們的自大想法和高傲叛逆兼蔑視一獨立自主民族之法律與習俗的心態，而犧牲重大的國家利益。」他以最淺白的用語宣告，「與華通商是我們唯一的目標；征服該地所帶來的禍害會和失敗一樣大，用武力來維持一地的商業活動，此地的商業活動絕不會興旺。戰勝中國人不會帶來榮耀。」[31]

對英國商館的人來說，在憑空捏造的國家名譽議題上大作文章，反而碰了一鼻子灰，真是發生的不是時候。因為就在盼獅忙著讓他的妻子坐船來往廣州和他的繼任者呼籲動用炮艇替商館灌木遭剷除一事報仇時，在英國國內，東印度公司的特許狀，尤其是讓其長期壟斷對華貿易的特許狀，正受到猛烈的政治攻擊。以利物浦、曼徹斯特、格拉斯哥等製造業城市為大本營而勢力日益壯大的工業利益團體所組成的聯盟，認定東印度公司的壟斷是使他們無法賣更多自家產品（尤其是棉紡織品）到中國的最大障礙。按照他們的基本理路，如果撤銷此一壟斷地位，如果讓英國民間商行有機會在英格蘭與中國之間各憑本事自由貿易，英國製造品在廣州的銷路肯定會增加。

這些新興的地區性遊說組織，曾在一八一三年東印度公司的特許狀最後一次交付國會審議展期時，首度試圖打破該公司壟斷，但那時未能如願——儘管他們成功使民間商行得以參與英國和印度間貿易。但國會反對開放對華貿易，聽從了小斯當東的有力論點：對華貿易情況獨特，與對印度貿易完全不同，只有東印度公司貨監有經驗和紀律辦好對華貿易。小斯當東主張，中國政府出了名的不信任外國人，允許自營商自由進出廣州，很可能會挑起當地官府的敵意，說不定會傷害到茶葉貿易（東印度公司少數幾項獲利來源之一）。小斯當東強調，要避免衝突及確保來自對華貿易的穩定收入，只有一個辦法，那就是維持東印度公司的壟斷地位。一八一三年時國會贊同他的看法。[32]

但這一次，這些產業利益遊說團體提早數年就開始準備，以發動一場力度強大許多、計畫遠較上次周全的反壟斷運動。英國紡織品在印度的銷售情況，有利於他們的反壟斷主張。自一八一三年開放印度自由貿易以來，該商品在印銷售量增長了數倍，同理，如果對廣州的貿易也開放民間參與，銷售量增加似乎是必然之事。對那些最狂熱提倡自由貿易論、把此原則幾乎當成宗教的人來說，打破東印度公司的壟斷刻不容緩，不只為了商業發展，還為了文明本身的進步。誠如某位狂熱自由貿易論者一八三一年一月在《愛丁堡評論》上所寫的，「英國國會如今有權力為我們的工藝製品打開無遠弗屆的新市場，還有人敦請國會協助促進東方世界的文明……（東印度公司的壟斷）抑制了追求更上層樓的精神，癱瘓了產業，卻維護多國的無知野蠻作風。廢除壟斷會令英格蘭境內每個人都受益，那是商館『諸君』的最大期望。」[33]

這一次，主張自由貿易的遊說社團，比起二十年前，數量更多，背後代表的群體更廣，專業組織程度高了許多。它們得到高影響力國會議員和政府大臣的強力支持，面對共同敵人東印度公司，同仇敵愾。一八三〇年二月至七月間，盼獅首次無視禁令將妻子偷偷帶進廣州時，下議院正為英格蘭、蘇格蘭各地主張自由貿易的組織提交上來的將近兩百份請願書忙得焦頭爛額。這些請願書都要求取消該公司在對華貿易上的壟斷權。[34]

上下議院都設了委員會調查東印度公司與中國的貿易狀況，而在這兩個委員會的聽證會裡最有力的陳述主張之一，是英國在華經濟利益的最大威脅不是中國政府，甚至不是東印度公司，而是美國。在主張自由貿易的遊說團體統籌下，一個又一個發言者表示美國商行想在何時買賣什麼就在何時買賣什麼，正大舉吃掉英國在華的市占，英國的民間商行卻被東印度公司及其壟斷地位綁住手腳，無法大展身手。他們列出統計數據，說明美國對華貿易如何在損害英國利益的情況下成長，主張只要讓本國民間商人完全不受拘束地進出廣州，不受東印度公司蠻橫阻撓，必可擊退美國人。

替東印度公司辯護者（遠不如反對派那麼有組織），以駁斥美國貿易的統計數據做為回應，說所謂的「美國」貿易其實有許多是委託美國商行運送發貨的英國貿易，乃至中國貿易，伍秉鑑透過約翰・福貝斯將其貨物用美籍貨船運出就是一例。他們也強調若沒有東印度公司的存在，「牽制」中國官府（東印度公司常被人提到的功用），美國人絕不可能生意興隆。最後，在中國的大環境下「自由貿易」一詞意義為何，值得商榷。誠如某商人所指出的，英國政府只能促成英國方面的自由貿易，無力改變中國方面的貿易方式。兩百年來，中英相互貿易如此熱絡，完全是因為雙方都以壟斷者統籌貿易：英方是東印度公司，中方是廣州行商。他擔心如果英國廢除自己的壟斷制，只會令中方感到困惑。中國仍會施行行商制，英國在華貿易仍會只限於廣州口岸。他問，那如何能稱作「自由」？[35]

但廢除壟斷可使英國人從美國人那兒奪回在華市占一說，不只曼徹斯特、利物浦的自由貿易利益團體相信，美國人自己也相信，從而有助於贊成廢除壟斷一派在辯論中占上風。畢竟在華美國人很清楚東印度公司的壟斷如何有效壓制住他們潛在的英國競爭者。幾個最具影響力的證人來到下議院委員會證明這一點，貝茨（Joshua Bates）是其中之一。他是霸菱兄弟公司（Baring Brothers & CO.）的任事股東，本身正好是美國人，而該公司則是倫敦最悠久、最有影響力的公司之一。[36]貝茨與廣州的普金斯洋行有商業往來已久，又是約翰和羅伯特・福貝斯兩兄弟的表哥顧盛和他們過世哥哥湯瑪士的老友。因此貝茨非常清楚美國人在東印度公司把持英國對華貿易下能有哪幾類機會可利用，向該委員會表示普金斯洋行的合夥人都以「大富」之姿返國。

貝茨很篤定如果東印度公司的角色改變，會有什麼結果。他在一八三〇年三月證稱，如果廢除壟斷，美國人在廣州的市占會下降。英國貨在中國的銷路很可能會大增，因為他深信個人賣起自家貨物會比臃腫笨重的東印度公司來得成功許多。他預言英國民間商行最終會主宰全球茶葉貿易，美國人則因此蒙受損失。英格蘭境內茶葉價格會下跌，令全英國人民受益。久而久之，美國人或許會覺得在倫敦買茶葉，比千里迢迢派船到中國來得划算。[37]

東印度公司的支持者拿安全問題質問他。他們說，整體貿易如果成長，的確是件好事，但東印度公司確保西方國家在廣州貿易的安全無虞，這一貢獻怎能不談？貝茨說美國人從未在廣州碰上大麻煩，既不需要保護，也不需要什麼人或機構來代表其利益。他說，「貿易始終非常順利，沒碰上困難。」有人問起中國人是否如支持東印度公司的某位證人最近所說的是個「反商民族」？他答道，在廣州的中國人「似乎很喜歡貿易」，「沒有不願意和外國人打交道」。

從廣州看，美國人的確不樂見壟斷廢除。例如約翰．福貝斯擔心那會毀掉旗昌洋行大半生意，尤其是歐洲與中國間的貿易，畢竟先前美國人不用和英國民間商人競爭。他於一八三二年二月寫信告訴某位長輩，說「這裡的外僑人數不多，但這裡是我們的世界，而……中斷東印度公司的貿易，對我們在這裡的影響，會比歐洲出現第二個拿破崙來得大。」他寫該信時，廣州商館區每個人仍在觀望是否會有海軍艦隊從印度來廣州，替為了灌木被除和國王肖像遭辱氣得失去理智的英國商館撐腰。福貝斯向這位長輩指出，由於大環境的關係，英國商館操作此危機，時機拿捏得太差；他認為此危機不會引發戰爭，但由於倫敦的政治氣氛，他說正反雙方票數相等時，「會議主席手上決定性的一票，或許會投給反對繼續讓東印度公司壟斷那一方。」[38]

東印度公司董事的抵抗很薄弱。他們知道政治形勢於己非常不利：格雷伯爵一八三〇年當上首相，新任管理委員會主席格蘭特（Charles Grant）即通知東印度公司董事群：對國王陛下政府來說，東印度公司的對華貿易壟斷已經差不多完了。眼看著在國會有一場漫長硬仗要打，但出於多種原因，他們沒有大力抗爭。首先，他們擔心失去印度治理權，為了逼他們在對華貿易壟斷問題上閉嘴，格雷動不動就以此威脅。為了讓他們放心，政府承諾給他們一〇．五%的紅利，這番利誘也有助於化解他們的抵抗。他們的軟弱，令廣州商館的現任、前任職員大為氣憤，覺得自己被倫敦的上司出賣。某位前廣州大班寫信告訴廣州一位同僚，「董事們正苦熬著等死，在最不堪的情況下結束；他們會受政府騙，政府會不厭其煩告訴他們，他們擋不住人民的聲音，會像一件老舊過時的機器那樣被丟到船外。」[39]

他所提到的「人民的聲音」，在當時是很重要的關鍵字，因為一八三〇年代初期該不該讓東印度公司特許狀展期的爭辯，發生於與一八一三年時大不相同的政治氣氛裡。有項與中國毫無關係但與製造業地區影響力關係密切的重大改變正在進行，那就是「大改革法」（Great Reform Act）引發的劇變。這項法案要增加下議院的民選席次，尤其是伯明罕、曼徹斯特之類先前在國會沒有自己的代議士、但人口正迅速增加的工業中心的席次。為騰出空間容納這些新席次，該法案要廢掉許多「腐敗」（rotten）選區，即人口稀少、席次分配歷來是透過資助和購買的選區。當時人心騷動，貴族擔心會演變為革命，政治人物滿懷怨恨，反對此法案（因為此法案會令許多現任國會議員失去原有的選區），一八三一年，緊接在布里斯托等地爆發令人憂心的民眾暴動後，這項法案最終還是在格雷伯爵的輝格黨主導下，由下議院強行通過。大改革法可望讓高度工業化的地區享有前所未有的政治權力，而那些地區積極提倡自由貿易的人士強烈反對讓東印度公司壟斷對華貿易，因此，此法一通過，該公司就真的沒了指望。

但東印度公司還是有小斯當東替它辯護。自一八一八年當上議員以來，小斯當東在下議院表現並不搶眼，一八三〇年被派去職司調查東印度公司事務的委員會，他在那裡維護該公司利益的表現倒是頗為出色。他們的發言內容抄本未標明質詢者名姓，但不斷追問安全、穩定問題者，一再重述該公司「牽制」廣州腐敗專斷官府有功者，幾可肯定就是小斯當東。至少，這樣的主張他在自己的文章裡一提再提。

小斯當東捱過大改革法的衝擊保住國會議員席位，表明他搞起政治至少還是有點本事。他在下議院的第一個席位來自腐敗選區，選票完全靠花錢買來（他先後靠兩個這樣的選區當上議員，這是其中第一個），但到了一八三一年他已敏銳察覺到正在發生的改變勢不可擋。至少他看出若不順應時勢會有的損失：那年紛擾的秋天他在日記裡寫道，「眼下的問題不在我們要如何改良我們的代議制改革，而在要如何防止革命。」[40] 儘管此改革法案通過會使他失去席位，小斯當東最終還是公開表示贊同此法案。但他對此改革的任何支持都是口惠而實不至。他跟許多與他同病相憐的人一樣，私底下很痛恨這項法案。他在一八三一年十二月十日的日記裡寫道，「我始終不贊同整個改革法案且未來也不會改變立場，我認為整體來說弊大於利，它會帶來或加劇濫權行為，更勝所移除或減輕的濫權行為，但我不敢打包票自己會繼續抗拒這項法案。」[41] 他順應政治風向，把憂慮藏在心中，後來，他跟許多和他同處境的人一樣，聲稱始終支持國會改革的崇高目標。

隨著這項改革法案通過，他的議員席位遭廢，小斯當東不得不於一八三二年五十一歲時首度為民選席次打選戰，試圖在改革後的新下議院裡掙得一席之地。為了這次競選，他把自己塑造為無黨無派的政治人物，「由衷」支持廢除蓄奴之類進步性的輝格黨目標（但暗地裡對自由貿易持保守立場）。他在競選演說中主張英國的外交政策應「基本上摒棄用武」，但又兩面討好，說「任何承平國家若未準備好在必要時動武捍衛自身權利和利益，都不可能高枕無憂。」[42]對於東印度公司和其特許狀，他則盡可能不談。

小斯當東在說服他人改變政治立場上沒什麼經驗，所幸與他搭檔競選者，群眾魅力甚強，彌補了這方面的不足：這個人叫坦普爾（Henry John Temple），是個人脈很廣的自由派政治人物，比他小十三歲，以巴麥尊勛爵（Lord Palmerston）之名聞名於世。巴麥尊是輝格黨的後起之秀，極善於雄辯（儘管論辯「不嚴謹、沒條理」），自一八三〇年就擔任格雷伯爵政府的外交大臣。[43]一八三二年十二月選舉時，小斯當東和巴麥尊一起打選戰，爭取南漢普郡的兩個席次。這場選戰選風之敗壞，超乎小斯當東所預期。他後來寫道，「我所受到的辱罵，言語之惡毒，令我震驚」（他一直以來始終不善社交，而這些辱罵中，其中一項對他傷害最深者，是說他「沒有人緣」）。但小斯當東和巴麥尊都以些微勝差當選。[44]

提倡自由貿易者主宰了改革後的下議院，身為下議院一員的小斯當東，面對民意狂潮揚言要廢除東印度公司，以及該公司老派但證明有效的對中國貿易經營方式，自視為幾乎是獨力力挽狂瀾者。但對廣州貿易的管理牽涉到整體英中關係的未來(除了他，只有少數人還看到這點)，而小斯當東自認英中關係的平和延續，是他個人的職責。在他看來，對在華英國人來說，東印度公司代表著秩序、穩定與尊嚴。他自豪於曾身為廣州英國商館一員如此久的時間——從早年在中國朝廷上發抒己見，到極力說服阿美士德勛爵不要叩頭以維護英國尊嚴。他擔心如果那股維護傳統、穩定的力量被拿掉，後果不堪設想。

小斯當東發現自己成了領頭人，領導著一場在許多人眼中已然敗落的事業，不禁開始對自己害羞的個性和不符傳統的受教過程感到遺憾：他在家自學，沒有劍橋或牛津大學的顯赫學歷，童年時除了父母沒有朋友，在廣州商館那些年因生性害羞不與人社交。在下議院，這些經歷對他無甚助益。他坦承，「我的習性和我受的教育，使我很難勝任公開論戰。」[45]他因對中國的瞭解而博得尊敬，但說到要說服人，那實在不是他的強項。

一八三三年春，廢除東印度公司壟斷地位的投票隱隱逼近之時，小斯當東按壓下心中的焦慮，在下議院提出一連串與中國有關的決議案，堅稱那些決議案是確保廣州貿易從獨占平穩過渡到自由貿易所不可或缺。這些決議案建立在小斯當東的強烈信念上，即自他出生以來，在華貿易能安然無事，全有賴東印度公司的團結一致，以及該公司在與他口中「專斷」、「高壓」、「腐敗」之中國政府廣州官員打交道方面的熟稔和經驗。

小斯當東很擔心大家各憑本事做買賣的後果，認為欠缺與中國人打交道經驗的英國商人冒然現身廣州會惹上麻煩，卻沒有組織代表他們或替他們協商。於是，在這些決議案中，他提議唯有先和中國當局談成條約，才可中止東印度公司做為英國人、中國人之間協調者的角色，而且這條約要允許英國遣使長駐廣州，以管理英國僑民和代表他們的利益。他深信，如此一來，貿易才能順暢進行，同時也能大為降低彼此競爭的自營商與中國人衝突、乃至戰爭的可能性。

小斯當東一再試圖讓下議院辯論他的決議案。他兩度排定提案，但兩次都不得不把他分配到的時間用於更迫切的全國性事務問題上（《泰晤士報》為此感到失望，認為他的決議案「非常值得單獨提出討論」）。[46]最終在一八三三年六月四日，他有了機會。他神色緊張地從議員席上站起來，發表了一篇事先擬好的長篇演說，以證明他的決議案有其道理。他說，這是英國與中國的關係首度被當成獨立議題拿到國會討論；兩百年來，職司中英關係者一直是東印度公司，而非政府。他為自己不善講話道歉，然後向在場議員保證，有資格評斷中國情勢者，還是只有他。他提醒他們，他長期涉足廣州商務，參加過英國兩次赴北京的使團，他能說讀中文。他堅稱那些經驗「使我有機會取得與該政府和人民有關的資訊，那大概是其他歐洲人都無緣擁有的機會。」[47]

小斯當東試圖讓在場聽者相信，若要更動廣州貿易方式，只有漸進改變一途，絕不能突然改弦更張，而且得和中國人談判後，才能這麼做。令人遺憾的，他羞於放言高論，音量小到連位在上方樓座的記者，都沒聽清楚他許多發言內容。他主張，即使中止東印度公司的壟斷地位，只要仍需要該公司在自身職員、自營商、中國政府之間扮演主要的協調者角色，就必須讓它繼續扮演。他談到東印度公司職員和自營商，說「不能指望彼此對立的這兩方會長久和諧相處，也不能指望他們任一方能贏得中國當地官府的尊重，除非有個更高權力者——派官方代表到那裡管好這兩方。」[48]

就在小斯當東低聲含糊發言，其間幾度停下來念出一連串支持他觀點的文件時，聽得索然乏味且本就稀稀落落的聽眾一個個步出議場。就在他大談東印度公司的存在如何牽制住中國當地官府的半途，突遭打斷。有人提出清點人數的動議。那天下午可能本來有超過六百五十名議員選擇出席下議院聆聽小斯當東發言，此時留在議場裡的連四十個都不到——人數不足以針對他所看重的決議案進行投票——於是會議突然中止。小斯當東用心準備的演說文說了一半就被打斷，不再有機會說完。即使閱歷豐富，對難堪之事已見怪不怪，這還是他生平未曾遇過的羞辱。

然而，意識到情勢緊急不容一絲懈怠，小斯當東吞下羞辱，為讓他的決議案得到採納作最後一次努力，在上述流會事件後不久，把那些決議案當成東印度公司特許狀法案的緊急修正案提出，結果它們未經表決就立即被打消。管理委員會主席，對東印度公司壟斷對華貿易深惡痛絕的查爾斯·格蘭特，不認同小斯當東所謂東印度公司貨監是英國人在華最能幹代表的說法。事實上，格蘭特說（提到婦女違禁進城和灌木被拆之類情事），該公司貨監的角色「含糊不清且令人難堪，偶爾還招來不滿。」格蘭特承認日後英國商人和中國官府的確可能如小斯當東所擔心的起衝突，但他說那正是壟斷必須廢除的另一理由。格蘭特說，對華貿易對英國非常重要，「執行的特權……不應只讓某群人獨享」。[49] 小斯當東的決議案胎死腹中，推動廣州邁向自由貿易的勢頭，凶猛且不可抵擋。

東印度公司的壟斷地位在該公司特許狀隔年五月到期時不會展期的消息，一八三三年秋傳到廣州。屆時該公司將再也管不了在廣州的英國商人，而且根據渣甸收到的早期情報（後來證明情報不假），英國政府甚至不會再准許該公司繼續在華貿易。[50] 支配英國人在廣州貿易活動超過百年的東印度公司，到了一八三四年春，幾近銷聲匿跡。

十、黯淡的轉折

東印度公司廣州商館的最後日子，充滿焦慮不安。英國投資人準備首度投身新開放的中國貿易，心中無比興奮，而那些已在廣州多年的人，則為即將到來的改變提心吊膽。例如對馬禮遜來說，商館一旦解散，他就沒了飯碗。「廣州因這個新制度而騷動不安。希望與恐懼輪番出現，」他於一八三四年一月寫信告訴小斯當東。一八〇七年東印度公司還想把他拒於門外之時，小斯當東助他在廣州安定下來。馬禮遜說，壟斷的中止，對他本身和長久任職於英國商館的其他資深員工來說，「簡直是致命的打擊」。他已看過來自下議院的小斯當東發言內容，得知主張較漸進開放廣州貿易的小斯當東未能講完他的訴求，因此，當他說擔心即將到來的紛擾時——面臨紛擾的與其說是貿易，不如說是中國本身——他知道他的朋友會心有同感。他難過地告訴小斯當東，「太少人在對自由貿易做種種推敲時考慮到中國本身的禍福」。[1]

行商也憂心忡忡。東印度公司失去它在英國那邊的壟斷地位，但行商會繼續把持中國這邊的貿易，而這樣的貿易會不會出問題，沒人說得準。伍秉鑑寫信告訴約翰．福貝斯，「我擔心貿易開放後我們會被各種英國貨吞沒」，說出了許多人共同憂心的事：隨著壟斷中止，新的英國商人在沒有合理管控下大量湧入，市場會走上無可救藥的供過於求境地。當時約翰在家鄉波士頓，他即將結婚，然後在該年稍晚返回廣州，繼續幹他在旗昌洋行的差事。伍秉鑑說想念他，希望他盡快安然返回中國。他寫道，「下一季在這裡看到你，我會很高興，屆時情勢或許還未完全底定，但開放貿易對我們的生意不會有助益。」[2]

港腳商深深涉入鴉片貿易，但別有憂心之處。他們樂見廣州、英國間的合法貿易開放（事實上民間商人從中國運到倫敦的第一批茶葉就掛渣甸的名號運出），但他們生意裡走私的部分原本就不受東印度公司壟斷對華貿易影響，因此新時代的到來，不代表會有新的優勢。他們反而是做好準備要迎戰一波新商人入場，這些新商人肯定也會想打入伶仃島的鴉片貿易分一杯羹，以利他們進入廣州的茶葉換紡織品貿易市場。

但渣甸和馬地臣早料到會有這一可能情況，預為防範已有數年。在廣州，鴉片偶爾會供應過剩，而且未來競爭加劇的話，過剩情況只會更嚴重。為避開這一偶發情況，他們老早就在想方設法做到競爭者所做不到的一件事，即更早掌握從印度傳到中國的消息和從印度過來的鴉片，以及如果可能的話，在非貿易季時就把鴉片弄到中國，以不受年度季風的擺布——自船帆問世以來，廣州的海洋貿易時間表始終受制於年度季風。為此，他們於一八二九年嘗試包下一艘汽輪（出現於東亞的第一艘汽輪），用以將他們所要的鴉片從加爾各答運到伶仃島。這項嘗試失敗收場（汽輪在航行途中煤料耗盡），但一八三三年渣甸和馬地臣投資一艘名叫「紅海盜號」（Red Rover）的特殊飛剪船。這艘船小而窄，有高高的斜桅杆和寬寬的帆桁，能在極貼近風向的情況下做之字形的搶風航行，即使碰上讓傳統船隻只能停駛等待風向轉變的最強季風，也能從加爾各答航到廣州。它將是開啟「鴉片飛剪船」時代的第一艘此類帆船。這種用途極明確的特殊船種，將主宰未來印中鴉片貿易二十餘年。3

主宰伶仃島市場是一回事，但找到新市場，也就是沿著海岸北上，打入尚未被他們的競爭者染指的市場，可說才是最該追求的目標。為此，商行需要一個願意冒著被中國沿海水師捕獲或攻擊的風險北上的船長替他們運鴉片，以及——更難得且更重要的——需要一名願意隨該船踏上此航程、談定船貨銷售事宜的中文譯員。於是，廣州最具企圖心的鴉片商，在郭士立結束其祕密航至天津之旅、一八三一年十二月返回廣州之後，對這位傳教士很感興趣。郭士立證明了西方人未經中國許可仍可沿海岸北行而後安然返回。或至少他證明他能辦到此事——因為世上就只有一個郭士立。

值得一提的是，一八三二年，也就是東印度公司廣州商館遭解散之前兩年，正是該商館破天荒資助郭士立進行第二次沿海岸北航。決策委員會得到倫敦的許可，聘請他隨同一艘滿載棉織品的船出海，幫英國貨尋找新市場。第一次北航回來後幾星期，郭士立就簽約擔任東印度公司這趟新任務的譯員。這樣的安排很合他的意，畢竟他想看到更多的中國海岸，把更多宗教小冊子發出去，而且比起中國戎克船，東印度公司船坐起來舒適多了，載貨空間也多了許多。他甚至能把馬禮遜的多卷本中文《聖經》帶上好幾套。對於替東印度公司效力，郭士立不覺道德有虧，因為馬禮遜老早就為新教傳教士清出那樣一條路，儘管馬禮遜本人從未膽大到為該公司出海（但他兒子馬儒翰會，而且馬儒翰因為東印度公司選擇郭士立而非他投入此項任務而頗不高興）。[4] 此外，這艘船只載棉織物、毛織物，郭士立不會和他深惡痛絕的鴉片貿易扯上關係。

郭士立此行的夥伴是個不老實的傢伙，一個高大、帥氣（但花天酒地）的三十歲男子。這人叫胡夏米（Hugh Hamilton Lindsay），和郭士立一樣仰慕哈麗特．洛，但她對胡夏米不大信任。「他的真誠很可疑，」她告訴姊姊，「他不是我最中意的人」。[5] 胡夏米天生愛冒險，東印度公司某董事之子，自一八二一年就在廣州為該公司效力，已學會中文，但中文程度差郭士立甚遠。他們的任務不向外透露，連倫敦那些董事都毫不知情。胡夏米同意在此次航行途中否認與東印度公司有任何瓜葛，佯稱自己是英國民間商人，因碰上惡劣天候而被吹到中國岸上。按照原計畫，胡夏米和郭士立應搭上東印度公司的船「克萊夫號」（Clive），但船長得知他們的行程之後，不願讓他們上船。胡夏米四處尋找可搭之船，最終在伶仃島包下一艘民船，船長願意冒險沿海岸北行，甚至很想一路繪製海圖，以改良十六年前阿美士德勛爵使華期間所繪的海圖。他的船剛好就叫阿美士德勛爵號（Lord Amherst）。

阿美士德勛爵號此行所花的時間，比原計畫長許多。它於一八三二年二月啟航，九月才回到澳門，比預計的返回日多了三個月。但它的成果比他們原希望的豐碩許多。此船載著胡夏米和郭士立北上，行經整個中國海岸，再進入朝鮮，重走一八一六年阿爾塞斯特號放下阿美士德後所走的迴路。

此船載著他們進入此前從未有英國人造訪的口岸，令清朝沿海官員大為驚恐。有支英國艦隊要到中國的傳言，從廣州傳到以北、以南的海岸，而他們所造訪的那些口岸，當地官員最初以為阿美士德勛爵號一定就是那支英國艦隊的先頭艦。但胡夏米有郭士立同行，幫他向碰到的官員說好話，讓他們寬心，讓他們相信阿美士德勛爵號與海軍毫無瓜葛。郭士立堅稱此船只是艘陷入危難的民船（為了推動傳教事業而說謊，他絲毫不覺良心不安）。他堅稱船上的人只想賣掉紡織品，別無他圖。

郭士立漂亮達成任務。各口岸的官員都堅持要他們離開，但這些官員一心要避免與洋人起衝突，於是往往給他們補給，甚至給他們錢，以打發他們走。偶爾射來的一發空包彈，是他們此行最接近遇到攻擊的遭遇。清朝官員私底下很友善，堅稱他們個人對胡夏米、郭士立和船上其他人沒有敵意，只希望他們離開，讓官員在皇上面前好交待，不致丟官去職。

與此同時，他們發現每個地方都有人願意違抗當地官府命令，與他們偷偷會面做買賣。胡夏米說他們沿海岸北行途中偶爾冒險上岸，而他們在岸上所遇的村民，與廣州一地緊繃的氣氛相反，「都只表現友好和善意」。他說，在某些地方，當地人甚至搶著要請郭士立等人來家裡做客。6

除了考查廣州以北沿海地區對英國紡織品的需求，阿美士德勛爵號此行也負有宣傳之責。對郭士立來說，這意味著宣傳基督教福音：他每次上岸，口袋裡都塞滿書和傳單。他分發講述賭博、吸食鴉片、說謊諸惡行的中文道德小冊，發送馬禮遜的中文《聖經》，只要能親自布道就親自布道。7

至於對胡夏米來說，此行給了他傳播自由貿易信條的機會。他挑中的武器是一份中文傳單，題名為「大英國人事略說」，由東印度公司職員寫成，再由馬禮遜譯成中文。這份傳單告訴中國讀者，不管清廷是怎麼說的，英國人其實都只是想與他們交好、通商。

胡夏米照理不該帶上這份傳單。它直言批評清廷，因此廣州決策委員會主席不讓他用東印度公司的印刷機將它印出，要他將手中的傳單全部交出，才准他上路。但胡夏米騙了他較敬業的同僚，保證他手中沒有這份傳單，但其實把五百份傳單放進行李裡帶上船。一路上他把它們張貼在牆上，每次上岸就到村鎮裡分發。[8]

胡夏米的傳單最終引起道光皇帝的注意，但道光帝幾乎看不懂——馬禮遜若知道道光帝的反應，應會大覺難堪。傳單寫道，清廷長久以來「妄稱」英國人有領土野心，其實大謬不然。事實上，英國領土「現在太多，寧可減少，不可增多也。」傳單得意地描述了英國已征服土地的遼闊——位於歐洲和北美的領土、島嶼和新加坡之類具戰略價值的港市、印度境內「數億人」。但傳單堅稱這些成就只是要人欽佩英國，而非害怕英國。它以篤定的口吻告訴讀者，「夫英國朝廷既經有了這多大地方，何得復渴開新地乎？其所尚者，特為養護英民享平安納福樂而已。」[9]

胡夏米的傳單說，英國人在中國只想要一樣東西：平和且友善的貿易。但英國人在廣州一直受到惡劣對待（「重稅和壓迫」），與他們通商的中國商人不得不向官員行賄。胡夏米叫中國人對英國人的處境評評理。他的傳單問道，兩國之人「何不彼此力勸自勉，相爭前進？」傳單最後的結論是，中國商人、官員和老百姓都應「厚待禮接遠人」，「則果然將來在中華之英人與內地人民，固為彼此友見和睦，各安本業享福矣。」

阿美士德勛爵號之行，除了導致沿海官員紛紛向皇帝上呈激動不安的奏疏，在中國境內影響不大，但在英美卻造成轟動。郭士立和胡夏米對此行的記述，在歐美多次印行，他們在記述裡所宣稱揭露的真相，乃是中國不再是過去那個封閉的帝國；皇帝不再完全掌控大局，外國人在中國不再什麼地方都不能去。胡夏米和郭士立所帶回的信息，類似二十年前馬吝在西藏的心得，雖然或許帶有一廂情願的成分，卻表明中國老百姓對外國人十足友善，願意接納外國人。他們堅稱中國人自己想要自由貿易，清朝官員阻撓，才使他們無法如願。換句話說，英國人比中國政府更能代表中國人民的意願。

基本上，胡夏米和郭士立已找到一個他們深信能用來撬開閉關自守中國的契機：英國的貿易商和無數想要自由貿易的中國商人順理成章攜手合作，這兩類人都站在眼紅的滿清政府的對立面。胡夏米說，單口通商、限制約束、嚴密貿易管理等等廣州貿易體制長久以來的主要內涵，都是不得其子民完全支持的清廷弄出來的。只要從外部推一下，整個體制就會從內部垮掉。

在英美，阿美士德勛爵號之行得到正面的回應。在倫敦，《兼採眾議評論》（*Eclectic Review*）嚴正表示，此行「讓我們對（中國）本地人的特性有了全新的認識，使我們對徹底打破長期將四分之一人類與文明社會隔開的那堵隔牆，生起無比振奮的樂觀。」[10]《泰晤士報》稱讚郭士立揭露的內情：「中國這個國家政治衰弱」，中國的海上防禦「不值一顧」，中國政府「失去民心」，中國官員「懦弱、腐敗、極度沒骨氣」。但《泰晤士報》欣然告訴讀者，中國老百姓「好客、親切、很想與外國人往來」。[11]

在美國，數份報紙把郭士立譽為「當世俊彥」。[12] 許多傳教士作家引用他的有力宣示，說「我們對中國的看法大錯特錯」。郭士立說中國並非封閉的國家，但事實上「在亞洲，凡是由本土君主統治的國家，都不易進入。」[13] 大西洋兩岸的信徒（通商和宗教的信仰者）都認為，阿美士德勛爵號之行揭露了中國這個神祕國度此前不為人知的一面，中國不是個無法進入、不與外人往來的帝國，而是自由貿易的市場和等著歸信基督教的地方，幾乎在懇求西方人打開其門戶。

儘管如此，阿美士德勛爵號之行，對東印度公司的商館來說，卻是非常奇怪的一趟任務。首先，此行違反廣州體制的規定，背離了已沿用七十年的先例。再則，此行事前未得到英國國內認可。該公司倫敦董事會事後才知情，而知情時，他們暴跳如雷。一八三三年五月，他們寫了封信痛斥廣州決策委員會胡作非為，表示他們擔心此行會損害東印度公司名聲，削弱英國在中國人眼中的威望。

胡夏米的宣傳品同樣令他們火冒三丈。董事們問道，當胡夏米等人「易名偽裝」偷偷沿海岸北行，「直接違反帝國的法律和習俗」，中國人怎不會對阿美士德勛爵號的逼近心生驚恐？如果有艘中國船試圖在英國做同樣的事，會如何？如果有艘中國船載著違禁品非法來到英格蘭，被要求離開時，還繼續「在沿岸各地分發控訴政府施政、存心煽動人民造反的出版品」，會如何？董事們說，英國人絕不會容忍這樣的挑釁行為，那麼「既然我們想保住與中國人的貿易，為何我們對待中國人時，還如此明目張膽蔑視所有常規？」[14]

但或許這趟旅途一開始就不是為了東印度公司而展開。阿美士德勛爵號於一八三二年啟航時，東印度公司能否續保壟斷地位還在未定之天，但廢除壟斷的可能性極大，因此胡夏米很可能只是認定自由貿易一派會占上風，於是利用他在東印度公司曾有的職務之便，支持一場其實會讓已準備好投入自營商行列者得利的航行（他此次航行的消息傳回國內時，國會辯論正值尾聲，而這消息會被拿來當作抨擊壟斷的另一個利器）。胡夏米在東印度公司廣州商館解散後不久成為自營商，創辦了一家實力不容小覷的民間商行——林賽洋行（Lindsay & CO.）。[15]

此外，阿美士德勛爵號之行表面上是東印度公司貨監所規劃，但渣甸似乎是幕後籌辦此行的重要人物。一八三二年一月，船即將出發前，渣甸寫了封信，信中向馬地臣提到，「我已決定聘請郭士立先生隨克萊夫號出航」（克萊夫號是胡夏米原要搭乘的船），這顯示在此行譯員人選上，有權拍板定案的其實是渣甸。[16]這封信還指出渣甸本人參與其中，渣甸告訴馬地臣，「此行需要用心管理和關注」，而渣甸希望郭士立「蒐集可供未來之用的有用資訊……但只要聽到此船安然返回，我就非常高興。」總而言之，阿美士德勛爵號之行雖然令該公司國內董事惱火，此行蒐集到的資訊卻對渣甸本人非常有用。為在中國打開新市場，胡夏米做了實地考察，結果發現英國紡織品在廣州以北沿海地區需求不大，但他所到之處，幾乎每個人都想要鴉片。

這樣的航行就此成絕響。商館遭解散後不久，東印度公司董事會譴責了此次航行，此後不會再有由該公司出資的船隻帶著棉紡織品這種無害的船貨嘗試闖入中國沿海地區。只有鴉片走私者在阿美士德勛爵號此行之後跟進。於是，一八三三年，在找不到其他旅行辦法後，郭士立違背他對鴉片危害中國一事所發出的種種道德控訴，投奔渣甸旗下。他同意上渣甸與馬地臣的走私船，當他們的譯員，而為使郭士立甘心效命，他們同意協助負擔他基督教出版品的成本。凡是為實現「更崇高」

使命所不得不為之事，郭士立都樂於為之，沒多久他做起渣甸與馬地臣的首席譯員就做得心安理得，陪同他們的鴉片船在中國沿海走南闖北，在鴉片船兜售毒品時，一路分發他的《聖經》小冊子。

自馬禮遜出版《華英字典》第一冊以來，已過了將近二十年，這時在廣州的英國人看懂中文書籍和文件的能力，整體來講已大有進步（美國人則進步沒這麼大，傳教士以外的美國人認為衝出廣州貿易體制的局限，進入其他中國地區，沒什麼意義，因此從未費心學中文）。《廣州紀錄報》和其他冒出來與它競爭的英語報紙，定期刊出翻成英文的皇帝敕諭、政府官員通告，以及中國人對各省大事的報導。因此，相較於前幾代人，一八三〇年代廣州的西方僑民，有機會取得的中國內陸資訊，多了許多。一八三二年，郭士立和以美國人裨治文為首的其他幾個傳教士，甚至辦了一份雜誌，以把這些知識傳播到英語世界。這份名叫《中國叢報》（*Chinese Repository*）的雜誌，大量刊登英譯中國史和中國文學作品，試圖吸引西方讀者關注廣州商人的情況，尤其是該地新教傳教士的情況。

從某個方面來說，這新一代人裡，某些人試圖利用他們對中國更深的瞭解，進入他們此前未獲准進入的領域。郭士立就是一個典型例子。例如，載著郭士立的鴉片船精靈號（Sylph）一八三三年停泊於上海附近時，船員派出一艘小船，小船上插著一根旗子，上書孔子所說的「有朋自遠方來不亦樂乎」。據來自此次航行的某份報告，數百人擠到水邊，見到這面旗子而「高興非常」。[17] 從另一方面來說，想進入廣州以外中國地區的人，也就是當時通稱的想「打開」中國門戶的人，想把西方典籍譯成中文，藉以影響中國人的想法，鼓勵他們繞過官府的約束，與外國人接觸。

例如一八三一年間，《廣州紀錄報》報導了廣州幾個商人想將政治經濟「學科」譯成中文的事。這些支持自由貿易者遺憾於亞當．斯密和彌爾的歐洲味太顯著，希望有人以儒家典籍的用語，撰文闡述自由貿易。[18]換句話說，他們想要的，是找到辦法利用中國傳統典籍「教導」中國人認識發財的好處（這顯然忽略了中國商人老早就發現這個好處）。有個未透露名姓的贊助者注意到他們的呼籲，辦了一場徵文比賽，要參賽者以中文闡述西方的政治經濟制度，寫得最好的能拿到五十英鎊獎金。主辦者建議參賽者盡可能引用儒家典籍，以使他們論自由貿易的文章能「為中國讀者所信服」。[19]

郭士立把這一介紹西方的事業帶到最高境界。他熟稔多種語言，又有無限的耐心做翻譯，一生會出版六十多部中文著作，以及以英文、泰文、日文、荷蘭文、德文寫的其他著作。[20]而令廣州諸多渣甸、馬地臣之類的人士大為欣喜的，他認為傳播英國的自由貿易原則和傳播基督教兩者差異不大。他認為兩者相輔相成。[21]

郭士立在其種種中文出版品中，借用了耶穌會士翻譯科學著作時所用的策略，也就是說服中國讀者信仰真神者也掌握了自然世界的奧祕。一八三三年他寫了封信給支持他的美國人，該信並由波士頓、紐約的報紙公諸於世。他在信中保證他不只會寫勸世短文糾正中國人的「成見、偏執和民族自豪感」，還會寫科學著作，「反制他們的偏狹思想，一挫清廷以天朝自居的銳氣。」他承諾，在他搭乘阿美士德勛爵號完成此行之後，他會緊接著展開「一場如果蒙上帝眷顧，將打開中國整個內陸的航行。」[22]

新教傳教士抱著這個打開中國門戶的宏大遠景，恣意運用軍事術語（征服、進攻、勝利），而這一造作之舉很受他們的支持者歡迎。《波士頓紀錄報》（*Boston Recorder*）報導一八三四年春一位美國新傳教士啟程赴華，打算助郭士立「直搗中華帝國」一事時，說這位美國人會想辦法在華東傳教，「而不知疲累為何物的郭士立則進攻華中」。寫下這篇報導的人很想知道，這兩人多久之後才會在華中「以征服這個遼闊王國者之姿」會合，「在中國數億人頭上（高舉）自由的旗幟」。[23]

這一把文化傳播當成征戰的計畫，隨著一八三四年「在華實用知識傳播會」（Society for the Diffusion of Useful Knowledge in China）在廣州創立，達到最高點。這個組織由擔任中文書記的郭士立、裨治文領導，馬地臣和渣甸分任該會第一、第二任主席。該會揭櫫的宗旨，是生產做為「知識火炮」的中文小冊，以打破使廣大中國人民無從接觸西方宗教與貿易的意識形態高牆。該會的措辭或許粗暴，但該會創辦人基本上深信他們的所作所為和希望達成的目標，都是為了人類的集體利益。[24]

但最有侵略野心的自營商更深信不移的想法，是資訊、文字不只能促進通商目標，而且如有征服必要的話，還能促成征服。誠如馬地臣《廣州紀錄報》的主筆所言，英國人有權要求中國開放門戶迎接自由貿易，那就和「美國、英國政府把北美洲、新荷蘭的原住民趕離他們不容置疑之家園」一樣名正言順，以及「野蠻必須消失於文明之前，無知必須臣服於知識底下」一樣合乎公理。他嚴正表示，那一原則不只是「自然法」，還是「神意！」。[25]

但東印度公司被拉下神壇後，廣州貿易體制會有何變化？這疑問仍未解開。小斯當東苦口婆心，說在與中國人談成新制之前，英國政府必須維持東印度公司在廣州的角色，但英國政府無視他的提醒，執意創設「商務總監」（chief superintendent of trade）這個新職，接手東印度公司決策委員會，成為廣州英國公民的代表。（有成立一個由三名監督組成的委員會，其中兩個監督由仍在廣州的東印度公司前職員出任，但真正管事者是從倫敦派去的總監。）這位總監的職位頗不明確，地位遠低於使節，但又比決策委員會主席來得正式（因為他的上級單位是英國政府而非東印度公司）。因此，總監按理要代表英國人在華的利益，卻沒有代表自己國家獨立行事的全權代表權。他按理要監督在廣州的英國自營商，卻無權管制他們，這也意味著他無權阻止他們與中國人做買賣，從而失去了此前英國人唯一展現成效的協商工具。[26]

渣甸擔心這一職位會落入小斯當東手裡，畢竟儘管小斯當東反對創立此職，他仍是英國最有資格出任此職者。渣甸一度收到消息說小斯當東已被任命為商務總監，立即寫信給（當時人在孟買的）馬地臣，說「我們考慮過這個不好也不壞的消息，如果可以，我們更中意從未在中國替東印度公司效力過的人。」[27]渣甸之所以不放心小斯當東，與他更憂心的事有關係——他憂心東印度公司被拿掉壟斷權之後，仍繼續發揮影響力，尤其不放心該公司建立的模式，也就是與中國官府維持忍讓和（在他看來）逆來順受的關係。而說到這個模式的創立，當時在世者沒人比小斯當東功勞更大。

對自營商來說，小斯當東是敵人。在他還未發聲反對廢除壟斷時，他就因據稱擱置渣甸一派一八三〇年十二月的請願書——聲稱受到中國政府壓迫的請願書——而在這派人裡染上臭名。[28]小斯當東反對在華自由貿易、與東印度公司關係深厚、長期以來主張用一種畢恭畢敬、委婉圓滑的方式對應清廷，因此不可能正面看待他們的走私事業。同樣令他們苦惱的是，他也不可能像渣甸那樣，主張以強硬手段為英國貿易打開新市場和反擊廣州官員的掣肘。換句話說，渣甸眼中理想的新任商務總監人選，是像他自己這樣的自營商，也就是不支持正在式微的東印度公司和該公司在中國已然過時、過度遵守道德原則之作風的人。

渣甸如願以償。出任商務總監者，最終不是小斯當東，而是內皮爾（William John Napier）。內皮爾是皇家海軍上校，身材高大，謙和有禮，打過拿破崙戰爭，但由他來掌管在華貿易，從資歷來講並非理想人選。他沒有貿易經驗（儘管他原則上支持自營商一派），也沒有外交經驗，而且啟程赴華之前對中國幾乎一無所知。他所真正擁有的，乃是傲人的家世——他是第九任內皮爾勛爵（Lord Napier），蘇格蘭貴族，先祖是發現對數的數學家，他本人與英王威廉四世有私交，曾與威廉在同一艘船艦上工作。[29]

內皮爾本人主動爭取此職，不覺此職委屈了自己的身分地位。當得知他的最大勁敵已不被納入此職人選（後來查明那一勁敵不是小斯當東，而是阿美士德勛爵那位憤世嫉俗的書記官埃利斯），他在日記裡得意寫道，「中華帝國是我的了」。內皮爾對他在中國所可能會行使的權力，有不切實際的憧憬。他認為中國是個「有四千萬人口而單單靠著一張蜘蛛網才未分崩離析的大帝國」（他口中的人口數大大偏離實情，只及實際人口的十分之一）。他想像在中國沿海駐守一支海軍中隊會是多「痛快的事」，「一艘雙桅橫帆船能如何輕易掀起革命，使他們向貿易世界開放口岸。」內皮爾認為，如果他能當上商務總監，他就能成為打開中國的人。[30]

由於內皮爾欠缺應有的資歷，而且或許首相格雷伯爵料到他爭取這項在華職位時居心並不良善，格雷並不願讓他當商務總監。格雷把這項人事案拖了數個月，最後承受不住國王的壓力才屈服。國王出面強力干預，力挺內皮爾擔任此職。[31] 即使如此，在此項人事案底定而內皮爾正準備出發時，格雷伯爵仍發給他一封私人信函，以阻止這位新任商務總監遂行他似乎察覺到的私人野心（後來的發展果如格雷所料）。格雷以客氣口吻請求內皮爾勿把他的來信視為不信任的表現，提醒他「與中國人打交道時力求謹慎小心」。格雷寫道，由於清廷和中國人民「猜忌、多疑的個性」，「絕不可做出會觸犯他們的成見或激起他們恐懼的事」。

格雷尤其希望內皮爾維持廣州局勢平靜，勿做會傷害英國與中國政府之通商關係的事。格雷告訴他，與中國人打交道，「只能以說服和化解分歧為手段，絕不可有幾近敵對、威嚇的語氣。」如果遇到最糟的情況，說服和化解分歧都行不通，內皮爾要「暫時（表現）屈從」，等待來自國內的新指示；不得自作主張「竭力強求」，不管那些要求有多「合理」。內皮爾看了該信，甚至把內容抄在筆記本上。他回信給格雷，說他完全同意。但沒多少證據顯示他有把話聽進去。[32]

與此同時，外交大臣巴麥尊勛爵給內皮爾的指示，同樣想嚴加約束他。巴麥尊跟首相格雷一樣，要內皮爾務必把避免與中國人起衝突當成第一要務。為此，他要內皮爾大部分情況下都不得獨立行事或自作主張——例如告訴他，不妨嘗試與北京建立溝通管道，但內皮爾不是使節，因此不該親自前往北京，即使有此機會亦然，因為他可能會「喚起（清廷）恐懼，或觸犯（清廷的）成見。」巴麥尊也要內皮爾弄清楚測量中國沿海一事是否可行，但又要內皮爾切勿真的執行這樣的測量，只需發文回報巴麥尊，讓他知道此事是否可行即可。內皮爾抵華意味著英國人和中國人在廣州的關係將走上新體制——從未與中國政府討論過的體制，更別提得到中國政府批准——但巴麥尊指示內皮爾勿與當地官員商談。巴麥尊說，如果有機會商談，內皮爾要發函回國，等待進一步指示再行事。由於廣州、倫敦相距遙遠，他要等差不多一年才能收到這進一步的指示。[33]

一八三四年二月七日，內皮爾搭乘配備二十八門火炮的安德洛瑪刻號（Andromache）從樸利茅斯出發，妻子伊萊札（Eliza）和兩個女兒與他同行（他另外四個小孩，包括兩個兒子，留下來由保姆和私人教師照顧）。女人坐船到廣州特別辛苦，大部分時候得窩在自己的房艙裡，雖然要在海上待上數個月，仍得注重儀容——行李一般來說會裝至少七十二件換穿的內衣褲，因為衣物用鹹水洗不妥。[34]內皮爾夫人和女兒頭幾個星期暈船很嚴重，內皮爾早習慣海上生活，在海上五個月期間把大量時間花在瞭解廣州當地情況上。他的房艙裡有個小書庫，裡面包含十一冊政府文件和東印度公司所編寫、講述一六〇〇年以來英中關係的長篇手寫報告，全是巴麥尊給他的，供廣州檔案室收藏。[35]他也帶了數本自己所有、論中國的書籍，包括小斯當東父親寫的《馬戛爾尼使華記》、埃利斯寫的《阿美士德使華記》、小斯當東等人寫的幾本論中國的近期著作。

巴麥尊清楚告訴內皮爾，他不是使節（內皮爾啟程前不久，問能否私底下賦予他全權代表的權力，以便萬一有機會見中國皇帝時用得上，巴麥尊斷然回絕）。不過，從內皮爾在安德洛瑪刻號上所寫的日記可看出，他自認是繼馬戛爾尼、阿美士德之後再度使華的英國人。他在閱讀帶來的資料時，特別著意瞭解前兩次使團失敗之處，以免重蹈覆轍——尤其是阿美士德勛爵所碰上的問題。內皮爾認為阿美士德帶了太多隨員和禮物，使他的使團「大而無當」，因而注定無法達成任務。[36]

一八一六年阿美士德拒絕覲見嘉慶一事——尤其是和世泰已告訴他不必叩頭之後還執意不見——令內皮爾大為驚愕。他寫道，「這一突如其來、自動送上門的私人覲見機會，就此溜走，為什麼？只因為這位使節的覲見禮服和國書未與他同行。」內皮爾認為，阿美士德在服裝上做無謂的堅持，又未善盡職責掌握自己國書的去向，才搞砸了他那次使華。他指責他犯了「不可饒恕的疏失」。至於叩頭一事，內皮爾同意埃利斯的看法，認為那「只是宮廷儀禮」，照做了也不代表英國屈從於中國。他認為阿美士德在叩頭禮上小題大作，聽信小斯當東等東印度公司職員的意見，而把使華之行搞砸。內皮爾認為，叩頭禮「是想贏得清廷好感的外國人可能該做和理應要做的」。[37] 如今有了他所企盼的機會，他打算在做法上改弦更張。（有一點在此值得一提，或許與大家的直覺想法正好相反，那些最鄙視中國的英國人，例如內皮爾或埃利斯，通常是最贊成行叩頭禮的人。相形之下，那些極力想免掉叩頭禮的人，例如小斯當東和馬戛爾尼，往往是最尊敬這個國家的人。）

內皮爾啟程赴華之前就已支持自由貿易，赴華途中也沒讀到有助於改善他對東印度公司看法的資料。事實上，在他眼中，整個英中關係史裡，只有兩人值得推崇。一人是一六三七年開炮強行闖過虎門炮臺，開啟英國人在廣州通商的韋德爾船長。另一人與前者同一類，即一八一六年阿美士德使華期間同樣向虎門炮臺開火的阿爾塞斯特號船長麥克斯韋。其他的每場危機，英國指揮官或東印度公司代表都臨陣退縮，不敢與中國人起衝突，內皮爾認為他們未堅守立場。身為海軍艦長，他支持韋德爾和麥克斯韋或許不難理解，但他從他們的作為得出的結論，卻是很強勢的結論。他在筆記本上草草寫道，「我方每一次的暴力行為，都帶來立即的糾正和其他有利的結果。」[38]

但那些都是過去事，眼下，內皮爾思索英國在華的前景時，有他書庫裡的兩個嚮導指引：一個是主張謹慎行事的小斯當東，另一個是看法與小斯當東大相逕庭的胡夏米和他近期出版的《阿美士德勛爵號祕航記》。至於小斯當東，內皮爾瞧不起他。內皮爾的商務總監之位，純粹因為東印度公司的壟斷地位遭廢除才得以問世，而除了忠於他所接職務的工作原則，他認為該公司長期以來為英中交往所立下的榜樣並不足取。他寫道，該公司董事把他們的貿易當禁臠生怕別人奪走，「只想著把股利放進自己口袋」，不得不付高薪給他們在廣州的代理人，「以補償那些人每日受到的侮辱」。換句話說，他們完全不在乎榮辱，只想著錢。小斯當東是他們的傀儡和最重要的公開支持者，所以內皮爾（在會令渣甸滿意的一件事情上）不信任他。

內皮爾看完數篇小斯當東較短的文章，從中得知小斯當東對英國人在華搞自由貿易後可能引發的混亂有所示警，但內皮爾對此不屑一顧，認為「喬治爵士顯然只是從東印度公司愛僕應該抱持的立場看這個問題。幾無異於一份代表舊利益團體所發出、叫人非常遺憾的特別答辯書。」他質疑小斯當東留下的外交作風，尤其質疑其長久以來反對叩頭的立場（內皮爾不解「為何不遵照清廷的規定？」）至於一八三三年小斯當東無緣講完，勸誡廣州貿易應從壟斷漸漸過渡到自由貿易的那篇國會發言稿，內皮爾認為那「只是任性執拗性格的展露」。他還有點不留情地說，「難怪他在下議院沒有『發言的機會』」。總而言之，這位商務總監對小斯當東的評價，用他自己的話說，就是「喬治爵士或許熟諳中國文學，但政治上他很幼稚。」[39]

結果，另一邊的看法打動了內皮爾，而他所讀過的資料裡，最令他振奮的，莫過於胡夏米對阿美士德勛爵號之行的記述，以及該文裡的以下說法：中國人受異族王朝壓迫，喜歡外國人，想要自由貿易。胡夏米與郭士立的說法，使內皮爾更加相信他的一個奇想，亦即迫使清廷向英國人開放所有口岸通商，唯一要做的事就是派一支海軍中隊封鎖中國沿海，胡夏米並主張一七六〇年乾隆限制洋人在廣州一口通商之前，所有口岸開放通商是常態。反覆思考過胡夏米的記述後，內皮爾寫道，「我看不出有什麼理由，要我們不該動用手中所有手段強迫、威逼那個擾人的政府恢復過去的狀態，尊重他們所征服之子民的想法和願望，根據所有文明國家所共同認可的互惠原則對待他國。」

內皮爾認為，如果英國人想要拿下虎門要塞，「摧毀沿岸所有炮臺和炮艇」，是輕而易舉的事。英國海軍還能同時發動像胡夏米那樣的宣傳戰——在中國沿海地區分發傳單，「向人民保證我們開戰並非針對他們或他們的財產」。胡夏米保證，英國人和中國人民一樣希望自由貿易，屆時中國人民會成群站到英國人這一邊，中英兩國人民會一起對付共同的敵人：統治中國的滿人。內皮爾認為接下來「要把這個入侵的異族趕到長城外，照我們的條件恢復中國王朝」，就不是難事。屆時會有一個新王朝入主北京，在英國人協助下開基立業，而且受藏身幕後的英國人節制。那將是把中國打造成另一個印度的第一步。

安德洛瑪刻號於一八三四年七月十六日抵達澳門，當時正值酷暑，白天時蔭涼處氣溫超過攝氏三十二度。[40]內皮爾下船，儘管酷熱，仍一身完整的海軍上校制服，十足神氣。這身派頭完全遵照國王的要求。馬禮遜在中國海關官署迎接內皮爾和他的家眷，內心七上八下，因為馬禮遜知道內皮爾的到來代表東印度公司商館就此走入歷史，他幹了二十五年的工作也跟著要結束（而東印度公司無意給他養老金）。馬禮遜助內皮爾的一個女兒下船，內皮爾夫人說久仰馬禮遜大名，讓馬禮遜受寵若驚。那天下午，內皮爾把在澳門的商館人員集合起來，宣讀了他的委任狀。內皮爾請他擔任他的正式中文祕書，令馬禮遜鬆了口氣，比起他先前在東印度公司擔任的職務，這是更上層樓，因為從此他將為英國政府效力。他欣然接下此職，內皮爾要他脫掉傳道士服，找件副領事服來穿。[41]

內皮爾往往隨自己高興解讀他所收到的指示，但在某項次要的指示上，他選擇照字面意思去做：巴麥尊要他抵華時直奔廣州，向廣州官府當面通報他已抵達。這指示頗為奇怪，因為那與長久以來的習慣做法相忤，按理外國人得在澳門等候，待官府允許才能前去廣州，而且不得與中國官員直通聲息，只能透過行商間接溝通。書面指示裡那段話的措辭，只反映了巴麥尊對廣州當地情況的無知，而非反映了什麼特別的意圖，但內皮爾完全照字面意思去解讀。[42] 事實上，他很高興能不用理會過往的習慣做法，因為他自視是英王所派來（而且自認身分形同使節），所以他應有充分權利隨時想去哪就去哪，並以平起平坐的身分和清朝官員講話。

七月二十三日，內皮爾遵照這些不夠周全的指示，帶著馬禮遜搭船前往廣州，事前未徵求許可。他們得在虎門炮臺下方水域，也就是當時所謂的「外水域」，讓安德洛瑪刻號下錨停泊，因為外國軍艦不得通過炮臺進入珠江。然後他們搭小艇走完剩下的水路，七月二十五日清早抵達廣州。在熱得難受的廣州商館區，內皮爾再次向群集的英國商人宣讀他的委任狀，把一份副本給《廣州紀錄報》

主筆供其刊登在該報。然後他要馬禮遜擬一封中文信，以當面向兩廣總督通報他已抵達——再一次遵照上級信手寫就的書面指示行事。[43]

兩廣總督盧坤不會接下此信。內皮爾未徵求允許就突然來到廣州，盧坤不知他所為何來，只知道他搭軍艦來到澳門，聲稱掌管英國貿易事宜。廣州的英國人向來有個大班，即決策委員會主席，當他們的頭頭。而大班，除極少數例外，只透過行商與官府打交道。這一做法已行之數代。事實上，前一任兩廣總督初得知東印度公司的壟斷地位可能廢除時，非常擔心出亂子，於是要行商轉告英國商人，要他們務必通報母國，叫母國政府派一位新大班做他們的代表。[44]但內皮爾堅稱他不是大班，不是低俗的商人。他想要得到另一種對待。但官府還是不准他來。

盧坤知道內皮爾的到來意味著東印度公司退場，需要制訂一套新的通商規定。但沒有皇上的命令，他無權制訂這類規定。於是他要伍秉鑑去見內皮爾，探探他的口風再回報，以便他上奏皇上，請皇上定奪未來該如何處理通商事宜。伍秉鑑奉命行事，七月二十六日，他和一位同業拜訪內皮爾，說明兩廣總督要他跟過去的英國大班一樣，透過他們與官府打交道。但內皮爾充耳不聞，說不需要他們幫忙，他較中意「以符合英王陛下委任狀和英國名聲的方式」和兩廣總督當面溝通。[45]然後內皮爾略過伍秉鑑，派一支英商代表團經城郊抵廣州城門，以遞上他要給盧坤的信。

沒人會收下。天氣熱得叫人發昏，英國代表在城門外站了一個小時，看著官員進進出出，沒人願意幫忙轉交內皮爾的信，此時伍秉鑑來到。他懇請改由他代辦，但他們遵照內皮爾的指示，不理他，繼續等。一會兒之後，又一個官員走來，一如其他官員，不肯收信。伍秉鑑問要不要替他們把信帶進去（後來內皮爾向巴麥尊說起伍秉鑑的建議，認為這是想要繞過他職權的「陰謀」）。他們還是不理他。在城門外枯等，追逐一個又一個剛好通過城門的官員都徒勞無功，就這樣又過了數小時，代表團死了心，穿過郊區的狹窄街道，返回商館區，內皮爾的中文信未能送出。

隔天，伍秉鑑再度上門拜訪內皮爾，而這時內皮爾已對這位老行商極度厭惡，認為他十足「狡詐與欺騙」。為緩和事態，伍秉鑑建議內皮爾不妨把要給兩廣總督的文書，由帶有平等意涵的「信」改成暗示內皮爾之懇求身分的「稟帖」。內皮爾驚駭莫名。伍秉鑑也把一些文件拿給馬禮遜看，而在那些文件中，有個存心搗亂的墓僚給內皮爾取了「律勞卑」這個中文名，那名字聽來隱約類似 Lord Napier 的音，但字面意思，照馬禮遜的解釋，為「辛勞且卑下」。這下內皮爾更加驚駭。[46]

而情況還不只如此。盧坤不知該用什麼頭銜稱呼內皮爾——因為內皮爾堅稱他不是大班——於是改用「夷目」一詞稱乎這位新商務總監。「夷目」一詞意為「夷人頭目」，用在部落酋長之類人身上。偏偏有人離譜誤譯，照字面意思、不顧前後文脈，把「夷目」解讀為「蠻夷眼睛」，譯為英文。這一頭銜莫名其妙，但在英國人看來，中國人有許多事莫名其妙。於是，當時沒人質疑這樣翻譯是否正確（後來亦然，只有小斯當東例外。他堅稱這個詞，正確理解的話，是一個完全適切、用來表達「外國主管」之意的中文詞彙）。[47] 無論如何，這一奇怪的翻譯，使頂多微帶貶意的一個詞，變成離譜到幾乎帶有威脅之意。送回倫敦的這些英譯文件，到處可見這個詞，所以巴麥尊會在其外交部辦公桌前坐下，費心思量「有艘英格蘭軍艦把一個蠻夷眼睛帶到廣州」和「這位蠻夷眼睛不遵守舊規定」之類的句子。巴麥尊會讀到兩廣總督指控「這位蠻夷眼睛未清楚告知他所為何來」，情況失控，「錯全在蠻夷眼睛」。[48]

內皮爾最大的錯誤，是不知道他不是在與「中國」打交道，而是在與一個官員打交道。這個官員是兩廣總督，位高權重，但如果令皇上失望，還是會丟官。盧坤個人對內皮爾與他如何溝通一事做何想法，並不重要。盧坤所在意的，乃是遵照既有的規矩行事，勿因疏忽而立下新的先例，以免讓英國人產生期望，惹出麻煩。他無權與外人談出新的溝通或通商制度，若那麼做，仕途會不保。凡是還留在廣州的東印度公司資深員工，都能向內皮爾解釋這種情況不可能出現（如果是小斯當東當商務總監，而且一開始就像內皮爾一樣做得這麼過火，這時他會退回澳門）。但內皮爾不信任東印度公司，凡是與該公司有關係者所提的意見，他都不想聽。

好巧不巧，廣州的英國人裡，與內皮爾走得最近的，就是那些最可能勸他勿任由中國官府擺布的人：亦即他的蘇格蘭老鄉渣甸和馬地臣。渣甸更是內皮爾的小同鄉，兩人來自蘇格蘭同一個郡，內皮爾與他很快就結為朋友。渣甸、馬地臣和他們陣營裡的其他自營商（廣州其他洋人口中的「蘇格蘭幫」），為身在異鄉的內皮爾提供了一個社交中心，也就是他所謂的「蘇格蘭人定期聚會」。在八月六日的一封私信中，他憶述了他和「渣甸一同用餐，在屋頂露臺上就著星光飲茶，聊鄧弗里斯郡（Dumfriesshire）聊了許久。」他吹捧渣甸是「這裡最厲害的商人，身家據說有數千元、說不定數百萬元。」[49] 內皮爾寫信給國內的管理委員會主席格蘭特，堅稱他有自己的顧問，不受廣州英國僑界裡的任何派系影響，但坦承他對中國和貿易的看法，的確與這位著名蘇格蘭商人的看法極為契合，因而讓人覺得他可能「受渣甸操控」。[50]

就在內皮爾的外交糾紛鬧得正激烈時，有件事幾乎無人聞問，那就是在商務總監到來之前就已苦於病痛的馬禮遜，八月一日去世，享年只有五十二。從許多方面來看，馬禮遜是個失敗的傳教士，辛苦了將近三十年，只說服十二名中國人歸信基督教，卻會以傳奇人物之姿長留青史：他是赴華傳播基督新教的先驅，為此後百年湧入中國的大批新教徒首度打開了中國大門。但他留下一個令人憂心的遺風——為了能留在廣州而違背原則替有權有勢者效力。憑藉語言方面的工作，他讓自己受到重用，他之後來華的許多傳教士會走上跟他一樣的路——事實上，在華的新教傳教士將始終和商界、官方有很深的關係；他們會是譯員、助紂為虐者、探險家。馬禮遜在他的宗教工作和替東印度公司的貿易（以及最終為政府）服務的工作之間，努力保持脆弱的平衡。但對他人眼中有道德爭議的事情，他一頭栽進去，做出妥協，始終把事情往好處想。不過，在某種程度上，他沒能活著看到後來的發展，對他來說是幸事。

到了八月九日，內皮爾仍無法將他的信送到兩廣總督手上，開始緊張不安。他寫信給巴麥尊，抱怨國內給他的指示不明確，表示中國官府一再要他離開廣州回澳門，令他惱火。講到伍秉鑑等行商試圖召開大會之事，他的怒火整個爆開，他堅信在那場大會上，他們會運作英商反他。他自誇堅守不退，告訴巴麥尊，光是他出現在廣州，就是實力的展現。據說廣州城裡駐守了四萬中國士兵，只要兩廣總督想把他攆走，隨時都能辦到，但他們一直沒這麼做，他認為這不是因為盧坤克制，而是因為「中國政府的無能」。[51]

內皮爾不肯輕易吞下屈辱，而他的諸多報告——由於收到回覆要等很久，這是他與巴麥尊自說自話的交談——愈來愈偏離他所收到指示的精神。八月十四日，他向外交大臣嚴正表示，與中國之類國家打交道時，「英王陛下的政府（不該）受制於文明人所該遵守的常規」。他寫道，兩廣總督盧坤是個「專橫的野蠻人」。他告訴巴麥尊，中國皇帝不是中國人，而是異族滿人，道光帝在中國根本是個「入侵者」。中國的真正子民——也就是漢人，至少是那些沒有在朝為官的漢人——都想與英國人通商（胡夏米和始終抱持希望的自營商讓他相信這點）；因為欠缺統治正當性的政府阻撓，他們才無法如願。內皮爾寫道，滿人或許曾經勇猛強大，但統治中國數代以後，如今他們是「可憐蟲，墮落到難以想像的地步，成不了什麼事。」[52]

內皮爾告訴巴麥尊，歸根結底，英國的上上策就是用武力逼滿清政府永遠開放中國的口岸。英國政府應告訴道光，「照這樣做，不然後果自負。」內皮爾坦承那些後果可能包括「對無力自衛的人發動慘烈戰爭」，但如果走到這一步，他確信英國不用丟掉人命，就能打贏（同樣是自營商和胡夏米讓他相信這一點）——「而且」，他以無比篤定的口吻主張，「我們站在正義這一邊」。以新任商務總監身分來廣州不到三個星期，受命維持平和通商關係的內皮爾就認定中國真正需要的是一場戰爭。

儘管內皮爾對中國人的頑固有種種抱怨，每當盧坤表現出妥協的樣子，內皮爾都得意不已，好似已經獲勝。八月二十二日，他從伍秉鑑那兒得知兩廣總督隔天要派三名府級高階官員來見他，內皮爾向巴麥尊回報，說這項讓步是「他們搖擺不定或欠缺一貫目標與決心的有力事例」。[53] 但那些官員遲到，內皮爾又覺得受辱。他透過馬禮遜兒子馬儒翰翻譯痛斥他們，說過去與他們打交道的只是一間私人商行的職員，現在與他們交打道的則是「英王陛下指派的官員」，而這些英國官員「絕不會默默承受屈辱」，被迫空等會議開始。他們代表兩廣總督問內皮爾打算何時回澳門，內皮爾不客氣回道，那「完全看他方便」而定。經過一番緊繃且沒有結論的會談，其中一名清朝官員私下告訴他，「如果兩國走到決裂這一步，局面可就十分難看了」。內皮爾很生氣，回道那未必會讓英國人難看。

內皮爾對官方管道死了心，又面臨如果他不離開、貿易會遭中止的威脅，於是轉而向人民討公道。他認定廣州城裡所有店家都想要自由貿易，都會聲援他，他要馬儒翰擬一份中文布告，用平版印刷術印成多份，八月二十六日張貼在商館區附近的各個街角。在布告中，內皮爾嚴正表示他受到腐敗兩廣總督盧坤羞辱，盧坤「無知且頑固」，才會允許行商中止英國在廣州的貿易。內皮爾想讓廣州當地人與治理他們的官員作對：「數千名靠歐洲人貿易為生的勤奮中國人，必將因為他們政府的執拗而破產、不安。」他斷言，他的人只想要一樣東西，那就是「按照互惠原則與整個中國貿易」，英國人不達到那個目的，絕不會罷休。兩廣總督會「發現要落實（中止貿易的）不理性決定，就和截住廣州河水一樣難。」[54]

內皮爾認為他的布告會有何成效，我們不得而知（似乎認為會激起中國水手和茶葉搬運工造反），但在廣州牆面發動一場中文宣傳戰，無助於事態朝有利於他的方向結束。隔天，出現另一份布告，中國官府貼出的布告。該布告開頭寫道，「不法番奴無比示，不知爾外國何等狗夷，膽敢自稱監督（譯按：「無比」為內皮爾的中文自稱，「無比示」意為內皮爾貼出告示）。」然後語氣愈來愈不客氣，竟稱該把內皮爾砍頭，梟首示眾。

九月四日晚，內皮爾勛爵正在英國商館大而深但幾乎空無一物的食堂裡與五名賓客用餐時，所有僕人突然同時衝進食堂，向他示警說有武裝人員出現在前門。他與賓客起座，匆忙下樓，發現中國士兵已圍住屋子，屋前廣場上聚集了大批看熱鬧者。有個官員在商館牆上釘上兩廣總督的布告，宣布正式中止貿易，下令所有華人職員立刻撤出英國商館。這棟大建築裡的僕人、雜務工、守衛很快就走光，響著回音的空屋裡只剩內皮爾勛爵和他的幾名同伴。有人說群眾會在那晚把商館燒掉。[55]

於是內皮爾叫來炮艇。他有兩艘炮艇可調遣，一艘是安德洛瑪刻號，另一艘是伊摩琴號（Imogene），兩艘都是裝有大炮的皇家海軍第六級巡防艦，兩船火炮加起來共五十四門。內皮爾認為這場危機大不同於一般，他有理由違抗巴麥尊和格雷勿讓英國軍艦進入內水城的指示，於是下令軍艦強行通過虎門炮臺（不管遭遇何種抵抗），在黃埔就定位「以便更有效率地保護英國子民和其財產」。他不再承繼馬戛爾尼、阿美士德的遺風，從此要追隨韋德爾、麥克斯韋兩位船長的作風。下達指示給船艦之後，他寫了封信給兩廣總督和行商，嚴正表示他們已「替戰爭開了頭」。內皮爾提到他的好友英王威廉四世，然後警告他們，「在我來到這裡後，英王陛下就不會再容許你們犯下這類愚蠢、惡劣、殘酷的行為還能逍遙法外。」[56]（事實上，內皮爾渾然不知他在這點上錯得有多離譜；對於他要對華開戰的主張，英國政府的回覆——送到廣州時已太遲——嚴厲要求他遵照長官的指示行事，切勿惹出亂子。誠如外交大臣所斥責他的，「國王陛下無意藉由武力和暴力讓他的子民與中國達成通商」。）[57]

令內皮爾感到遺憾的是，軍艦造成的震撼不如他原本的期盼。軍艦的確強行通過虎門水道，但由於逆風而動彈不得，不得不與炮臺以炮火互轟，雙方交手甚久，彼此都不退讓。這是迄當時為止中英部隊最激烈的一次交手，內皮爾的兩艘巡防艦，在這場交手期間朝中方防禦工事發了超過七百發的炮彈。[58]在兩名英國水兵喪命，數人受傷之後，才把虎門炮臺打啞。安德洛瑪刻號和伊摩琴號終於慢慢進入黃埔泊地時，由於內皮爾拿捏不定該下達什麼命令，兩艦又被進一步耽擱，而且這時中方部隊已在更上游處沉下重型障礙物，以阻止英艦進一步逼近廣州。所以，儘管雙方交火，英國軍艦逼近廣州的程度卻從未近到從商館區便可見到軍艦身影，也就未能如內皮爾所希望的引發中國軍民畏怯和恐慌。

與此同時，內皮爾在陸上所面臨的最棘手麻煩，是英商不願配合他行事。對於他該怎麼做，他們看法非常分歧，但大多數人最在意的就是能否重新和中國人做買賣。渣甸和馬地臣支持內皮爾強硬以對，但其他人不然，而是要他不要再堅持立場，調頭返回澳門，照兩廣總督的命令做，以使貿易恢復。其中有些人質疑內皮爾這麼做是否真有得到授權，說如果中國人不承認商務總監的身分，他這趟來華就是白來。他們開始向他呈上請願書，抱怨他的所作所為讓他們蒙受財務損失。[59]與此同時，兩廣總督表明他不怪洋商，貿易中止全因為內皮爾一人，只要他離開廣州，就可以恢復正常通商。內皮爾覺得被自己人扯後腿。他向巴麥尊控訴，說來自利物浦、格拉斯哥、倫敦的商人「一點也不在意國王的尊嚴或總監的存在與否」。[60]內皮爾原以為英國自營商會一致支持他，視他為他們的保護者和聲援者，結果不然。給他們自由，結果就是如此。[61]

內皮爾既為自己同胞未力挺他而感到難堪，也覺得身在大而空蕩的商館建築裡，自家炮艇　長莫及護不了他，館外的中國士兵不讓食物進入商館，使他只能吃鹽醃漬的食物，他因此感到很不安全。他知道如果英國人在華貿易因他個人的行動而受重創，他逃不過究責。正好他也開始覺得身體不適。於是他最終打了退堂鼓。兩廣總督拆穿了他的虛張聲勢；內皮爾毫無實權。九月二十一日，他通知他的兩艘炮艇，說已不需它們效勞。然後他離開廣州，鬥志全失。幾天後貿易恢復常態。英國的首任商務總監，自得於打過拿破崙戰爭且與英王威廉有私交的內皮爾，被伍秉鑑之類人士和「專橫的野蠻人」盧坤殺了銳氣。在中方重軍押送下，內皮爾從廣州出發，經過緩慢且極不舒服的五天行程（因不明原因而耽擱），九月二十六日臉色慘白、發著燒抵達澳門。兩星期後客死異鄉。

十一、解決之道

中國的情況在道光統治期間更加惡化。他登基時，中國已是守成多於開創新局，這樣的局面某種程度上甚至從他父親嘉慶在位時就開始了。他們和其後的皇帝、攝政會有所成就——清朝終究到二十世紀初期才滅亡——但他們所留下的中國都沒能比他們所接手的中國更加安穩。到了十九世紀初期，無可逆轉的衰落過程開始了，十八世紀晚期乾隆在位時，清朝國勢如日中天，但此後則如過了正午的太陽慢慢西落。嘉慶盡了全力，大刀闊斧抑制軍隊裡的貪汙腐敗，平定了白蓮教亂等民亂。但他兒子道光在位期間，不僅又有新的難題困擾清帝國，連舊難題也改頭換面再度來襲。

結黨營私、賄賂、盜用公款在官場裡見怪不怪，尤其是基層官員。人口成長加諸於土地的壓力有增無減，受迫於居住環境擁擠而離鄉的漢人移民，繼續移入山區，而與世居山區的本地人起衝突，爆發族群暴力事件。朝廷與農民間的互信更加薄弱。嘉慶帝於白蓮教亂後採取的撙節措施，削弱了軍力。整個一八三〇年代期間，每隔一或兩年就有民亂在帝國不同地區爆發——有些民亂由類似白蓮教的宗教派系領導，有些民變集團則由同鄉或同族群的人組成。龐大、多元的多族群帝國裡自然會有許多分歧，此時變得更為常見且鮮明。

社會動盪，千瘡百孔，鴉片趁虛而入，橫行無阻，成為彰顯中國政府管不住人民的最鮮明象徵。道光極想壓下鴉片吸食之風，但沿海取締走私不力，因而到了一八三〇年代後期，如有外國船出現於海岸附近，不會看到海軍巡邏船，而會看到數千買家站在海岸上向該船吹哨子，希望該船停下，賣鴉片給他們。[1]貫穿湖南的一條南北縱走鴉片運輸主要路線，成為一八三六年華中一連串民亂的中心地區，清廷派去內陸平亂的官軍士兵，本身鴉片癮極重，幾乎打不了仗。諷刺的是他們是在前一次任務期間——在廣州附近海岸取締走私者——染上毒癮。[2]

廣州外國人注意到中國國內日益動盪，擔心內陸動亂危害茶葉、生絲生產。但其中某些人也在發生於中國邊陲的動亂裡察覺到機會。一八三三年，臺灣一場劇烈民亂，威脅清朝對此島的控制長達數月，民亂期間英國國會裡有人說臺灣已「宣告脫離中國人掌控」。[3]有些外國人開始宣稱可將臺灣納為英國殖民地，做為與中國貿易且不受廣州約束的基地。他們主張，從道德上講，拿下臺灣與占據中國大陸上的領土是兩碼子事，因為在康熙攻占臺灣之前，臺灣是荷蘭人所有，因此他們認為臺灣只是清帝國的殖民地，而非不折不扣的中國領土。據廣州某份英文報紙所述，臺灣人是被征服的人，「中國的附庸；並非心甘情願臣屬於中國，而是慘烈戰爭所致」，因此，就連反對以強勢作為對華的外國人，都不應反對英國人拿下臺灣。該報認為即使只是為了「讓該島島民擺脫中國人的暴政」，拿下臺灣都是值得稱許之舉。[4]

民亂和族群間暴力衝突是清廷須盡快解決的威脅，但它們終究局限於一地。波及範圍更廣，從而為害更烈更不為人知的，乃是中國經濟的弊病叢生。到了一八三〇年代中期，道光治下的帝國已開始迅速步入蕭條期。穀價下跌，拉低農民收入。失業率上升，朝廷本已不足的稅收更加減少。迫於經費不足，建造和維護防洪堤防之類公共設施時無法符合應有的要求，從而導致工程偷工減料和疏於維修，一旦發大水，就災情慘重。那些年期間，有幾年中國降雨特別失常，更加劇了人為治理不力的危害，農業生產力大減，帝國數個地方飽受饑荒之苦。[5]

天候失常非朝廷所能控制，但一八三〇年代經濟動盪的根源和諸多問題的禍根，乃是人為所致：中國的貨幣制度已經出了問題。主要是貨幣問題，而清朝的貨幣主要有兩種：用於小額交易的銅錢和用於大額交易的銀錠。銅錢是鑄幣（中間有孔，可成串吊起來，便於攜帶），銀錠——幾乎是純銀，英語稱作sycee——則未經鑄造，以重量（「兩」）計值。一般來說，一兩銀子值一千個銅錢，而要在省與省間運送大量銅錢太困難，銀於是成為帝國裡所有長距離貿易的媒介。銀錠也是評定稅額的依據。相對的，銅錢是鄉村市場和粗活工資的支付媒介。[6] 中國下層百姓（農民、雇工、工匠）的收入和儲蓄，幾乎都是用銅錢。

危機在於白銀價值已開始陡升，而隨著銀值上漲，白銀與銅錢的匯率脫離正軌，到了失控程度。從十八世紀一千銅錢換一兩銀子的理想匯率（有時甚至不用一千銅錢就可換到，這對廣大農民是個利多，因為那意味著他們手上的銅錢較值錢），漲至道光即位時一千兩百銅錢換一兩銀子。到了一八三〇年，更漲為一三六五個銅錢換一兩銀子，且無停止上漲的跡象。[7] 由於應繳的稅為固定數量的白銀，而白銀得用銅錢買，這就表示到了一八三〇年代初期，中國農民的實質稅額，多了將近四成，原因為何則還不是很清楚。清帝國裡的每個弊病幾乎都因為官員貪汙而加劇，稅賦弊病亦然，因為收稅員普遍課以較高的匯率，以便中飽私囊。到了一八三〇年代晚期，據傳已有某些地區出現銅錢對白銀匯率高達一六〇〇比一的情況，收稅員則要求以兩千銅錢換一兩銀子的匯率繳稅。[8] 銅錢幣值的大跌令一般百姓苦不堪言，使幾乎承受不住此衝擊的窮人生活更拮据，引發大規模的抗稅活動，稅賦成為清朝最大的民怨來源。道光偶爾免除水災或旱災地區的稅賦，但朝廷歲入亟需白銀，於是強徵暴斂仍無止歇。

據某些中國士人（尤其是景仰包世臣的士人）的說法，禍首再清楚不過：全是對外貿易惹的禍。在他們看來，情況就如一八二〇年包世臣所料。當時他示警道，中國的白銀最終會落入外商之手。由於整個一八三〇年代白銀愈來愈貴，這樣的主張就很順理成章：白銀變貴是因為它變稀少、白銀變稀少是因為與外國人（尤其是外國鴉片批發商）通商而大量流出國。依據這一思路，距洋人在華貿易中心廣州一千英里的江蘇省，其境內農民的經濟困頓，就還是可歸咎於停泊於伶仃島、黃埔和偷偷航行於中國沿海的外國船。

他們的說法有一部分屬實。付錢給外國鴉片販子時，的確大部分以依法不得出口的銀錠支付。於是，在這些交易中，中國境內白銀落入渣甸、馬地臣之類外國人之手。但外國人也從廣州行商那兒買進大量茶葉等商品，因此那些白銀照理應該能透過合法貿易流回中國。癥結在於行商賣出茶葉或生絲時不願收銀錠。輸出銀錠為非法之事，因此，就連從外國人那兒收回銀錠，都會使中國商人惹上違法的麻煩。於是行商只願收西班牙披索這款白銀，西班牙披索是中國對外貿易領域唯一合法的貨幣（只要它們來自國外，使用就合法）。合法、非法貿易並存於廣州這個怪現象，意味著銀錠能（非法）流出中國，卻無從回流中國。由於港腳商手中的銀錠派不上用場又愈積愈多，東印度公司在渣甸與馬地臣協助下，終於開始將銀錠運回倫敦，而運回倫敦後，銀錠會被熔成銀塊賣掉，收益則匯到印度的鴉片商人戶頭裡。[9]

但即使銀錠外流，照理在廣州賣出茶葉和生絲所收到的西班牙披索，應能使中國境內白銀總供給量保持在相對較穩定的狀態（而且事實上自十八世紀晚期起，在中國某些最重要的國內市場裡，西班牙披索就比本土銀錠更受青睞）。[10]但在這點上，有多股遠在中國境外的力量起了作用。首先，十九世紀初期流入中國的白銀，大部分由美國商人帶入（一八〇五至一八三四年墨西哥的白銀總產量有整整三分之一被美國人運到中國）。但一八三四年美國政府更動貨幣政策，使白銀對美商而言變得更貴，於是他們驟然改用匯票。匯票能為行商所接受，但導致從國外流入中國的實體白銀變少。由於從美國進口的白銀變少，數百年來一直是世上最大白銀淨輸入國的中國，突然間變成白銀輸出國。[11]

但從更大的格局來看，那些把中國境內白銀缺稀歸咎於對外通商和鴉片的中國士人，未能理解到這並非只有中國才面臨的難題：到了一八二〇年代，白銀到處都愈來愈缺。此時世上流通的白銀大部分來自西屬墨西哥、祕魯的礦場（西班牙披索因此受看重），但一八一〇年代拉丁美洲開始出現反西班牙殖民統治的革命，關閉了那些礦場，使世上最大的白銀產地停止供貨。一八一〇年代期間（中國白銀價值開始上揚之時）全球白銀產量少了將近一半，而且在此後十年間繼續減少。於是，一八二〇年代中國鴉片貿易量增加之際，好巧不巧也是全球白銀產量開始下滑之時，而且這一下滑持續三十年之久。[12]

不管禍首為何，多重經濟因素的匯合，重創了中國：銀錠經由鴉片走私貿易外流、拉丁美洲革命後全球白銀缺稀、不再有白銀從美國輸入中國，都是中國境內白銀供給大跌的推手。而且這是個惡性循環，因為隨著白銀在中國變得更貴，有錢人家和商人會囤積白銀，流通的白銀因而變少，更加劇此一問題。

由於這些因素大部分非中國士人、官員所能理解，所以到了一八三〇年代中期，非法外貿即使不是經濟危機的唯一原因、也是主要原因的說法，已漸漸成為共識。儘管道光老早就痛斥抽鴉片煙敗壞風俗人心（儘管人民和大部分官員忽視此一影響），但有一點變得愈來愈清楚：鴉片貿易的經濟效應對公共秩序的威脅，可能遠比公共衛生或風俗人心對公共秩序所帶來的任何威脅大得多。就連不吸食或販賣鴉片的農民，就連居住地與沿海外貿隔了數百英里的人，都因為銅錢幣值大跌而生活困苦。這一經濟困境能引發新民亂、乃至革命，於是白銀危機（也就是鴉片危機）最終成為道光政府最需要盡快解決的問題。

但要如何解決此問題，一直沒有定論。照包世臣所曾建議的中止外貿，顯然不可行（就連包世臣本人都不再支持此做法）。誠如程含章等人所警告的，即使清朝水師能守住整個中國沿海（事實上辦不到），完全中止外貿還是很可能導致中國與英國開戰，而中國打不起這樣的戰爭。一八三四年內皮爾的兩艘炮艇強行通過虎門炮臺一事，輕易就證實了這類警告絕非胡說。它們給對手中國上了一堂震撼教育課，顯示中國的武備根本擋不住英國軍艦，因為這些炮臺據說是中國南部沿海最強的防禦據點。兩廣總督盧坤在奏摺裡極力淡化這場挫敗的程度，但道光回以一道鄙夷的上諭，下令將鎮守虎門抵禦內皮爾軍艦的指揮官降級，還批評盧坤「有損國威，深負委任」，但讓他留任兩廣總督之職，戴罪督辦，嚴厲警告他勿再失職。13

很明顯的，要靠軍力鎮住英國人，並不可行。對付英國人唯一有效的辦法，是威脅要中止貿易——而當盧坤面對內皮爾的進逼堅守立場時，這一辦法再度奏效。但這一威脅只適用在廣州的茶葉、生絲貿易上；伶仃島和沿海的鴉片貿易，遠非清廷所能管控，所以要阻止英國人做鴉片買賣，根本不可行。當然，如果主要問題只是銀錠流失，清廷大可更加大力取締將白銀送出國的國內走私者，從中國本身解決該問題，但許多省級官員不願加大力度消滅國內那些犯罪組織，擔心那只會再度激起朝廷已是很勉強才壓制住的民亂一類大規模暴力事件。

至於解決之道，盧坤於一八三四年十一月上旬向道光報告了軍備的衰弛情況，當時內皮爾已把他的軍艦撤離廣州，他本人也返回澳門，局勢回歸平靜（但是盧坤還不知道這位商務總監去世）。與英國人的緊張對立似已平息，於是這位兩廣總督就大局陳述其看法，上奏說英人「所恃不過船隻高大堅厚，安放炮位較多，內地師船因需巡歷淺洋，不能如夷船之高大。」[14]盧坤擔心中國水師軍力防不住一艘艘外國鴉片船——如果一省水師將一艘鴉片船驅離，該船只會駛往外海，再回到另一省重做鴉片買賣。他尤其擔心英國走私者漸漸熟諳中國沿海地形，能輕易繞過口岸和島嶼，此「尤非所宜」。

但他提建議時帶有試探性質，主要轉述他在廣州聽來的諸多想法，自己則未置可否。其中一個想法是開放更多口岸。他寫道，「有謂應行照昔年舊章，准其販運入關，加徵稅銀，以貨易貨。」換句話說，建議皇上恢復洪任輝事件之前、乾隆限制英國人在廣州一口通商之前的舊制。盧坤借別人之口提出這個建議，保持點距離，以防觸怒皇上，禍及自身。但還有個想法，更激進的想法，在廣州流傳，盧坤也順便提及。他以和前者一樣不置可否的態度提出此建議：「有謂應弛內地栽種之禁，使吸煙者買食土膏，夷人不能專利，紋銀仍在內地轉運，不致出洋者。」

解決中國走私危機的最有效辦法是弛禁鴉片一說，事實上已漸漸得到廣州某些士人和官員採納。盧坤向皇上提出此建議時口吻帶著猶疑，但他本人贊成此做法。[15]內皮爾口中的這個「放肆的野蠻人」，其實是個非常務實且懂得變通的官員。他敉平了多場民變，靠著手腕和政績爬上兩廣總督之位。他絕非那種只知照章辦事不動腦筋之人，一八三四年正當他與內皮爾在外交上正面交鋒之際，他已被說服並欣賞一個新政策：一個與整個道光年間施行措施完全背道而馳的新政策。

盧坤注意到的論述，乃是在廣州主持書院的士人吳蘭修所寫的文章〈弭害〉。在此文中，吳蘭修主張，中止外貿以遏止白銀外流，給中國帶來的問題，將比此舉所解決的問題，還要麻煩許多。

他寫道，「夫西洋諸國，通市舶者千有餘年，住澳門者二百餘年，其販鴉片者止英吉利耳。今將絕英吉利乎，抑盡諸國而絕之乎？」[16]他接著說，單單中止與英國的貿易，解決不了這問題（大概因為走了英國，會有其他國家替補他們的角色）。但由於直接或間接涉入合法外貿的中國人甚多，如果朝廷中止外貿，國內經濟會受重創。他寫道，「瀕海數十萬眾一旦失業無以為生，小則聚而為奸，大則引以啟釁，東南之患自此始矣。」在他看來，中國東南部的經濟依賴西方貿易的程度，比那些較接近京城的批評者所以為的要深得多。

吳蘭修主張，解決之道不在改變中國對付外國人的方式，而在改變中國對付鴉片的方式。他主張，政府禁鴉片愈嚴，反效果愈大。他寫道，「法非不嚴也，禁非不厲也，而弊仍不止，何也。蓋法令者，胥役之所藉以為利也。立法愈峻，則索賄愈多。」他認為，以當時清朝的行政體系，要靠法律禁絕鴉片，實際上不可行——此看法意味著清廷長期以來執著於刑罰的心態並非正道。他寫道，「自一人言之，則鴉片重而銀輕。合天下言之，則鴉片輕而銀重。」

吳蘭修主張，為了遏止白銀外流並使中國經濟回復正軌，應將鴉片貿易解禁，將此貿易與其他任何種商品的貿易一樣看待。他寫道，「查海關舊例，藥材款下，鴉片每百斤稅銀三兩……嗣後請飭外夷照舊納稅，交付洋行，兌換茶葉。」如果鴉片買賣在廣州公開進行，商人此後與外人貿易時只會使用外幣，不會使用中國銀錠。最後，白銀流向會再度反轉，貨幣危機會解除。他推斷，「如是則通天下之貨，留海內之銀，十年以後，生計復矣！」

盧坤顧慮太多，不敢掛名向皇上提出這一激進提議。此建議大大牴觸道光的既定政策，因此即使像他這樣身為封疆大吏，若提出此建議也可能丟官去職（尤其是他已因為未能阻止內皮爾的軍艦進入珠江而受到皇上告誡）。但用當時某人的話來說，他還是「心折」於吳蘭修此文。[17] 盧坤最終把吳蘭修的〈弭害〉，連同他主持書院裡其他持類似觀點的士人所寫的幾篇文章，集結為一本小書送到京城，書名《粵士私議》。

吳蘭修的提議沒有官員的背書，能否得到皇上垂青，頗有問題，但至少盧坤力求讓此建議有機會為廣州之外的人所認識。不過，禁鴉片的趨勢未曾轉向。同年，道光針對鴉片吸食頒布了新一波更嚴厲的處罰措施。官員吸食鴉片，罪加一等。平民和軍人只要被判定犯了抽鴉片煙罪，則杖一百，上木枷兩個月。新罰則甚至採連坐法，罪及吸食者的家人：如果有個小伙子被逮到擁有鴉片，他父親會因未善盡管教子女之責受罰。[18]

與此同時，在英格蘭，以中國鴉片貿易為主題的另一場對話開始成形。一八三〇年代初期針對東印度公司的壟斷權展開的激辯，帶來的影響之一，是使鴉片貿易在英國終於受到大眾關注。向國會東印度事務委員會作證者，鉅細靡遺說明印度貿易、中國貿易的本質，不顧與會委員是否想聽，詳細描述了走私貿易的整體情況——孟加拉鴉片如何在東印度公司壟斷下種植生產、鴉片如何運到伶仃島和在該地販售、靠鴉片賺進多少錢，尤其是該公司的盈虧如何走向漸漸倚賴鴉片專賣事業（下議院委員會被這番說詞說服，不顧小斯當東的反對，承認「放棄如此重要的財源似乎不妥」）。[19]

隨著這項非法貿易的全貌和對風俗人心的影響為眾人所知，涉入其中的商人成了過街老鼠。

事實上，有人高舉鴉片貿易，做為該廢除東印度公司壟斷對華貿易的另一個理由。白金漢（James Buckingham）是英格蘭菲爾德（Sheffield）工業選區選出的下議院議員，力主讓印度享有言論自由。誠如他所說的，東印度公司「種植鴉片不為別的，只為了將其偷偷運進中國，違反清帝國的法律和敕諭；而且確實如有些人所說，鴉片毒害了清國人民健康、敗壞了清國人心。」他說，「想到這種貿易已造了那麼多孽，就讓人心痛。」[20]

渣甸和在廣州唯他馬首是瞻的那些人，以及英國境內的實業家，在自由貿易議題上，理論上是站在同一邊，但在道德原則上，雙方差異很大。白金漢（一如許多實業家）不贊成走私禁運品，他憧憬的自由貿易不該包括這一部分。在他所憧憬的未來裡，民間商人可以自由將一般英國製造品運到中國，而非只是從印度運去「有害的鴉片」，因此他們總有一天能完全揚棄鴉片貿易。他說，屆時「會有有益於身心健康且共蒙其利的貿易問世，而不會有有害且敗壞人心的非法買賣。」但他不怪港腳商販賣鴉片，認為鴉片貿易完全要歸咎於東印度公司。他說，「是他們從印度提供鴉片，是他們在廣州的貨監放任人們在中國走私鴉片，因此，這一違法亂紀的貿易，既由他們起頭，也由他們結束。」

隨著東印度公司的壟斷權遭取消，管好在中國之英國鴉片商的責任，就由該公司移到英國政府自己身上——但英國政府並不想管這檔事。一八三三年，壟斷權看來即將不保之時，有個曾任廣州決策委員會主席者，寫了公開信給主導自由貿易立法的管理委員會主席格蘭特，挑明英國鴉片販子的問題，此後要由英國政府去傷腦筋。「凡是心懷慈悲的人，想到我們竟繼續把這種可惡至極的毒物倒進人類幸福安康的根源裡，都會感到心痛，」他寫道，「鴉片所帶來的苦難和人心敗壞，幾乎叫人無法置信；但我們卻以即使我們不如此大規模毒害中國人也會有別人這麼做，來讓自己心安。」[21]他警告格蘭特，說在中國，鴉片吸食的普及程度和數量高得嚇人：兩廣總督的一名幕僚抽鴉片煙時睡著，總督府因此付之一炬。他轉述了郭士立的說法，說道光帝的長子，皇位接班人，就死於鴉片吸食過量。港腳商從印度輸入中國的鴉片，一八三三年時已達到一年兩萬箱——進口額比他們進口的棉花還要高，占在東印度公司茶葉買賣壟斷權陰影下所有民間貿易額的三分之二強。[22]這項非法買賣不會自行消失。

然而，英國政府心知肚明，最初卻想瞞天過海，讓人以為無此貿易存在。巴麥尊給內皮爾的指示，委婉提及把船派送到廣州以北海岸的英國商人的「冒險活動」，要內皮爾勿助長他們此類行徑，但也告訴內皮爾勿阻撓他們做買賣，展現出那些指示一貫的自相矛盾性質。內皮爾本人從未對此事表示過明確看法；他只關心「真正」貿易所在的廣州，不關心伶仃島、沿海地區亂無章法的貿易活動。但民間反對聲浪漸高，傳教士尤其大力反對（就連為渣甸效力的郭士立，都始終公開譴責鴉片買賣）。[23]一八三〇年代的英國，正值政治改革、自由貿易、道德運動大行其道的時代，在自由主義浪潮下，鴉片少有人力挺。一連串痛斥鴉片的生動報告，以私人書信和重刊的廣州、加爾各答報紙文章的形態，傳回英格蘭，詳述抽鴉片煙中國人的悲慘情狀，讓人不忍卒睹。一八三四年，英格蘭境內某些道德家，受到蓄奴制經過數十年抗爭終於廢除的鼓舞，開始大力鼓吹終止販賣鴉片。他們漸漸認為販賣鴉片是英國所犯下的另一個嚴重的違反人道罪。

反鴉片陣營發出的第一個威力十足的抨擊，來自聯手出擊的兩位行動主義者，一個是倫敦傳道會的董事，另一個是平信徒（刻意組成這樣的搭檔，以表明這不只是宗教界的行動）。兩人一八三五年的小冊子《禁絕鴉片！》（*No Opium!*），自稱是「為廢除鴉片貿易發出的第一個公開呼籲」。[24] 其中的關鍵字是「廢除」，因為他們反對那些宣稱鴉片貿易和賣菸草一樣無傷大雅者的論點，主張應該以和看待奴隸買賣一樣的角度理解鴉片貿易。他們預言，「我們的大製造商在國外被人看成和走私者沒有兩樣，這樣的侮辱，他們不久就會受不了」，「不久後民意就會且必然會完全制止這類買賣，一如民意消滅了奴隸買賣和蓄奴制。」[25]

這兩人從商業的角度鋪陳他們的論點，主張鴉片使「毒品販賣凌駕真正的貨物」，並損害英國人在中國人眼中的形象，從而削弱了有益的貿易。他們表明支持自由貿易，引用一位美國商人的話，指責鴉片「摧毀工業、消滅工業產品。」他們寫道，做鴉片買賣者的卑劣，就和他們「在中國幫人自殺」沒有兩樣，他們的所作所為就是在供應「把人的肉體和靈魂同時殺死的東西」。[26]

兩人坦承有些英國讀者聽到鴉片貿易竟被說成如此敗壞人心，或許會感到驚訝，因為在英國很少有人討論鴉片貿易，更別提視之為罪行。但他們斷言這種驚訝之感終會消褪，還說會繼續提出公開的證據，以證明他們口中鴉片的恐怖駭人，「直到世人對那一恐怖駭人，和對蓄奴和奴隸買賣的恐怖駭人一樣熟悉為止。」誠如他們所認為的，英國毒害中國一事，絕不容再視而不見。他們嚴正宣告，「我們必須把『禁絕鴉片！』化為和『禁絕奴隸』一樣響亮、普及的口號，如果我們會『懼怕神或尊重人』的話。」[27]

與此同時，渣甸和馬地臣一得知內皮爾勛爵去世，立即想拿他的死作文章。這位商務總監入土不到兩個月，他們就向國王會同樞密院（king in council）提交請願書，要求為內皮爾勛爵和英國受到中國天大的侮辱討公道。廣州六十四名英國人簽署這份請願書，包括幾個和他們一樣搞鴉片走私生意的英國人（請願書裡當然未如此描述他們），以及他們商行的各色職員和當時正好在廣州港的一些支持此案的船長。他們前一次請願時的含糊其詞，這一次完全不見了。這一次他們斬釘截鐵、毫不拐彎抹角地要求出動海軍攻打中國。他們籲請國王派去一位有艦隊為後盾的正式使節，要求中國為其罪行賠償——罪行包括廣東當局「隨意加諸」內皮爾的侮辱（他們把他的死怪在廣東當局頭上）；某份中文敕諭公然貶低英王威廉四世，對他扣上「恭順」之語；以及安德洛瑪刻號和伊摩琴號強行通過虎門炮臺時，中國守軍朝它們開火，「侮辱英王陛下的旗幟」——這罪名真是強詞奪理，叫人一頭霧水。[28]

他們的請願書裡有數個貽害甚大的說法，其中之一是英國出兵攻打中國不會有風險——主張開戰一派一再搬出的說詞。他們堅稱即使只出動小股武力（「兩艘配有大炮的巡防艦和三或四艘能在淺水區作戰的武裝船，加上一艘蒸汽船，各船全都人員滿編」），就能輕鬆封鎖清帝國大部分的水運貿易，「截住運往京城的帝國稅收……拿下該國所有武裝船隻」。他們斷言六或七艘英國船組成的艦隊就能拿下整個中國海軍，使人口超過三億之帝國的貿易停擺，還向國王保證這樣做也不會引發與中國全面開打，他們更再次表達了令人困惑的奇想，堅稱這是「避免發生這類衝突的最穩妥辦法」。換句話說，避免與中國人打長期戰爭的最好辦法且或許是唯一辦法，就是立即毅然決然地攻打他們。這份請願書由渣甸和馬地臣撰寫、組織，且由他們率先簽署。由於該請願書，他們兩人走上臺面，以主戰派領袖的身分清楚標舉他們的立場。

但在廣州，渣甸、馬地臣這一派以外的人，卻看不出這番忙碌有何意義。例如伍秉鑑認為事情已經解決。如同他向某位美國友人解釋的，「從英格蘭派來的一位高官，讓我們很頭疼，那人對我們的習俗一無所悉，身旁又沒有好顧問。他命他的軍艦犯下了離譜的惡行，以為這會讓我們的政府害怕，最後卻不得不全盤讓步，回去澳門。」[29]這場對決已經結束，貿易恢復常態，廣州的情況似乎會一如往昔。

約翰·福貝斯懷抱著類似的想法，告訴某位與他有商業往來的倫敦人，說他不認為「內皮爾勛爵的挫敗會給貿易帶來什麼極壞的影響」。事實上，他認為內皮爾威嚇兩廣總督未成，正清楚證明中國人懦弱一說誇大不實。與胡夏米、渣甸要人相信的正好相反，中國政府如果面臨暴力威脅，似乎不可能退縮，讓人予取予求。福貝斯預言英國人不會再要求與兩廣總督直接溝通，「把英國人的利益交由一位願和行商談判的領事來維護，就像其他領事長久以來所做，才是上上之策。」[30]換句話說，爭端會和平落幕，回復原有情況。(因此，當約翰·福貝斯得知渣甸、馬地臣那一派人竟請求出兵攻擊，「替他們摯愛的君王被兩廣總督稱作『向來恭敬順服』的侮辱報仇」——他對表哥這樣開玩笑說道——他不禁想笑。)[31]

內皮爾死後，由東印度公司的資深員工德庇時（John Davis）接任商務總監一事，無助於渣甸、馬地臣追求的目標。德庇時堅決反對他們要求清廷賠償的主張，也非常厭惡他們那一票人——如同某位與他通訊往來的人曾向巴麥尊的次長解釋，德庇時「對那票粗俗的自營商很反感，內皮爾勛爵太不小心，落得受他們擺布，他賫志以終，主要是受他們擺布所致。」[32]一八一六年阿美士德率團訪華時，德庇時是小斯當東的下屬，當時他只是商館的小職員，兩人自那之後一直私交甚篤。德庇時很有語言天分，以小斯當東為榜樣，但他的興趣偏重於翻譯中國文學作品（主要是詩和小說），而非翻譯明顯政治性或（如某些人所會說的）「實用」的東西。一八二九年，他出版了一部工程浩大的兩卷本中國古典小說譯著，將此書獻給小斯當東，自稱是「他非常忠實的友人和僕人」。[33]到了一八三四年，德庇時已成為商館館長——最後一任商館館長。但英國政府成立商務監督委員會時，他還是當上會裡的二把手，地位僅次於內皮爾，內皮爾死後，他即遞補其位。[34]

德庇時完全認同小斯當東對中國貿易的看法，尤其認同小斯當東要以審慎、尊重心態從事對華貿易的主張。內皮爾去世才幾天，德庇時就寫了信給小斯當東，說情況正如小斯當東一八三三年末竟的國會演說所料。小斯當東主張以漸進方式改變既有制度，且須經由與中國官府討論並達成一致意見，但格蘭特不理會小斯當東的意見，派內皮爾去當炮灰。德庇時私下透露，「格蘭特終將知道採納你的意見，讓兩國政府先協商過，才是上策。」德庇時本人身在內皮爾那兩艘炮艇的其中一艘上——在鬼門關前走了一遭，站在他附近的一人丟了性命——指出訴諸武力無濟於事。這場攤牌一無所成，內皮爾最後還是遵照兩廣總督的命令回澳門。德庇時不怎麼欣賞這位已故的商務總監。他告訴小斯當東，「可憐的內皮爾勛爵非常剛愎自用，聽不進別人意見」，「他是我碰過數一數二軟弱的人」。[35]

渣甸、馬地臣一派送出要求動武的請願書後，德庇時跟著送上自己的一份報告。他以新任商務總監的身分寫成此報告，在其中勸巴麥尊不要理會他們。他寫道，「廣州一部分英國商人（因為有些最受敬重的商行拒簽該請願書）呈給國王陛下的那份粗糙且思慮不周的請願書，據說出自一位從印度偶然來到（中國）之人之手，那人對這個國家完全陌生。」[36] 從巴麥尊未回覆該請願書來看，德庇時的建議得到採納。

附帶一提，比起渣甸、馬地臣那份請願書的簽署人，德庇時對於英國能找到和平辦法化解內皮爾所造成的尷尬一事樂觀許多。德庇時知道英國政府想「避免與此國嚴重失和」，於是告訴巴麥尊，晚近清朝皇帝的一份上諭已表明，道光也想息事寧人。[37] 他很高興地告訴巴麥尊，道光沒有把內皮爾事件怪罪於英國人，而是怪罪於行商。道光甚至對外商的處境表達了某種程度的同情，說他們受迫於行商的「需索無度」，忍無可忍，才「挑起亂子」。[38] 先前阿美士德訪華造成的難堪，嘉慶公開歸咎於他的大臣而非英使，這一次，道光同樣選擇把內皮爾事件歸咎於自己人，而沒把英國人視為敵人。在這兩個事例裡，廣州貿易都因此得以恢復常態，中方對英國商人的猜忌船過水無痕。事實上，內皮爾死後，情況的確就是如此。

但渣甸、馬地臣不肯這麼輕易就罷手。一八三五年三月，馬地臣搭船回國治病，並藉機護送內皮爾勛爵的遺體遷葬蘇格蘭。渣甸先是在廣州與內皮爾交往時扮演起提供諮詢指導的角色，繼而在內皮爾遺孀和女兒在澳門悲痛於失去丈夫、父親時，對她們扮演了同樣角色。（「渣甸先生會竭盡所能滿足我的心願，」內皮爾夫人於丈夫去逝幾星期後寫信告訴蘇格蘭一位密友，「我會永遠感謝那位先生……他對我的確非常好」。）[39]渣甸和馬地臣向同事募了款，以在澳門替內皮爾造紀念碑，馬地臣並打算在英格蘭刻好石碑再運來澳門。除了治病，馬地臣此次回國最顯眼的作為，是向早幾個月前就帶著女兒返國的內皮爾夫人提供意見，並助她讓內皮爾勛爵為國犧牲之舉得到應有的表彰。他較不顯眼的另一作為，則與上述作為密切相關，即想方設法讓自己成為內皮爾家的代表，利用內皮爾之死做為開戰理由，鼓動民心支持出兵征討中國。

但一回國，馬地臣想得到政府關愛卻頗費周折。巴麥尊忙著其他事——中國幾乎從未成為他關注焦點——馬地臣努力想見他一面，卻總是被打發走。他寫信告訴渣甸，求見外交大臣，就像在廣州城門求見中國官員，語氣滿是失望。[40]多年來馬地臣一直是廣州商館區這個小圈子裡有頭又有臉的大人物，把對華貿易擺在他世界觀的中心。對華貿易問題占去他大部分心思，因此發現國內似乎沒人在意這問題，他感到無所適從。他寫道，「事實上，渣甸，在這個偉大國家裡大家似乎過得很愜意，想要的都能完全如願，因而只要國內事務，包括市場，一切順遂，他們就不可能想到我們這些外人。」[41]他表示，或許只有一件事能讓他們立刻驚覺不妙，那就是如果茶葉進口遭中止，如果倫敦商人虧錢的話。他告訴渣甸，不如此，「在這裡別指望有人支持」我們。

馬地臣左右不了英國政府，所幸內皮爾夫人有這本事。巴麥尊允許已故商務總監的遺孀隨時可找他，這也許是客套話，但她當真，數次利用這份好意為家庭友人關說，並請求用更高規格表彰她丈夫的貢獻。[42]一八三五年七月十四日，她寫了封情溢乎詞的信給巴麥尊，向他介紹「我的朋友馬地臣先生」，力促這位外交大臣與他私下會晤。她告訴巴麥尊，馬地臣是個「極受景仰的人，而且才智過人，他的話或許可以相信。」她說他是廣州最厲害的商人之一，對待她丈夫內皮爾勛爵很熱情，「沒有讓私心或暫時的利益干擾他所認為符合自由主義且合理的英格蘭政策」。[43]（言下之意，馬地臣和渣甸是少數沒有勸內皮爾打退堂鼓返回澳門的英國商人之一。）她說，如果巴麥尊願與他一晤，瞭解中國實情，她會深表感激。

馬地臣在利用她，一如渣甸利用她丈夫來遂行他在廣州的意圖——但在馬地臣出於商業利益的考量底下，他對內皮爾夫人的關心並非全然出自冷酷無情的算計。在他前往蘇格蘭她居住的大宅首度拜訪之後不久，他寫了封私信給渣甸，信中透露了一絲肺腑之情。他描述了這個深受打擊的家庭：驕傲的內皮爾夫人傷心欲絕，讓他「看了心痛」；瞥見不安的新勛爵（「一個面帶愁容、身材過度瘦長的十六歲少年」）；內皮爾的長女經歷過這番折磨，「蒼白而消瘦」。內皮爾一家人似乎從未質疑渣甸與馬地臣關照他們背後的動機。內皮爾的女兒告訴馬地臣，說她們非常懷念渣甸，其中一個女兒透露她正為他縫製一個錢包。（馬地臣告訴渣甸，「但這是祕密，我答應她不告訴你。」）[44]他對這家人的關愛看起來像是發自肺腑。但他對戰爭的渴盼同樣真切。

經由內皮爾夫人的引薦，馬地臣終於得以在等了將近一個月之後和巴麥尊勛爵私下見上一面。但即使如此，他仍未能如願，因為巴麥尊不願採納他的意見。「我已和巴麥尊勛爵見過，」事後他寫信告訴渣甸，用語簡短。「他沒時間好好研究中國事務，但傾向於眼下靜觀其變，讓自由貿易在目前的狀況下走一段時間再說。」[45]不會有征討。一如此前歷任英國政府的大臣，巴麥尊相信遙遠的廣州貿易會自行恢復平衡，最佳辦法就是不予干涉。那不是馬地臣想聽到的，但符合一貫的方針。倫敦和北京始終都比較希望讓廣州自己解決，在這點上雙方意見一致。

結果，並非只有馬地臣一人朝他所要的方向在努力。就在他為踏進巴麥尊辦公室大門而努力的那幾個月期間，胡夏米，包下阿美士德勛爵號那位前東印度公司貨監，也在倫敦，為了幾乎一樣的目的，爭取在巴麥尊面前一陳己見的機會。與馬地臣不同的是，胡夏米不是鴉片販子（至少這時還不是），他事實上只是個自營商，而且看法始終比他共事過的其他東印度公司職員更具侵略性。馬地臣在倫敦時，胡夏米也在那裡，寄了數封長信給巴麥尊，求見於他，針對為何內皮爾之死已足以構成英國派艦隊到廣州的理由，提出類似的論點。

馬地臣和胡夏米似乎各行其事，沒有刻意協調彼此的作為，但都有內皮爾夫人在幕後支持。胡夏米搭乘阿美士德勛爵號考察中國沿海口岸，並將考察結果寫成報告。她丈夫很欣賞這份報告，他認為可用武力輕易打開中國門戶的看法，就是深受這份報告影響。內皮爾夫人清楚她丈夫受益於胡夏米的看法，但更偏愛把這份受益關係顛倒來看，欣然寫信告訴胡夏米，內皮爾勛爵若還在世，也會跟他一樣給巴麥尊相同的提議——她說在胡夏米給巴麥尊的建議中，看到「內皮爾勛爵洞察力與判斷力的明證，證明他這麼早就看出我國該走的路」，她很是得意。她完全支持胡夏米代她丈夫申明開戰的主張，嚴正表示「如果得到對方道歉，如果我們成功談定商務條約，提升了貿易、交往、文明，不久後基督教會跟進，屆時，內皮爾勛爵為了盡自認該盡的責任和造福國家而犧牲的健康和性命，就沒有白費。」[46]

馬地臣於一八三六年夏返回中國，除了帶回一根為紀念已故內皮爾勛爵而雕製的極重大理石圓柱，別無其他斬獲（這根圓柱則會在一百二十年後才立起）。[47] 但離開英格蘭之前，他植下一顆種籽：百頁小冊子《英國與華貿易的現況與展望》（*The Present Position and Prospects of the British Trade with China*）。這是數月辛苦研究的結晶，他在其中闡述了與中國貿易的歷史，費心說明了為何英國該派海軍遠征中國。得不到官方支持後，他轉而訴諸大眾。馬地臣在此書一開頭，就把中國人說成「一個特別愚蠢、貪婪、自負、固執的民族」，卻有幸占有「地球上一大塊最值得擁有的地方」。[48] 他未明言的觀點，乃是這樣的民族沒有權利把英國人拒於他們「最值得擁有的地方」之外；必須打開中國門戶，否則別想有進一步的貿易。

他請他的讀者設身處地想想長久以來大膽投身對華貿易的同胞（例如他本人）的「強烈焦慮、受苦、危險」。他們「每日受到的傷害和侮辱，不只叫他們不得安寧，還叫他們非常害怕。」中國人把英國人稱作蠻夷，瞧不起他們。他寫道，內皮爾是「我們的代表，沒冒犯到對方」，卻「毀」於中國人的對待。從內皮爾之事可知，英國和英國國王，「竟受到如此輕蔑的對待，遭遇如此的傷害，那是此前從未經歷過或承受過的。」總而言之，他力促英國政府為了自由貿易和國家尊嚴採取行動——英國人民必須維護「我們受辱的國家顏面」，否則，就是低聲下氣，「丟臉的屈從，任由世上最傲慢、最不知感激、最怯懦的人擺布。」[49]

胡夏米也發表了他寫給巴麥尊勛爵的一封主戰信，以爭取大眾支持，但他不願將那場戰事稱作「戰爭」，因為他深信那會很快就打完，花不了太多錢，而且英國會獲勝，又不致讓英國人陷入任何一種與中國的長期衝突或危害未來的貿易（他斷言未來貿易「有可能幾乎無限的增長」）。他坦承內皮爾勳爵或許有失策之處，但「中國人本就打定主意要侮辱他」。胡夏米譴責中國人在內皮爾撤離廣州期間的「背信行徑」，說認為該行徑「即使沒導致他喪命，也加快他喪命，或許是公允之論。」他提議，英國只有兩條路可走：若非中止與中國的所有政治關係，就是（他較中意的做法）「直接武裝干預，為過去所受的傷害索賠，確保未來一路平順。」胡夏米認為走後一條路有充分理由，因為「做為我王代表派去的內皮爾勳爵，即使不是因中國官府的背信、懦弱行徑而死，也是因此而更快死亡。」[50] 他們也很可能將他無情殺害。

兩人的小冊子幾乎同時問世（胡夏米的小冊子好戰意味較濃，馬地臣的篇幅較長且思慮較縝密），為一場目標明確的征討提供了有力的理由。對於那些對中國實際情況所知甚少的讀者（也就是大部分讀者）來說，動武理由似乎再清楚不過。英國受到侮辱，英國代表基本上被稱他為「蠻夷眼睛」的傲慢中國官員殺害。但只要派小支艦隊過去，就能輕易洗刷國家受的侮辱，而且從印度可抽調出這樣的艦隊，花費不大。在替國家洗刷恥辱的過程中，英國人能讓其在華的貿易得到無可限量的增長，又幾乎不必擔負什麼風險。胡夏米和馬地臣勾勒出的遠景叫人心動。

站出來叫他們閉嘴的是小斯當東。他推出自己的宣傳小冊，回應他們的主戰著作，指出胡夏米和馬地臣蠱惑人心的觀點其實錯得有多離譜，更為切中要害的是，他指出這有多大的「危害和危險」。他說，他們所謂的英國靠小支艦隊就能得勝的說法太荒謬，考慮到中國海岸線的綿長，「簡直不敢想像我們要推出一個規模多大、凶險程度有多高的國家作戰計畫」。除了指斥馬地臣、胡夏米對該如何與中國作戰的提議荒謬絕倫，小斯當東尤其譴責他們認為英國必須動武的理由。他說中國不是敵人，而是個「友好的強國，百餘年來我們與該國一直有受益良多的商業往來。」此外，內皮爾勛爵並非無辜者，而是自食惡果的侵略者。誠如小斯當東所認為的，當內皮爾如此魯莽的下令炮艇強行通過虎門，中國人有那樣的作為既可想而知且合理。他說，英國若遭遇「兩艘配有大炮的法國巡防艦強行溯泰晤士河而上，打掉蒂爾伯里堡壘」，也會有同樣的回應。[51]

至於胡夏米和馬地臣預測靠戰爭逼簽條約後貿易會大大增長的說法，小斯當東坦承中國有更多口岸向英國開放通商，當然是件好事。但他展現了以道德良心對待中國的立場，堅持絕不能用強迫的方式逼中國人這樣讓步，而要讓他們自己心甘情願同意。僅依據馬地臣和胡夏米提出的理由，就決定用暴力和戰爭（也就是後來所謂的「炮艇外交」）擴張貿易，在道德上完全說不過去。他寫道，那「只（會）令我們的國旗和名聲蒙羞、受唾棄」，使英國人不只不見容於中國政府，還不見容於中國人民。小斯當東忿忿寫道，「動武——為了達成這類目的而開戰——我們以可能帶給一國人民恐慌和苦難的封鎖和禁運為手段，強力威逼一個獨立國家乖乖就範，在我看來這是無恥之舉，在相對較文明的現代戰爭史上可謂空前。」[52]

馬地臣和胡夏米於倫敦力促開戰而未成之際，中國國內欲將鴉片合法化的行動卻有了很大的進展。吳蘭修主張解禁鴉片的文章，在一八三四年盧坤將該文呈給道光之後，受到朝廷冷落，但一八三六年六月，就在馬地臣啟程返廣州前後，太常寺少卿許乃濟上了一道奏摺給道光皇上，主張解禁鴉片並說愈快解禁愈好。許乃濟是真正具有影響力的朝中大臣，在廣州當過四年官，與吳蘭修有同樣的社交圈。

許乃濟以吳蘭修那篇文章為立論基礎，擴而大之，形成支持將中國境內鴉片買賣合法化的一套論點。但他的提議絕非在替鴉片本身辯護，因為他認識到鴉片危害很大。他寫道，「惟吸食既久，則食必應時，謂之上癮，廢時失業，相依為命。」[53] 許乃濟也指出，鴉片危害健康甚大，讓人「氣弱中幹，面灰齒黑，明知其害而不能已。」因此若禁得了，的確該禁。

但許乃濟的主要論點，乃是如果鴉片禁不勝禁，朝廷就該把心力改用在減輕其所造成的傷害上。他主張，嚴禁政策絲毫未能阻止鴉片擴散。多年來刑罰大大加重，但「食者愈眾，幾遍天下。」在廣州鴉片原可公開拿來換取茶葉，如今卻得用非法貨幣偷偷購買，導致白銀流出中國，白銀銅錢匯率偏離正軌，隨之對經濟造成種種傷害。此外，儘管嚴禁鴉片買賣，交易量卻大增，從十九世紀初期每年數百箱，增加為他寫此奏摺時的兩萬多箱，一年銷售總額超過千萬兩白銀。

針對那些想以中止廣州對外貿易來解決此問題者，許乃濟重述吳蘭修的以下警告做為回應：這麼做會使華南數十萬人失業，導致社會動盪。此外，他指出洋人可以乾脆拿下外洋一島，讓廣州官府完全管不到（這當然正是某些洋人想做的）。如果到這地步，中國的沿海商人會欣然出海，到該島與他們買賣，朝廷將無法對茶葉、生絲貿易課稅。最後，他指出儘管朝廷為了將外國船驅離沿海花了很大工夫，外國船在中國沿海還是賣出許多鴉片——言下之意是即使不讓英國人在廣州貿易，英國人還是能繼續賣他們想賣的貨。

許乃濟與其他人一樣認為清朝晚近的禁抽鴉片煙律例，為貪官大開自肥的門路。他根據在廣州為官數年的經驗，描述了該地區大量的非法貿易活動：位於伶仃島的外國躉船、在那些船與中國海岸之間往來的「快蟹」等武裝走私船、收受賄賂的關卡和貪汙的海關官署、一遭遇官船阻撓即動粗的中國鴉片走私者、偽裝成查緝鴉片的官差登上不知情船隻搶劫的內河匪徒。他說，老百姓根本幫不上忙，寫道「民之畏法，不如其騖利。鬼蜮伎倆，法令實有時而窮。」

說到那些老百姓，許乃濟的奏摺裡最讓人心痛的地方，是他無情接受了鴉片禁絕不了的事實，從而建議朝廷讓中了鴉片癮的老百姓自生自滅。他認為未來朝廷應把禁絕的矛頭只對準官員和軍人——有職責在身之人，若身體受損於鴉片會危害公益之人。至於廣大的平民百姓（或至少那些買得起鴉片的人），他說朝廷應任其吸食購買，「一概無論」。他說中國不必擔心人口減少——「海內生齒日眾，斷無減耗戶口之虞」。抽鴉片煙者「率皆游惰無志」，年輕就丟了性命，即使沒早死，仍是「不足重輕之輩」。他提議，朝廷不該管這些人的死活，而該專注於搶救中國的經濟資源。鴉片癮者任其自生自滅，對國家無害，但朝廷得立即想辦法阻止白銀流失。

許乃濟推斷中國唯一可走的路，就是恢復舊制：把鴉片當成進口藥材課稅。應允許行商拿茶葉等貨物換取鴉片，這樣一來白銀就不會流到國外。鴉片進口稅應訂得比走私者向貪官行賄的金額低，這樣一來他們自會遵守新規定。鴉片貿易一旦完全開放，朝廷就能禁止任何種白銀（不管是銀錠還是洋銀）出洋。他推估一年能省下超過千萬兩的銀子。官員、軍人不得沾染鴉片惡息，以免怠忽職守，老百姓則可任其買賣吸食鴉片。眼前既要解決白銀流失對中國經濟的威脅，又要解決人民吸食鴉片對其公共衛生的威脅，而在許乃濟心中，哪個問題較嚴重，再清楚不過。

這一次，道光注意到許乃濟的意見。詳讀過他的奏摺之後，道光於一八三六年六月將該奏摺交廣州官府研究。兩廣總督盧坤已於一八三五年死於任上，新任總督是行政歷練豐富的六十歲學者鄧廷楨。他在華南的經驗甚少，此前在北邊安徽省當了九年巡撫，因而沒理由為了私利維護對外貿易，但他願意顧及這個港市的需要。他也清楚這個地區防禦的薄弱，上任後的初期作為之一，便是請求允許加強當地海防。[54]道光要鄧廷楨與其下屬、職司貿易的海關監督審議弛禁鴉片之議，然後就此事擬好建議回報。對許乃濟來說，這是好兆頭，皇上將他的奏摺交給廣州大吏研究，意味著皇上相當支持該議。

十月，鄧廷楨與廣州巡撫、海關監督聯名上奏，表示完全支持許乃濟的提議。除了表態支持弛禁，鄧廷楨還呈上廣州開放鴉片貿易後規範該貿易的法令草案。他寫道，「立制貴乎因時」，主張許乃濟的弛禁之議或許偏離晚近慣例，卻完全切合情勢，「係為因時制宜起見」。[55]外國人往往認為中國朝廷死守一成不變的傳統政策，不知變通（有時的確如此），但鄧廷楨的奏摺點出一個大不相同的現象，在皇上本人非常希望如此發展時會出現的現象——找出務實政策以因應現實情況的審議式治國方式。

因此，一八三六年秋，清廷在廣州的最高階官員替鴉片買賣的合法化奠定了基礎。按照他的計畫，官府會歡迎伶仃島的躉船和沿海的走私者回廣州，拿他們的貨直接換取茶葉，上繳的稅低於中國代理人向來跟他們索取的賄賂、佣金。過去十年尷尬並存的合法、非法貿易，終於將一起納入一個理性且一體化的貿易體制裡，受清廷監督和控制。情況堪憂的白銀流出中國之事會中止，外國走私業者和清朝水師日益升高的武力相向危機會得到化解。這是多年來對廣州外貿遠景最樂觀的一刻。

十二、最後一個老實人

說到奴隸制的殘酷，放眼英國官場，少有人比義律（Charles Elliot）體認得還深切。他是英國皇家海軍上校，有著淺色頭髮和薄薄嘴唇，一八三〇年出任英屬蓋亞那的「奴隸保護官」。接下這個新設的職務，他得調查英國種植園主最惡劣的虐奴行為，替遭種植園主惡待的奴隸討公道。英國政府已於一八〇七年明令禁止大西洋奴隸買賣，英國皇家海軍受命在大洋上執行該禁令已久，但一八三〇年時，儘管支持解放奴隸的民意迅速高漲意味著蓄奴不久後就會走入歷史，在英國的領地，奴隸制度仍然合法。因此，按照英國法律，蓋亞那的英國種植園主依然可以蓄養奴隸；只是不能進口新奴隸而已。蓋亞那的殖民地行政長官至少曾努力改善奴隸的處境——規定禁止某些類特別殘酷的行為，必須讓奴隸於勞動期間定期休息，讓他們有機會買回自己的自由，創立「保護官」一職來維護他們的權利。

擔任奴隸保護官時，義律與受到英籍主人可怕虐待的男女有頻繁的密切接觸。他竭盡所能地幫助他們，訪談受害者，試圖代表他們在殖民地法庭上與折磨他們的人對簿公堂，替他們討公道。他把不忍卒睹的報告寄回給英國政府，描述種植園經理如何殘暴對待生產出英國所用的大量咖啡、糖、棉花的男女奴隸，詳述那些經理恣意加諸他們身上的懲罰。但那是個使不上力的職位。誠如他所說的，他「極不受歡迎」，不斷和英籍種植園主作對，那些人因他阻撓他們經營而對他恨之入骨，但他實際上沒什麼權力可幫助受他保護的奴隸。這段經歷使他打定主意非把奴隸制度廢除不可。[1]

義律從未料到他會那麼快就得從監督奴隸主的角色轉換為監管鴉片販子的角色，但那就是他要走的路。一八三三年，英國輝格黨政府把他從蓋亞那召回，以便就廢除蓄奴一事向他徵詢意見。同年更晚，乘著促成一八三二年改革法案通過和推翻東印度公司壟斷權的那股風起雲湧的自由主義政治浪潮，廢奴法案通過。但義律才向政府提供了他的內行意見，政府就不再需要他，巴麥尊看他正好賦閒，又是隨內皮爾勛爵赴華的適當人選，於是幾乎立即就把他派往中國，擔任內皮爾底下的首席隨從。那是個小職務，得管理停泊在廣州附近內水域的英國船隻——其實就和一個職位看來顯赫但權力不大的港務長差不多。這個職務低得可憐，和商務總監之職完全沒得比。

與內皮爾不同的是，義律從未請求赴華（但與內皮爾一樣的是，派駐中國將成為決定他此後人生風景的關鍵）。他認為當首席隨從有失身分，而且職級不高，薪水也就低。啟程赴華前不久，他向姊姊抱怨，「我覺得這根本是羞辱，而且是很不舒服的羞辱。」他出身名門，時任印度總督、一八三四年將出任海軍大臣的奧克蘭勛爵（Lord Auckland）是他的表哥，一八三五年繼奧克蘭之後出任海軍大臣的第二任閔多伯爵（Earl of Minto）是他的堂哥。眼看堂哥表哥都躋身高位，自己卻被派到中國當個小官，義律心裡更加不是滋味。他有債在身，靠首席隨從的薪水根本還不了債，為了執行上級所指定、非他個人想要的國家任務，犧牲他家未來的生計保障，他滿懷憤懣。他告訴姊姊，「我去這個地方……打定主意為家人和自己全力打拚，至於為大我效力，就只求盡到我最基本的本分而已。」[2]

義律頗有城府，很清楚他的所作所為在國內會被人如何解讀，始終想著在官場上更上層樓。把他派到中國，令他一肚子怨氣，但他的確反向思考，看到此次派任帶來的小小好處，因為此一派任讓他「體會到真正的憤懣和十足的自私，在這世上，沒有這些便不可能成功。」[3]無論如何，他把他的憤懣和失望之情，大部分發洩在比他年長十五歲、薪水和威望高出他甚多的內皮爾勛爵身上。義律私底下把內皮爾諷稱為「我的皇上」，而且他對這位商務總監的厭惡也延伸到內皮爾家人身上。義律在書信裡把內皮爾夫人說成「詭詐」，把她的女兒說成「十足難相處」。[4]整個航行期間，義律憤慨於他和內皮爾在海軍裡官階一樣高，傲慢的內皮爾對待他和他妻子卻非常冷淡。

內皮爾一死，上述情況全然改觀。首先，德庇時接替內皮爾出任商務總監後，任命義律為商務監督委員會的祕書，相較於首席隨從之職，這是大大升官。德庇時很喜歡他，令一心想著升官的義律非常高興。尤其值得一提的是，德庇時眼中的義律務實、靈活，他很欣賞，認為這些是不可或缺的特質，與給內皮爾惹來那麼多麻煩的倔強僵固作風完全相反。用義律自己的話說，他是個在情況不對勁時懂得「向暴風雨低頭、期盼天氣轉好」的水手。德庇時知道由於自己曾任職東印度公司，商務總監的位子坐不了太久——等到巴麥尊找到與該公司沒有瓜葛的適當人選，派來接替他，他就得捲鋪蓋走人——因此一八三五年一月他不等人來接手，就先行辭職返國。但他辭職時勸巴麥尊用義律為新任商務總監。認為義律適任的幾個理由中（除了義律與東印度公司之間很清白無瓜葛這個潛在因素外），德庇時特別強調其中一個，即義律有擔任此職務所應具備的「性情」——挖苦已故內皮爾欠缺此種性情。德庇時堅稱，如果當初就挑義律而非內皮爾當商務總監，廣州的情勢會好上許多。他告訴巴麥尊，「除非立即讓義律掌管，否則我對那裡的情況會很不放心。」[5]

巴麥尊同意。他已於不久前駁回馬地臣、胡夏米出兵中國的提議，這時則想找一位管得住自營商、能防止他們給中國人惹出大麻煩的人當商務總監坐鎮廣州。根據義律呈給外交部某人的報告，他知道義律正符合這要求。在那些報告中，義律希望政府強勢管理在華英國人。事實上，巴麥尊任命義律為商務總監，就在他讀了這樣一份報告的一星期後。義律在報告中抱怨「廣州的氣氛失之輕率」，要政府小心最強勢一派自營商正漸漸獨大。[6]

巴麥尊已透過不屬渣甸、馬地臣那一派的商人，注意到類似隱患。例如自稱「東印度與中國協會」（East India and China Association）的倫敦商人協會，一八三六年六月請求他派一位具有「法官職能」、能「在切實可行的情況下盡可能防止英國子民違反中國法律」的商務代理人到中國。[7] 倚賴中國市場銷售貨物者，自然而然擔心走私者會帶來的傷害。巴麥尊完全支持這類舉措，任命義律為商務總監後，他在一八三六年十一月發文給財政部，建議不管英國與中國未來關係如何，都要讓英國派駐當地的主要代理人享有某種法律權力，以管理該地區的英國子民。他主張，唯有讓這人有權「強迫(英國子民)遵守規定」,這人才有辦法「使我們與中國人的商業關係太平無事」。[8] 但卻不清楚要如何授予這樣的權力。

一八三六年十二月底,義律欣然接下巴麥尊派給他的這個新職。外交部使了點小詭計,加上調整職稱,才成就此事,於是義律成了「資深」商務監督(而非商務總監),但他實際上還是接手了第一任商務總監內皮爾掌有的職權。由於預算考量,他的薪水只有內皮爾的一半(三千英鎊而非六千英鎊),但還是比他所以為的要多,用來償還他的陳年舊債綽綽有餘。[9] 義律與孩子一同住在澳門的妻子(肚子裡還懷著另一個孩子),對丈夫真是再滿意不過了。他日後會犯下錯誤,但一八三七年開年時,他意氣風發。

內皮爾離開,新任兩廣總督鄧廷楨得以和義律從頭建立雙邊關係。兩人很快就找到共識。一八三七年一月,鄧廷楨向皇上報告收到義律請願書一事(似乎因為義律很守規矩,中國人給他取了義律這個毫無貶義的中文名)。在請願書中,義律遞上他新商務監督的到任國書,並解釋說英國商船載了許多不懂清朝法規的水手,因此他希望獲准到廣州,以便就近管束他們。內皮爾與盧坤那場交手在此重演,但這一次義律措辭禮貌且尊重中方,行事符合禮節,顧及中方利益,果然奏效——證明內皮爾的咄咄逼人根本沒必要。皇上同意義律的請求,兩廣總督歡迎他以商務監督的身分來廣州住進舊英國商館,要他遵守先前約束大班的那些規定。在中文文書裡,他被稱作「領事」,這個尊稱絕不會有人搞混為「蠻夷眼睛」。[10]

這終究不是件容易的差事，但義律所碰到的麻煩，與英國人有關的，多於與中國人有關的。他告訴巴麥尊，他定會以「修好的心態」對待中國政府，但那與渣甸、馬地臣一派所希望的正好背道而馳。[11]從這個角度看，他在中國的新角色很快就開始跟他在蓋亞那擔任奴隸保護官的經驗有了共通之處——在這兩個處境裡，他都知道母國政府的用意基本上良善，都要他壓制無視道德原則只管逐利的海外英國子民繼續朝墮落、藐視法律的方向前進。他寫信告訴妻子，商人是「貪婪、掠奪成性的狼，個個都嗥叫著要吃下獵物。」[12]一八三六年一月義律要巴麥尊留心，英國政府想以「平和、修好的政策」促進與中國的商業往來，但這樣的政策「未得到僑居廣州的五十或六十位商人普遍認可」。他還抒發個人感受，遺憾地說他決意落實該政策一事，「並非我會自願攬下的那種極討喜任務」。[13]

義律煩惱該如何在不用強制英國商人就範下維持廣州情勢的平和，因此，聽到鴉片可能會合法化的傳言時，大為振奮。一八三七年二月上旬，他拿到許乃濟那份建議弛禁鴉片的奏摺的完整譯文，以及兩廣總督鄧廷楨前一年九月對弛禁之議的正面回應。他興奮得寫信給巴麥尊，說這兩份文件是「很值得注意的一系列文件，不亞於該國政府歷來針對外貿所發表之文件。」[14]他坦承的確有些外國人對中國政府是否真會將鴉片合法化心存懷疑，但他一派樂觀。鑑於中國官員行事審慎不願冒險，他相信若非知道朝中已有有力派系支持他的提議，許乃濟絕不會呈上這份奏摺。義律認為中國人主動提議弛禁，除了因為擔心白銀繼續流失，還因為隨著更多外國船往來於中國沿海，中國擔心情勢變得非其所能控制。義律這一分析非常到位。

義律不諳中國情事且完全不懂中文，卻對中國政局有如此深入的瞭解，的確很不簡單。但他受惠於前輩馬禮遜（和更早的小斯當東）打下的根基，因為他可輕易讀到由當地英文報紙和為《中國叢報》撰文者所譯的大量文章，更別提在馬禮遜死後由他兒子馬儒翰所譯的正式外交文書。那還只是一部分；廣州報紙和馬儒翰倚賴由當地熟人（尤其是行商）提供給他們的中文文件，但有另一個完全不同體系的情報網絡，正透過郭士立傳達到義律耳中。人生閱歷極廣的郭士立，一八三五年有了新角色：間諜。原本主要受雇於渣甸和馬地臣的郭士立，改為英國政府效力，針對清帝國的內部結構和制度，寫了數份翔實的長篇報告：帝國行政組織、社會關係、經濟運行情況、軍事組織和其他種種主題。他依據他偷偷航行於中國沿海期間的親自訪談成果，以及博覽中文歷史、治理著作後的心得，寫成報告。這些報告送回國供巴麥尊過目，也供人在廣州當地的義律等人使用。報告寫得非常詳細（密密麻麻寫了數百頁），比起英國人歷來所能取得的資料，這些報告針對清帝國的運作提供了更深入許多的說明。[15]

但這些筆譯者、口譯者從事翻譯，並非全部出於同樣目的。報人，尤其是馬地臣的《廣州紀錄報》的主筆，為自營商（包括其中的鴉片走私者）的利益服務，《中國叢報》的撰文者大部分是頻頻抨擊走私者勾當的傳教士。《中國叢報》常刊出探討鴉片的嚴肅文章，有位撰文者在此雜誌上斷言，「世上任何奴隸制對人的束縛，都遠遠比不上鴉片對其受害者的束縛。」[16]

義律對鴉片買賣抱持類似看法，但基於職責所需，他壓下個人的道德情懷，以滿足確保英國商人和中國官府關係平和這個更高的要求。[17]他針對弛禁之事向巴麥尊發出第一份報告之後兩個星期，再度寫報告說中國政府似已著手放寬鴉片禁令。他對鴉片買賣深深不以為然，但還是希望鴉片的合法化「會令英王陛下的政府大為滿意」。[18]事實上，義律清楚鴉片專賣攸關英屬印度的經濟榮枯。他很遺憾東印度公司那麼倚賴孟加拉的鴉片生產，但如果道光批准許乃濟的弛禁之議，似乎至少使鴉片買賣比較正派。至少從此不必再走私。他告訴巴麥尊，「我方希望平順脫離不健全的現狀，而在我看來，中國政府所擬議的措施，似乎讓這一希望有了最佳的實現機會。」鴉片買賣正漸漸成為令英國難堪的國恥，而中國主動將它合法化，能助英國人走出此窘境。

就在英國人與中國糾葛日深之際，美國人走他們自己的路，幾乎完全沒碰到他們前殖民主子所碰到的那些緊張情況。為數不多的美國僑民來來去去一如以往。一八三三年秋，令澳門、廣州單身漢大為失望的，哈麗特．洛隨叔父、嬸嬸回美，留下許多失望的追求者。但她離開前，有個人的確擄獲了她的芳心。那是個美國人，叫伍德（William Wood），在當地發行了名叫《中國信使報》（*Chinese Courier*）的報紙。他是個怪人，腦筋很好，極愛寫打油詩和政治評論。他父親是費城有名的莎比士亞戲劇演員，他本人似乎承繼了父親的演戲本事。兩人走在一塊，叫人跌破眼鏡；哈麗特．洛挑對象很看重外貌，而伍德據說是中國境內最醜的兩個洋男之一（他在旗昌洋行的室友說他那張麻子臉「就像一顆松果」）。[19]但他才華橫溢又風趣，教她畫畫，讓她愛他愛得死心塌地。一八三二年夏，在澳門，他們偷偷訂下婚約。但她叔父發現此事後，逼她毀婚，因為他認為嫁給這個窮小子，以後會過苦日子。從中國返美後，她將嫁給另一人，一個來自波士頓的銀行家，婚後不久她即隨夫遷居倫敦。比起滿腦子奇想、浪漫不切實際的伍德，這位銀行家似乎比較可能讓她衣食無憂，但最後他給她的是五個要照顧的小孩，然後破產、酗酒而死。[20]

旗昌洋行繼續奮力拓展業務，約翰．福貝斯於一八三四年返華後成為該商行的正式合夥人。他還是很年輕（才二十一歲）而且身材瘦小（五十八公斤），卻已是美國對華貿易界的要角之一。一八三五年他寫信給待在國內的新婚妻子，說「如今我闖出名號，成為這個地方最受敬重的美國商行的合夥人，從管理一家大商行中培養出自信，使我能在世上任何地方做任何生意。」[21] 他繼續管理掛在他名下的伍秉鑑海外投資，旗昌洋行從此業務中收取回扣，而他與這位有錢行商特別親密、互信的交情，令同業對他大為羨慕。他向妻子透露，與伍秉鑑的交情是他事業有成的真正基礎，那使他「在廣州比任何人都大占上風」。[22] 他告訴她，如果他從一開始就不用操心旗昌洋行的事，專心為伍秉鑑賣命，這時他或許已賺到足夠的錢可以衣錦還鄉。

約翰．福貝斯的最終目標，是賺到足夠的錢，可以就此返鄉不用再出國闖蕩（小斯當東和十九世紀初期從英美來到廣州找發財機會的其他許多年輕男子亦如是想）。但比起小斯當東，約翰．福貝斯在廣州的日子始終過得比較愜意，而光是從他沒有小斯當東所面臨的社交困擾來看，這也是必然之事。這位來自美國新英格蘭地區的年輕人隨遇而安，與他的美國友人安排活動打發身處異鄉的寂寞。他打棒球（請當地一名匠人替他做了球棒和球），在珠江划划艇，與英國、中國快艇競速。他買了一艘小帆船以探索內地，買了一隻矮種馬，在商館前的廣場上騎著小跑。這些僑居異鄉的人，不管是美國人還是英國人，都像一票男孩——有一段時間，城裡最熱門的遊戲是跳背，不分白天晚上隨時玩，玩的人都是成年男子。福貝斯告訴妻子，就連「廣州最嚴肅的人」，都往往可能不在意別人目光，高興地從彎背站立的同事身上跳過。[23]但不管他和其他人找到什麼辦法消磨閒暇時光，他們最盼望的都是返鄉。

福貝斯家的兩兄弟，頭一個賺夠錢得以返鄉者是羅伯特。他早在一八三二年四月就決心離開，經營伶仃號躉船兩年，他認定已賺夠了錢。但他離華還有一個理由，那個理由戳破了西方人鴉片無害的說法——他身體變差，最後才搞清楚問題出在他住在水上的鴉片倉庫裡。他寫信告訴舅舅，「鴉片氣味」讓他生病，因為每次他離開伶仃號幾天，就覺得像是換了一個人。那已足以讓他相信，「這樣的氣候和這種生活方式，讓人得不償失。」[24]於是他把他的鴉片船賣給旗昌洋行，帶著賺來的錢回國，準備用那筆錢在波士頓創業。

但事實表明羅伯特的航海本事優於投資本事，回國後揮霍無度，好日子難保。他回國後不到兩年，約翰·福貝斯就從廣州寫了封很憤慨的信給哥哥，斥責他亂投資和生活豪奢。事實上，羅伯特從事的風險投資，碰到一八三七年春席捲新英格蘭地區的金融恐慌，血本無歸，把他靠鴉片船賺到的錢虧掉了一大半。一八三七年的金融危機使大西洋兩岸許多商行、銀行破產，廣州許多洋商也受波及而垮掉，但旗昌洋行在其數個競爭者倒閉時（勉強）撐了下來。但儘管最嚴重的初期衝擊退去，接下來數年仍擺脫不掉蕭條局面。羅伯特做鴉片生意期間積攢的錢，一下子全泡湯，除了回廣州想辦法東山再起，沒別的路可走。

至少他此時返華，時機正好，因為此前不久約翰・福貝斯（令伍秉鑑大為懊惱的）終於攢到足夠的錢（他所謂的「尚足以溫飽的收入」，十萬銀圓），也決定返國。[25]於是，一八三七年春，命運旋轉門再次啟動，約翰・福貝斯這位自信滿滿且頗為富有的年輕人，回到新英格蘭的家鄉，身上除了有自己的十萬銀圓，還有伍秉鑑交給他，要他在美國找尋合適標的投資的五十萬銀圓，而他的哥哥羅伯特隔年初期則以破產者的身分啟程前往廣州，很高興能接替他弟弟空出來的旗昌洋行合夥人之位。[26]因此，當危機降臨時，待在廣州的是羅伯特，約翰已安然待在波士頓家鄉，開始在日益工業化的美國西北部地區新開闢出來的投資天地闖蕩。

令義律大為憂心的是，中國政府推動鴉片合法化的腳步，不如他以為的那麼快。事實上，整個一八三七年春夏，廣州官府查緝中國走私者似乎比以往更為嚴厲。官府重新查禁鴉片買賣叫人特別困惑，因為統籌這些行動者是鄧廷楨，而誠如義律和廣州其他人所知道的，鄧廷楨個人支持弛禁鴉片。義律有管道取得比先前幾代外國人好上許多的情報，但終究有其局限，而且他本人未充分體認到這點。他以為自己很瞭解，其實不然。他能輕易取得在廣州公開傳閱的官方文件，甚至有郭士立的親自訪談紀錄和大範圍研究成果可參考，中國朝廷裡的實際情況，仍非他所能知悉。

有件事似乎是義律等人所不知的，那就是鄧廷楨上奏摺力挺許乃濟之後不久，鄧廷楨收到數份敕諭，要他再度著手從位於源頭的廣州切斷鴉片買賣，阻止白銀外流。許乃濟的弛禁之議，進展其實沒有義律以為的那麼順利。情況其實混沌不明，既未有進展，也未遭駁回。此議招來朝中其他官員猛烈抨擊，眼下弛禁計畫基本上遭擱置。在這期間，道光要官員照既有法令辦事。鄧廷楨表態支持弛禁，但身為朝廷命官，在等待皇上定奪之前，他還是迅即依令行事。[27]

這新一波查緝行動，就發生在鴉片買賣自身碰上問題之時。東印度公司壟斷權被拿掉之後，鴉片市場因太過競爭而脹大，太多英國、印度、美國投機者搶入供貨，使鴉片已是供過於求——其中有些投機客和義律一樣樂觀，認定鴉片會合法化（儘管出於不同原因；他們想要利，義律想要太平無事）。但隨著時日推移，許乃濟的提議一直未獲實行，他們似乎愈來愈沒把握皇帝會走哪條路。一八三七年四月二十五日渣甸寫信給他一個沿岸航運船船長，說「准許鴉片繳稅進口的希望，目前看來全落空了。」他寫道，加爾各答的投資人「無比焦慮」，因為他們一直指望鴉片被認可為合法商品，「那時我們某些鄰居的來訊使他們相信這將成真」。[28]

從一八三七年夏到一八三八年，在鄧廷楨強力查禁下，鴉片買賣幾乎垮掉。官府查緝中國走私販子，毀掉他們的運輸船，查禁力道大逾以往。他們追捕陸上的鴉片販子，打斷供給線。鑑於走私風險變大，中國走私者向外籍批發商索取愈來愈高的費用，才肯幫他們把鴉片運到岸上或更上游地區——這些費用使本就低價的鴉片利潤更少，且由於官府大力查禁，本地鴉片需求也大減。渣甸寫了數封憂心忡忡的信到孟買，要當地商人留意原本興旺的鴉片買賣「狀況岌岌可危」。他在一八三七年十一月報告道，「由於官府極度警戒，鴉片市場逐日變差，而我們看不出有任何補救機會。」[29]入冬後，鴉片買賣前景繼續惡化，渣甸於一八三八年一月預言「中國官府鍥而不捨的暴力、堅定措施，可能導致破產性的虧損。」[30]不過，他還是認為官府查緝可能只是一時——光是官員勾結鴉片販子可從中大大得利這一點，就讓他不由得如此認為。[31]

鴉片市況急轉直下也令義律擔心，深怕中國官兵和日益絕望的英國鴉片商會武力相向。早在一八三七年六月，他就針對自由貿易下廣州情勢的變化、尤其是當地中國人和英國人間關係的變化，向英國外交部裡的一位熟人示警。他寫道，「這一貿易改變後的情況，已使廣州充斥著一類人，若任由這類人在當地人裡恣意行事，很可能會使這項貿易的安全和我國的名聲受到危害。」他尤其擔心新來的英國人歧視身邊中國人，作風跋扈。「每次出門，我都看到老百姓愈來愈不喜歡我們國人的證據，」他寫道，「年輕人尤其喜歡以肆無忌憚的羞辱和傲慢對待中國人」。他擔心若管不住他們，「會有大麻煩上身」。[32]

隨著中國官府繼續嚴加查禁，外國鴉片販子行事也更加冒險，把更多船駛到中國沿海地區，以避開鄧廷楨在廣州、伶仃島附近的查緝。過去冒險駛到中國沿海地區的外國船只有兩三艘，到了一八三七年秋，已超過二十艘。義律擔心這些歐洲船會擋不住海盜劫掠，但更糟的是傳出與中國水師起衝突之事。一八三七年十一月他向巴麥尊示警，「有充分理由相信，已有人在……與中國官船的交火中流血受傷。」[33]

雪上加霜的是，隨著中國走私者迫於官府更嚴厲的查禁而收手，隨著外國人攬下更多走私業務，愈來愈多鴉片透過為合法英國船運送人和補給品的小艇，經由虎門到黃埔，運進廣州的內水域。在廣州內水域以茶葉、生絲、棉花為商品的合法貿易和在外圍伶仃島、沿海地區以鴉片為商品的非法貿易，原本井水不犯河水，但由於鴉片代理商想盡辦法要做成買賣，這一分際便垮掉了。載著合法貨物前往廣州的船隻，愈來愈常挾帶禁運品，義律擔心正派商人一旦受犯法者連累，他保護不了他們。替兩廣總督傳話的行商——兩廣總督則轉達皇上的指令——力促義律管好他的同胞，徹底禁止英國鴉片船進入中國周邊水域。義律推說英國政府未授予他這樣的權力。[34]

義律厭惡英國人搞鴉片走私，但他最在意的事還是確保英國子民在中國平安無事和茶葉貿易不中斷，為了盡忠職守，良心不安就只能擺在一旁。於是，雖然無權管束走私者，他至少盡力防止他們的作為導致暴力衝突或合法貿易停擺。為此，一八三七年十一月，他建議巴麥尊不妨嘗試在華進行外交干預，這不是要與中國簽訂渣甸、馬地臣一派所要求的那種商務條約，而只是要降低危害茶葉貿易的風險。他警告，遲遲不做干預，可能使極重要的廣州茶葉貿易陷入「極大險境」，而且他「深信」咄咄逼人的商人帶來日益升高的危險，那是「可能使他早早就丟官去職的禍害」。[35]

義律是可以提議本國政府打擊走私，但那會造成英國執行他國的法律，於是他選擇走他認為比較符合英國政府心意的方向。他深信道光欲弛禁鴉片仍只差臨門一腳，於是認為英國可敲邊鼓，鼓勵清廷往那方向走。他具體建議英國政府遣使赴北京，向中國皇帝說明為何該將鴉片合法化，並派一支無意掀起戰端的海軍陪同前去以壯聲勢。義律知道道光的顧問裡至少有一些人一直建議弛禁，而且他認為英國人在不惹惱中國人的情況下展現國力——不開炮，沒有敵意，就只是恭敬但威武地展示英國人手上的利器，並附帶提醒一下英國人來華買茶葉對中國經濟極為重要——或許就能產生臨門一腳的作用，使道光拿定主意。

義律的想法和許乃濟鴉片禁絕不了的論點一致，認為英使應提醒道光，運到中國的鴉片有一半以上產自非英國人所能控制的印度自由地區，因此英國人「既無權利也無權力」阻止鴉片輸入中國。（他還說如果英國竭力防止本國人民從其領地將鴉片輸入中國，仍會有非英國人管得住的外國人把鴉片運到中國，但這說法遠不如前者那麼站得住腳。）換句話說，義律希望英國申明英國根本和中國一樣無力禁絕鴉片走私，因此必須將鴉片合法化並納入控管，「使所有來到中華帝國的人都受到法律管轄」。[36]義律兜了一大圈，最後判定屆時英國鴉片商人不再有犯法之虞，他們的貿易就不會再破壞英國名聲。從道德觀點看，這當然還是任由鴉片氾濫，但至少能減少暴力衝突的風險，使正規貿易回歸安穩。

但那絕非外交大臣巴麥尊所能容忍。如同巴麥尊對義律所提意見的理解，義律的提議基本上是希望英國政府幫忙將鴉片走私業者的事業合法化，藉此維護他們的利益。巴麥尊回覆時告誡義律，「女王陛下的政府（此時維多利亞已即位）不能為了讓英國子民得以違反其貿易對象國的法律而出手干預」。[37]接著他說了日後會一再縈繞他腦海的一段話，他向義律警告，「因此，這類人因為中國更有效執行這方面法律而蒙受的任何損失，都是他們咎由自取，必須自行承擔。」走私者自己選擇違反中國法律——中國政府絕對有權執行的法律——他們有何損失，理當由他們自己承擔。英國政府和他們劃清界線。

巴麥尊一八三八年時不願意支持鴉片走私者，不代表他撒手不管中國之事。事實上，他發函如此回應義律之際，正在國會推動一項最終會讓義律的商務監督之職享有某種管束力的法案。他所提的這項法案，「中國法庭法案」(China Courts Bill)，會賦予義律（或其他擔任類似職位的英國官員）對華南英國子民的正式法定管轄權。該法案要求在廣州創立由商務監督節制的英國法庭，凡是在距中國沿海地區一百英里範圍內的英國子民都受該法庭管轄。此法如果頒行，義律將有權調解英國人和外國人（包括中國人）之間的民事和刑事糾紛，也有權將犯法的英國人逐離廣州、澳門周邊地區。[38]巴麥尊希望有了此法，義律就有權力管束自營商，使他有辦法壓制他們日益無法無天的行徑，驅逐犯行最重大者，從而確保中英貿易的平順。

為推動該法案，巴麥尊自然會尋求他在國會的老戰友小斯當東支持，畢竟小斯當東是下議院素孚眾望的中國通。小斯當東很高興結識衝勁十足且名滿全國的巴麥尊，從許多方面來看，他所欠缺的東西，巴麥尊樣樣俱足：張揚、受欽敬、富有魅力、得女人愛慕（沒有證據顯示小斯當東一生曾談過戀愛）。小斯當東保存在日記裡並重現於回憶錄中的書信極少，巴麥尊的信是其中之一，由此可見他極得意於與巴麥尊的交情。但說到《中國法庭法案》，儘管他很想幫巴麥尊，他卻從一開始就看出一個問題：亦即這個法案完全忽視了中國的司法管轄權。一八三八年五月看過此法案的草案後，小斯當東勸巴麥尊務必修正該法案，以免這個英國法庭被視為干涉廣州官府或北京朝廷的司法權，除非清廷同意英國此舉。[39]但巴麥尊認為不可能得到清廷同意，因為英國未遣使駐在北京。他急欲找到方法管束英商，因此將此法案照原擬送交國會。

隨著該法案六月於下議院宣讀的日子逼近，小斯當東更加憂心忡忡，但巴麥尊認為中國情勢日益惡化，情況非常緊急，不能將該法案推遲。[40]小斯當東因此陷入困境：他不想因違抗巴麥尊而與他交惡，但在中國事務上他很有原則，而且掩蓋不了他的疑慮。所以最後他把醜話說在前頭，說他會反對原擬法案，提出修正案，要求得到中國政府同意再施行。但他也指出他表態反對只會是個過場，下議院裡和他一樣反對此案的人似乎不多，藉此減輕他不支持朋友的衝擊。他告訴巴麥尊，「我所想要的，其實就只是讓我的反對意見留下紀錄；因為我看出我所能做的僅止於此。」但他曾在某個場合非常直白地坦承，就連讓他的反對見諸紀錄，對他來說都是奢望，因為經歷過一八三三年那場無地自容的羞辱，他非常害怕再於國會發言。[41]

小斯當東最終克服不了公開講話的恐懼，未參與該法案的辯護。但他也不必自己出馬，因為有人代他發言。巴麥尊的法案遭遇始料未及的強烈反對，數名議員引用小斯當東的疑慮做為主要的攻擊依據。某位反對該法案的議員重述小斯當東的觀點，說他「想問這位高貴的勛爵（巴麥尊），中國當局是否認可這一干涉他們法律的舉動？這位高貴的勛爵要設立一個中國當局管不到的法庭。」[42]場內傳來「說得好！說得好！」的喝采聲，他接著主張既然中國自願讓英國子民來廣州通商，那些英國子民「就該遵守中國習慣法，勿強要中國人接受他們的習慣法。」[43]

值得注意的是小斯當東的專門知識無人能及，所以巴麥尊替該法案辯護時也舉他的觀點做為主要支持論據，引用了他某部著作裡的如下見解：中國政府避免對英國人所犯的罪行起訴，只有可處死刑的罪行例外（若不計一七六〇年洪任輝入獄一事，上述說法的確屬實）。巴麥尊主張，英國與中國沒有正式外交關係，無從得到清廷首肯，但小斯當東既已指出中國政府不行使其起訴外籍犯法者的權利，當然就不會反對英國人代其起訴那些人。他的論點說服不了人，該法案遭封殺。小斯當東雖未參與辯論，卻被認為是打消該法案的功臣。

在這項未獲通過的《中國法庭法案》裡，有兩個問題相牴觸且必須審慎應對。該法案遭封殺，緣於中國法律適用於英國人。這項法案的確侵犯中國主權，它遭封殺所具有的重要意義，是證明當時英國國會尊重中國主權。但這項法案背後的用意也很重要：巴麥尊想成立該法庭，主要希望藉此管束英國人，使他們不致侵犯中國人的權利。沒有這樣的法庭，義律將依舊是個使不上力的商務監督，面對在中國愈來愈不顧後果以身犯險且愈來愈大膽違抗清帝國法律的自營商，完全束手無策。

得知中國法庭法案被封殺，義律當然很失望，但值得注意的是，伍秉鑑也很失望。伍秉鑑尤其震驚於小斯當東阻撓該法案，因為他怎麼也想不到小斯當東竟會如此反對。他向義律強調，中國政府其實希望英國人管好他們在廣州的自己人，所以才會在東印度公司壟斷權取消時請英國人派一個大班過來。伍秉鑑非常不放心（因為外國人與中國人失和，他會首當其衝），問義律「如果來我國的英國人都不受管束，要如何維持平靜？」[44]他說清廷不願將大部分中國法律用在外國人身上，乃是因為外國人的文化不同，「要（他們）接受為習俗全然不同之人所設的規則約束不合理」。總而言之，他確信中國當局樂見義律擁有管束英國商人的司法權。但這樣的指望落空。於是，由於《中國法庭法案》遭封殺，在貿易大船高速駛入日益晦暗的地平線時，義律是以僅相當於該船乘客——而非船長——的身分，航向至關緊要的一八三九年。

在這期間，中國人的鴉片政策辯論繼續在進行。到了一八三八年，許乃濟的弛禁之議已擱置了兩年，未付諸實行。但在這期間，鄧廷楨照既有法令查禁鴉片成果斐然。如果清廷繼續照這模式走，如果鄧廷楨繼續如此嚴厲查緝國內走私者，吉吉博伊之類的孟買商人破產，廣州的渣甸、馬地臣被迫捨棄鴉片生意，改以棉花等貨物打天下，恐怕是遲早的事。但鐘擺又開始擺盪。一八三八年六月，清朝大臣黃爵滋針對鴉片問題呈上一份新奏摺。這份批判性極強的奏摺，對於朝廷該如何打破鴉片對中國社會的宰制和阻止白銀流失，提出大不相同的構想。

黃爵滋的提議，一如許乃濟的提議，純粹著眼於國內政策。他一開始就坦承，要禁止從印度帶來鴉片的外國人貿易，藉此阻止鴉片入境，根本辦不到；鴉片買賣利潤那麼大，任何欲關閉廣州港或其他切斷中外販子聯繫的作為，都必然失敗收場。他寫道，「故難防者不在夷商而在奸民」。[45]與此同時，他也承認鎖定中國境內的大小鴉片販子查緝，始終因為官場貪汙猖獗而成效不彰。在這幾點上，黃爵滋的看法和許乃濟一致。但他的解決之道不同。許乃濟舉手認輸，表示既然鴉片買賣無法禁絕，至少應將其納入控制，以阻止白銀外流，黃爵滋則建議以重刑對付，矛頭不是如過去那樣指向大小販子，而是指向中國吸食者。

照黃爵滋的推斷，如果中國境內沒有人吸食鴉片，自然就沒有人賣鴉片，沒有國際走私貿易，白銀也就不會流出中國。因此，鴉片吸食者是禍根，如果皇上想解決鴉片之患，就必須從他們身上著手。黃爵滋建議以重刑伺候吸食鴉片的百姓——他清楚要斷除他們的鴉片癮絕非易事，所以建議給予一年的寬限期，此後如再犯，即施以重刑，絕不寬待。許乃濟弛禁之議的無情之處，在於他認為朝廷應不管眾多上癮者死活，任其自生自滅，黃爵滋的無情之處，則屬於較直接、較積極的一類：

他建議一年寬限期之後，中國若還有人吸食鴉片，一律處死。

這是極度嚴厲的政策建議，建立在堅信重刑能除弊和難駕馭的中國官員能齊心協力上。有趣的是黃爵滋用來支持以死刑對付鴉片吸食的論點之一，是這類重刑已盛行於西方。他寫道，「今入中國之鴉片，來自英吉利等國。其國法有食鴉片者以死論，故各國只有造煙之人，無一食煙之人。」[46]這一說法當然錯得離譜，但這一錯誤的說法卻被當成假定事實進入一八三八年的對話——洋人為何不像中國人那樣吸食鴉片，是因為有重典伺候，而非因為他們的社會習俗有何不同。（附帶一提，這不表示黃爵滋認為英國等西方國家是清朝制訂政策的榜樣，反倒正相反：他言外之意是如果連英國人都能阻止其國人吸食鴉片，清朝應該也能輕鬆辦到。）

道光對此議很感興趣，叫人謄抄黃爵滋奏摺，分送給數位大臣，要他們讀完後發表看法。一八三八年夏，二十九名大臣回應，同聲譴責鴉片擴散之害，但大部分人（二十九人中的二十一人）不支持黃爵滋處死吸食者的建議。大部分大臣認為應只針對大小鴉片販子處以刑罰，因為他們人數較少，較易捉拿。但儘管有這些分歧，他們全都強烈反對許乃濟的提議：一八三八年回覆意見的大臣，無一人公開建議弛禁。他們一致建議皇上不管查禁的主要對象是誰（不管是大小鴉片販子還是吸食鴉片的百姓），嚴禁，而非弛禁，才是正途。[47]但在此值得一提的是，有鑑於晚近情勢，他們的嚴禁鴉片構想，跟黃爵滋的原始提議一樣，純粹只針對國內：二十九名回應者無一人提到該把外國人納入查禁之列。[48]

贊成黃爵滋原始提議的官員不多，湖廣總督林則徐是其中之一，而且給了此提議最強力且最立即的贊同。林則徐不是普通官員。他是教書先生之子，一八一一年二十六歲時就通過激烈的京城會考，在同輩之中脫穎而出。一八二〇年代擔任按察史時，因剛正不阿，贏得「林青天」的美名，由此可見他為官清廉。接下來幾年，在辦案公正的基礎上，他又以務實幹練的行政官員贏得更大名聲，精於處理治水、水災賑濟事務——是一個可仰賴、把人民福祉擺在個人私利之前的難得官員。到了一八三八年，他已是道光寵臣之一，和鄧廷楨一樣當上封疆大吏，卻比鄧廷楨年輕十歲。在貪汙橫行的汙濁時代，林則徐是一盞廉潔的明燈。像他這樣的人猶如鳳毛麟角。

林則徐關注的事務，原本主要在內政——事實上早先他只關注內政——尤其是他轄地百姓的疾苦。對外關係不在他關注之列——這是順理成章之事，因為當時只有廣州官員要處理西方貿易事務。直到一八三二年他擔任江蘇巡撫期間，載著胡夏米和郭士立在沿海尋找新口岸的阿美士德勛爵號來到該省，他才首度接觸外國事務。即使在這時，他仍把阿美士德勛爵號問題視為國內問題。他不關心這艘船或船上乘客所為何來，只要他們離開。他主要關注的對象是想與該船接觸的「奸民」。他未把心力用在打擊該船上，而是拉起警戒線以阻止當地百姓接近該船——畢竟當地百姓歸他管，而洋人不是。

林則徐未參與有關鴉片、白銀外流的早期辯論，但與某些討論此事的知識分子有往來。他立場相當保守，欣賞包世臣，但他關於鴉片政策的最初想法其實與弛禁派最相合：他在一八三三年呈給道光的奏摺中，建議如果鴉片貿易帶來的首要大患是白銀流出中國，就應鼓勵中國農民種植罌粟，自行加工製造鴉片。他推斷，如果本國的鴉片吸食者能從本土供應商取得所有需要的鴉片，就毋須向外國人買，白銀就不會再外流。日後他會揚棄這個看法，但凡是把農民生計擺在第一位的人，一般來說都會採取這一務實的解決辦法。

林則徐一八三八年支持嚴禁鴉片，出於堅信道德勸說有用。他相信儒家政府能為人民立下榜樣收風行草偃之效，能照顧他們，引導他們。他在一八三八年之前未涉入鴉片政策，但黃爵滋的奏摺對他而言是個轉捩點。他抓住鴉片問題大發議論，幾乎把這當成一場聖戰。在針對該奏摺抒發己見時，他向皇上提了詳細的計畫，以支持黃爵滋要求有所作為的呼聲。首先，他建議沒收鴉片煙槍和其他用於吸食鴉片的器具，並予以銷毀。接著政府官員要在轄地展開道德勸說運動，並在一年寬限期內逐步加強運動力道，包括以公開宣導讓百姓認識鴉片的危害和積極打擊鴉片煙館和貪官。

林則徐也建議提供醫療助鴉片癮者戒毒，因為他除了堅信道德勸說有效，還相信藥物治療有效。在他所上奏摺的附件中，他描述了幾種戒毒法，包括數種用以調製戒毒丸劑的處方。其中一則處方，是要病人每天服用以鴉片灰加上幾種藥草和其他物質調製成的藥丸，以使他們反胃，認為完成整個療程後，他們會一聞到、嘗到鴉片就噁心想吐，從而斷了吸食念頭。[49] 他深信，積極沒收鴉片吸食器具、道德宣導、醫療三管齊下，到了年底，只會剩下極少數人還斷不了癮。

呈上支持黃爵滋的奏摺之後，林則徐即在其轄地率先落實他的禁煙計畫。一八三八年八月，他從法律、道德兩個層面對湖南、湖北的鴉片吸食者發動激烈的禁煙運動。他設醫院治療吸食者，關押鴉片販子，發布公告譴責吸食鴉片者。他下令當地官員查緝鴉片或抽鴉片煙器具，予以銷毀，並向皇上詳細報告他的成果：一八三八年秋收繳數千支煙槍，沒收數萬盎司鴉片（但從整體角度來看，這些鴉片只相當於約十或十二箱鴉片，而當時每年運進中國的鴉片超過三萬箱）。煙槍砸碎，鴉片公開燒掉，灰燼丟入河裡——這非常重要，因為如果不公開銷毀，大家會認為相關官員把那些鴉片拿去自己抽或賣掉牟利。[50]

林則徐一次次呈報他在湖北、湖南的禁煙成果，獻給皇上的奏摺也益發志得意滿。他的語氣也變得更焦急，主張這類措施不應只在他的轄地施行：一八三八年九月下旬，他嚴正表示鴉片是國家所面臨的最根本問題。「當鴉片未盛行之時，吸食者不過害及其身，故杖徙已足蔽辜；迨流毒於天下，則為害甚巨，法當從嚴。若猶泄泄視之，是使數十年後，中原幾無可以禦敵之兵，且無可以充餉之銀。」他提醒皇帝，屆時中國將任人宰割。他最後說，「竊恐築室道謀，一縱即不可復挽。」[51]

到了一八三八年十月，道光的立場已大大傾向於嚴禁。義律仍以為許乃濟的弛禁之議就要得到批准，在此錯覺下奮鬥，但該月二十六日，道光懲罰了許乃濟，將他降級革職——清楚表明弛禁之議已胎死腹中（許乃濟本人則於不久後去世）。[52] 十一月八日，清廷仍在審議鴉片政策之時，滿人直隸總督琦善上報了重大的鴉片查獲成果，查獲數量之多為歷來之最。查獲之地是北京附近的天津，但琦善強調這些鴉片是經由廣州入境，由粵商買進北運天津。[53] 黃爵滋呼籲全國掃蕩鴉片煙民，但如此大規模的查禁，工程太複雜且艱鉅（更別提要把數萬、甚至數十萬煙民判處死刑，要耗費多大的人力物力）。但誠如琦善的報告所顯示的，鴉片似乎全來自廣州，專門針對該地展開查禁，或許能解決全國的鴉片問題。

這件事似乎終於使道光下定決心。天津查獲鴉片隔天，他召林則徐進京。林則徐於一八三八年十二月二十六日抵京，隔天起接連覲見皇上八次，君臣二人詳細討論了鴉片問題。兩人第四天會面時，道光授予重任，要林則徐在鴉片買賣的中心地廣州肅清該買賣。[54]林則徐將以欽差大臣身分南下，握有代表皇上行事的大權，不受當地任何官員節制。至於當地總督鄧廷楨，道光另行給予指示，要他配合林則徐行事。[55]於是，一八三九年一月上旬，就在義律仍靜靜等待，篤定鴉片禁令終會廢除之時，林則徐已啟程南下廣州，手上握有永絕鴉片買賣所需的一切權力。

第三部

殺氣之秋

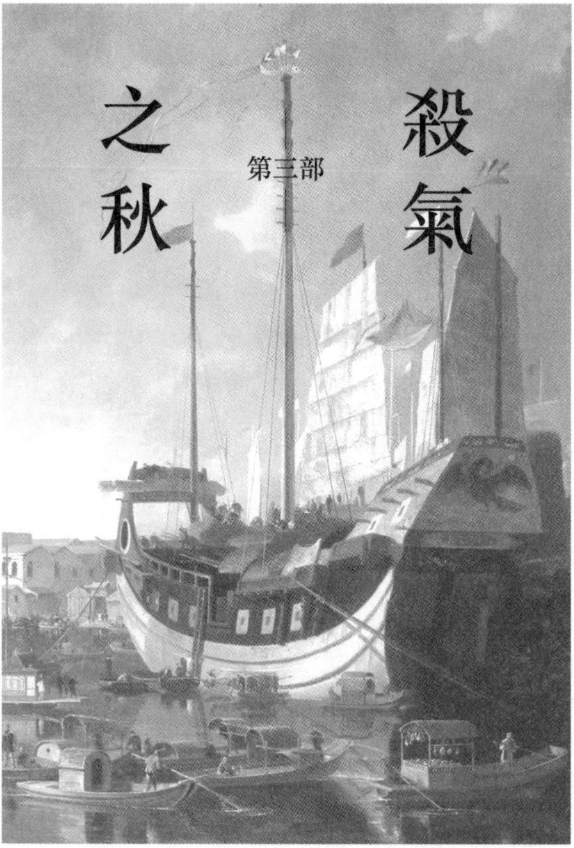

十三、攤牌

義律本意良善，但廣州的情勢遠非他所能應付。除了高估自己對中國人和中國政府的瞭解之外，他也始終為自己無權約束理應由他監督的英國人而煩惱。義律愈來愈憂心鴉片走私者會在他眼皮底下挑起危機，他的行為也隨之而愈加乖僻。上級的指示並未允許他管束廣州那些無法無天的英國自營商，但盡忠職守的觀念（或至少是不想被怪罪的念頭）令他一再想辦法控制他們。為此他極度謹慎，不把倫敦給他的指令告訴其他英國人，也不透露巴麥尊寫給他的書信內容，以免被人知道他的權力其實有限。當地英文報紙一再要求他釐清自己獲得授權代表母國政府做哪些事，或者無權做哪些事，他都不願回答。[1]

令他煩惱的不只是小型英國走私船在進入黃埔時偷運鴉片，並與遠方的中國執法官兵交火一事。[2] 大型船隻的船員也讓他不放心。那些水手來自大英帝國各地，通常不得與陸上的中國人接觸，以免發生鬥毆。但他們自己在船上就已經開始惹是生非，反抗高級船員的毆打管教。港灣中一艘英國船發生譁變後，義律湊合組成一支海上警察隊並草擬規章，讓各船長有辦法互相支援。但就連這都逾越了他的職責；巴麥尊得知此事時，以逾越分際為由責罵了義律，並提醒他「你無權訂定這種規章」。他說義律的計畫形同「在黃埔這個由中國皇帝統治的地方建立一個警察體系」，還告訴義律，英國絕不可能准許這種侵犯「獨立國家所享有之絕對主權」的作為。[3]

到了一八三八年跨一八三九年那個初冬，兩廣總督鄧廷楨尚在進行的中國鴉片走私者查緝行動，似乎愈來愈可能是玩真的——這意味著即使林則徐未被派到廣州，鴉片買賣應該還是會逐漸消失而不引發任何後續糾紛。[4]「一個買辦都看不到，鴉片煙管也一樣；全都消失了，」那個十二月，渣甸在信中如此告訴他其中一艘沿岸航運船的船長。他寫道，廣州官府近來查得尤其嚴厲，「逮捕的煙民、煙販和店主不計其數。」（但向來樂觀的渣甸又說：「我們一定要期望情況會好轉，買賣會更興旺。」）[5]

直到這時，廣州官府的鴉片掃蕩行動完全沒有針對外僑界。鄧廷楨的矛頭全鎖定本國走私者。官船和外國走私船偶有交火之事，但那都是由涉案歐洲人挑起的單獨個案。然而十二月三日那天，一小批鴉片在商館區內遭查獲，兩名負責把鴉片從河邊一艘小船搬進商館區的中國僕役很快就招認自己為一名英商工作。得知此事後，鄧廷楨決定向整個外僑界發布聲明。十二月十二日，一小群官兵出現在商館建築群前方的泥地小廣場，豎了一道十字木樁，準備為一名被判有罪的鴉片販子行絞喉之刑。這個死刑犯是中國人，在當地經營鴉片煙館，沒有外國人直接涉入他的罪行，但鄧廷楨破天荒選擇在此將他處死，是在清楚地警告外國人：此事你們也難辭其咎。

後來的零星報告中並未清楚說明當天先動手的是誰。義律人在黃埔，沒有親眼目睹事件，而那些「紳士」商人則把責任撇得一乾二淨。他們說或許是水手先行動的。事情的經過是，有幾個外國人得知自己家門前要成為刑場後很不高興，便走到絞刑架旁，動手將它拆掉。眼看中國官兵未制止，又有數名外國人上前幫忙。一群中國人聚集起來——純粹出於好奇——看他們拆絞刑架。情勢原本還很平靜，但有幾個比較吵鬧的英國人開始擠進中國群眾裡，拿棍子打人，要他們後退（這就是水手被怪罪的地方）。群眾推回去，而且聚集更多人。有人丟出第一顆石頭，然後就爆發了真正的暴亂——中國人和外國人在廣場上公然互毆，英國人和美國人很快就被打得往他們的商館大門奔逃。

憤怒的中國暴民愈聚愈多，並將商館團團圍住，據說有好幾千人。他們從商館大門外拿大量石頭和磚塊猛丟外國人，砸破商館建築所有正面的窗子和百葉簾，並且拆下圍籬做為破門槌。困在裡面的商人很幸運，最後有一隊中國官兵前來解救他們並驅散民眾，結束了這個午後的包圍。絞刑架被移走，那個鴉片販子在別處絞死。那天夜裡義律帶著一百二十名武裝的商船水手現身時，情勢已回歸平靜。[6]

巴麥尊勛爵得知這場暴亂時，最想知道的並不是在廣州的英國人民需不需要更好的保護，而是他們怎麼會以為自己有權利阻止這場處決。他問義律，這些商人基於什麼理由自認「有權干預中國司法官員在一座中國城市裡為了執行高層命令而做的安排？」[7]英國政府發出大量訓令給旅居廣州的英國人，提醒他們務必尊重中國政府的管轄權和司法權，而巴麥尊的信便是其一。如同其他的訓令，這封信要花上半年才會送到收件人手中，但廣州某些比較正直的僑民已從這樣的角度看待事情。有人投書給《廣州報》（*Canton Press*）說，如果一個鴉片販子要在那些商人家門前被處決的事情令他們那麼不悅，他們就應該想想自己在這件事情上的責任。他寫道：「外國人愈快停止鴉片買賣，就愈不會被迫在自家門前目睹處決。」[8]

這場暴亂令義律大為震驚，於是他更加努力找方法防止鴉片走私者引發重大危機。他知道不該干預他們，但他（一如對巴麥尊的說明）根據以下理由為此舉辯解：鴉片買賣「危險和可恥」的程度已經極為嚴重，這個行業正「迅速落入愈來愈鋌而走險之人手裡」，會「讓外國人因為可恥之事不斷增加而蒙上汙名」。[9]他認為十二月十二日的暴亂原本大有可能以屠殺收場——英國商館裡有人開槍，若非那一槍沒有打到人，外國人群居區恐怕已淪為「殺戮、破敗的駭人現場」——全都是因為幾個自認「不受任何英國或中國法律約束」的暴徒。

於是，義律終於採取具體行動對付英國走私者。十二月十八日，即暴動發生六天後，他發布公告，命令所有運載鴉片的英國船立刻離開廣州內水域。他自己無權沒收對方的船貨或逮捕他們，便借助中國政府之力：他警告，如有走私者不肯離開廣州周邊地區，他會親自將對方交給中國人處置。他搬出巴麥尊不久前給他的指示，宣告走私者運送鴉片到廣州已違反中國法律，所以「如果中國政府認為扣押及沒收前述鴉片合情合理，女王陛下的政府絕不會干預。」[10]幾天後，他去信給廣東巡撫，表示自己絕對支持當地官府打擊鴉片走私。義律向他保證：「英國政府不會寬貸這些惡行，反倒會以嚴厲且始終憂慮的心態看待。」[11]

鴉片商勃然大怒。在他們看來，義律身為英國商務監督，應該要保護他們，或至少不阻撓他們——當然不可以幫著中國政府管制他們的買賣。馬地臣便曾向貿易夥伴抱怨，說義律「採用協助官府這種不尋常的做法，和他自己的同胞作對。」[12]《廣州紀錄報》譴責他「樂於協助地方官府」，還說「義律上校似乎有意自告奮勇領導中國緝私工作」。[13]一個星期後，該報又指控他「拍廣東巡撫馬屁」且自願幫中國「對付那些他在職責上至少應該盡力保護的人」。[14]對義律來說，這簡直是重演蓋亞那事件。

儘管和自己同胞鬧得很不愉快，義律至少有美國人在精神上的支持。例如羅伯特・福貝斯便完全贊成義律致力於將鴉片走私者趕出黃埔，「因為無辜者和罪人一起受苦，這樣很不公平。」[15]羅伯特對鴉片貿易在他離開廣州那六年間的巨大變化，感到相當震驚。他在伶仃號上工作的那段日子過得優雅閒散，當時中國官員頻頻縱容，加上執法不力，所以鴉片貿易形同合法；但一八三八年底他回到中國時，鴉片貿易已經變得惡名昭彰。他於十二月向妻子指出中國官府「大力掃蕩鴉片買賣」時，承認鴉片買賣「無疑是在腐化人心」。[16]他預言這種買賣不會持續太久。

過去旗昌洋行的鴉片交易量相當大，但隨著伶仃島的鴉片買賣逐漸停擺，旗昌合夥人最重視的是維持茶葉與生絲的利潤。鴉片寄售相關業務帶有風險，收入愈來愈少，相較之下，茶葉和生絲的利潤更重要。雪上加霜的是在一八三九年一月，伍秉鑑揚言如果旗昌洋行繼續在本業之外兼營鴉片買賣，他就會停止供應茶葉給該公司。[17]一八三九年二月下旬，又有一名中國鴉片販子在商館前被處決——這次有大批官兵在場，行刑快速果斷，所以沒人有機會抗議。為此感到震驚的羅伯特・福貝斯在信中告訴妻子，鴉片貿易已經發展成叛徒的勾當，「一批胡作非為的人無視法理地亂搞」。鴉片買賣實質合法的時代顯然已告終，他和旗昌洋行的其他合夥人不能繼續以樂天的態度看待自己在這種買賣中的角色。他告訴妻子：「可怕的後果在我們眼前呈現，我們不能違背原則做這買賣。」[18]他和他的合夥人最終做了他們英國同業不肯做的事，只是惋惜要失去他們近年來最大的獲利來源之一。一八三九年二月二十七日，旗昌洋行——中國鴉片交易量最大的美國商行——發出公告，宣布不再進行鴉片買賣。[19]

一八三九年一月下旬，渣甸永久離開廣州，並把他和馬地臣二十多年來打造的事業交託給這位合夥人。渣甸這時五十四歲，已在中國住了將近二十年；早年他擔任東印度公司船醫時，也曾多次隨船到訪中國。由於想要娶個妻子並與她一起在蘇格蘭享受他累積下來的大筆財富，渣甸計劃退休已有一段時間。結果他時機挑得剛好，在林則徐來到廣州之前離開。[20]

《廣州紀錄報》——由馬地臣創辦，所以是立場鮮明的消息來源——宣稱渣甸是歷來退出廣州的西方商人中，成就最高的一位。[21]在商館區真正跟渣甸合不來的只有他的主要對手，即與他競爭的鴉片商人顛地（Lancelot Dent）。除此之外，商人、傳教士或報人無論對渣甸的事業和影響力有何道德觀感，大多仍把他當成他們社交圈長期以來的領袖，對他尊敬有加。就連非常看不慣走私者的義律，都認為渣甸是個正人君子，與那些惹出多數亂子的惡棍截然不同——事實上，義律對渣甸敬重到為他寫了一封介紹信給巴麥尊勛爵，說他「熟諳」對中貿易，或許對外交大臣有幫助。[22]

渣甸的餞別宴於一月二十三日晚上舉辦，地點是舊英國商館的大食堂。食堂寬闊露臺的柱子上裝飾了鮮花和彩旗，並以燈籠排列出渣甸的姓名縮寫。一個時代就要落幕，但與會賓客無人體會到這點。那天夜裡，超過一百三十名英國籍、帕西裔、美國籍的商人共進晚餐，大批侍者在場服侍，還有樂隊演奏蘇格蘭樂曲。英國人和美國人坐在會場內，帕西人在外面露臺自成一桌。狂飲雪利酒和潘趣酒的英國人逐漸喝到醉醺醺，在大食堂裡唱起〈天佑女王〉，舉杯祝維多利亞女王身體健康。胡夏米起身，舉杯向美國總統祝酒，並說英國人對美國人在廣州的成就感到滿心「歡喜與雀躍」，一如「父親為自己孩子的優點、才華和進取感到驕傲和高興」。不管美國人是否覺得遭到這番話矮化，他們都與其他人一起唱了一回美國愛國歌曲〈哥倫比亞萬歲〉（Hail, Columbia）。與會眾人舉杯祝渣甸健康（「備受尊敬、看重與摯愛，程度甚至超出你自己的認知或預期」），並且對他唱了〈往日時光〉（Auld Lang Syne）。渣甸本人起身講話，抒發離開的不捨之情。他談到欣賞中國人的謙恭有禮，也說他在廣州始終覺得安全——勝過世上其他任何地方。他捍衛外國商人的名聲，並對滿場熱烈鼓掌的賓客大喊：「各位先生，我們不是走私者！」。他說中國官員和東印度公司才是真正的走私者。他對此「問心無愧」。[23]

他們舉杯向東印度公司、義律、蒸汽動力的前景及許多其他的人物和理想致敬，因為在那個酩酊大醉的夜晚，所有敵意與競爭都被忘卻了（唯獨沒敬未赴宴的顛地）。他們敬了在場的兩位傳教士，那兩位傳教士則感謝渣甸對他們傳教理想的金援。身體虛弱、曾經撰文說鴉片「會要中國的命」，並且仍在《中國叢報》上痛批鴉片的美國牧師裨治文起身表示，他希望渣甸回國後會與「最美的女人」共結幸福連理。渣甸回答說「白白胖胖、四十歲」便可讓他心滿意足。[24]羅伯特·福貝斯在宴會上高聲喧鬧，舉杯敬他的蘇格蘭同胞，令那些人大樂，並且跟大部分蘇格蘭商人一樣喝得不省人事。用過晚餐、敬過酒之後，眾人來到外面的露臺，把帕西人趕走。許多步履蹣跚的男性隨著一對費城藝人演奏的「黑人樂曲」結伴跳起舞來；一邊在地板上到處轉圈，一邊狂飲更多潘趣酒和香檳。旗昌洋行合夥人之一的沃倫·德拉諾（Warren Delano）——富蘭克林·德拉諾·羅斯福總統的外祖父——跳華爾滋時沒抓好舞伴，飛出去撞到花盆，頭上撞出一道長達一英寸的傷口。宴會持續到超過凌晨三點，最後剩下一小批死忠支持者，在渣甸住所已關燈的窗子下方對著黑夜歡呼。羅伯特凌晨四點才回到家，吵醒了住在隔壁的同事，吐得一場糊塗，然後就寢。[25]

關於到了廣州該如何行事，林則徐從同事那裡得到諸多建議。最直率的提議大概是來自不久前查獲大量鴉片有功的直隸總督琦善。他們於十二月碰面，當時林則徐正在進京覲見道光皇帝途中，會面時琦善提醒他勿與洋人開戰。[26]其他人的立場比較好戰，但仍勸他要謹慎。林則徐獲任欽差大臣一事在中國的改革派士人眼中是一大勝利，因為他們主張以強硬作風處理對外貿易；早在一八二〇年代，包世臣便已率先提出呼籲。但長期下來，他們堅決要求與外國人斷絕往來的態度因為更大的現實考量而有了緩和。誰都看得出來，至少那些讀過有涉外經驗士人所寫文章的人都明白，英國與其他西方國家軍力強大，應避免與他們直接衝突。儘管如此，推動主張仍有其他辦法。

四十六歲的改革派著名士人龔自珍寫信給林則徐，毛遂自薦欲當他的助手。[27]龔自珍與大力提倡禁煙的黃爵滋同屬一個詩社，本身激烈反鴉片；他告訴林則徐，吸食鴉片者應以絞刑處決，販賣與生產鴉片者則應割喉。但是在寫信給林則徐時，他仍擔心如果林則徐在廣州直接切斷鴉片來源，外國鴉片販子和與之勾結的中國「奸民」也許會聯手造反，屆時中國將無足夠軍力同時壓制這兩股勢力。

於是，龔自珍建議採取漸進式的手段：首先，林則徐應著手減少輸入量，而非完全斷絕鴉片輸入；除了鴉片，他也應限制毛織品、玻璃、時鐘等外國耐久財的輸入（一如前人，龔自珍認為這些產品傷害到中國國內的經濟）。此外，龔自珍也建議這些進口限制措施應該只針對中國商人和消費者；他說林則徐對外國人的態度要堅定，但應避免與他們起衝突。然而與此同時，他也提議強化廣州周邊的軍事防禦。中國既有的水師在大洋上完全敵不過英國海軍，因此他說林則徐應把心力集中於防衛沿海與內陸。龔自珍暗示，中國遲早可以毫無顧忌地完全禁止外商進入。

林則徐南下廣州途中多方請益，其中最重要的一次乃是就教於包世臣。自一八二〇年起，不少士人呼籲清廷完全中止對外貿易，以防中國的資產外流，而這位保守士人正是他們的領袖。二月的一個陰冷雨天，正在南下廣州途中的林則徐經過包世臣家附近，邀請這位年長的政治思想家上船，花了一天向他請教經世致用之道。[28]關於奉派赴廣州禁煙一事，包世臣後來陳述了他給林則徐的基本建議：「止濁必澄其源，行法先治其內。」話中的哲理很模糊，但林則徐還是得出了明確的意涵。按照他對包世臣所提建議的解讀，「先治其內」意指他應先逮捕所有違反鴉片禁令的官員，「澄其源」

則意指他必須完全阻斷外國鴉片流入廣州。與包世臣會晤之後，林則徐繼續南下廣州，並決定將這兩項措施——嚴厲查緝當地人與切斷外貿主要管道——做為他的策略支柱，以求立即且果斷地解決中國鴉片問題。但就連早已認清不可能中止對外貿易的包世臣，也知道這兩項措施非常危險。後來他說林則徐完全誤解了他的意思。[29]

到了一八三九年三月上旬，整個廣州商界都預料林則徐會來，並為此焦慮不安。有人說他會微服走入民間以蒐集情報，因此說不定人已在廣州。也有人說他還在翻山越嶺南下途中。他們都知道這位欽差大臣的權力有多大——跟皇帝一樣大，因為他代表道光行事，該地區文武官員都得聽命於他——但沒人知道他會如何運用那些權力。

有人甚至期盼林則徐到來，他們認為他會緩和近幾個月鄧廷楨用來對付走私者的激烈手段。外僑圈子裡有傳言說如果欽差大臣林則徐不是來將鴉片合法化，至少也會讓鴉片買賣比過去兩年更容易進行。[30]馬地臣在中國的一些熟人說林則徐是福建人，而福建的上流人士極懂得吸食鴉片，因此「一般認為欽差大臣可能傾向縱容鴉片」。也有人向馬地臣保證沒什麼好擔心的，因為據說林則徐「性情溫和，不可能使出嚴厲手段。」[31]

他們錯得離譜。林則徐三月十日抵達，立即嚴打鴉片買賣。他首先大規模逮捕已知的鴉片販子（還在赴任途中就預先下令），並且張貼公告，宣布他受命徹底消滅鴉片交易，同時命令商人停止買賣鴉片、呼籲煙民交出煙管銷毀。在其中一份公告內，他把全國的鴉片問題歸咎於廣州。[32]他的手下開始沒收當地居民的生鴉片和煙管，共查獲生鴉片數千英磅、煙管數萬根。一八三九年三月抵達廣州後的頭三個月間，林則徐以鴉片相關罪名逮捕的人數，就多達鄧廷楨整整兩年禁煙運動被捕人數的五倍。[33]

林則徐照計畫開始取締廣州當地人之後，打破歷來先例——且不顧同僚建議——把矛頭對準小小商館區裡的外商。三月十八日，他下令要英商交出所有鴉片存貨，並給他們三天期限。起初受到最大衝擊的是行商，儘管部分行商並未參與鴉片買賣。他們向來是外國僑民和中國官府的中間人，所以鴉片買賣得以繼續一事，大多被怪罪在他們身上。林則徐開始調查時，頭一批被叫來問話的就是他們——跪著接受訊問，被威脅如果說謊就要處死。伍秉鑑身為行商領袖，所以責任最大，也最容易遭到攻擊。七十歲的他苦於健康退化，又遭到林則徐強烈施壓；他曾向羅伯特・福貝斯私下透露，他真希望自己死了算了。[34]

外商起初並未交出任何鴉片。他們想看看林則徐是否真想用手中權力對付他們，而向來無人敢違抗的林則徐很快就失去耐心。三月十九日，他宣布外商若沒有全數服從他的命令，就一個都不准離開廣州商館區，此外他們必須簽下保證不再賣鴉片的字據，如再犯就要處死。林則徐揚言，如果外國人在三天寬限期過後還繼續抗命，他會在三月二十二日早上處死伍秉鑑和另一名行商。二十一日深夜，英國商人在與行商倉促舉行的會議上稍稍屈服，「極度不甘願地」投票同意於早晨時交出一千箱鴉片。伍秉鑑等人向他們保證，這就足以避免有人遭處死。[35]

但這些鴉片始終沒有交出去。隔天，英國人收到通知說交出一千箱不夠，或許應該改成四千箱。

與此同時，林則徐從另一個方面下手，開始把最惡名昭彰的英國鴉片販子個別叫進廣州城裡問話。渣甸已前往英格蘭（馬地臣因為他們商行的中文名稱掛渣甸之名而得以倖免），於是三月二十二日林則徐召見的第一個商人是渣甸的對手顛地。顛地認為抗拒無益，便準備進城接受問話。然而就在這時，另一個讀過「數本古書」的外僑向他指出，一七六〇年洪任輝就是這樣被逮捕的：洪任輝和顛地一樣，被單獨叫進城裡，沒有人保護他，最後他在中國的監獄裡關了三年。顛地於是改變心意，拒絕前往，寧願與其他人待在商館裡賭賭看。[36]

隔天早上，伍秉鑑和另一個行商被套上枷鎖，押到廣場上遊行示眾。林則徐再度揚言如果顛地不進城接受問話，就會把他們處死——但這時外商已開始懷疑他只是做做樣子。舉例來說，羅伯特．福貝斯注意到伍秉鑑脖子上的鐵項圈細到應該稱作項鍊比較貼切。[37] 這些商人雖然謹慎應對林則徐，卻也開始納悶林則徐到底有多大的權力能管他們。他們的鴉片甚至不在廣州，而是在港外和沿海的船上，能輕易運到林則徐掌控的範圍之外——因此他們認為若他們拒絕妥協，林則徐除了中止茶葉貿易也別無他法。有人指出三天寬限期已過，並沒有發生任何事，交出鴉片一事淪為一千箱到底夠不夠的含糊交涉。就連林則徐揚言處死伍秉鑑，看來都很像是在虛張聲勢。情勢開始明朗起來，商人對林則徐的脅迫應持保留態度。[38]

但義律不這麼想。在他看來，這正是他畏懼已久的那個大危機，他的種種憂心終於應驗。義律最初聽到林則徐要外國人交出鴉片的消息時人在澳門，他深信如果顛地接受林則徐問話，最後肯定會人頭落地——而且還會有人遭遇同樣的下場。英國商人無論有沒有販賣鴉片，都會遭集體處死。

但義律認為自己救得了他們。他瞭解中國人（自以為瞭解），知道該怎麼做。他急奔廣州拯救那些商人之前，最後一次寫信向巴麥尊報告的內容是他確信自己只需要「堅定的語氣和態度」就能打消林則徐「不公且脅迫的安排」。他會挺身面對欽差大臣，但也會藉由「竭盡所能滿足（中國）政府的合理目標」來安撫對方。義律要透過合作和尊重化干戈為玉帛。[39]

義律於三月二十四日的日沒時分搭乘小船來到廣州商館區，準備親自出馬保護顛地。他站在船尾，身著整套海軍上校軍裝，頭戴三角帽，手中握著劍。按照馬地臣的描述，他「非常激昂」。[40]他召開一場會議，集合來自各國的全體外國人，並向他們宣讀一份公告。他說，由於「生命與財產即將面臨危險」，也由於林則徐發出的恐嚇「邪惡且暴力」，他們應該立即開始準備撤出廣州商館。[41]義律表示，如果林則徐不在三天內允許他們從廣州搭船到澳門，他會斷定中國人意圖將他們押為人質。他向與會者承諾他會出面斡旋，會為他們取得離開廣州城的通行證，還會護送他們到安全之地。他說他向來樂於配合中國政府，「只要他們的行為節制、合理、公正」即可，但此刻他必須堅守立場。他呼籲所有外國人團結一致，並且煞有介事地表示願意保護所有人。他高聲說：「我會與你們同進退，直到嚥下最後一口氣！」[42]眾人歡聲雷動。這次他終於受到了愛戴，或許還是平生頭一遭。

那天夜裡，林則徐命令商館裡所有中國籍僕役離開。貼身男僕、搬運工、廚子、買辦、通外語者和其他大量侍從全都打包好個人物品並離開。然後他切斷商館區的新鮮糧食供給。同樣的做法曾在一八三四年被用來對付內皮爾勛爵，並且在一八三〇年時用在盼獅與其妻身上，而且非常成功

——那就是孤立不受教的外國人，直到他們屈服為止。[43]在商館區對外開放那幾側，林則徐派出一排排的官兵持刀封鎖，不准任何人通過。商館的後門則砌磚堵死。外國人的小船全被拖上商館建築前方的乾地，船舵卸下，船帆也拆掉，如此便無人能駕船逃離。在水上，守備船排成三道緊密的同心弧，封鎖從河上進入商館的門路。僅剩的出入口是商館建築和後方街道之間那三條滿是店鋪和酒館（很快就被清空）的小巷。最後，工人現身並砌磚把豬巷和新中國街堵死，只留下一條小巷——舊中國街——當作唯一的對外聯繫管道。這條小巷也受到嚴密看守。

一座臨時監獄就此完成，大約三百五十名英國人、美國人、荷蘭人與帕西人被困在裡面——不只是商人和他們的職員，還包括三十個上岸休假卻不巧遇到築牆包圍而回不去船上的水手。然而這裡並不是一個充滿敵意的地方。負責看守商館區的「官兵」，其實大多是因為這次封鎖行動而受指派及武裝的行商雇員；他們對外國人很友善，跟其中許多人是以名字相稱。正規的官兵也沒有做出任何騷擾或恐嚇的行為。（事實上，林則徐明令他們避免不必要的暴力——他只想嚇嚇那些外商，並不想傷害他們或挑起衝突。）[44]

此外，切斷補給並未嚴格施行，不斷有閹雞、熟火腿、烤羊肉與一籃籃的麵包和蛋，被伍秉鑑的助手和其他人以創新手法偷偷帶進商館。有一次，一個行商職員現身造訪旗昌洋行，結果衣袖裡塞了六條麵包。[45]在這裡待久了的商人，平日就貯藏了可滿足商行至少一個月所需的糧食物等必需品，他們當中有許多人還記得一八三〇年盼獅因為妻子入城而與官府僵持並遭切斷補給的事。馬地臣在信中告訴渣甸，他們的職員「從頭到尾不但過得很舒服」，還為其他「獄友」辦了晚宴。[46]羅伯特・福貝斯數年後回顧此事時，認為總體而言，一八三九年他和其他被困在廣州的人「比較煩惱的是……缺乏運動和吃太多，而不是欠缺民生必需品。」[47]

因此沒有人會餓肚子，而撇開無聊不談，最大的日常困擾是這些長久以來慣於讓成群僕役細心侍候的僑商，不得不在商館裡親自下廚與打掃。結果並不理想。在英國人當中，階級之分占了優勢，現場數量有限的水手被他們所屬的商行分配去為有身分的人做粗活。但水手根本不夠分配，因此商人仍得自己想辦法生火、洗叉子、從河裡挑水、掃地、擠牛奶、鋪床。好的一面是他們可以整個上午都穿著睡衣，沒人抱怨這樣不好。不好的一面則是他們在此之前從未進過廚房，做出的菜實在難吃。羅伯特・福貝斯想讓旗昌洋行的美國人飽餐一頓，首度嘗試做火腿蛋，結果做出一團又黑又硬、近似鞋底的東西，不過他的同事沃倫・德拉諾最後照著食譜做出了還過得去的米布丁。[48]

在義律眼中，監禁之後的可能發展並不像那些商人所想的那麼有意思。反之，這件事令他害怕，讓他擔心外商會餓死和遭集體處決。因此，還沒動身前往廣州「營救」顛地，他就已經決定好要怎麼安撫林則徐（後來顛地的合夥人堅稱他實在不需要，也不值得救）。[49] 三月二十六日晚上，林則徐封鎖商館區僅過了兩天，義律就對與他交情好的商人說他有個計畫。他向那些商人說明時，他們由於計畫太令人意想不到而數度要求他重述，只為確認自己沒有聽錯。他們的確沒聽錯。隔天一大早，義律走遍商館區，分發剛印好的通知，其中的措辭他已於前一晚排練了好幾次。[50]

結論是：義律把英國商人面臨的危險想得太過誇大，所以決定必須要他們配合林則徐，交出手上所有鴉片——因為商人若是不這麼做，應驗了義律（幾乎沒有其他人）最深的擔憂，他們最終可能全會死在他的監督之下。他那個令初次聽到的人都困惑不已的配合計畫，內容是他會親自沒收商人的所有鴉片。他以英國女王的名義下令，外國人凡是持有屬於英國人的鴉片，都必須交出來給他這個商務監督。他會簽付本票做為交換，確保英國政府會支付他們合乎市價的款項。

商人立即看懂他這項提議的含意——條件實在好得令人難以置信。他們知道中國政府隨時可能會用武力沒收他們的非法鴉片，而義律就在這個危機時刻（以女王的名義！）要求他們改把鴉片交給他，而且保證英國政府會支付那些鴉片的總值。這個交易太划算了。更棒的是，義律的計畫具強制性，因為廣州商人手上的鴉片絕大部分不屬於他們。他們主要是擔任代理商，為人在印度與英格蘭的投資者販賣寄售的鴉片，因此這些商人持有的鴉片要不要交出去，大多不是他們自己能決定的。他們不能自行把客戶的財產移交給他人，以免損及自己的商譽——但義律以女王的名義下令，他們便只能照做，如此一來寄售者就不能怪罪他們。從鴉片代理商的立場來看，這是絕佳的脫身之道。馬地臣便曾對一個憂心的客戶說：「我們交出鴉片，是最好的做法了。」[51]

於是，三月二十七日整個下午，英國與帕西商人欣然將自己商行手中鴉片的數量報表送去給義律。義律則簽付票據，保證英國政府會付錢（後來這些票據在印度成為一種貨幣形式，以「鴉片收據」之名被人拿來進行交易）。[52]就連旗昌洋行的美國人都來找他，因為這家商行雖然已於數週前宣布不再做鴉片生意，但手上仍有一千多箱歸英國人所有的鴉片還留在伶仃洋的一艘躉船上，他們處理不掉。旗昌洋行的合夥人欣然簽字將這批鴉片全數轉給義律，手上還有鴉片存貨的所有英國與帕西商行代表亦然。他們承諾交出的鴉片多得驚人，總數達二萬二百八十三箱，市場價值約一千萬銀圓，也就是二百萬英鎊。《廣州紀錄報》主編完全笑看義律的荒謬行為，隔天早上以歡樂的口吻在報導中寫道：「有人舉起滿溢的酒杯乾杯，祝賀年輕美麗的英國女王政躬康泰，因為女王陛下如今是史上擁有最多鴉片的人。」[53]

義律的提議將會成為後來所有事態發展的關鍵。他做出這樣的提議非常奇怪，主要是因為他根本無權這麼做。巴麥尊已經明確告訴他，如果鴉片走私者被中國政府沒收貨物，後果要由他們自負。義律收到的指示及先前英國政府發來的公文，都沒有任何地方會讓他誤以為自己能行使英國政府的權力來保護鴉片販子免於這樣的後果。這是義律在一次嚴重恐慌下倉促做出的決定，而他愈來愈容易陷入恐慌（羅伯特．福貝斯稱義律恐慌時「嚴重失常」）。[54] 義律深信他不只救了同胞的性命，還救了帝國的經濟。他事後立即寫信告訴巴麥尊：「我毫不懷疑，許多人的性命安危有賴於我的決心。」[55] 他解釋說，即使商人自願將鴉片交給林則徐，如果他們沒有得到償還損失的保證就把貨交出去，或許會在印度經濟中引發一波信用破產；這個災難性的「商業劇變」會導致英國陷入「程度無可估量」的金融風暴。

商人當然非常清楚義律無權代表女王收購價值二百萬英鎊的鴉片，但他先前一直不願意釐清他的權限，意味著他們也可以順理成章地說他們聽信了義律的話。即使他們打從心底懷疑義律的承諾完全無效（但他們絕不會承認自己這樣想），卻還是簽字了，因為他們知道雖然這份英國商務監督背書的合同並未得到授權，但只要他們簽署時真心相信合同有效，就會有充分依據要英國政府賠償。他們必須在讓客戶的財產被義律沒收還是被林則徐沒收之中擇一，而他們知道從自己政府得到賠償的機會，比從中國政府那兒高上許多。

不管有沒有得到授權，義律的賠償提議或許從表面看也顯得奇怪，因為這表示英國政府保證付出大筆金錢給一群鴉片販子，買下他們的違禁品。但在這點上，義律的提議其實有一個站得住腳的先例，而這個先例與他不久前在蓋亞那處理奴隸問題的經歷直接相關，那就是五年前英國用來實現奴隸解放的手段。英國政府儘管譴責過奴隸制度，卻也承認奴隸主擁有財產權，他們的奴隸相當於投資。因此，英國政府未直接強迫奴隸主給奴隸自由，而是付錢要他們這麼做——這件事讓義律更加相信，儘管他個人對鴉片買賣極度反感，從印度花錢投資鴉片的英國人和帕西人還是擁有他們財物的所有權。

為支應廢除奴隸制度的代價，英國政府已在一八三四年訂定二千萬英鎊的巨額賠償金——中國境內鴉片總值的十倍——來補償奴隸主解放奴隸後的損失（然而必須釐清的是，這筆錢並非用來補償奴隸本身所受的苦）。在敲定這個做法的過程中，其中一個最成功的論點著眼於一群孤兒寡母，據說他們僅有的收入來源是在遙遠西印度群島種植園中辛苦工作的奴隸，而那些奴隸的所有權是他們繼承來的——他們是無辜者。該論點主張，如果解放奴隸而不補償他們不在當地的主人，那些孤兒寡母會餓死。[56] 廣州的商人與他們的支持者會打出一樣的同情牌，以爭取對他們鴉片的賠償。《廣州紀錄報》的主編就認為，如果英國政府未能履行義律的付款承諾，將造成「把鴉片存留在中國的物主破產且一蹶不振、有的家庭破碎並陷入貧窮、有人身敗名裂、有人進入負債人監獄、有人靠濟貧院施捨度日，此外可能還會有許多把所有家產拿去做鴉片投機生意的人因此餓死。」[57]

義律本人絕口不談這個議題，但許多人認為他簽署他的保證書時，心裡就想著廢奴補償的事。就連反鴉片者都可能支持這個構想。《中國叢報》由傳教士編輯，始終批判鴉片買賣，而該報的一名撰文者主張英國政府和東印度公司都是助長印度境內生產鴉片的罪人，所以「何不分攤損失，讓慷慨的政府比照處理西印度奴隸這個大問題的做法來解決？」[58]另有一些人堅持問題在於公不公平。英國的一名時事評論者寫道：「既然承認從事買賣鴉片者違反自然法則——亦即違反倫理道德——的程度和買賣奴隸者一樣嚴重，憑什麼讓其中一方有權獲得賠償，而另一方沒有？」[59]

義律認為（其他人也持相同看法，包括許多鴉片商人在內），此舉最重要的成果也許就是在永久停止印度與中國間的鴉片貿易時，讓賠償成為不可或缺的基本條件。[60]把將鴉片移交林則徐之事安排妥當後，義律立刻寫信給巴麥尊，說他深信「在廣州從事〔鴉片〕買賣的商人必須下定決心與鴉片斷絕關係的時刻已經到來」。[61]後來他向巴麥尊表示，希望英國海軍開出「具有法律效力的支票」來阻止鴉片買賣；與結束奴隸制度時一樣，可惡的鴉片生意看來終於有可能藉由收買從事這個活動的人來劃下句點。[62]在這方面，有一點值得指出，那就是儘管義律在中國的作為在英國國內引發種種爭議，他深信無論鴉片買賣有多可恥，鴉片商人都有權得到某種賠償以彌補財產損失一事，卻是最沒有爭議的地方之一，而廢奴的先例正可大大說明為何有此現象。但癥結還是在於誰要出這筆錢。

商人都簽字同意將鴉片轉讓給義律之後，義律立即發文給林則徐，承諾把收來的鴉片全數交給中國政府。在這之前，中國境內沒收的最大一批鴉片是一八三八年林則徐獲任為欽差大臣前夕，琦善在天津查獲的那批，總價值大約八十箱鴉片。[63] 令林則徐聲名大噪的一八三八年兩湖禁煙運動，合計只查獲十到二十箱的鴉片。就連鄧廷楨在林則徐抵達廣州之前的兩年間持續進行強力掃蕩，查獲的鴉片數量也不到六百箱。[64] 但這些成果都備受皇帝讚許，所以沒有理由讓官員一定得冒險取得更好的查緝成績。

林則徐首度命令英國人交出鴉片時，行商說他們交出一千箱就綽綽有餘，這個建議很合理。若扣押一千箱鴉片，林則徐一舉沒收的量會比先前所有大型禁煙運動沒收的總和還要多。行商認為屆時他可以拿這樣的成績向道光報捷，然後放過廣州。那些鴉片要價不菲——約五十萬銀圓——但行商能吸收損失而不致破產。他們能賠償外國人的財產損失，廣州會風平浪靜，一般貿易可以一如以往地回復常態。至少那是義律突然冒出來攪局之前，最有可能發生的結果。林則徐第一次看到義律要繳交的鴉片總數時做何反應，並未留下記載，但不難想像他得知這位英國商務監督自願上繳兩萬多箱鴉片時的震驚——那遠比一千噸生鴉片還多，市值為一千萬銀圓。

林則徐未察覺到情況有何不對勁。他在義律交出鴉片數週後的一八三九年四月十二日寫下事發後的第一份奏摺，並在其中詳述他豐碩的禁煙成果。他對那些外國人毫無敬意——他向道光稟報，說他們天性狡詐，尤以鴉片販子最不可靠。不過他很高興向皇上回報他們很快就低頭。義律幾乎立即就同意繳交英國鴉片，當時林則徐封鎖商館區不過數天。此外，義律完全配合，沒惹出亂子（相較於面對類似情況時叫來炮艇的內皮爾而言)。林則徐稟報道光，他無需動用武力就降伏了外國人，他所做的無非就是「仰仗天威」，而外國人便「自然畏服」。[65]

禁煙最棘手的部分似乎已經解決，林則徐於是建議道光對剛受到教訓的外國人施以恩澤。他向皇帝提議赦免他們過去的罪行，並說他已賞給他們大批牲畜，因為(他以為)他們的商館即將斷糧。他也向道光解釋說那些商人交出所有鴉片後，就不再有錢做買賣。鑑於他們謹守律法，他請道光考慮給予他們賞賜以彌補損失。

行商原本確信外國人被林則徐沒收了鴉片，最終會得到大半補償，不管是林則徐或行商出錢。[66]但那是在他們討論要交出一千箱鴉片的時候。兩萬箱鴉片的損失，沒人賠得起。結果林則徐雖然打算補償，他構想的金額卻是微不足道。他在洋人上繳鴉片後呈上的奏摺中建議道光，外商每上繳一箱鴉片就賞予茶葉數磅。即便當時鴉片價格慘跌，這樣的補償仍只是杯水車薪。林則徐以為外商會對此感激涕零。[67]

林則徐於四月中旬寫那份奏摺時所不知道的是，義律已不再那麼順從。他其實已經失去耐性。義律怒不可遏，因為他花了那麼大的工夫安排三月下旬上繳鴉片，不惜冒惹火自己同胞與政府的風險安撫林則徐——賭上了自己在其他外國人間的信譽，但林則徐並未立即釋放被困在廣州的英國人，反而說要等收到四分之三的鴉片，才會允許外國人離開商館。要收到到這麼多鴉片，得花上數星期，甚至數月，因為大部分鴉片放在船上，而那些船已經為了安全而倉促撤到其他港口，最遠至新加坡與馬尼拉。因此林則徐在四月寫下前述那份自信滿滿的奏摺時，廣州方面的封鎖依然持續著。

義律帶著滿腔憤怒，焦急地待在被嚴密看守的商館區，想大動作救人卻毫無成果。在他看來，他始終盡力配合中國政府，從一開始就刻意避免走內皮爾那條傲慢而挑釁的老路，盡可能尊重清朝官員。儘管巴麥尊給他的指示流於軟弱，他還是竭盡所能地管好英國自營商。他甚至協助當地官府把鴉片走私者逐出黃埔，當地的英文報紙還因此指責他幫著中國人欺負他自己的同胞。所以此刻他心中就像遭到愛人背叛那般憤怒：猛然升起一股強烈的報復念頭。他自認一直在協助與支持中國的欽差大臣，以為對方會感激他，結果竟然遭林則徐鄙視。那鄙視對他的傷害有多大，他報復的念頭就有多強烈。

於是在四月三日，即林則徐向道光呈報他在廣州的豐碩禁煙成果之前九天，義律已發出一份緊急密報給巴麥尊，請求他派一支艦隊過來。當林則徐正在審視他輕易得來的勝利之際，義律寫道：「大人，在我看來，這種種不合理的暴力應當以又快又重的一擊予以回應，且事前完全不做書面告知。」急報的用語非常粗暴且直接，大部分內容都需經過修訂才會呈到國會。從這些用語來看，他簡直成了內皮爾勛爵的化身。義律呼籲英國政府動用海軍封鎖廣州和長江、占領東部沿海的大島舟山，再派人北上進京，要求「罷黜並懲罰」林則徐與鄧廷楨。他要道光不得不為「侮辱女王」而道歉，並且付款賠償英國的損失。一度努力求和的義律寫道，該讓中國政府「理解他們對全世界所負的義務」了。他在急報末尾警告，如果英國政府無法果斷回應，並且一如往常地一味容忍中國政府的所為，林則徐會以為他做什麼都不會受罰，廣州的緊張情勢會繼續升高，「最後發展到必須採取大動作解決的程度，而那樣做大概也會破壞這個地方的整體社會結構。」68

隔天義律寫信給人在澳門的妻子克拉拉，表明他深信英國政府會支持他。他告訴妻子，「眼前重點在於把鴉片交出去，我便能在履行我的公開承諾後對外相閣下與其他所有大官交差，最後我們再以另一種姿態去見他，處理另一件事。」[69]他幾乎把怒氣全部聚集在林則徐身上，指責對方軟禁外國人且揚言對他們施暴的行為既不講信用又殘酷。「這個北京來的野東西，受命幫皇帝修好壞掉的錶，結果卻是幫倒忙，頂著官銜用錘子把錶砸爛，」他如此告訴克拉拉。「在廣州，財產的安全感蕩然無存。坦白說我並不為此感到難過。」事實上，他樂見雙方關係破裂，樂見他自接下商務監督一職以來就不斷憂心的自由貿易亂象有了解決辦法，而且他希望那是強勢且一勞永逸的方法。他預言：「我們在唐寧街的好友會輕鬆找到一個更有前途的貿易地點。」英國人可以占領一座島，在島上開闢殖民地，把那裡打造為他們自己的貿易中心。廣州和當地獨特的貿易界，以及那裡的商館、大門、規則、獨占商、僕役、海關監督、小巷、走私者，都會在不知不覺間被歷史遺忘。

洋人被拘禁於廣州總共六星期，直到一八三九年五月下旬為止。要把承諾交出的鴉片全送到林則徐手上並非易事。撇開許多鴉片存放在必須從遙遠東南亞港口召回的船上不談，有些沿岸航運船的船長也從他們收到的命令中看出端倪，於是嘗試在返回廣州途中將手上的鴉片賣掉。四月的第二個星期，鴉片開始慢慢運抵林則徐在虎門要塞附近設立的倉庫。[70]五月上旬，鴉片總數已接近義律所承諾的數量，商人看來很快就會獲釋，卻爆出義律的原始數據有誤。有些人在遠方的物主拒絕把鴉片送回來沒收，也有部分要上繳的箱子被重複申報：擁有那些鴉片的商行申報一次，受託代售的商行也申報一次。最後能交出的鴉片不及二萬二百八十三箱，義律擔心自己若不履行諾言，林則徐就不會讓他們離開廣州。他找上各商行，焦急地求他們想辦法多弄來一些鴉片。他們記得他懇求說：「各位，看在老天的份上，請讓我可以信守我向這個人許下的承諾，履行全數協議。」[71]結果令人意想不到，義律說服顛地的商行另外從一艘船上買進五百箱鴉片來補足短缺的數量，並承諾會償還款項。這艘船剛從孟買抵達廣州，船上載著新一季收成的鴉片。

如果林則徐只是把鴉片貯存起來，事情後來或許還有轉寰的餘地。部分鴉片商認為中國政府會透過國營專賣機構把沒收的鴉片賣掉，再用賺來的錢補償商人，讓整件事圓滿落幕，然後徹底中止鴉片貿易。[72]因此當有傳言說道光皇帝已經要林則徐把那些鴉片運到北京，而林則徐正依照品質優劣整理時（也就是依照價錢高低，這讓人聯想到鴉片會在日後被賣掉），他們大受鼓舞。但皇帝很快就收回成命——把這批高價貨物運到北京的路途漫長，很難防止途中遭搶——並轉而指示林則徐就地處置鴉片。[73]林則徐照辦了。

六月，林則徐在虎門附近一處特別建造的地點把所有英國鴉片銷毀，前後花了三個星期。美國傳教士裨治文在場目睹。泥濘的銷煙場位在用削尖的竹樁搭建的柵欄後面，場中有三個約七英尺深的矩形大池，木板和突堤橫貫池上，池底和池壁鋪上石板和圓木。每個池子先是注入約兩英尺深的水，然後工人在極嚴密的監督下，把鴉片丸搬到架在水上的木板上，用腳踩碎，並且踢入水中。其他工人站在爛泥裡，把摻了鴉片的濃稠池水攪拌到起泡沫，接著用石灰和鹽覆蓋整個池面，任其發酵數天，以確保沒有任何鴉片可讓人回收。每個池子都有一條帶閘門的小溝通往珠江，池中的鴉片完全分解後，閘門打開，汙穢的液體就此流入河中，沖到海裡。第一次排放汙水之前，林則徐祭告海神，為玷汙大洋致歉，並且建請各種水中生物暫遷他處。[74]

巴麥尊首度得知義律徵收鴉片之事，並不是由義律本人告知，而是透過速度更快的商界通訊管道——商界將此事告訴他，並非為了安全或國家榮譽，而是為了取得賠償。鴉片商人想拿到錢。一八三九年八月十八日，義律在四月三日送出的恐慌急報還要過十一天才會送到巴麥尊的桌上，但巴麥尊已收到他人傳來的一段私人信件摘錄。信是由一個身分不明的廣州商人寫給倫敦的生意夥伴，內容提到「義律上校下令將中國境內的鴉片全數上繳以效忠英國政府，並保證政府會依照鴉片總值還款的驚人消息。」[75]寫信的人力促他的生意夥伴開始找倫敦的友人聯手向政府施壓，以「盡快在英國取得令人滿意的付款」。

把這段匿名摘錄轉達給巴麥尊的人是巴麥尊在輝格黨的同志，國會議員史密斯（John Abel Smith）。他正好也是馬尼亞克商行的合夥人，而這家商行是渣甸與馬地臣在倫敦的代理商（渣甸從中國返英後也成為其合夥人）。但為了避免讓人以為他有意左右巴麥尊，史密斯表現出公正無私的立法者姿態，向外交大臣保證這封信並非寫給他，也不是寫給他的商行，所以信中傳達的緊急消息與他的個人利害無關。然而那是謊言——史密斯就是這封信的收件人，寫信的是馬地臣，而他把信的部分內容轉告巴麥尊，是為了發起要政府付錢的行動。[76]

隨著來自廣州的消息大量湧入，巴麥尊收到許多人在英國與印度的投資者寄來的信件和請願書，請求（後來變成強勢要求）政府為他們簽字同意交到廣州給義律的鴉片付錢。海外商人網絡動員迅速——例如馬地臣在寫信給史密斯的同時，也寄了許多信給他在印度的生意夥伴，鼓吹他們向孟買與加爾各答的英國官方施加類似壓力。他要吉吉博伊「使出渾身解數影響你的政府」，使其照義律的計畫行事。[77]那些孟買商人則不只遊說印度境內的英國官方，還去遊說母國政府。後來事情出現不祥的轉折，《廣州紀錄報》報導，孟買有兩個著名的帕西商人擔心義律的行動會令他們傾家蕩產，於是自殺身亡。該報預言「除非政府立即保證會履行義律上校的承諾，否則這個階級可能會有更多人自殺。」[78]

鴉片商知道要政府為違禁品付錢，他們會面臨什麼阻力，但他們爭辯時幾乎是異口同聲。他們堅持義律既已承諾賠償，英國政府就必須履行他的諾言。義律強行徵收他們的財產，未經討論就命令在廣州的代理人把鴉片交給他。不管義律是否真的有權這麼做，那些代理人都相信了他的話，他們的順從（據他們所說）正是他們忠於英國君主的證明。英國與印度的索賠者都主張東印度公司鼓勵他們做鴉片買賣已久——因為眾所皆知，該公司仍壟斷孟加拉的帕特納鴉片生產，並以競標方式販賣，完全只是為了讓鴉片在中國轉手賣掉。該公司還針對經由孟買出口的所有馬爾瓦鴉片收取運費，好從那個生產領域也大撈一筆。

商人主張，就連母國政府都認可這種買賣——他們提出的證據是下議院專責委員會在一八三二年針對鴉片壟斷事業發出的聲明，但此時下議院對這份聲明感到很懊悔。聲明中說：「放棄如此重要的財源，似乎很不明智。」（從前後文看，這只意味若東印度公司繼續壟斷鴉片生產而不讓印度農民自由種植鴉片，財務狀況會比較好；這句話並非意在評斷鴉片本身的好處）。

他們的論點大部分是捏造的。東印度公司的確涉入甚深，但英國政府本身幾乎從未積極支持過該公司，反倒盡可能忽視他們，而且義律提醒巴麥尊說鴉片走私者可能會給廣州其他商人帶來麻煩時，巴麥尊已經直接表明走私者的死活與他無關。此外，英屬印度近年來確實積極利用鴉片貿易牟利，但依賴鴉片貿易是相當晚近的事，而且也不是非繼續不可。當時駐加爾各答的總督是義律的表哥奧克蘭勛爵，他預言英屬印度政府日後會與鴉片生產事業脫鉤，並且制訂某種出口稅以彌補鴉片壟斷帶來的收入損失。換句話說，英屬印度的經濟會在不直接涉及鴉片的情況下繼續發展並捱過困境。[79]

但義律的賠償保證只是問題的一部分，因為這場鴉片危機最大的副作用之一，乃是合法公開的貿易也在一八三九年三月停止了，而且就英國國內的人看來，不知何時才會恢復。從英國滿載棉織品過來的船隻被困在澳門，無法航行到廣州卸貨。茶葉無法從黃埔運出。於是，人數眾多的英國製造商社群跟狹小的索賠鴉片商社群採取不同的行動，開始遊說巴麥尊為他們的商品在廣州重新打開市場。

這些國內的請願者擺明要與鴉片走私者劃清界線。倫敦商人說他們不想「在這份請願書中牽扯到鴉片貿易問題」，而布里斯托的商行則表明他們「與鴉片貿易毫無瓜葛」。反之，他們代表的是曼徹斯特的棉布及棉紗織造商、里茲的毛織品生產商、把茶葉輸入到布里斯托的進口商——這些商行因為一八三四年東印度公司停止壟斷而獲取暴利，此時卻發現他們的富裕市場被人奪走了。[80]就財務而言，光是曼徹斯特商界就估計那一年運到中國的棉製品總值會達到八十五萬英鎊，單單那座城市的產值就幾乎是沒收鴉片總值的一半，而如果廣州仍不開放通商，所有的棉製品都賣不出去。[81]

國內製造商的政治影響力，總的來說遠非那些索賠的鴉片商所能及（更不像那些鴉片商沾有抹不去的道德汙點），而且他們雖然對沒收鴉片一事無可置喙，卻能異口同聲地要求以「迅速、有力且明確的措施」重新打開廣州門戶，把正規的對中貿易擺在「更安穩、更永久的基礎上」。[82]換句話說，他們想要一份協議——如有必要則不惜動用武力——來保護他們在中國的市場，以免日後再遇到這種遭人任意阻礙的狀況。

渣甸於九月返抵英國，這個時機再好不過，廣州的消息正傳得沸沸揚揚。他也投入遊說政府賠償的工作，但他對成功並不樂觀——主要是因為他體認到英國平民對鴉片貿易所知有限，認為那是可恥的事。就算林則徐沒收並銷毀鴉片一事可說是攸關國家聲譽，商品本身並不是重點，政治人物還是不想為那些做鴉片買賣的人說半點好話。[83]

鴉片貿易造成的窘境確實讓政府有強烈理由盡快平息此事，問題是義律承諾付給鴉片商人的金額非常龐大，而英國政府眼下籌不出這筆錢。《泰晤士報》在賠償問題的評論中寫道：「我們認為，損失到底要由進口商、東印度公司還是財力拮据的英國財政部承擔，都同樣沒人說得準。」[84]無論如何，英國似乎「完全沒預料到會遇上這個問題」。該報嚴厲批評讓英國落到這般田地的那些投機買賣，並表示已從鴉片貿易獲利的一般投資人「靠著他們的獲利過日子時，最好不要忘記那些獲利的主要來源並不合法」。

禁不住來自各方的抨擊，巴麥尊終於改變心意，接受他原本一直拒絕的請求，打算派遣武裝艦隊前往中國。如果情況真如義律所說的那麼糟——而且英國與印度商人急迫又強烈地要求賠償，令巴麥尊既沒有時間、也沒有政治餘裕去靜觀廣州情勢會不會一如往常地自行回到正軌——他的文件夾裡還有另一個方案等著他圈選。

從一七九三年馬戛爾尼帶著屈辱離開中國起，就一直有英國人指出英國海軍在中國沿海可通舟楫的對外通商地區享有極大優勢。馬戛爾尼曾推測，只要幾艘軍艦就能破壞中國沿海的所有航運、摧毀虎門的碉堡、封鎖珠江、令整個廣州貿易停擺，數百萬人「陷入飢餓而造反」。[85] 比較近期的是巴麥尊在一八三六年收到馬地臣和胡夏米來信籲請他派一支艦隊到中國，為內皮爾之死報仇——信中詳細說明從印度派遣一支花費不高的小型海軍武力，就可對中國予取予求，打開新貿易時代。他們的鷹派提議一直擺在那兒，因為不受他青睞而遭到閒置。但一八三九年秋天，巴麥尊首度——不只對他而言是首度，對歷任外交大臣來說亦然——想知道廣州情勢是否已大幅惡化，變得極度難掌控且危險，導致英國有正當的理由把這個提議付諸實行。

一八三九年十月一日在溫莎堡舉行的內閣會議上，巴麥尊提出他對中國的想法。這時距他收到義律要求開戰的緊急密報已過了一個多月，而在這幾週的時間裡，他也受到要求採取行動的商界遊說人士強力施壓。中國素來不是英國政治人物會關注的國家，他們只會因為從中國進口的茶葉不斷帶來龐大稅收而感到高興，此外一八三九年秋天還有其他國際危機比在中國發生的麻煩事更加重要。鄂圖曼帝國發生了一場戰爭，導致英國間接與俄國為敵，並危及英國通往印度與波斯灣的重要路線。緬因與新布藍茲維（New Brunswick）的邊界之爭則令英美關係處於緊張狀態。入侵阿富汗的行動正在進行，同樣是為了對抗俄國而發動的，這個行動會占用英屬印度許多可用的兵力且為期不算短。若非絕對必要，內閣的諸位大臣並不想把心思轉往中國。[86]

於是巴麥尊提出一個迅速的解決方案。在內閣會議上，他攤開數張中國沿海的航海圖，用它們說明由一艘戰列艦、兩艘配有大炮的巡防艦和幾艘汽船組成的小型英國艦隊，只要調度得宜，或許能封鎖中國最重要的口岸和河川，並且停止內部沿海貿易與國內穀物漕運，以迫使中國政府迅速屈服——和一八三六年馬地臣及胡夏米在他們的小冊子裡勾勒出來的密集海軍行動如出一轍。其他大臣也有看出兩者的相似之處，當時的管理委員會主席布勞頓勛爵（Lord Broughton）在日記裡留下了這次會議的紀錄，描述巴麥尊在中國的兵力配置計畫基本上和胡夏米在內皮爾死後提出的計畫沒有兩樣。布勞頓本人最初並不支持這個提議，他重申一八三六年小斯當東反駁馬地臣及胡夏米時的論點——在中國打這樣一場戰爭既不正義也不文明——並拿出了一封奧克蘭勛爵的來信。奧克蘭在信中「強烈反對與中國開戰」，並表示印度無法騰出兵力。但其他大臣多數願意採用「敵對措施」。[87]

當時的首相是輝格黨籍的墨爾本勛爵（Lord Melbourne），而他最擔心的就是英國政府不賠償因為義律而欠鴉片商的二百萬英鎊。要國會像先前籌錢付給奴隸主那樣籌錢付給鴉片販子絕非易事，特別是國會才剛付完兩千萬英鎊廢奴賠償金中的大部分，沒有多餘的資金來源。再者，廢奴賠償金的並非以稅收支付，而是透過發行公債籌資——在政府已經因為打拿破崙戰爭而欠下的龐大債務上又添了一筆。[88]鴉片投資人在英國社會中的人數遠不及奴隸投資人，所以「孤兒寡母」這個論點的影響力不大。

總之，墨爾本是個極度不得人心的首相，無力說服與他為敵的下議院同意讓英國多背負兩百萬英鎊的債務。這個金額相當於當時英國政府一般年度預算赤字，都是因為一個精神失常的駐華商務監督亂搞而欠下的。除了要求國會籌錢付給鴉片販子，貿易委員會主席提出另一個辦法，就是讓東印度公司買單。印度對中國的鴉片貿易主要是該公司打造出來的，由此來看，這個提議很合理。但巴麥尊心中另有想法，《泰晤士報》在推測債務會落到政府、東印度公司還是商人自己身上時，完全沒有想到這個選項。巴麥尊在新科陸軍大臣麥考利（Thomas Macaulay）的全力支持下（麥考利前一天才宣誓就職，急著大展身手），提出應該讓中國來賠款。[89]

雖然有一些小爭論，內閣還是在當天完成商討，未出現任何糾紛。內閣決定從英格蘭派出一支規模不大的海軍中隊，就林則徐惡劣對待義律及其他英國子民一事向中國索賠。英國政府還會下指令給奧克蘭勛爵，要印度的英國當局在必要時支援這支海軍中隊，因為有幾位大臣擔心，以小規模海軍武力戰勝中國這個廣大帝國的想法實在太魯莽。不過，會議結果似乎讓人很滿意，諸位大臣都帶著好心情離開，還拿他們剛剛向「世上三分之一人口的主子」開戰一事輕鬆說笑。[90]散會時離天黑還很久，於是布勞頓勛爵去和維多利亞女王一起在公園和森林裡騎馬，預計兩個小時。但途中下起了雨，兩人回到宮中時，全身都溼透了。[91]

十四、意志與命運

義律早在得知英國艦隊出發前來廣州之前，就已把商人帶到了戰爭邊緣。一八三九年五月二十一日，林則徐終於准許洋人離開廣州，此時義律下令所有英國子民離開商館區，搬到欽差大臣管不到的澳門。英國人、帕西人和大部分美國人聽從他，把商館中能塞進他們船上的財物和重要文件全部帶走，迅速前往安全的澳門（還帶了某些非必需的物品，例如一名旗昌洋行合夥人搶救出來的五百二十四瓶葡萄酒）。[1]

但他們撤離廣州後，緊張情勢還是繼續升高。七月上旬，一群喝醉的英國水手在珠江三角洲另一頭與澳門相對的九龍半島上跟中國人鬥毆，殺死了一名中國村民。林則徐要求英國人將那些水手交出來受審。過去，洋人始終心不甘情不願地遵守這類命令，以免失去通商特權，但此時廣州的貿易活動已徹底中止，至少對英國人來說是如此，於是義律在可能會有艦隊前來相助的想法壯膽之下打破前例，拒絕交出水手。但林則徐同樣無所顧忌，因為他剛收到朝廷的新規章，正式授權官府對中國境內吸食鴉片者判處死刑——而且首度規定販賣鴉片的外國人也要處死。[2]

為了逼義律交出殺人嫌犯，林則徐開始向澳門施壓，而英國人原本去那裡就是為了避開他。一八三九年八月，林則徐下令禁止向澳門的英國船提供補給。洋人家裡的中國僕役被調走，出現在港灣裡的中國水師帆船也開始增多。英國人發現沿岸突然出現以中文書寫的警告牌，從警告內容看來，似乎有人在英國船隻汲取淡水的水泉下了毒。八月二十四日，香港附近的一艘船上有一名英格蘭乘客在晚間遇襲，攻擊者把他的衣物脫光，割下他一隻耳朵並塞進他嘴裡。義律認為這是海盜所為，但其他人懷疑作案者是受到林則徐影響的中國愛國分子。[3]

傳言有數千名林則徐手下的官兵正在集結，準備攻入澳門，於是義律終於在八月二十六日帶領英國商人斷然離開這座葡萄牙人的城市。他們把妻小擠進臨時湊成的商船船隊，前往香港島的港口，打算在這座人口稀少的島嶼避難。香港島位於澳門東方約四十英里處，在珠江三角洲的另一端。林則徐命令香港周邊的中國百姓武裝起來，阻止英國商船船隊的人上岸取得補給。他還授權百姓在必要時殺死或俘虜洋人。[4] 一八三九年九月四日——距離英國內閣於十月一日開會決議派艦隊到中國還有一個月，而且離艦隊能夠抵達也還有大半年——三艘隸屬義律麾下並由郭士立擔任口譯的英國小船一時衝動，朝一個阻擋他們取得淡水的中國水師帆船中隊開火，並且出人意料地與對方打到僵持不下；後來這成了鴉片戰爭的第一場戰役，而且是試探性的一役。

鴉片遭沒收和廣州貿易遭中止的消息傳入英國民眾耳中，緊接著又出現開戰的傳言，令報界一片譁然。《里茲信使報》（*Leeds Mercury*）在一八三九年九月指出，多數英國人先前根本不知道對華鴉片貿易的存在，但此刻這件事卻突然冒出來，成了國家危機。該報呼籲英國政府做出「公正的決定」，明令禁止鴉片貿易與印度境內的罌粟種植產業——不只為了「證明我國的道德良知」，也為了「確保我們的利益和貿易安全」。製造業地區有許多人認為鴉片會損及英國在中國的貿易利益，因為中國人把原本可能會用來購買產品的錢拿去買鴉片，也因為走私者為合法貿易帶來許多麻煩。這份報紙還說，或許有些人認為純粹從商業角度看，英國鴉片商是正派人士，但是「就道德和人道而言，（他們）是無情的代理人，他們代表的制度，就和我們的共同敵人為了把人毀滅及令人痛苦而設計的制度一樣殘忍且可恨。」[5]

反蓄奴的行動人士協助引導輿論強烈反對鴉片貿易。身為英國廢奴運動的領導人物之一的著名演說家湯普森（George Thompson）開始談論所謂的「鴉片問題」（Opium Question），並於一八四〇年冬天進行巡迴演說，在里茲、諾丁罕、達靈頓、約克等製造業重鎮向擠得水洩不通的民眾公開演講，以爭取勞動階級支持廢除英國的海外鴉片貿易。[6]他告訴聽眾，主要問題在於「我們是應該發動戰爭來保衛那些將走私的毒品引入中國並藉此賺取豐厚利潤的人，還是應該揚棄打這場不義之戰的念頭，並且基於公平正直的條件和中國人做買賣。」[7]

總的說來，最強烈且有組織的反對在華動武聲浪，有一部分來自勞動階級的行動人士。憲章派（Chartist）改革運動創成形於一八三八年，旨在促成全體男性公民皆享有選舉權，其民意支持度在一八三九年時正攀向高峰。運動的代表指出，用鴉片壓迫中國人和用琴酒毒害勞動階級的英國人之間，有其類似之處。眼見即將開戰的說法傳得沸沸揚揚，憲章派的《北極星報》(*Northern Satr*) 刊出長篇社論，嚴厲抨擊英國對華政策，文中把駐華商務監督稱作「鴉片義律先生」(Mr. Opium Elliot)，並指出英國的國家利益「已經被一個無情、愚蠢、懦弱的政府代表魯莽且可恥地犧牲掉，而他所代表的政府大概比任何其他曾經在歷史上留下汙點的政府更加無情、愚蠢與懦弱。」文中對林則徐高度肯定，盛讚他是「清廉」的官員，「其高尚的原則與道德權利觀念，使他不為英國金幣所動。」[8]

其他批評者針對軍事問題發言，警告說對中國開戰不會像英國境內某些人所想的那麼單純和輕鬆。在《無辜的中國人》(*The Chinese Vindicated*) 一書中，有個派駐印度海得拉巴德 (Hyderabad) 的英國陸軍上尉警告說，英國應該「當心勿把中國逼成一個好戰而野心勃勃的國家」。他寫道，的確用小規模的英國兵力就能入侵中國，而且大概可以隨心所欲地攻打一段時間，但那會帶來什麼後果？要征服這麼龐大的帝國根本不可能。「那麼我們會得到什麼好處？」他問。「那樣做會恢復我們的貿易、讓我們得到茶葉嗎？」他預言，如果這麼一場戰爭把中國激得全力動用其龐大資源，「歐洲諸國聯合起來都敵不過她團結一致的力量」。他斷言中國是個「很難對付的敵人，在當前這種不重要的時機攻打她，實在有點荒唐。」[9]

表態反對在華動武的不只有激進的報紙。公認的倫敦政治大報《泰晤士報》在抨擊內閣的行動時，尤其不留情面。該報於一八四〇年三月二十三日聲明，不管輝格黨的內閣首長用什麼「冠冕堂皇的措辭」合理化他們要打的戰爭，對中國動武「事實上無異於試圖以公開的暴力手段，逼外國購買其法律禁止的致命毒物。」[10]在另一篇社論中，《泰晤士報》預言對廣州動武會導致在華貿易「徹底毀滅」——英國會失去唯一的茶葉來源，英國產品也會失去極具潛力的廣大中國市場。英國人要為一場沒必要打的對外戰役背負巨額支出，而且那筆支出會遠高於失去的鴉片總值。[11]

整個冬季與一八四〇年的春季，英國國會收到大量要求終止鴉片貿易和反對在華動武的請願書，請願者包括英格蘭與蘇格蘭各地的宗教團體、禁酒協會和其他公眾組織。[12]政府想把走私貿易和戰爭盡可能區分開來，但在民眾心中，這兩件事的關聯非常明顯，因而到了一八四〇年三月，英國報界的評論者已開始把這場即將開打的戰爭稱作「鴉片戰爭」，而後人便沿用了這個帶有貶義的名字。[13]在這些評論者看來，這場戰爭只有一個目的，就是提高鴉片販子的利益。《兼採眾議評論》預言這場戰爭會「成為英國名聲上最黑的汙點，凸顯於歷史中。」[14]《旁觀者》雜誌（*Spectator*）則說，無論政府大臣如何努力將它粉飾成一場合乎公義的戰爭，「他們儘管動手吧——盡其所能地掩飾——這場戰爭只會以『鴉片戰爭』之名在歷史中流傳下去。」[15]

由於受到民間的強烈驅策，下議院終於在一八四〇年四月開始處理這場戰爭的問題。有議員提出動議，要求公開譴責輝格黨內閣處理英中關係失當——特別要指責巴麥尊怠忽職守，未應義律的要求授予他管理其他英國子民的權力；義律若有那些權力，或許就能約束鴉片走私者，從而避免戰爭爆發。議會的決議直言譴責巴麥尊，對戰爭則只是拐彎抹角地提及，這是一種政治算計：在朝的輝格黨向來比其他政黨更注重道德議題。與此同時，在野的保守黨（此時已吸收了原有的托利黨）

有部分人士每次都會迴避譴責任何被說成是為了捍衛英國榮譽而打的戰爭。這項動議把矛頭指向巴麥尊的個人疏失，意在聯合保守黨人一起對抗墨爾本的政府，同時說服足夠數量的輝格黨人基於道德立場倒戈。

發起此動議的議員是從輝格黨轉入保守黨的格雷姆——就是在一八三二年廣州商人以商館灌木叢被剷除與國王肖像遭辱為由而要求報復時，以「與華通商是我們唯一的目標；征服該地所帶來的禍害會和失敗一樣大」這句話回應的海軍大臣。他對英中關係的看法自當時起一直沒變，而他在一八四〇年的決議儘管出於政治考量而在用語上有所收斂，但實質上就是要逼迫發起對華戰爭的閣員辭職，藉此阻止開戰。[16]

一八四〇年四月七日下午，在狹小且通風不良的下議院臨時議場（先前的議事廳已於一八三四年付之一炬），面對滿場只能站著開會、沒有空間可坐下的議事同僚，格雷姆開始為他的決議發言。[17]政治上他代表與墨爾本的輝格黨政府對立的保守黨，但道德上他則代表反對鴉片與不義戰爭的人士發言，而議場裡不管是執政還是在野陣營，都有許多人屬這一派。但更特殊的地方是他的發言象徵著舊時的對華觀點，即一七九二年馬戛爾尼勛爵滿懷希望地出使乾隆朝廷時所抱持的觀點——令人敬畏且輝煌燦爛的中國。

格雷姆在四月七日告訴他的聽眾，中國的真相是「住著三億五千萬人，全部遵從同一個人的意志，講同一種語言，由同一套法規治理，信奉同一種宗教，受同一份國家自尊和成見激勵；他們的歷史不只能回溯數百年，而是數千年，在始終由單一父權政府統治的朝代遞嬗之下，傳承到他們手上。」他接著說，這個國家不只廣土眾民、歷史悠久、團結統一，最重要的是它很文明：那裡孕育出來的民族「對他們的教育、印刷術、文明、藝術、所有便利設施和許多生活享受感到自豪，而他們早在歐洲仍陷於野蠻落後與知識之光尚未照亮西半球的時候，就已經擁有了這一切。」[18] 他描述的中國，是十八世紀歐洲人憧憬的中國，他們把中國想成世界另一邊的偉大文明，是理性治國且長治久安的典範，也是以和平手段治理世上三分之一人口的榜樣。但就連馬戛爾尼本人到後來也對此不抱幻想了，而且在拿破崙戰爭結束時，這種憧憬在英國大部分已經被譏諷取代。

除了表達對中國的敬畏和讚嘆之情，格雷姆還提醒聽眾如果英國失去與中國的貿易，可能會有多大的金錢損失——主戰者認為中國會恢復貿易，但反戰者擔心會出現相反的結果。格雷姆說，過去一年光是茶葉進口稅就帶來了將近三百七十萬英鎊的收入（占英國政府收入的將近八%，而且當時的赤字所占比例並沒有比較低）。[19] 在英屬印度，政府歲入約有十分之一（二百萬英鎊）來自對華貿易。綜合這些數據與各種間接的收入來源之後，格雷姆認為總體而言，「當他說英國和印度的總歲入有六分之一要仰賴英國對中國的商業關係時，絕無誇大之虞。」那筆金錢賭注的數額高得驚人，遠比遭到銷毀的鴉片價值高出許多；如果——馬戛爾尼當年的憂慮成真——中國皇帝為了報復英國動武而永遠將英國摒除在中國市場之外，英國就可能會完全失去那些收入。

格雷姆的決議激起一場激辯，下議院為此辯論了整整三個晚上，正反雙方長篇大論，令與會者聽到疲憊不堪，有時候一講就是數個小時。主戰者以那些遭到抨擊的大臣為首，提出各種辯解的說詞。陸軍大臣（同時也是典型的「輝格派歷史學家」）麥考利，反駁格雷姆的偉大中國觀點，他說只有英國是文明的代表，而中國人只是阻擋英國進步的野蠻人。堅定擁護帝國擴張的麥考利認為英國政府應該跟隨海外代理人的引導，而不是反過來。他說若非海外代理人不受母國指令支配而主動出擊，英國絕對不會成功征服印度。他主張，同樣的原則在中國同樣適用。如果義律那麼篤定認為中國政府會將鴉片合法化，那麼巴麥尊又何必下令要他禁絕鴉片買賣？他一定知道當他的指令傳到廣州時，鴉片很可能已經合法了。

至於巴麥尊則語帶不屑地將這項決議斥為「觀念薄弱，站不住腳」，只是在野黨的奪權技倆。他捍衛義律的「熱誠、勇氣與耐心」，否認這位商務監督是造成鴉片問題的罪人，並指出義律在發來的急報中抱怨自己因為反對鴉片貿易而在廣州不受歡迎。巴麥尊強調這場戰爭完全是為了維護英國在中國的正派與合法貿易，說到激動時，手中還揮舞著一封當天由三十家倫敦商行簽署的信，信中求他不要讓國會阻撓政府的戰爭計畫——那些商行主張，不打這一仗，「對中國的貿易就無法繼續在性命財產受到保障，或者英國得到信譽及利益的前提下進行。」巴麥尊得意地表示，簽署這封信的商行——他把他們當成整個倫敦商界的代表——並非輝格黨的支持者。他說，事實上「其中大部分的商行，對政府普遍懷有敵意」，因此他們極力支持政府開戰，證明這場戰爭得到所有與對華貿易有利害關係者完全且無私的支持。[20]

（巴麥尊發言時已是這場辯論最後一晚的尾聲，因此反對派議員沒機會細究這三十個簽署者究竟是哪些人，但其中一個是胡夏米——最早主張開戰的人士之一。提攜渣甸入行的馬尼亞克，以及馬地臣的侄子亞歷山大．馬地臣也在其中。此外，巴麥尊說簽署此信的大部分商人通常「對政府有敵意」，但實情正好相反：這三十人中有二十五人是輝格黨支持者，而不支持輝格黨的少數幾人仍有權利索取相當可觀的鴉片賠償金，因而若戰爭打贏了，實際上會從戰爭收益拿到錢。[21] 他們既非代表商界，也非公正無私。）

其他擁護內閣的人主張，鴉片對道德與健康的危害被誇大了，其實並不會比酒精嚴重。他們的言論談及種族：中國人不是純樸而老實的民族，而是「無論做什麼事都極為狡猾且不擇手段」。[22] 他們談到國家名譽，認為譴責巴麥尊會「令我國屈服在欽差大臣林則徐腳下」。[23] 他們說這場戰爭會打得短暫而克制，不會流於殘酷或過長。他們強調要恢復對廣州貿易的和平與繁榮並鞏固英中兩國的長遠友誼，只此一途，別無他法。

在另一陣營，議員抨擊鴉片貿易是「出於逐利之心，靠數十萬人的不幸培養出來的。」[24] 他們引用巴麥尊一八三八年給義律的指示，表示「女王陛下的政府不能為了讓英國子民得以違反貿易對象國的法律而出手干預」——也就是義律當初明顯置之不理的指示。[25] 他們強調中國人是公道且和善的民族，並指出廣州貿易長久以來的平和與繁榮。他們痛斥對一個武力落後、幾乎無法自衛的國家開戰之舉——對方是「一個在義律上校口中只管公義的民族」。[26] 有一個發言者問道，如果英國看重自己的獨立自主，「難道不也該尊重他國的獨立自主嗎？」[27]

在這場漫長辯論裡，最有說服力且最慷慨激昂的演說來自年輕的格拉斯東（William Gladstone）。他日後會四次出任首相，成為十九世紀英國最受景仰的人物之一，此時則是三十一歲且新婚不久。在這場充滿偽善氣息，且黨同伐異之風幾乎表露無遺的辯論裡，格拉斯東的根本動機出於道德。他在當時的日記裡寫道：「我深恐上帝在英國對中國採取邪惡手段之後，會如何審判我們。」他話中的訊息引發格外強烈的爭議：在即將開打的戰爭裡，正義不在英國這一邊，而在中國那一邊。格拉斯東主張，巴麥尊本來有非常充足的理由去壓制鴉片貿易中的英國這一方，卻疏於這麼做，所以近來從印度輸入中國的鴉片暴增，以及此事看來必然會引發的戰爭，都要歸咎於英國。他質問巴麥尊是否真的看過義律那些預言走私者會引發暴力衝突、且措辭愈來愈激動的急報，因為這位外交大臣始終「不肯授予他需要的權力，讓他管好中國境內的英國子民。」[28]

格拉斯東指出道光皇帝許多譴責鴉片的敕諭，以及一八三七年在鄧廷楨手下開始，並於林則徐抵粵之前兩年中逐步升級的長期禁煙運動，指出中國查禁煙片根本談不上「突然」或「粗暴」。此外，中國許多基層官員涉入鴉片買賣，並不代表中國政府認可這項買賣——只代表中國政府一如許多國家，官場內充斥貪汙，但這並不能當作英國子民利用中國法禁不嚴來圖利自己的藉口。

格拉斯東在沉痛的結論中說：「我不知道，也沒有讀到過一場比這更不公義、更處心積慮讓本國蒙上永久恥辱的戰爭。」他痛批巴麥尊這場戰爭最根本的弔詭之處——這個國家不久前才廢除奴隸制，這時卻要替鴉片販子撐腰開戰——並表示英國國旗能激發他同胞的民族自尊心，是因為它「始終令人聯想到對正義的追求，對壓迫的反抗，對國家權利的尊重，以及正派的商業經營。」但如今這面旗幟將在中國升起，卻是為了「保護惡名昭彰的違禁品買賣」。他總結道，如果英國國旗往後升起的原因都與該國即將對中國採取的行動相同，「我們應該會一看到它就嚇得退避三舍」。

對小斯當東來說，一八四〇年以對中國開戰為題的辯論在許多方面，都是他準備了一輩子要一展身手的大事（除了擔任英國駐華大使以外，不過他後來始終沒那個命）。如今——在那麼辛苦學習每個人都告訴他是白費力氣的中文之後，在廣州商館度過數年孤單的通商歲月之後，在英國兩次遣使赴北京之後，在出版過談中國法律和商業的枯燥書籍之後，在窮盡一輩子打造無人能及的中國通名聲之後（而且中國是個大部分英國人真正思考起來時，會感到難解和神祕的地方）——小斯當東已年近五十九，住在有數座中式園林和一座拱橋的鄉村莊園裡，在議會裡只是個安靜的後座議員，為海軍重鎮樸茨茅斯所選出的代表。自一八三三年那次難堪的發言之後，他除了簡短支持其他議員的論點，已經很少在下議院發言。但鴉片危機終於使中國再度成為英國政治焦點，而小斯當東是——整個英國，更遑論國會裡——公認最有資格判定哪裡出了問題、怎麼做才能糾正錯誤的唯一人選。

一八三九年英國與中國關係破裂，證明了小斯當東的高瞻遠矚。政府的批評者與支持者幾乎一致承認，廣州的問題追根究柢源於結束東印度公司的壟斷時處置不當，尤其是指派內皮爾勛爵擔任商務總監。[29] 報界和國會中的發言者都感傷地回頭指出小斯當東一八三三年未獲通過的決議——尤其是他當時的警告：如果英國不先與中國政府談定新的交往體制就要廣州接受自由貿易，將會導致衝突。他們說，現在即將發生的就是小斯當東當年預料的戰爭。《泰晤士報》說他的發言「有先見之明」，並於一八四〇年一月將他的決議文全文重刊，一饗讀者。[30] 在這場中國事務辯論的開場演說中，格雷姆說：「沒有任何權威人士比小斯當東更有資格得到重視與尊敬，他對未來的深謀遠慮理當受推崇。」[31]

小斯當東的機會來了，此時他終於願意開口。兩個星期前，在以政府是否應履行義律承諾為題的辯論中，他已約略發表過看法，表態強烈反鴉片。他主張印度與中國的鴉片貿易應透過國會立法和「本國人民的良善情感」加以永久廢除。[32]他也尖銳批評義律。在他看來，義律其實有權禁止鴉片買賣——他在林則徐解除包圍後成功命令英國人撤出廣州、停止貿易，證明他有此權力。小斯當東主張，如果義律提早七個月下令，任何損失都只會是個人損失，不會有人向英國政府索賠（當然也就不會有開戰的可能）。

四月七日深夜，小斯當東站在擁擠的下議院議場裡，發表他自一八三三年發言遭半途中斷以來的第一場正式演說。各報都說他是英國唯一預見到當前所有事態的人，這大大強化了他脆弱的自尊。這場辯論極為重要，攸關著一場國家級戰爭與當前政府的命運，所以在議場內聽他發言的人比他在此之前曾經有過、以及在此之後會有的聽眾更多，也聽得更專注。但即使他在最大膽的時候，也依然是以前那個害羞而笨拙的男子。有個支持政府的聽眾回憶，他說話「有氣無力」——但那不重要，因為「他曾長居中國，看法很有分量。」[33]他是專家，他們願意聽。

如果說小斯當東有機會阻止這場戰爭，此時就是那個機會。跪在乾隆皇面前，用中文對他講話，把那個著名的老皇帝逗樂的男孩；在中國法庭裡成功辯護英國水手的年輕人；他捍衛東印度公司和廣州的老式作風，對抗自由貿易的混亂與貪婪無度；他憑良心發言，反對為了替內皮爾勛爵之死報仇而動武；他在一八三六年聲明，對無力自衛的中國動用英國武力，將是「極度粗暴，而且在相對文明的近代戰爭史上前所未見」——那個男孩，那個男子，如今有了舞臺和機會來把英國與清帝國的關係導回較為平和恭敬的局面。

但他並未那麼做。

反之，他表示自己支持開戰。他一開頭就聲明自己並非替違反中國法律的走私者說話，而且永遠不會替鴉片買賣辯護——事實上他「比任何下議院議員都更急欲將它完全消滅」。儘管如此，讀過國會收到的文件之後，他斷定——他說自己很不情願，而且只有這次這麼認為——對中國開戰「絕對正當且必要」。在他看來，完全是林則徐理虧，英國不能任由他如此挑釁而不予懲罰。

小斯當東說，對華貿易兩百年來，中國人對英國人所做過最惡劣的事就是暫時中止通商。但林則徐卻突然出現，把那個存在已久的和平模式摧毀。他說英國商人絕對無權違反中國法律，但林則徐毫無預警就把一套「新法」突然帶到廣州，這套新法「極度不尋常且嚴厲，以死刑伺候任何從事鴉片買賣的外國人。」商人沒有機會選擇要不要遵守那套律法；林則徐立已經直接將它套用於每個在舊制度下把鴉片帶到中國的人身上。按照先例，走私者頂多是被驅逐出境，如今卻突然可能被處死。小斯當東強調，這是「駭人聽聞的不義行為」。光是基於這一點，英國就有充分的理由以武力回應。[34]

那天晚上在下議院議場發言的小斯當東，可能讓人覺得與長久以來致力於讓中國與其文明在英國得到更多尊重的小斯當東判若兩人。原本的小斯當東是通曉語言的學者，夢想能夠出使中國，並從道德角度捍衛中國與反對英國自營商的侵略性行徑。但挺身替開戰辯護的小斯當東，其實也始終是他的一個面向：正是這個面向的他，深信東印度公司「抑制」了腐敗的廣州官府。正是這個死守外交禮節的他，竭力阻止阿美士德勛爵行叩頭禮。小斯當東的這兩個面向始終共存，彼此並不牴觸。他堅信英中兩國應保持對等關係，這個信念建立在他對雙方的高度尊重上——他把維護這份對雙方的尊重視為己任。於是如有胡夏米或馬地臣之類的英國自營商詆毀中國並要求對中國施以不合理的暴力，他都立即跳出來反對。但如果他覺得中國人把英國人當成下等人看待，他也同樣會迅速挺身反擊。他認為，英國與中國建立對等關係的基本主張是以拒絕自貶身分為基礎。如果英國不去保住在中國的威望——比方說，如果使節在皇帝面前卑躬屈節，或者如果中國人對英國子民施加「暴行」（他認定的「暴行」）而未受到追究——那份威望就會開始瓦解，雙方關係就會垮掉。

而且事情嚴重性不止於此。小斯當東在演說中繼續主張，英國威望岌岌可危不只關係到林則徐與中國。因為他（和其他某些人）認為，英國主要靠掌控民心來控制住印度。只要印度菁英景仰英國國力和英國制度，就會心悅誠服接受英國統治。因此，小斯當東警告道，在中國露出疲態可能會動搖英國在印度的統治基礎。他說，林則徐在廣州的作為太無理——而且更重要的是，此事在海外已廣為周知——因此，與中國交往這麼久以來，英國首度有必要以強勢行動恢復其在中國的名聲。叩頭所隱含的屈辱很單純，可以透過消極的方式、透過拒絕叩頭（或起碼公開佯稱拒絕叩頭）化解掉。但他從義律的報告中理解到的是林則徐使用了強制手段，而且揚言祭出更強硬的行動；如此積極的挑釁只能以同樣積極的回應予以反制。小斯當東主張，若不透過強勢回應來恢復原本的平衡，英國威望所受到的永久傷害不只會危害英國與中國的貿易，還會危害英國在亞洲的整個帝國。

長久以來他始終捍衛中國的主權和尊嚴，此刻卻主張對中國動武，立場轉變之大不免令他覺得尷尬。或許為了化解這種尷尬，小斯當東接著費了一番唇舌說明他何等厭惡鴉片買賣，何等希望該買賣走入歷史。他承諾會支持一名來自利物浦的議員所擬的議案，內容是禁止在英屬印度種植罌粟。他強調，只有中國人和英國人聯手禁絕鴉片買賣，才能將其徹底終結——為了做到這點，他也表示只有兩國政府締結條約，才能在禁絕鴉片上達成合作；有鑑於馬戛爾尼與阿美士德出使中國都以失敗告終，大概只有透過戰爭才能簽訂條約。就這樣，小斯當東以有點奇怪的推論方式，斷定在中國動武或許是終結鴉片買賣的唯一途徑。於是在他看來，正趕赴廣州的海軍艦隊代表著「禁絕他所企盼終結之買賣的……唯一希望所繫」。

小斯當東決定支持開戰的過程中，他的論據或許完全客觀且無私。他未寫下當時內心的想法，因此我們無從得知。但從他的發言之中，可以感覺到極大的寬慰。小斯當東一直以來在政治上無黨無派，在社交上獨來獨往。他身為受鄙視的反對者多年——不管是挺身反對支持自由貿易的民意浪潮，還是因為反對《中國法庭法案》而與巴麥尊疏遠——如今他大出眾人意料支持開戰，讓他終於有機會擺脫不得人心的困境，就這麼一次得到眾人接納。他仍渴盼得到巴麥尊的贊同和友誼，因此這場中國事務辯論給了他機會幫助這位富領袖魅力的外交大臣，並重拾他的歡心。這場危機剛發生時，小斯當東就開始寫信給巴麥尊，希望有機會提供個人建議。巴麥尊回了信，令他大為欣喜——小斯當東為此得意之至，還把這位優秀政治人物在辯論之前數週當中發給他的每一封毫無意義的短箋，一字不漏地收在他的回憶錄裡。[35]但不管小斯當東受到何種私心驅使，不容否認的是他因為全力熱烈支持開戰而生平首度牢牢站在「得人心」這一邊，與巴麥尊和執政當局同一陣營，議場裡滿是聽他講話聽得入迷的國會議員。希望他當時沒有太陶醉。

事情就是這樣。無論小斯當東如何將鴉片問題與戰爭問題劃清界線，在替海軍遠征一事辯護之際譴責鴉片買賣以挽救他的道德原則，他對這場辯論的貢獻——而且是重大貢獻——乃是安撫了那些擔心巴麥尊此次開戰可能在道德上站不住腳的議員，讓他們覺得這一戰完全合乎公理正義。他是英國最受敬重的中國通，在中國事務方面其地位無人能及，而他勉勵下議院裡尚未做出決定的輝格黨議員問心無愧地投票支持黨的路線。後來《旁觀者》雜誌冷淡地評論道：「小斯當東爵士以自己的經驗為內閣加持，他人紛紛感謝他出手相助，肯定讓他幾乎手足無措。」[36]

經過三個晚上苦不堪言的辯論，這項動議終於在四月十日早上四點付諸表決。五百三十三個疲累不堪的國會議員魚貫走進分組投票廳，計票結果是巴麥尊險勝。僅僅九票之差（二百七十一票對二百六十二票）讓墨爾本的政府得以躲過遭公開譴責的下場，並且等同批准巴麥尊的對中國戰爭提議可按照計畫進行。正反票數極度接近，若非那些行事受到公審的內閣大臣獲准投票支持自己的立場，這項譴責他們的動議就會通過了。有人因此說如果勝差不到十票，巴麥尊和其他大臣仍會同意辭職。[37]結果勝差不到十票，但他們並未辭職。

小斯當東對投票結果發揮的影響力有多大，無法確切估量，但至少有七到八名輝格黨議員公開表示，如果辯論結果令他們相信對中國動武不公不義，他們會違背黨意而投下反對票。[38]如果小斯當東拒絕支持巴麥尊或甚至表態反對巴麥尊，這些舉棋不定的議員只要有五人改變投票意向，結果就會逆轉。格雷姆的公開譴責決議會通過，墨爾本的政府會被拉下臺，而鴉片戰爭或許也不會爆發。

反對開戰的報界對此大為憤慨，開始找人來怪罪。有的報紙指責格雷姆以「馬虎」的政治語言表達其決議，而非直接鎖定戰爭本身來發難：如果保守黨「提出無論如何都要阻止這場戰爭，還要確保中國有關鴉片的法律不會遭到違反，那麼國會肯定會站在他們那一邊，公開譴責內閣的作為，」《旁觀者》說。[39] 另一份報紙則說，雖然內閣（勉強）挺過不信任投票，但「他們還是受到二百六十二個民意代表譴責，而開戰的原則幾乎受到全體國民一致譴責。」[40] 有一個評論者說，在五百多張票裡只多出九票而獲勝，「此前任何政府若碰到這樣的情況都會垮臺，而憑藉這樣的表決結果就堅持把國家帶入戰爭，證明了政府對國會意見的蔑視和前所未見的狂妄。」[41]

下議院正反票數相差無幾的表決結果，使人對阻止開戰還未完全絕望，但一個月後，有人在上議院提出更明確的動議，將危機歸咎於英國鴉片商，結果同樣未獲通過，僅有的希望就此完全破滅。[42] 與巴麥尊對立的保守黨在上議院占有絕大多數席次，各界原預期這項動議會通過，但年邁的威靈頓公爵——在滑鐵盧打敗拿破崙的名將、英國最偉大的在世軍事英雄、前首相、保守黨員——倒戈，發表了堅決支持巴麥尊的演說，令這個動議支持者就此啞口無言，動議很快就胎死腹中。

威靈頓說他研究過這場戰爭的起因，確信「不可能是為了鴉片」。身材瘦高、高齡七十一的「鐵公爵」主張，開戰完全是為了保護身在遙遠異地的英國人的性命，為此動用武力絕對合理。他認為，面對林則徐對義律和英國商人做出的輕率及粗暴舉動，派出海軍艦隊是唯一適切且正當的回應。威靈頓過去是在短暫擔任外交大臣期間——即一八三四年的幾個月裡——與中國事務沾上一點邊。當時是巴麥尊所屬政黨被拉下臺的過渡期，不久後他們再度執政。但在那段短暫期間，就是威靈頓收到內皮爾勛爵第一次發來要求在中國動武的急報。這位外交大臣很不客氣地告訴內皮爾：「國王陛下想要為他的子民與中國建立商業往來，但不是透過武力和暴力。」

所以威靈頓並非原本就傾向侵略性的對華政策——如果他想走這樣的路，一八三四年時內皮爾就已給了他一個絕佳機會。結果，一如巴麥尊本人，以及小斯當東和其他過去駁斥對華動武要求、如今卻支持開戰的人，威靈頓也被義律所謂在廣州遭「包圍」的誇大報告和中國官府揚言處決英國商人的說法說服了。他相信事態的本質已完全改觀——如今，中國人頭一遭成了惡毒的挑唆者，商人則相對來講較無辜，而且英國遭到「他認為這個國家從未蒙受過的侮辱與……傷害。」[43] 根據這個觀點，廣州中英關係的瓦解並非長期醞釀出來的。反之，這件事會如此驚人且需要以如此強烈的方式回應，正因為它前所未見。他——透過義律——體認到的是，中國在經過兩百年的和平通商後突然變得不可理喻，如果英國想挽回名聲並保護日後的貿易，除了用海軍教中國人何謂尊重以外，別無他途。

那些甚至在幾個月前都不可能贊成對中國開戰的人如今會改弦更張，正是基於這個道理。在這些頑固的開戰支持者看來，戰爭是憾事一件，而且肯定是被英國子民的魯莽行徑導致的，所以應當避免——但此時這一切已毫無意義，因為中國人已經表明態度，英國人不得不有所回應。然而戰爭仍應速戰速決，讓兩國重拾和平與友誼。這些人深怕帝國威名付諸流水，因此談不上是鷹派或主戰論者。國會中那些勉為其難促成開戰的議員，只有少數人聲稱這場戰爭會為參戰的英國人帶來名譽或光榮之類的東西，反對開戰的議員則無人這麼說。後來證實他們是對的。

威靈頓勛爵在上議院重創反鴉片戰爭動議那天，有一則低調的新聞出現在數份地方報紙上，宣布馬吝去世，得年六十七。馬吝是前一個時代的遺老，比蘭姆和柯立芝都活得長，更別提他的同事馬禮遜。然而與進入國會並定期參與倫敦各種學術組織的小斯當東完全相反，原本外向開朗而風頭十足的馬吝晚年時反而過著隱居的生活。有一則訃告說他從中國返英後，「國內最尊貴、最傑出的人士都積極尋求與他往來」，他卻變得偏愛獨處，人生最後幾年獨自住在英格蘭達特福附近一棟租來的小屋。他刻意把小屋維持得很簡樸，沒鋪地毯也沒有裝飾。除了幾張椅子和他的中文藏書，屋裡沒別的家具。有人說他那些中文書是「歐洲最出色的中文書收藏」。

闖蕩冒險對馬吝已是遙遠的記憶，他晚年愈來愈像個閉關的學者，埋首他的書堆裡，在他簡樸的小屋裡悠閒度日。對於戰爭前的紛紛擾擾，他不願表達看法——事實上他一直沒有在公開場合發表過與中國相關的政治言論，也不沾惹政治。他偶爾仍接待訪客，也做一些校對工作（是幫國會做的，但近來他把心力擺在與《濟貧法》有關、而非與對華戰爭有關的文稿）。他有時候也幫人翻譯，但至死都未發表西藏之行的遊記。但據另一則訃告的說法，他以「歐洲第一位鑽研中國的學者」之名流芳百世。[44] 宛如要紀念那段風光歲月似地，他在人生接近尾聲時又留起了鬍子。這時鬍子已不像他年輕時那樣烏黑，而是純白如雪，而且長及腰際，和他住在中國時一樣。他一生隱隱透著一股躁動，而在他死前不久，他再度展現這脾性，最後一次除掉他的鬍子。但這次不是用剃刀刮掉，而是用手一根根拔掉。[45]

一八一一年，馬吝與他那位有著一半滿人血統的將軍友人一起度過幾個漫長的下午，聽將軍講述往事，邊喝酒邊欣賞士兵獻唱與將軍吹笛。他與達賴喇嘛同是座上客，而他在這個男孩身上見到的修養與美善，讓他「因為湧起不可思議的情感而幾乎落淚」。一八四〇年馬吝去世時，與清帝國和平交往的希望正好在國會議場和整個英國也逐漸破滅，而這或許只是個殘酷的巧合。

開戰一事得到上下兩院的支持後，儘管支持得並不熱烈，計畫還是自行推進，建立起一股強大氣勢，完全壓制了那些沉默的反戰者，最終連始作俑者義律都無法承受。國會裡的每次辯論，都未討論到此戰的具體目標為何。那應該由內閣決定，尤其是巴麥尊。主戰者談到戰爭應該短暫且克制，應該是一次客氣的教訓，要讓廣州恢復原來的狀態，同時不損及英國的名譽。他們要求政府保護英國子民，使他們不受中國當局隨意攻擊或懲罰，同時也要求賠償和道歉，但那些都是含糊且狹隘的目標。他們並未談到渣甸、馬地臣、胡夏米等自營商一直希望透過對中國動武得到的東西——這些商人遊說政府開戰多年並未成功，此刻終於如願以償。

事實上，一八三九年令國會議員全心投入的那些事件，在廣州的商人其實並不在意。他們已經看透林則徐的虛張聲勢，也知道義律對很可能不存在的危險反應過度。就林則徐與義律攤牌一事來說，他們真正在乎的就是要英國政府賠償他們的鴉片損失。但另一方面，他們之中老早就有一些人對英國在中國動武一事懷有更大的目標——他們想要中國開放口岸，想要自由進出沿海地區，想要締結保護並促進他們貿易拓展的條約。他們想要廢除自一七六〇年代沿用至今的舊廣州體制所帶來的限制。他們想要國會裡多位議員要求過的事情：打開中國門戶。

巴麥尊聽到了他們的心聲。透過義律的介紹信，加上史密斯居中牽線，渣甸向外交大臣表達了他的看法。他於十月一日那場決定性的內閣會議召開四天前首度與巴麥尊會面（而且送給他數份中國沿海海圖，那些海圖和巴麥尊在會議上用來支持開戰主張的海圖很可能是同一批）。後來渣甸也為外交部寫了中國事務備忘錄，實際上為巴麥尊擬出了作戰計畫，針對有用的港口與兵力部署提出具體建議，甚至表示願意出動他自己的走私船隊（和他自己的人！）進行指定任務，並且告訴巴麥尊「許多小鴉片船都可加以裝備，聽候女王陛下的海軍上尉差遣——船長、高級船員和一般船員（普遍熟悉沿海地區和島嶼）都任由他們調度。」[46] 巴麥尊下達祕密指示給海軍部，促成艦隊於當年十一月出海前往中國，指令中不只船艦數量與大小近似渣甸的建議，也傳達了渣甸願意提供協助之事，指出艦隊司令會在中國找到他可能會想租用的「許多民間商船，那些商船擅長快速航行，設備和武裝都很精良」。[47]

渣甸甚至大膽到針對英國人與中國政府談判時所應要求的事項提出建議。賠償鴉片損失和簽訂條約以防類似衝突再起是必須的，此外「如果可能的話，要開放帝國的口岸對外通商，或者盡可能開放口岸。」自一七五九年洪任輝沿中國海岸北行而落得悽慘下場以來，西方商人夢想這件事已經八十年，都未能如願。渣甸具體指出五個有利的口岸，那些口岸「會讓我們更直接地接觸到消費我們毛織品的地區，以及茶葉和生絲的產地。」

然而渣甸並未——明確——提議要強制中國將鴉片合法化。事實上，他建議英國的談判人員告訴中國人，「干擾彼此的財政規定不符文明國家的慣例」，意即他們可以自由制訂與執行自己的法律。渣甸也說談判人員應告訴中國人：「切記，我們從未保護正在進行走私的鴉片船，也從未抱怨中國政府對它們的侵犯行為」（從極度嚴格與狹隘的角度來說，這還算屬實）。[48] 照常理判斷，渣甸若要求英國不去動用海軍逼迫中國接受鴉片貿易，似乎說不通，但值得一提的是他和馬地臣投入了大筆資金和心力，打造一支高度專業化的船隊並培養中國人脈，具體來講就是為了主宰中國沿海的鴉片走私生意。如果鴉片合法化，他們會失去競爭優勢。他們最不希望「鴉片戰爭」造成的後果，就是中國將鴉片買賣正常化。

英國艦隊的船艦於一八四〇年六月上旬開始抵達香港外海，並在月底集結完畢：十六艘戰艦（最大的三艘各配備七十四門火炮，威力比獅子號和阿爾塞斯特號都強大）、四艘汽船，以及搭乘二十七艘運輸船抵達的四千名英國與印度士兵。艦隊司令正好是義律的眾多堂兄弟之一：懿律（George Elliot）。巴麥尊將這對堂兄弟任命為聯合全權代表，授予他們在時機成熟時與中國政府談判的權力。即便發生了那麼多事，即便義律讓英國政府背上二百萬英鎊鴉片賠款的債務，巴麥尊還是信任他。但商人得知戰爭將由他領軍時大為憤慨，其中一人投書《廣州紀錄報》，對輝格黨在義律犯下「罄竹難書的大錯」還會留下他，表示相當驚愕。這個投書者問道：「這位商務監督如此無能的表現，要到哪裡去找？」[49]

艦隊派一支分遣隊封鎖廣州，其餘船艦駛往北邊的舟山島，在那裡幾乎毫不費力地攻下主要城市定海。七月上旬攻打定海的那場戰役，實際上打不到十分鐘，中方火炮就完全停止了。[50]他們後來發現，其中一門最好的火炮上刻有銘文，寫著那門火炮鑄造於一六〇一年。[51]英國人占領海定城，並且倉促設立軍政府治理舟山島，由郭士立出任掌管占領區政府的定海知縣——他僅存的傳教士謙遜精神至此蕩然無存。派了數艘戰艦去封鎖長江和沿海數個口岸之後，剩下的英國船艦載著兩位義律一路北航，抵達白河口。馬戛爾尼和阿美士德出使中國時，就是在這條混濁而曲折的水道上離開各自搭乘的獅子號與阿爾塞斯特號，改搭中國舢舨前往內陸的天津。

一八四〇年八月十日，英國艦隊在白河口外數英里的海域下錨，隔天早上一名軍官與一小支護航艦隊駛入白河，遞交巴麥尊宣告開戰理由的信件，內容已經譯成中文。一名中國官員將這封信轉交總督琦善——即在林則徐前往廣州前提醒他勿對英國人開啟戰端的那個人。八十年前洪任輝在這裡將譯成中文的英國貨監請願書呈給乾隆皇帝，此時琦善則是將巴麥尊的信轉呈給北京的道光皇帝，原地重演當年的情景。但這次強弱形勢已反轉；英國人這次不是來請願的。

就道光對巴麥尊來信的理解，英國不滿的矛頭看來主要指向林則徐，於是他斷定這場戰爭要歸咎於林則徐。八月二十一日，他在一份上諭中大發雷霆，責怪林則徐挑釁英國人，並指他有辱君命，「外而斷絕通商，並未斷絕；內而查拿犯法，亦不能淨。」道光責備這位他先前寵愛有加的大臣「無非空言搪塞，不但終無實濟，反生出許多波瀾，思之曷勝憤懣！看汝以何詞對朕也。」[52]他憤而拔掉林則徐欽差大臣之職，也懲罰了鄧廷楨，指責他們挑起與英國的戰爭。兩人後來都被流放到新疆伊犁。

道光從未要求，也從未批准與英國人一戰。鑑於國內有更嚴重且危害更大的問題待解決，他希望盡快解決這場外部衝突。既然禍根看來是林則徐對英國商人的作為，與皇帝沒有直接的關係，他便指派琦善前去調查林則徐在廣州的表現，並讓當地恢復平靜。琦善早就把林則徐當成對手，於是欣然接下任務。後來他屢次對道光惡意批評林則徐在廣州對洋人事務處理不當，其中一次則鎖定林則徐提議以數磅茶葉賠償洋人一箱鴉片的事。琦善說，林則徐暗示要「獎賞」洋人繳交鴉片，令洋人對賠償的寄望甚高，所以如此微薄的賠償難怪會刺激洋人動武。[53]

八月三十日，琦善邀義律到在內陸的一座接待帳篷與他議和，那裡與白河口相距數英里。護送義律的官員很愛閒聊，其中一人隨口提到他偶爾喜歡抽一管鴉片煙。[54]琦善本人溫文有禮，並提到他很快就會啟程去廣州查辦林則徐的作為，同時向義律說明他和其他官員認為責任全在林則徐一人。他甚至說英國人違抗林則徐的命令是正確的。[55]總之，琦善讓義律相信英國人應該回到南方，在廣州簽訂條約，而不是在這個地方。更換議約場地將使京畿免於英國人的直接威脅，義律同意以示信任，但此舉也讓議約一事推遲了數月，因為要等艦隊南返，還要等琦善走陸路穿越整個帝國抵達廣州。十二月，他們終於再度見面，商議如何終止這場在當時看來非常短暫的戰爭。

為了讓義律談判時有所依循，巴麥尊下了指示給他，而這些指示很唐突——比義律預期的要唐突許多——代表的是自營商貪婪的欲求，且遠超過義律認知裡的中英國人民合理要求。巴麥尊無意再與中國打交道（事實上，他對中國關注甚少，只把這場衝突視為他廣大職責範圍裡的邊陲小事，因而近來出版的巴麥尊重要傳記裡，至少有一本完全略過鴉片戰爭不談）。[56]為了一勞永逸解決所有問題，他把多年來商人不斷糾纏英國政府的諸多索求或要求，幾乎全部丟給了義律。

在這件事情上，巴麥尊對義律一點都不含糊。他在給義律的官方指示中附上私函，勸義律談判時要堅守立場，要運用手中的權力，還要用對待歐洲人的態度來對待中國人。他寫道，中國人的衣著、語言、習俗或許和歐洲人不同，「但人的內在無疑舉世皆同」。在一個特別坦率的段落中，他承認這次動武的藉口太薄弱，所以義律應該盡量把所有的利益都拿到手，「因為我們不會再為一場小爭執派類似的武力到中國海；而且既然我們在中國沿海的武力足以讓我們予取予求，就應該一次解決所有問題。」[57]換句話說，出於如此欠缺正當性的理由，靠著如此龐大的武力，向中國提出如此多的要求，這個機會大概不會再有。

巴麥尊提出的諸多要求之一，乃是要中國賠償鴉片損失——他說那是「為了拯救遭到任意囚禁的英國子民而被強索的贖金」。[58]他也要中國支付英國派海軍遠征的開銷。再來就是要求割地。巴麥尊在與渣甸會晤後不久所發給義律的最後指示中，交待義律確保中國立即「割讓一座以上的沿海島嶼」。[59]他要中國開放更多口岸以供在廣州之外通商，同時給予英國男性及女性「自由且不受拘束」地在那些口岸居住的權利。他要求廢除行商的壟斷地位，讓英國人能與自己選擇的對象做買賣。他還提出一項對中國主權傷害尤其大的要求——這個要求與小斯當東翻譯的大清律例所招致的最嚴厲批評互相呼應——他要求「治外法權」(extraterritoriality)：在中國的英國人只受英國法律管轄。這意味著凡是住在中國土地上的英國人都只對英國領事法庭有義務，對中國人的起訴則完全豁免。

英國國會對這些要求毫不知情，因為巴麥尊未把他給義律的指示告知國會。就連在國會辯論時最積極支持巴麥尊開戰的那些議員，都沒有主張英國有權逼迫中國給予通商特許權，或要求進入長期以來一直禁止外國人進入的主權國領土。他們極力證明正當的戰爭，和巴麥尊決定打的戰爭是完全不同的兩件事。

義律不願強推巴麥尊的條件，這點值得肯定。在廣州仍遭封鎖而他初次大發雷霆時，他曾經幻想過這些事。但是經過一年半的冷靜後，他判斷這些要求在道德上站不住腳。他認為英國人的確有權利要求中國為林則徐強行沒收的鴉片賠款，也認為英國商人的確應該在日後通商時得到安全保障，但除此之外的要求在他看來，與「英國的名譽和尊嚴」相牴觸。具體地說，他覺得「動用槍炮、刀劍和戰火破壞，藉此不只強索豐厚的賠償，還強逼對方設法糾正市場供過於求帶來的效應」，在道德上是錯誤的——尤其當市場「主要是因為一項違禁品生產過量和交易過度」而導致供過於求。[60] 換句話說，英國不應以戰爭為藉口，幫自營商達成目標，因為所有問題都是他們引起的。

義律手中擁有壓倒性的強大海軍火力，卻不願用它來強逼琦善做出重大讓步。[61] 他擔心戰爭若一時無法結束，會激起中國人民的「強烈恨意」，因此他避免使出自己握有的許多軍事優勢，唯恐造成太多平民傷亡。於是義律雖然盡責地把巴麥尊要求的條件告知琦善，但在這位欽差大臣逐一拒絕這些條件時，他並未堅持要對方接受。結果，在幾乎所有會干預到中國如何治理及控制自己領土的要求上，義律都退讓了：他沒有強迫中國開放新口岸、讓英國人在中國享有特殊法律地位，也沒有應允向巴麥尊進言的那些民間商人、同時也是主要獲利者提出的其他要求。

與琦善在廣州談判時，義律反而同意了一項在他看來可以接受的協議。英國會收到六百萬銀圓的賠償，以支應林則徐銷毀的鴉片成本（琦善指出這是私下的安排：付錢的會是行商而不是清廷，道光甚至不會被告知此事）。[62] 英國人也會獲准在香港島上定居——但不享有自主地位，因為中國會在那裡設海關，英國人要同意在香港支付航運相關規費和稅款，額度和他們在廣州付的一樣。最後，他和琦善同意廣州會再度開放，恢復常態貿易。

在巴麥尊和當地自營商看來，義律是在與中國人「和解」，而義律也因為這種表現而被批評得體無完膚。他只得到香港——巴麥尊埋怨那是「幾乎連一棟房子都沒有的荒島」，認定它絕不會成為貿易中心。[63] 由於中國政府會在香港設海關，所以這座島顯然不會是英國的殖民地，只會是在中國的居住地，一如澳門是葡萄牙人的居住地。六百萬銀圓的賠償金根本不足以支付英國欠鴉片商的款項，更別說是支付巴麥尊特別指明的戰爭開銷。此外，義律還同意以數年分期的方式償付賠款，這意味著實際成本大概會由英國商人自己擔下，因為他們必定會被迫在廣州支付新的進口關稅，以便中國支付賠款。最重要的是，英商在中國內陸的處境不會改變——他們依然只能在廣州通商，通商條件幾乎和以往一模一樣。英國貿易不會擴張到北方的口岸，不會強行取得阿美士德與馬戛爾尼曾經想透過外交取得而未能如願的那些權利。義律在打開中國門戶上一無所成。

與此同時，為了保障中國那些有限的讓步，義律同意將英軍撤離舟山這座人口眾多的大島，而舟山島是英國人目前為止在中國最重要的占領區，也是反制中國皇帝最有力的工具。由於英國軍力享有絕對優勢，相關的英國人士都以為義律和他堂兄提出的要求會遠遠不止於此。但同樣憤怒的還有道光皇帝——如同英國政府斷定義律太遷就對方，道光得知在廣州達成的協議時，也認為琦善讓步太多。琦善迅即落得和林則徐一樣的下場。雙方政府都不批准這項協議，不久戰火便重燃，而且規模更大。

義律撐得只比他的中國對手久了一點。巴麥尊把義律不願向中國要求更大讓步一事視為對他個人的侮辱，並且在一八四一年四月二十一日寫了一封刻薄的私信給義律，將他革職。巴麥尊在信中指責義律把他的指示視如「廢紙」。巴麥尊說義律存心抗命，而且「照你自己的喜好」處理英國的國家利益。他寫道，在這樣的情況下，「你已不可能繼續在中國留任」。[64]他要義律在繼任者抵達廣州後立即返國。接任的特使璞鼎查（Henry Pottinger）遠比義律更強勢，具有在印度將近四十年的經驗；他完全沒有義律對中國人民的那種尊重與感情，而且他會決心把在中國的戰爭繼續打下去，直到取得最豐碩與有利的成果。義律返國後定會受到羞辱，但在那之前就已經有傳言說他在亞洲經歷過一次精神崩潰。他的堂哥閔多勛爵告訴一名內閣大臣，義律「似乎已經失控了；而且在中國住了那麼久，他也似乎變得更像中國人，而非英國人。」[65]

情況比他們所知道的還要嚴重。義律出手干預要英國人繳出鴉片——那場慌亂出手、思慮不周而催生出鴉片戰爭的干預——而後引發一連串紛爭；就在這段紛擾期間，義律其實已開始精神失常。他在一八四〇年五月，即英國艦隊抵達的一個月前寫信告訴他姊姊：「我猜想（而這個念頭很可怕），我的精神狀態不太穩定。」他央求姊姊保守祕密，不要透露他的精神狀態。「看在老天的份上，不要提及此事，」他寫道，「有時我很難控制，無法牢牢掌控自己的思緒。」他承受的壓力太大，整天提心吊膽擔心失敗，帝國的全部經濟和安危（在他的想像中）全落在他一人肩上。他向他姊姊訴苦：「沒人執行過比這更艱難的任務，也從來沒有一個艱難的任務能如此圓滿解決。成果有目共睹。」他認定自己強迫商人上繳鴉片和挑起國與國的戰爭，是做了正確的事，但他非常擔心其他人未必會這麼想。「我會遭到辱罵，大概還會被革職，」他堅稱，「但我可以證明，我已使英屬印度免去一場當地歷來所面臨最嚴重的商業紛擾。」他一再喃喃自語說自己是英雄，絕對是英雄。[66]

十五、餘波蕩漾

要說有哪個東西最淋漓盡致地說明英國對鴉片戰爭的矛盾心態，絕對是為了紀念這場戰爭而打造的第一面獎章。設計者甩開所有顧忌，似乎認為這種大膽設計切合徽章的意義，刻劃了一隻戴著王冠的獅子，兩個前爪牢牢按在一條龍的背上，代表英國的獅子把代表中國的龍打趴在地。那的確體現了當時世上許多人對這場戰爭的看法，但並非英國政府想要表達的精神。於是，這個洋溢志得意滿征服心態的第一場對中戰爭獎章設計圖遭揚棄，取而代之的設計溫和了許多，只有一棵棕櫚樹，樹下擺了一些英國作戰裝備——披著英國國旗的野戰炮和海軍加農炮、一套錨和起錨絞盤、幾種步槍和點火棒——以表明英國動武只是為了讓對華貿易重回穩固基礎，而非帝國征服之舉。此獎章暗示此刻中國人是英國人的朋友，而非受害者。橫刻在獎章頂端的拉丁文Armis Exposcere Pacem粗譯為「他們以武力爭取和平」。[1]

巴麥尊大膽假定英國能打一場目標明確的戰爭，同時不致一次激怒三億中國人民，他的主要依據是胡夏米和郭士立搭乘阿美士德勛爵號勘察中國沿海後帶回的情資——事實證明他們的報告非常精確：當時的中國國內分裂對立已經很嚴重，人民不會同心協力抵抗英國人的攻擊。中國不是格雷姆要國會相信的那種上下齊心的帝國；馬戛爾尼等人曾擔心中國皇帝揮一下手就能把英國人永遠拒於中國的富裕市場之外，但這種事已經不可能發生。清廷根本無法那麼牢牢掌控人民。這場戰爭並未導致中國人民抵制英國貿易，反倒扯開了清帝國社會內部既有的裂痕，使漢人與滿人對立，使商人與官員對立，使粗暴無情的民兵與憤怒的在地百姓對立——按照某些中國官員抱怨的內容，在地百姓怕自己國家的士兵更甚於怕英國人。偶爾戰火暫歇時，英國人還發現向看似忠於皇帝的中國百姓購買補給品其實很容易，而那個皇帝卻是與他們交戰的對手。[2]

三十年前，清朝薄弱的水師武力差點壓制不住石陽的違法海盜船隊；到了此時，陸上武力也仍因嘉慶在平定白蓮教之亂後大砍軍費而飽受影響。清兵的武器老舊生鏽，對上當時世上最強大、最現代化的海軍，誰都看得出必敗無疑。而且英國人毫無保留，甚至派出了復仇女神號（Nemesis）。這是在亞洲出現的第一艘鐵殼汽船，中國加農炮完全傷不了它，而且它能逆風與逆流而行，想去哪就去哪。只要戰事發生於水上，結果都是可想而知——因為清帝國在華東、華南的國內貿易非常倚賴內陸運河及河川的運輸路線，所以中國在戰區內的最重要城市都位於水邊，完全擋不住船艦攻擊，這是幫助英國擬定策略的胡夏米與渣甸等人都知道的事。

道光帝未能清楚掌握前線對英戰況，因為他的指揮官所呈上的報告有許多造假、謊報戰勝及摧毀英軍之事，就連林則徐、鄧廷楨的報告也一樣。[3]從北京看，一如從倫敦看，這場戰爭似乎不可能打太久，因此中國方面無人提議大幅調動兵力抗英——嘉慶在位時曾為了平定白蓮教而這麼做。道光認為這場與英國打的戰爭，完全不值得採取像十七世紀康熙強制沿海居民內遷那樣的斷然措施。中國官兵奮勇保衛遭到攻擊的城池，但並未嘗試把英軍引向內陸，讓他們離開船艦與最他們重要的優勢——可能有人建議守軍這麼做，因為英國陸軍並非所向無敵；一八四二年一月，中國沿海城市輕易被攻陷之際，西邊三千英里外的阿富汗境內卻有一支四千五百人的英國陸軍部隊在撤退時，於喀布爾城外山區全數被殲滅，只有一個歐陸人倖存，得以向世人訴說這樁慘劇。但這樣的事並未在中國發生。中國也未付諸實行據說是一名官員曾給皇帝的提議：集結三十萬大軍西征，穿過俄羅斯和歐洲去劫掠倫敦。[4]

事實上，各戰役一般來說都打得又快又血腥，最後都由英國獲勝。清軍再英勇也無法改變結果。戰爭從頭至尾，中國頂多只打贏一場小規模戰鬥，而且這場不重要的戰役是憤怒的農民打下的，不是官軍，而且惡劣的天氣也幫了大忙。清軍的兵力多於英軍，但勝算極低，因此清軍軍官祭出極端的手段，例如鎖住堡壘大門以防士兵逃跑。[5]在寧波，一個指揮官買來十九隻猴子，打算把爆竹綁在牠們背上，然後叫人把牠們拋上英國船艦，讓那些船著火，最好能炸掉船上的火藥庫。但是沒人敢為了拋猴子而靠近英國船艦。[6]

不過，儘管雙方戰力懸殊，這場戰爭仍拖了三年多才結束，期間打了數回合一面倒的激戰，而在激戰與激戰之間則是漫長的平靜時期，因為雙方要等待來自倫敦的指示或來自北京的回覆。英軍連戰皆捷，反倒愈來愈打擊英國人自己的士氣，因為英軍頻頻對無助的中國百姓與士兵施暴，卻找不到辦法逼清廷投降。許多由參戰英國軍官留下的文章裡，都瀰漫著一份愧疚之情。有個軍官描述了某場戰役後「浮屍黑壓壓遍布海上」的慘狀，以及一處堡壘內部「被腦漿濺汙」的情景。另一個軍官在日記裡坦承，「許多極野蠻事件，讓我們的人羞得無地自容。」一八四二年間，英國艦隊司令幾乎哀求閔多勛爵饒過他的部隊，別再命令他們入侵中國城市，因為「我們的到來對可憐的居民而言是大災難」。義律被革職後在一八四二年寫道，那是「一場幾乎談不上軍隊榮譽的戰爭」。他警告，要獲得巴麥尊希望的那種勝利，唯一途徑是透過「屠殺一個幾乎毫無防禦之力而任人宰割的民族，然而在戰場的大部分地區，那些人對英國卻很友善。」[7]

在這場戰爭還處於構想階段時，基於道德理由反對開戰是一回事，但隨著傷亡報告開始傳回國內——數百名英國、印度年輕人喪命，而且他們大部分不是戰死，而是死於熱病和痢疾——英國境內的反戰的聲浪卻開始減弱了。然而批評者並未完全噤聲。例如《泰晤士報》就在戰爭期間繼續大肆嘲笑義律和輝格黨政府。一八四一年四月，戰事已進行一段時間，該報刊出一封語帶譏諷的讀者來函，該讀者偽稱自己是中國煙民，感謝義律前來將他從林則徐的魔掌中救出。他說他原本被捕，戴上木枷，煙槍被打斷，鴉片被沒收——但是後來英國艦隊出現了。他獲釋且「買下你們士兵的鴉片」。他寫道，他「重獲自由，用顫音唱出十足喜悅的曲調。」[8]但就在挖苦開戰理由的同時，《泰晤士報》——在許多先前反對開戰的人助陣下——也轉頭抨擊輝格黨領導階層未能俐落結束這場戰爭，讓戰事一季拖過一季，繼續帶來不幸，看不出何時會結束。該報說，這本身就是另一種「讓人丟臉的失敗……一種對我國軍力的侮辱」。[9]

接著情勢有了轉折：一八四一年秋天，那場決定開戰的內閣會議召開後過了近兩年，輝格黨政府垮臺了，是被一場與中國無關的不信任投票倒閣。[10]巴麥尊卸下外交大臣之職。在國會中極力抨擊這場戰爭的在野保守黨上臺執政。一八四〇年帶領保守黨議員譴責戰爭的格雷姆出任內政大臣，成為新首相皮爾（Robert Peel）最倚重的顧問。[11]但這時英國已深陷於半個地球外的一場對外戰爭，而且戰爭進行的時間已經比鼓吹者預料的要久了許多。傷亡的英國與印度士兵多得超乎預期，國家好不容易省下的錢被浪擲，而且完全沒有可拿來宣揚的成果。於是保守黨改弦易轍，不再繼續高聲痛斥輝格黨因開戰而犯下的道德罪，而是（一如《泰晤士報》）抨擊該黨讓這場戰爭拖了這麼久。新政府一上臺，立即迅速增兵中國。他們增援陸軍，派去更多火炮、更多補給、更多船艦。他們判斷，戰爭既已無可避免，至少要把它打贏。[12]

於是，在原先努力阻止開戰那些人的遠端指揮下，璞鼎查於一八四二年八月結束了鴉片戰爭。他命令艦隊強行溯長江而上，揚言摧毀南京這個具有陪都地位的大城，至此清廷終於屈服。那肯定是一場令人難以歡欣鼓舞的勝利。就連向來在政治上極力支持保守黨的《泰晤士報》，對於該黨成功結束這場「不光彩的戰爭」（該報一再以此稱呼這場戰爭），也抱著矛盾心態。[13]和平消息傳到英國後，該報刊出一篇反省立場的社論，文中說即使獲勝，英國人也不能忘記引發這場戰爭的可恥原因。該報說保守黨內閣結束了一場「非他們所發動，因而未使自己蒙上汙名」的戰爭，又使英國與中國恢復「他們始終無意打斷」的和平，從而攬下所有功勞。輝格黨看到這樣的結果，想必非常火大。保守黨會因為戰勝而得到讚譽，輝格黨則會永遠背著開戰的汙名。但總的來看，《泰晤士報》很清楚兩黨理該得到哪些讚揚。該報說，對中國的戰爭結束，看來必定會讓英國在商業上大大獲益，但「我們如果讓這場戰爭本身的輝煌成就……掩蓋了它的本質，或使我們忘記它極可議的起因，那麼我們應該為我們自己和我們的原則感到羞愧。」[14]

璞鼎查的努力，帶來了《南京條約》。這個條約於一八四二年八月二十九日在南京簽訂，是中國簽下的第一個「不平等條約」。十九世紀期間，中國還會再簽下許多這樣的條約，因為《南京條約》讓西方人發現只要用武力就能對中國予取予求。按照此條約的基本條款，中國要賠償英國二千一百萬銀圓，主要用來支付銷毀的鴉片和戰爭開銷。中國要開放五個口岸供英國人貿易及居住，包括廣州（城區內部）、寧波，以及最重要的上海。上海位在長江出海口，地理位置優越，不久後會發展成令廣州相形失色的貿易中心，最後成為世上最大的城市之一。《南京條約》把香港割讓給英國，做為英國的永久殖民地。此約還廢除了行商的壟斷地位——總而言之，實質上終結了廣州時代。

但《南京條約》未做到一件事，即讓鴉片合法化。這麼要求的話就太愚蠢了。當初在野的保守黨想方設法找把柄，以便宣稱巴麥尊打這場戰爭主要是為了支持鴉片貿易，巴麥尊則極力防止落人口實。雖然保守黨最後取得政權，基本上卻繼續走巴麥尊的路線。因此璞鼎查未在正式議約時要求把鴉片合法化。議定的條約中唯一一次提到「鴉片」，乃是因為賠款項目包含這項照價賠償的商品，不得不提。但這種情況是必然的，因為撇開英國政府擔心蒙上汙名不談，英國製造商和國內其他支持開戰的自由貿易論者都樂見中國開放新的通商口岸，但毫不支持鴉片走私者。與此同時，鴉片走私者沒有立場要求合法化，而且無論如何，沒有合法化帶來的競爭，對他們反而普遍更好，就像渣甸與馬地臣那樣。英國方面唯一極度希望鴉片合法化的人是義律，不是因為他支持鴉片走私者——他完全不支持他們——而是因為他認為合法化之後，走私者就不會在廣州惹出糾紛。此時要求合法化顯然已經太遲，但出於確保未來合法貿易和平進行、不受走私業者破壞的類似期望，巴麥尊確實有交待璞鼎查看看能否在正式議約場合之外，私下勸中國政府主動將鴉片買賣合法化。

璞鼎查遵照指示，在南京主要談判期間的空檔，趁私下聊天時提起鴉片議題。中國談判代表問他，英國人為何不停止在印度種罌粟。璞鼎查透過郭士立翻譯表示，他認為停止種植恐怕是不可能的，即使能辦到也沒有意義，因為仍會有其他人走私鴉片。他不承認英國與鴉片走私有關，甚至把鴉片買賣全部歸咎於中國，並指著談判對手罵他們的政府未管好自己的子民。他告訴對方：「如果你們的人民行得正，就不會染上惡習；如果你們的官員不貪汙且聽令行事，鴉片就進不了你們國家。」他還說中國顯然無法阻止人民抽鴉片煙，既然如此，「把鴉片進口合法化……從而使現有的走私場所大為減少」，不是比較好嗎？根據一名在場的英國人所述，璞鼎查的談判對手同意他說得有道理，但也說皇帝絕對不會得悉他的提議。然而璞鼎查談興正濃，不想就此打住。憑著一股突然湧起的慷慨好意，他繼續向對方說教，告訴他們中國必須透過自由貿易來求進步，並且向他們「簡短說明了英國的崛起，以及如何從野蠻狀態達到世上有史以來最富裕文明的境地」，還說這一崛起主要歸功於「寬厚而開明的法律，並有商業從旁支援」。[15] 這番說教並未對他的鴉片解禁目標有多大幫助。

各界普遍覺得這場戰爭主要是為促進鴉片貿易而打，但英國在戰後是否還會直接涉入鴉片貿易，則完全沒有定論。早在一八三九年九月，管理委員會主席布勞頓勛爵就告訴印度總督奧克蘭勛爵，鑑於中國境內情勢，「你無疑必須逐步放棄罌粟種植」。下議院那場辯論之後不久，他報告說他正在草擬一項提案，「讓印度政府與罌粟種植脫離關係」。到了一八四〇年六月，布勞頓已開始要奧克蘭務必起碼「大幅限制栽種」，因為「針對你們只為填滿自家金庫而欲毒害世界三分之一人口的邪惡意圖，已出現強烈的反對聲浪」。東印度公司董事會不接受任何調降他們鴉片產量的措施，但並非每個董事都意見一致——其中一個董事在寫給同事的信中嚴正抗議道：「還有人如此盲目，看不出〔鴉片〕對我們國家的聲譽傷害極大？還有人那麼堅持與任性，否認它已完全打亂我們與中國的貿易？」[16]

另一方面，保守黨政府在戰後小心翼翼，避免出現支持鴉片貿易的言行。在巴麥尊之後接任外交大臣的亞伯丁勛爵（Lord Aberdeen）告訴璞鼎查，即使他真的說服中國人以自己的方式將鴉片合法化，英國駐華代表仍應「避免與如此受唾棄的買賣有任何瓜葛」。《南京條約》的附件會在通商口岸賦予英國子民有限的中國法律豁免權——即治外法權——但英國政府還是清楚告訴璞鼎查，絕不可為鴉片走私者援引這項條款。[17]亞伯丁說，如果有英國商人選擇與鴉片搭上關係，那個人「因非法販售而遭起訴時，不得受到保護或支持；他必須被清楚告知道他得自負後果。」[18]亞伯丁這番話與巴麥尊在戰前說的話呼應，但此時如果中國再度以同樣的方式查禁鴉片，沒人能裝出大吃一驚的樣子。

與此同時，英國境內的反鴉片人士正想方設法替英國清除「鴉片戰爭」的汙名，於是力促由英國方面自己禁絕鴉片。小斯當東把這場戰爭當成捍衛國家名譽的戰爭而予以支持，而且似乎從未感到後悔，這時他則繼續努力在中國事務上挽回自己的道德形象，做法是實踐他在國會上許下的承諾，協助終止鴉片買賣。一八四三年，他表態贊同下議院一項旨在廢除英屬印度境內鴉片生產的法案，在支持該法案時他警告道：「我們與中國的友好關係，不可能與在中國沿海掛著英國國旗進行的大規模鴉片走私生意長久共存。」

小斯當東相信，鴉片戰爭結束可以讓英中關係就此步入和平友好的新時代，但前提是英國停止以在印度生產鴉片並賣給走私者的方式助長走私。他嚴正表示，如果任由鴉片買賣繼續，與中國好不容易締結的條約會「淪為空洞的停戰協定，而且大概不出數月就會變成血腥戰爭，屆時戰爭會打多久或結果為何，沒人能預料！」小斯當東承認禁絕鴉片可能會是一場耗時漫長且艱困無比的硬仗，但他滿懷希望地拿此事與韋伯福斯主教（Bishop Wilberforce）的反蓄奴運動相提並論，指韋伯福斯最終「在有生之年就看到自己的信念大獲全勝」。[19] 但這項法案未獲通過。就連布勞頓向奧克蘭建議的溫和限制措施，最終也會因為鴉片戰爭結束、遙遠的印度與中國事務再度失去英國人的關注而顯得無關緊要。

鴉片戰爭的成敗攸關許多人的個人利益，而其中對戰爭開打最坦然表達欣慰之情的，大概就是內皮爾夫人。因為在她看來，英國政府終於找到機會為她丈夫報仇了。一八四〇年三月，她寫信給巴麥尊，表達「我今天在報上讀到已經對華宣戰一事時的喜悅之情」。她提醒巴麥尊，一八三四年內皮爾勛爵在自己去世前的那幾週，就不斷要求打這樣一場戰爭。「與他看法類似的觀點終於付諸實行，我不由得感到欣慰，」她如此告訴巴麥尊。「我知道報應之日必會到來，當中國人被徹底擊潰，我……會發自內心感到無比高興。他們早應該得到教訓。」[20]

在這期間，如果有人預料會有一個英國人出面譴責一場為了支持鴉片走私者而打的戰爭，他想到的那個人大概會是德昆西；這個著名的鴉片成癮者為一個世代的英美讀者記述了他拚命戒除鴉片癮卻未能如願的經過。但寫出《一個鴉片吸食者的自白》（*Confessions of an Opium-Eater*）的德昆西似乎完全看不出自己行事的顛倒可笑，他其實是最狂熱支持戰爭的人士之一。他為《布雷克伍德雜誌》（*Blackwood's Magazine*）寫了〈鴉片與中國問題〉（The Opium and the China Question）一文，文中主張把鴉片與中國那場戰爭扯上關係非常可笑。[21] 照他的推斷，鴉片那麼貴，中國的農民那麼窮，鴉片買賣不可能如大家所說地影響到中國的勞動階層。如果中國的吸食鴉片者都是會選擇在家中自我放縱的富裕上層人士，那麼，吸食鴉片就是他們的私事，別人管不著——他寫道：「向他們在家中享受的習慣開戰，這是何等荒謬的事！」再者，他把鴉片買賣歸咎於中國自身，一如他含蓄地將自己的鴉片癮怪罪於中國和東方其他國家：也就是說他認為中國是這種嗜好的始作俑者，而他自己也受到誘惑、被汙染了。他寫道，中國「如今痛斥沾染鴉片，但它正是那個行為最早的引誘者、邀請者、雇用者、喧嚷的教唆者。」[22]

德昆西又主張，這場戰爭若不是為了鴉片，那就是為了讓中國人懂得尊重英國人——在此，「叩頭」這個老問題開始以新面貌出現，成為替英國的侵略行動間接辯解的依據。據德昆西的說法，那些說阿美士德與馬戛爾尼去到北京時英該「卑屈匍伏」行叩頭禮的英國人，都是「不愛國的三流作家」。他強調，如果阿美士德當初叩了頭，中國的下一個要求肯定會是「徵用國商館裡的漂亮英國女人……做為每年獻給皇帝的禮物。」

在他看來，打這場戰爭的理由就是這個：國家尊嚴，以及打破中國人的偏見——那種偏見是馬戛爾尼與阿美士德使華失敗後自然而然且無可避免的後果。他寫道，英國「絕不能再允許我們的使節像馬戛爾尼勛爵與阿美士德勛爵那樣被稱作進貢者，絕不能再讓自己被稱為蠻夷。」在身處遙遠英國的德昆西眼中，中國是個「無比傲慢、充斥錯誤、需要啟蒙」的國家。他未譴責奴役他心智且引發戰爭的鴉片，反倒建議英國政府挺身對抗中國人。他強調，「要穿透如此自負之民族的迷霧，唯一合理的途徑」就是暴力。[23] 但是德昆西立場如此前後不一，終究會自食惡果。他兒子在鴉片戰爭時以陸軍中尉的身分上戰場，一八四二年死於廣州附近。[24]

國家名譽、「令人無法容忍」的叩頭意涵、馬戛爾尼和阿美士德所受到的惡劣待遇這些議題，都在戰爭即將告終之際更加受到關注，而在戰後時期，它們則成為替這場戰爭辯護的英國人事後拿來為英國開脫的主要依據。此後一百多年，辯護者會說鴉片戰爭原本就注定會爆發，因為中國先前要西方人叩頭。但叩頭從來都不是大問題。馬戛爾尼以自己的方式化解了叩頭爭議，而阿美士德若非一時找不到他的國書和禮服，大概也會那樣做。叩頭的確讓英國人覺得很難堪，但它從不是戰爭的起因。無論如何，那些從一開始就涉入的人都很清楚，過去外交上的難堪與一八三九年的情勢演變毫無關連，與鴉片扮演的關鍵角色截然不同。舉例來說，義律就表達得再淺白不過。他在被召回後寫道：「一八三九年與中國兵戎相向的真正起因，乃是一八三四年東印度公司喪失對正規貿易的獨占之後，來自印度的鴉片供給大增。」[25] 就連認為這場戰爭攸關國家名譽而支持開戰的小斯當東，都在後來主張他「從未否認一件事實，即如果沒有鴉片走私，就不會有戰爭。」[26]

同時，那些帶頭力主開戰的人在英國廣受尊敬。渣甸、胡夏米、馬地臣都當選國會議員，前兩人甚至在鴉片戰爭期間就選上了。渣甸於一八四一年六月進入下議院，直到一八四三年以五十九歲之齡英年早逝。他在這段期間唯一的一次發言中主張，政府從中國戰爭得到的收入應先用來賠償索賠的鴉片商（當然包括他本人），再拿去支付海軍遠征的開銷。[27] 輝格黨政府對中國發動戰爭，原本就是因為義律答應照價賠償渣甸與其他人的鴉片損失，但是政府沒足夠的錢支付。從這點來看，渣甸的要求很合理。

戰後會在對華貿易上做得有聲有色的胡夏米，則於一八四一至一八四七年擔任下議院議員，與渣甸聯手捍衛鴉片商人，也發言反對一八四三年那個旨在廢除英屬印度境內鴉片生產的法案，而該法案最終並未通過。替鴉片辯護時，他強調鴉片對中國人不僅完全無害，而且還讓他們頭腦更敏銳。

即使到了一八四三年，他還深信清朝皇帝會把鴉片合法化。[28]渣甸去世後，馬地臣接替他在議會的席位，在下議院待了二十多年，直到一八六八年以七十二歲之齡退休。但馬地臣的議員生涯看來是以社會參與為主，因為在這二十五年期間，他似乎從未在議場發言。但他其實不需要發言，因為他的利益已得到充分的照顧。馬地臣把從對華貿易賺得的龐大財富轉回國內，投資蘇格蘭的不動產；他去世時是整個聯合王國的第二大地主。[29]

馬地臣和渣甸都沒有像普金斯（約翰・福貝斯的舅舅）在波士頓那樣大搞慈善活動，但渣甸在孟買的長期生意夥伴吉吉博伊在民眾心目中倒是有頗高的地位。吉吉博伊主宰西印度的鴉片與棉花出口而發了大財，並把自己的錢財投入當地濟助帕西人、賑濟饑荒、建設學校及醫院、進行公共工程，被公認為把孟買從落後殖民區改造為現代化全球大都會的大功臣之一（有些奉承他的說法則指出他是唯一的大功臣）。吉吉博伊除了管理他的商業帝國與資助許多慈善事業，還擔任數家銀行及報社的董事，而他堅定支持英國統治。一八四二年二月十四日，鴉片戰爭快要結束時，維多利亞女王封他為爵士。當時他說：「我很興奮，我希望自己得到受封為英格蘭爵士這樣的殊榮，能夠當之無愧，具有這個階層所標榜的最高忠誠與榮譽。」[30]

吉吉博伊是第一個成為英國爵士的印度人，一八五七年更由維多利亞女王封為準男爵。如今孟買還有諸多學校和醫院建築上標有「Sir J. J.」(J.J. 爵士）之名，那是外界對他的稱號。他是維多利亞時代孟買最偉大的慈善家。[31]一八五九年他去世時，一份古吉拉特語報紙盛讚「他的醫院、客棧、供水系統、堤道、橋梁、眾多宗教和教育機構與捐款會向後人指出，上天選派他來把實質的好處分給世上一大部分的人。」[32]而吉吉博伊分給「世上一大部分人」的「實質好處」中，有許多是因為他透過渣甸和馬地臣把印度鴉片賣給中國走私者才得以存在，但這件事實鮮少有人提及。

在大西洋彼岸的美國，社會對鴉片戰爭的主要反應，可從一個小女孩的問話中找到最扼要傳神的表達。這個小女孩出現在一八四一年波士頓某本兒童雜誌刊出的一則故事中。她緊張兮兮地問父親：「爸爸，如果我們不買英國人的鴉片吃，他們不會來這裡殺了我們吧？會嗎？」[33]父親要她放心，說他們不會來，但父女倆都認為英國人應該派士兵到中國逮捕「賣可惡鴉片的壞人」，而不是「殺掉（中國人）、燒掉他們的房子、宰了他們的牛、毀掉他們的花園和種植水果及穀物的田地。」故事中的女孩對維多利亞女王大失所望，說她不會再那麼喜歡女王了。「有人說她有個小女兒，」這女孩思忖道，「不知道她會不會想讓小女兒吃鴉片，被鴉片害死。」

一如在英國，鴉片問題在美國也被拿來與蓄奴問題相提並論。蓋里森（William Lloyd Garrison）的報紙《解放者報》（*The Liberator*）和它在英國的廢奴同志一樣，在這場戰爭裡支持中國。該報於一八四〇年四月問道：「在這場爭執裡，誰能幫忙支持受傷的中國人，祝福他們成功抵抗他們的基督徒對手？中國人指稱他們的對手為『蠻夷』，的確非常貼切。」[34]該報刊出名為〈鴉片〉的一首詩，讚揚林則徐是西方行動人士的榜樣，並推崇他為了讓中國擺脫毒癮「束縛」而付出的努力：

讓異教徒來教教我們吧！讓

愛國、無畏的林則徐！
教我們如何對抗
荼毒生靈的致命罪行。

看他的國家
被基督的信徒折磨、出賣！
小心，勿讓英國金幣愚弄——
人心買不來且無價。

中國從沉睡中醒來了！
（英國基督徒盡情嘲笑；）
德性高潔的中國，打破
地獄的枷鎖。[35]

為了避免讀者未掌握到英國人正在強逼中國人接受鴉片這一點，有個注解說明：「鴉片買賣是東印度公司收養的孩子。他們動用所有科學資源、財富，以及無限的勢力，把它強行拉拔到現今這麼高大；他們也濫用政府工具來達到非法的目標。」

英國一邊譴責蓄奴、一邊為支持鴉片走私者而動武的偽善行徑，是美國人攻擊英國人在中國的作為時不斷提起的一點，而且也引發許多迴響。一名浸信會牧師就表示：「英屬印度政府竟是這一極度令人反感之買賣的主要唆使者，真乃十九世紀一大奇事。這個痛斥奴隸買賣的國家所引以為傲的盾徽，因此蒙上基督教世界裡最大、最黑的汙點。」（英國一名反鴉片買賣的人士在一八四三年於下議院引用了這段話。）[36]

但蓄奴和賣鴉片的惡劣程度孰輕孰重，看法並不只有一種。在美國國會議場，支持蓄奴的南卡羅來納州參議員卡爾霍恩（John Calhoun）主張，鴉片買賣其實比蓄奴惡劣許多。根據他誇大的估算，如果林則徐未打斷英國人走私，他們於一八三九年運送的鴉片會足以供應「一千三百萬到一千四百萬煙民吸食，每年奪走的人命會比英屬西印度群島殖民地那些已經引來許多可怕同情心的黑人總數還多。」卡爾霍恩批評鴉片戰爭，用語之激烈和廢奴派不相上下，但顛倒了他們的論點。他後來也說，美國恪守在他眼中比較不嚴重也比較無害的奴隸制，英國人則一邊蓄奴、一邊用鴉片殺害數百萬中國人，因此已喪失了對美國說三道四的權利。[37]

值得注意的是，在諸多美國著名人士裡，賭上個人名聲表態支持這場戰爭的竟然是既不喜歡英國、也不支持蓄奴的前總統約翰·昆西·亞當斯（John Quincy Adams）。關於國家名聲和叩頭爭議，他的論點與德昆西相似，但立論廣泛得多、闡述也詳細得多。他主張這場戰爭與鴉片毫無關係，而是與中國對自由貿易的蔑視和對外國使節的惡劣待遇關係密切——中國要求馬戛爾尼和阿美士德匍伏拜見皇帝就是一例。「這場戰爭肇因於叩頭！」一八四一年秋天，亞當斯在為麻塞諸塞歷史學會演說時嚴正表示——「中國的狂妄既傲慢又令人無法接受，他們不是以平等互惠原則，而是以侮辱人、貶低人的主從形式，要外人與他們通商。」[38]亞當斯深信英國有充分權利強迫中國接受講究自由平等貿易的文明世界，所以這場戰爭完全合乎公義且值得讚賞。他主張鴉片絕非中國那場戰爭的起因，一如被從船上丟進波士頓港的茶葉絕非美國革命的起因。

亞當斯的演說引人注意，既因為演說的立論有力而堅定，也因為其內容在當時美國大眾的眼中完全是離經叛道；他自己在草擬講稿時，就知道他的觀點會極度不受歡迎。他在日記裡記載，這場演說「對此時此地盛行的偏見大唱反調，為此招來的風暴會比我已蒙受的風暴還要劇烈。」[39]他的憂心果然沒錯，他原本打算在《北美評論》（*North American Review*）中發表他的演說文，但是這本期刊的總編輯以文中含有觸犯眾怒的觀點為由而拒絕刊登。亞當斯為此大吃一驚。他寫道：「這一演說引發輿論與群情激動，程度遠超乎我的預期，儘管我的確料到事態會很嚴重。」[40]或許因為他太出名，亞當斯對鴉片戰爭的個人觀點後來常被誤認為代表大多數美國人的看法。但那絕非事實。

至於人在廣州的美國商人，從某些方面來說是最大的受益者，因為他們沒有動用暴力，也沒有讓自己國家蒙受久久不消的汙名，最終卻可以分享到英國強行打開中國口岸所帶來的大部分好處。戰時美國商人保持中立，趁機牟取利益，在英國人因動武而被拒於廣州大門之外的幾年間繼續貿易，而且幾乎沒有競爭對手（事實上曾有一段時間，雇用美國船乃是英國民間商人把貨物運進廣州的唯一途徑，而且他們為此付出高價）。即使在清廷恢復正規貿易後，英國人仍為戰爭挑起的恨意和供過於求的市況所苦。而他們原本希望戰爭會導致他們在中國的獲利大增，但希望很快就破滅了——絕望的英國民間商人原本指望《南京條約》簽訂隔年的生意能彌補他們戰時的龐大損失，結果卻迎來他們在中國最慘淡的貿易季之一（有個憤怒的美國人說「活該」）。[41]

從一八三九年二月旗昌洋行退出買賣時，美國人就公開與英國人主宰的走私生意劃清界線。隨著戰爭逼近，在廣州的美國人由羅伯特·福貝斯領銜，聯名請國會派海軍前來保護，但他們極力闡明「不想見到鴉片買賣重現」，並說他們已自願簽署保證書，承諾不再買賣鴉片。[42] 美國政府聽從他們的呼求，派了兩艘軍艦到中國照應。然而英國艦隊被普遍認為前往中國是為了保護一群鴉片走私者，美國海軍卻與他們大相徑庭。美國指揮官接到的指示要他「讓中國人和他們的政府知道，你們到訪的主要目的之一乃是防止並懲罰鴉片走私進入中國。」[43] 這支美國海軍中隊的中國之行是友善的，而且——與英國人形成最叫人樂見的對比——平靜無事。

最終促使美國派遣其第一個外交使節團到中國的因素，就是鴉片戰爭——或者說是鴉片戰爭的順利告終。美國總統約翰·泰勒（John Tyler）擔心美國人會被拒於新開放的通商口岸之外，所以一得知《南京條約》締結，就立刻請求國會撥款遣使赴華，以確保美國人在華享有和英國人一樣的通商權利。泰勒的國務卿韋伯斯特（Daniel Webster）就如何進行此事向新英格蘭地區與中國通商的人士徵求意見，而約翰·福貝斯代表波士頓商人做了回應。約翰說，有鑑於馬戛爾尼與阿美士德的使華經驗，美國可能應該避免贈送正式禮物給道光帝——它們會被視為「貢品」，收不到回報。但他的確靈機一動，想到這場戰爭或許為想要更接近清廷的美國打開了機會之窗：他深信美國可以利用這次遣使赴華的機會，讓中國知道美國是友華的西方強權，能做為中國抵擋英國人侵略的屏障。[44]

為此，約翰建議美國不妨主動表示願意幫助中國改善軍隊。他認為奉派使華的美國代表不應該帶傳統禮物前往，而要帶技術方面的贈禮，例如「汽船、鐵路、加農炮的科學圖樣與模型，或許還有防禦設施的。」政府可派一名軍事工程師和一名「完全精通加農炮最新鑄造方式，尤其是搪孔技術」的技工，隨使節前去。鴉片戰爭肯定使道光皇帝擔心日後會與英國及其他歐洲海軍強權起衝突，因此約翰認為如果美國能——「以不張揚的方式」——幫助中國發展抵禦歐洲軍武的能力，「會讓皇帝不僅看到貿易量增加百倍的可能性，更認識到與我們結盟的好處。」[45]他這番建言沒有白費。

使節團的團長正符合在華美僑人數不多且近親繁殖的特性，由麻州的聯邦眾議員凱萊布（Caleb Cushing）擔任。他與約翰的表哥顧盛有親戚關係。凱萊布非常清楚西方與中國的外交史，甚至帶上了一本馬戛爾尼勛爵的日記和埃利斯的阿美士德使華記，但他本身的出使任務必須讓美國有別於英國的先例。於是他未如馬戛爾尼那樣帶幾百箱產品去中國。他沒有帶巨大透鏡、熱汽球、玻璃架枝形吊燈或潛水鐘，也沒有帶工藝精細的錶或馬車。他帶的禮物平實許多，而且意義全然不同。他按照泰勒總統和韋伯斯特的指示且聽從約翰的建議，帶了武器。他帶了數枝「優良的美國」肯塔基步槍贈予道光帝，以及一批大小不一的六發左輪手槍；帶了一艘汽船戰艦的工作模型（「配備武器和帆桅索具」），還有一個完整的該船發動機模型；帶了槍炮學、防禦工事、造船與海軍戰略的相關書籍。[46]

中國看來已被英國人挫了銳氣，因此這位美國特使不必討好中國人。英王喬治三世寫給乾隆皇的信浮誇且用上了「萬萬歲」這樣的措辭，而一八四三年泰勒總統致道光帝的信則截然不同，充滿簡短的陳述句，宛如出於小學三年級生之手。「我希望你身體健康，」他告訴道光帝，「中國是偉大的帝國，版圖涵蓋地球很大的一部分。中國人口眾多。你有無數子民。」[47]介紹自己國家時，泰勒逐一列出美國二十六州的州名，並未進一步介紹。他表示希望兩國和平通商。最後他簽下「你的好友，約翰·泰勒」，結束此信。他沒有嘗試打動中國，但也不認為有此必要。凱萊布的禮物中沒有花了三十年才完成的巨大天象儀，但他前往中國時帶了一份世界地圖冊和一個小地球儀——韋伯斯特說，這兩項物品的用意是「讓天朝人瞭解他們不是『中央之國』」。[48]

凱萊布使華順利圓滿，這是頭一次有西方使團帶著在和平狀態下簽訂的條約離開中國。但任務成功的關鍵之一就在於其實沒有必要出使；凱萊布抵華時，道光帝已下諭准許美國人以和英國人一樣的條件在口岸通商。當年乾隆皇告訴馬戛爾尼不能賜予英國人通商特權，因為若是准了，那麼為了公平起見，他也得讓其他前來貿易的諸多國家享有同樣特權；事後看來，那並非搪塞之言。凱萊布同樣找來裨治文等三名美國傳教士當譯員，經過苦苦糾纏而得以和與英國人談定《南京條約》的欽差大臣進行一系列談判。

凱萊布是在澳門的一座廟裡與中方談判（他非常高興不用去北京，因為這樣就不必煩惱要不要叩頭）。他們談出的中美條約於一八四四年簽訂，名叫《望廈條約》。英國人靠打一場殘暴且打擊自己士氣的戰爭才爭取到一些特權，而美國人靠著締結此約就輕鬆得到其那些特權之中的大部分。但兩者還是有一些小差異，這也突顯了這支美國使團的不同之處。其中之一是凱萊布清楚同意從事鴉片買賣的美國人完全受中國法律管轄，美國政府不會出手保護。另一個差異是凱萊布談成一項允許美國人向中國老師合法學習中文的條款。[49] 洪任輝若地下有知，一定會很高興。

然而凱萊布談成的條約在近距離檢視下，或許讓人對中美建立較平等的關係充滿希望，但從宏觀的角度來看，就讓人有幾分難堪，因為若非先有鴉片戰爭，就不會簽訂此約。不過這樣的現象由來已久，因為在華美國人與其英國競爭對手始終處於寄生關係。十九世紀初期美國人在廣州的存在，對英國人來說並非全然有利無害——事實上，英國廢除東印度公司的壟斷權，開啟英國人在廣州自由貿易的時代，最終導致鴉片戰爭，主要原因之一就是美國人正逐步吃掉英國在中國市場的份額。但與此同時，英國也在無意間協助美國人開闢了讓其大展身手的空間，這個現象在鴉片戰爭期間最明顯——美國人從這場戰爭獲益如此之大，正是因為打仗的是英國而不是他們。所以他們不但戰時可以在毫無競爭對手的情況下貿易，並在戰後取得進入新口岸和新市場的權利，而且這場戰爭還給了他們大好機會，能在中國人面前塑造友善及愛好和平的西方強權形象，希望透過外交削弱英國人的勢力。後來這在十九世紀自成一個模式——美國人能基於道德理由譴責英國在華的侵略行徑，同時又從那些行徑獲得極大利益。基本上，英國人（和後來的法國人）在中國愈是好戰，美國人以中立者姿態得到的利益就愈大。英國人繼續做出美國人高聲痛斥的那些行為，對美國人最有利。

這一切對中國來說意味著什麼？在林則徐最志得意滿的一八三九年夏天——收繳的鴉片都已銷毀，但英國艦隊尚未抵華——他寫了封信給維多利亞女王。他在皇帝的批准之下寫這封信，而且信的內容大略仿照乾隆寫給英王喬治三世的信。維多利亞女王從未收到此信，但如果她正好有讀一八四〇年六月十一日的《泰晤士報》，或許就看過信的內容。有個民間商人帶了一份副本回倫敦，後來該報就刊出信的英譯版本。林則徐在信中痛斥維多利亞允許其子民在中國販賣鴉片。他說維多利亞此舉特別沒天良，因為在他的理解中，鴉片在英國境內遭禁，因為英國人「固明知鴉片之為害也」。他寫道，兩百年來令英國「所以富庶稱者」，全有賴於與中國「貿易之利」。而中國人賣給英國人的產品——茶葉、生絲等——「無一非利人之物」。事實上，那些產品不只利人，還是「外國所不可一日無」之物。因此他問道：「豈有反以毒物害華民之理？」[50]

這封信的道德論據無可挑剔，而且在任何時代都站得住腳。撇開林則徐對英國瞭解不足不談（例如英國國內並未禁食鴉片），維多利亞的子民把兩百年來有益世道且有利可圖的貿易搞成充斥毒物與貪婪的淵藪這個基本論點確實強而有力，在當時與今日都能引起強烈共鳴。他的信被英國反鴉片戰爭者翻印並廣為引用，也在日後使他幾乎永居中國歷史先賢之列，成為代表同胞挺身對抗英國帝國主義鴉片販子的道德代言人。就是這樣的林則徐，成為教科書裡的英雄，在中國受到緬懷；臺灣紀念他的冥誕，紐約市的唐人街則有一尊他的雕像聳立在花崗岩基座上，基座上以中文刻了「世界禁毒先驅林則徐」字樣。

但在他那個時代的中國，林則徐絕非民族英雄。對許多人——包括道光帝——來說，他令帝國蒙羞，以專橫心態和英國人打交道，挑起一場無謂且帶來重大破壞的沿海戰爭。他所追求的目標的確合乎公理正義，但撇開這點不談，上述看法也有幾分真實；如果他以別的手法處理廣州洋務，尤其是如果他對義律願意配合一事給予更大肯定，或許就能把鴉片打到不能翻身，同時又不致讓英國有開戰報復的理由。如果他的手法再靈活一丁點，中國的遭遇或許會好很多。

林則徐同僚對他的看法，大致認為他的錯不在沒收鴉片，而在中止合法貿易和把廣州所有洋人困在商館長達六星期。他們認為挑起戰爭的是這些行動，而非沒收鴉片本身。[51]這個觀點在另一邊也得到極大認同，因為若非「包圍」廣州，英國的製造商不會有損失，也就沒有立場遊說政府賠償。若不是林則徐揚言對英國子民施以暴力——即使只是嚇唬人——英國政府為發動名譽之戰（即小斯當東支持的那種戰爭）所提的薄弱理由，將不復存在。巴麥尊的開戰主張儘管因為有鴉片走私者涉入而令人反感，在國會還是勉強獲得通過；他和他的支持者不可能讓國會和民意同意只為了償付欠款給鴉片走私者而動武（儘管私底下那是他打此戰爭的主要理由）。義律所受的羞辱、林則徐揚言處決外國人、無預警長期中止合法貿易——這些都是鼓動民意支持戰爭所不可或缺的「離譜惡行」。若沒有它們，再多箱鴉片被沒收，再多民間走私者被搞到破產，鴉片戰爭都打不起來。

中國方面對此戰爭最著名的記述，出自魏源之手。他是地理學家和軍事史家，與林則徐在工作上關係密切。魏源欣賞林則徐，傾向於站在他那一邊，但他看待這場衝突時所抱持的道德立場，遠不如批評此戰的西方人那麼鮮明。在他看來，這本質上不是鴉片戰爭，而是以中國管理對外貿易的方式為癥結而引發的全面衝突，鴉片只是次要因素。他也認為此戰原本大可避免。據他的判斷，義律「非故意抗違也」。他指出義律早先時主動表示願幫忙想辦法禁絕鴉片走私買賣，但林則徐斷然拒絕（據魏源的說法，那是當時所犯下的大錯之一）。後來義律配合沒收鴉片，而且他儘管在九龍村民被殺之後不願交出他的手下，卻也懸賞試圖找出凶手。照魏源的描述，義律無意一戰。[52]

魏源知道英國人種種作為全是為了開放通商，而他對此大致支持。他與其他人一致認為廣州的正規貿易不該如此突然中止——畢竟那可用來強化國本。但對於林則徐的反煙作為，以及林則徐提議將廣州關稅收入轉用於改善當地防務，他特別表示讚賞。在魏源看來，這類改善措施是中國因應未來變局最需要的東西。

魏源接著主張，中國必須開始以西洋船炮武裝自己，儲備外國炮筒和火藥，口吻讓人想起拿破崙對其愛爾蘭醫生的示警之語：英國開戰只會喚醒中國，使其開始強化武力以報仇雪恥。魏源說，中國可以透過貿易換來軍火，或甚至讓洋人以軍火抵進口關稅，這會讓廣州每年數百萬兩銀子的關稅收入轉用於打造現代化的中國軍備。他寫道，藉由這些辦法，「不旋踵間西洋之長技盡成中國之長技」。廣州的水師和沿海防務一旦完全現代化，就可以往北在其他通商口岸推廣，一直到上海。他預言，這將「創中國千年水師未有之盛」。[53] 但中國政府要在許久以後才認真看待這些建議，而這對他的同胞而言相當不幸。

最後魏源提到，鴉片戰爭令他最感遺憾之處乃是中國未趁機中止鴉片進口。[54] 事實上，就鴉片貿易來說，戰爭一開打，沿海非法貿易就死灰復燃。在以茶葉和棉花為商品的英國合法貿易於廣州仍被禁之際，鴉片買賣很快就恢復到先前的規模。戰後道光帝一如往常，一再下諭要地方官員懲罰販賣與吸食鴉片者，但這些敕諭已不再和林則徐抵達廣州前的那幾年一樣有效。[55]官府執法不力，貪汙再度橫行，因鴉片罪被起訴者愈來愈少，最後在整個一八四〇年代，中國境內因違反鴉片禁令而受罰者似乎寥寥可數。[56]

巴麥尊和其支持者一再辯駁這場戰爭不是為了替鴉片貿易撐腰，但此戰的確對鴉片貿易大有幫助。戰後從印度出口的鴉片數量大多輸往中國，而輸出總數打破了原先的紀錄且持續創下新高——在一八四六年達到一年四萬箱，一八四九年達到五萬箱，一八五五年超過七萬箱。[57]拜鴉片戰爭之賜，鴉片貿易再度熱絡，就連旗昌洋行的美國人都回頭重操舊業賣起鴉片——證明他們很實際，並不是悲天憫人。另一方面，東印度公司於一八四三年併吞北印度的信德地區（今巴基斯坦的一部分），切斷了中印度自營生產商賴以將鴉片運到葡萄牙達曼、第烏兩港僅有的陸上通道，從而鞏固了英國對南亞次大陸鴉片出口的完全控制。不經英國人控制的口岸運輸鴉片實際上已不可能，於是東印度公司調高馬爾瓦鴉片的轉口稅，到一八四八年已整整調至原來的三倍多，以大幅增加該公司從非英國子民自營農民自行種植與生產之鴉片得到的收入。[58]英屬印度的財政因此更加倚賴鴉片。鴉片戰爭時，鴉片收入占孟加拉政府收入不到一成，一八五〇年代時已成長到將近占六分之一。[59]

在中國境內，鴉片買賣在戰爭結束後嚴格來講仍是祕密交易（儘管比以往更為普及），但到了一八五〇年代中期，面對太平天國農民勢力假借基督教外殼發起的大規模叛亂——這場叛亂令白蓮教亂看來只是茶壺裡之風暴——有些省政官員重提沉寂已久的鴉片弛禁問題，提議於國內課鴉片稅以協助籌措軍費。[60]戰後小斯當東繼續力促英國與鴉片斬斷瓜葛，還是徒勞無功，但一八五六年他坦承已沒必要再往這方面努力，因為當時鴉片買賣在中國已經實質合法。[61]這一實質合法的狀態在中國與英法打了另一場戰爭之後的一八五八年，變成了正式合法。該戰戰後，英國全權公使額爾金勛爵（Lord Elgin）簽署了一份針對輸入中國鴉片設定正式關稅的文件，並把此事視為他自身的一大汙點。但此時清帝國境內鴉片消費量的成長只受一個因素制約，那就是鴉片價格。為因應此現象，中國農民已開始種植罌粟，加工生產大量便宜的國產鴉片，以和來自印度而價格較高的鴉片一較高下。

隨著鴉片買賣在亞洲變得自由、合法且公開，印度與中國的本土商人著手支配此買賣，把長久以來擔任中間人的歐洲人排擠出去。到了一八七〇年代，印中兩地的鴉片貿易已牢牢掌握在本土商人手中，而十九世紀初期開啟印度鴉片出口中國事業的西方商行已經沒有多少油水可撈。鑑於利潤漸薄，渣甸洋行（這時由創辦人和其合夥人的許多侄子與其他後代經營）於一八七三年幾乎全面退出鴉片買賣，其他西方大商行也跟進。[62]與此同時，中國國內產量持續成長——最後高到從印度持續進口的鴉片都相形見絀。二十世紀開始時，中國國內自產的鴉片數量達到國外進口鴉片的十倍，廉價國產毒品充斥，造成迫切的公共衛生問題，其嚴重程度就連鴉片戰爭前的一八三〇年代最誇大的估計都無法相比。[63]鴉片弛禁的優點就別提了。

儘管英國國內的衛道人士極力促請政府與鴉片劃清界線，英國政府最終完全未著手降低英屬印度對鴉片收入的倚賴，或協助阻止中國境內鴉片消費量的成長。與此同時，清廷深陷官員貪汙的泥淖而無法自拔，繼續查禁乃至管制國內百姓吸食鴉片依然徒勞無功。但直到二十世紀為止，西方人都比中國人更加費心思索英國在此過程中的角色。一開始將這一戰斥為「鴉片戰爭」的是英語世界，而整個十九世紀期間，包含魏源在內的中國作家在提及此戰爭時，都只將它稱作邊界紛爭或涉外事件。在他們眼中，鴉片是國內問題，這場戰爭在浩瀚的中國軍事史上並不重要。一九一二年清朝覆滅之後，中國的史學家才開始把這場戰爭稱作「鴉片戰爭」；直到一九二〇年代，共和派宣傳人士才將它改為現今的樣貌，呈為建構中國民族主義的基石：英國在此戰爭中逼中國吞下鴉片，造成中國百年苦難的毀滅性開端。這一戰為抵抗西方帝國主義與打造未來新中國強化了同仇敵愾之心，中國近代史自此揭幕。

但結局非這樣不可嗎？這場戰爭長期促進鴉片貿易，所以被冠上「鴉片戰爭」之名很合理，但促進貿易是戰爭的後果，絕非其本意。事實上，這場戰爭爆發，讓晚近大增的非法印度鴉片貿易本有可能就此劃下句點，或至少受到嚴厲抑制——而且此時鴉片在中國仍是昂貴的奢侈品，在吸食鴉片者中國數億人口中只占了數十萬。中國與英國國內眾多在此事件中扮演要角的人，包括林則徐、魏源、義律、小斯當東這些背景各異的人士，都希望這場令人遺憾的戰爭能帶來一個正面結果，即把引發這場戰爭的鴉片買賣徹底根除。他們的希望最終未獲實現，但當初懷抱這個希望並非不切實際。

然而我們必須切記，這個時期以這種方式結束，其實大大出人意料，而且並非是什麼明確計畫刻意促成的。鴉片戰爭並非英國針對中國所制訂之長期帝國擴張計畫的一部分，而是讓英國突然背離了數十年來、甚至數百年來大抵和平且恭敬的慣例。鴉片戰爭也非肇因於什麼不可避免的文明衝突。整體來講，在廣州的洋人和中國人長期以來相處得很好，嚴重衝突是例外而非常態。一八三〇年代晚期走私生意轉向暴力的現象，以及因此挑起的戰爭，都是嚴重偏離過去常軌之舉。籠統來看，當沒有官府和海軍插手時，廣州是個大體上一派平和的文明輻輳之地與大大促進世界經濟發展的國際貿易重鎮。舊中國貿易那些較正向的層面，注定會被悲苦的鴉片戰爭記憶沖洗掉。

但如果當時義律未因恐慌而亂了陣腳，導致對林則徐的威脅反應過當；如果林則徐當時更樂於與義律合作，而非與義律對抗；如果他們基於共同利益而聯手控管英國的鴉片走私者；又或者如果一八四〇年四月十日凌晨，只要有五名下議院議員在表決時投下反對票——我們現在回顧的，或許會是大不相同的教訓。

結語：伍秉鑑與約翰·福貝斯

鴉片戰爭開打時，約翰·福貝斯人已不在中國。一八二〇年代他的兩個哥哥初次去廣州為舅舅做事，以及一八三〇年他追隨他們的腳步去廣州，都是因為在離家鄉較近的地方沒有類似機會。但帶著屬於自己的財產返回新英格蘭之後，他的心思離開了旗昌洋行，被吸引到新的方向。一八四〇年代，美國的西進拓荒潮已開始出現發展機會，那些機會在他舅舅於美國獨立革命後開始發船到中國時，根本還不存在。它們在約翰看來似乎「好過貿易，而且遠沒那麼叫人煩惱」——意思是不像廣州每況愈下的情勢那麼叫人煩惱。[1]

約翰還住在中國時，大罵哥哥羅伯特把錢投在鐵路上（「在微不足道的國家的一個微不足道的城市裡，出了一個微不足道的風頭」），但一八三〇年代晚期他回到麻州時，看出了鐵路的發展潛力。一八四三年，他已開始把在中國賺的錢投入美國鐵路債券，到了一八四六年，美國境內的鐵軌長度已有大約五千英里，他判定這個領域已成熟，於是投身這一行。他拿出二十萬銀圓買下中央鐵路的一成股份。這條鐵路始於底特律，當時只建成四分之一，被破產的密西根州政府以七折價賣掉。約翰光靠他從中國帶回國的個人資金，遠不足以做成這項投資，有了伍秉鑑交托給他的五十萬銀圓投資資金，他才得以辦到。[2]

約翰成為這條鐵路的董事長，不久後鐵路改名為密西根中央鐵路。鐵路全段建成後，會連接伊利湖和密西根湖。以此為起點，他接著成為美國在南北戰爭前的鐵路大亨之一，靠舊廣州貿易打下的基礎在美國賺到新財富。他投資保守但眼光獨到，雖然錯失了許多機會（例如他有機會以每英畝地一・二五銀圓的價格買下日後會成為芝加哥市區的一大片土地，但他把這機會拒於門外），但此後幾十年，他持有的土地和鐵路證券大增。他在麻州的米爾頓買地，建造了一座遼闊的莊園，過起鄉紳生活，種了兩萬棵樹，並開始把他的大家族遷過來。他買下瑪莎葡萄園島（Martha's Vineyard）旁邊七英里長的諾申島（Naushon），如今該島仍歸他的後代所有。他大舉投資新英格蘭地區的土地抵押和美國西部的鐵道車輛，也說過想要連結波士頓和密西西比河，還要建造中國第一條鐵路。[3]

在擴張其鐵路帝國的整個過程中，約翰繼續將伍秉鑑的錢投入那些他自己也投資的風險事業，實際上持續著他年僅十八歲時，伍秉鑑把茶葉掛在這個年輕人名下出口海外而與他在廣州初建立的合夥關係。兩人的合夥關係始終是非正式的，建立在信賴和親密的交情，而非合同之上。約翰做為伍秉鑑在美國之利益的代表，細心維護這份合夥精神。廣州貿易的主流是外國人全部從遙遠的母國搭船到中國做生意，廣州本地商人則坐鎮中央，哪兒也不去，讓世界圍著他們轉。但這兩人的合夥關係證明，資本若是朝著與廣州貿易主流相反的方向流動，也同樣可行；中國商人也能出錢參與正在成長的美國經濟。到了十九世紀下半葉約翰．約翰開始把錢還給伍秉鑑的繼承人時，這個行商在美國的投資已讓約翰成為美國鐵路證券的持有大戶，他的投資史猶如美國中西部的開拓史——芝加哥、伯靈頓與昆西鐵路；迪克森、皮奧里亞與漢尼拔鐵路；迦太基與伯靈頓鐵路；伊利諾大幹線鐵路；美國中央鐵路。[4]

但在一八四三年八月鴉片戰爭即將結束，以及約翰寫信給伍秉鑑之時，這些都還沒發生。在這封信中，他努力揣想這場戰爭會給他的老友帶來的影響。由於《南京條約》的關係，廣州體制會基本上瓦解。伍秉鑑的龐大家產來自長期以來身為行商，也就是壟斷廣州貿易中國一方生意的少數人之一，事業經營有成，但戰後英國人將能想與誰做生意就與誰做生意。伍秉鑑將因此喪失他在中國對外貿易裡所占據的中心地位，但約翰指出，這本身也是件好事。伍秉鑑長期以來夾在外商與中國官府之間無法脫身，有問題發生就被責怪，常被官府強索龐大的不樂之捐——以助政府平定白蓮教亂和剿滅海盜。近期行商幫忙籌付了廣州贖金，讓這座城免於在戰爭中遭英國人占領，伍秉鑑個人為此捐了超過一百萬銀圓。[5]他在這場戰爭中的損失，總數超過二百萬銀圓，以今日的經濟力換算相當於數十億美元。[6]但約翰這個他一手提拔且信任的年輕人，認識到這場戰爭的結束或許就是伍秉鑑解脫之時。

約翰告訴他，你該來美國。「如果公行制度中止，官員繼續向你強索錢財，除非你下定決心讓你和家人搭上我的船……來到我國，我看不出這樣的日子何時會停止。在我國，每個人都得分攤政府支出裡個人應分攤的一部分。」[7]沒有了廣州官府壓在他肩上的財政負擔，伍秉鑑能在平等社會裡當個自由人。如果嫌新英格蘭地區氣候太冷，讓一直在亞熱帶廣州生活的老中國商人住起來不舒服，約翰建議他可以考慮到佛羅里達買房地產，或者到「氣候舒適、花小錢就能買到像廣州城那麼大片土地」的加勒比海地區。在那裡，伍秉鑑可以自由過他想過的生活；他可以擁有符合自己要求的廣州。約翰說屆時他會樂於從麻州搭船南下去看他，或許每年冬天都去。

伍秉鑑於一八四三年九月四日過世，無緣收到這封信。

誌謝

身為歷史學家，我首先要感謝的是幫助過我的圖書館員、館長、檔案保管員，沒有他們的付出，此書不可能寫成。在此出書計畫裡給我幫助最大的，包括（未按任何順序編排）：蘇格蘭國家圖書館的Maria Castrillo；南安普敦大學檔案庫的Karen Robson與Mary Cockerill；史丹佛郡檔案局的Rebecca Jackson；劍橋大學圖書館手稿部門的John Wells；哈佛大學商學院貝克圖書館的Katherine Fox與Melissa Murphy；耶魯大學神學院圖書館的Martha Smalley、Joan Duffy與Kevin Crawford；拜內克古籍善本圖書館（Beinecke Rare Book）的Adrienne Sharp與June Can；麻塞諸塞歷史學會的Sabina Beauchard、Anna Cook與Thomas Lester；皮博迪埃塞克斯博物館（Peabody Essex Museum）的Tania Quartarone；以及福貝斯博物館的Susan Greendyke Lachevre。也要感謝Martin Barrow惠允使用劍橋大學的馬地臣檔案。

真是何其有幸，我開始撰寫馬吝相關章節的初稿時，能取得的馬吝生平原始資料非常有限且片斷，但倫敦皇家亞洲學會正好宣布他們在一家珍本書店發現了無人聞問的馬吝書信和日記，而且已經著手購買。我很感謝該學會的Ed Weech和Nancy Charley整理這些書信，使我很快就得以用上它們。

感謝Susanna Hoe幫助我找到她和Derek Roebuck所完成的義律書信打字稿，它們原本在蘇格蘭國家圖書館不知去向。我費力破解義律潦草至極的筆跡時，這份打字稿幫助極大。那是我所見過最潦草的筆跡之一，充分說明了義律當時脆弱的精神狀態。

我要衷心感謝內皮爾與艾特立克勛爵（Lord Napier and Ettrick）把他祖先，第九任內皮爾勛爵威廉・約翰（William John Napier），在一八三四年奉派到中國後所寫的日記和筆記供我一讀。也要感謝內皮爾宗親會的查理・內皮爾（Charlie Napier）把他手中另外幾份威廉・約翰・內皮爾從中國寄出的信件謄抄下來。在我為此書做研究期間，最讓我難忘或愉快的事，就屬九月上旬那個早上，我在現任內皮爾勛爵的劍橋郡住家，一邊吃著摘自花園的新鮮李子並看著窗外在牧草地上吃草的馬兒，一邊讀那些筆記。從筆記中可以清楚看到，威廉・約翰・內皮爾對自己命運的掌握，遠遠出乎我所料。但我還是要澄清，內皮爾宗族的良好名聲，不應因他擔任駐華商務總監這個不適合他的職位而受影響。

Tobie Meyer-Fong、John Delury、Heather Cox Richardson、Michael Berube與Jay Rathaus都費心校讀我的初稿並提供了修正和建議，大大改善了本書。若還有內容或風格上的缺陷，當然要歸咎於本人，但至少拜他們校讀之賜，缺陷減少了。

許多學者在本書之前所出版的著作，替本書打下強固的根基，從本書注釋應可清楚看出我對這些先進的由衷感激，但在此我要感謝提供意見和令我獲益良多的談話，以及審查了譯文和一路上幫助我找到原始資料的數人，尤其是Robert Bickers、Chuck Wooldridge、Timothy Alborn、John Darwin、Marian Rocco、Jeffrey Wasserstrom、Joel Wolfe、Melissa Macauley、Luna Lu、Janet Theiss、陸志鴻、Tobias Gregory以及段磊。還要感謝顧若鵬（Barak Kushner）在劍橋招待我，讓我得以一窺令人嚮往的劍橋大學教授生活。

我要感謝美國的美中關係全國委員會——尤其是白莉娟（Jan Berris）——與公共知識分子計畫的其他成員對我工作的長期鼓勵。任教於麻塞諸塞大學歷史系十餘年，讓我受益良多，我要感謝我的同事，尤其是Joye Bowman。她在我撰寫此書的幾年間是我們的系主任，不斷給我加油打氣。我也要感謝我們極優秀的東亞研究圖書館員Sharon Domier和人文藝術學院的院長Julie Hayes。

麻州佛羅倫斯村的寫作工坊提供了讓人心無旁騖且埋頭苦幹的工作場所，我就在這裡開始並完成此書的撰寫；感謝其他經營此類機構的人，使本書得以寫成。也要感謝Bread Euphoria、the Lady Killigrew、the Brass Buckle與Haymarket Café這些店家的職員，提供了美味咖啡和令人精神百倍的場所供我寫作和思考。

我很榮幸能與Knopf出版社的Andrew Miller再度合作；在現今這樣的時代，我很清楚能有一位編輯肯花這麼多時間和精力在出版的書籍上是何等幸運。Andrew鞭辟入裡的見解和對結構的高明掌握，助我在數度撰寫草稿期間塑造此書的面貌和去蕪存菁，若沒有他的幫忙，靠我一人之力絕不可能辦到。該出版社其他職員對此書的貢獻，一如以往令人激賞——尤其Zakiya Harris引導我走過製作過程中的許多波折，全程保持耐心和愉快心情。要大大感謝Lisa Montebello督導完成本書的製作，感謝Soonyoung Kwon設計內文和版面，感謝John Vorhees設計書衣。也要感謝Mapping Specialists公司的Paula Robbins和Terry Bush設計地圖。當然要感謝我了不起的經紀人Brettne Bloom從頭幫助我打造本書的風貌，一路走來堅定支持我，給我加油打氣。

家是讓我找到最佳靈感來源的地方。我兒子Eliot出生於我開始為本書做研究的時候；書終於要付印時，他正要學認字。我女兒Lucy和我的前一本書，也有同樣的對應關係。撇開我能否在不替他們增添一個手足的情況下再寫成一本書這問題不談，我要感謝這對姊弟帶給我的喜悅，讓我認識自己，給了我奮鬥目標。而若沒有我妻子Francie Lin，這一切都不可能發生，甚至沒有一點意義；她讓我的人生有了重心，走得平穩，使一切努力都值得。

Hughes (Boston: Houghton, Mifflin and Company, 1899), vol. 1, pp. 101, 118–19.

3. Larson, *Bonds of Enterprise,* pp. 21–24; Forbes, *Letters and Recollections,* vol. 1, pp. 105–6, 120.
4. John D. Wong, "Global Positioning: Houqua and his China Trade Partners in the Nineteenth Century" (Ph.D. dissertation, Harvard University, 2012), pp. 262–66.
5. Elma Loines, "Houqua, Sometime Chief of the Co-Hong at Canton (1769–1843)," *Essex Institute Historical Collections* 89, no. 2 (April 1953): 99–108, see p. 106.
6. 兩百萬銀圓這個數字：Houqua to Plowden, April 2, 1843, in Letterbook of Houqua (1840–1843), Massachusetts Historical Society.
7. John Murray Forbes to Houqua, August 5, 1843, in *Letters (supplementary) of John Murray Forbes,* ed. Sarah Forbes Hughes (Boston: George H. Ellis, 1905), vol. 1, pp. 45–47（把 "Co Hong" 改成 "Hong system"）。

June 11, 1840.

51. 魏源在《夷艘入寇記》(臺北：廣文書局，1974年，未注明日期之手稿的複印本)頁33，把這說成是「世俗」(普遍看法)。
52. 魏源，《夷艘入寇記》，頁6和31。
53. Ibid., p. 32.
54. Ibid., p. 33.
55. 朱維錚，《重讀近代史》(*Rereading Modern Chinese History*)，英譯本，Michael Dillon (Boston: Brill, 2015), p. 171.
56. John K. Fairbank, "The Legalization of the Opium Trade before the Treaties of 1858," *Chinese Social and Political Science Review* 17, no. 2 (July 1933): 215–63, see pp. 222–24.
57. "Tabular View of the Quantity of Opium Exported from Bengal and Bombay," *North-China Herald,* November 3, 1855.
58. Amar Farooqui, *Opium City: The Making of Early Victorian Bombay* (Gurgaon, India: Three Essays Collective, 2006), p. 39; J. Y. Wong, "British Annexation of Sind in 1843: An Economic Perspective," *Modern Asian Studies* 31, no. 2 (May 1997): 225–44.
59. Table in Wong, "British Annexation of Sind," p. 240.
60. Fairbank, "The Legalization of the Opium Trade," pp. 230–33.
61. George Thomas Staunton, *Memoirs of the Chief Incidents of the Public Life of Sir George Thomas Staunton, Bart.* (London: L. Booth, 1856，私人印行), p. 93.
62. Edward Le Fevour, *Western Enterprise in Late Ch'ing China: A Selective Survey of Jardine, Matheson and Company's Operations, 1842–1895* (Cambridge, MA: East Asia Research Center, Harvard University, 1968), p. 25.
63. Lin Man-houng(林滿紅), "Late Qing Perceptions of Native Opium," *Harvard Journal of Asiatic Studies* 64, no. 1 (June 2004): 117–44, see p. 120.

結語：伍秉鑑與約翰·福貝斯

1. John L. Larson, *Bonds of Enterprise: John Murray Forbes and Western Development in America's Railway Age* (Cambridge, MA: Harvard University Graduate School of Business Administration, 1984), p. 22.
2. John Murray Forbes, *Letters and Recollections of John Murray Forbes,* ed. Sarah Forbes

36. Howard Malcom, *Travels in South-Eastern Asia* (Boston: Gould, Kendall, and Lincoln, 1839), vol. 2, p. 160, quoted by Lord Ashley in debate on suppression of opium trade; see *Hansard,* HC Deb., April 4, 1843, vol. 68, c. 390.
37. John C. Calhoun, *Speeches of John C. Calhoun* (New York: Harper & Brothers, 1843), p. 389.
38. John Quincy Adams, "Lecture on the War with China, delivered before the Massachusetts Historical Society, December, 1841," *Chinese Repository,* vol. 11 (May 1842): 274–89, quotation on p. 288（把 "kotow" 改成 "kowtow"）。
39. Charles Francis Adams, ed., *Memoirs of John Quincy Adams* (Philadelphia: J. B. Lippincott, 1876), vol. 11, p. 30.
40. Ibid., p. 31.
41. Memoir of John Heard (typescript), Heard Family Business Records, vol. FP-4, p. 36, Baker Library, Harvard Business School.
42. "Merchants of the United States at Canton, China," rec' d January 9, 1840, House of Representatives, 26th Congress, 1st Session, Doc. no. 40.
43. 這位指揮官所接收指示的引文，出自 "Memorial of Lawrence Kearny, a Captain in the United States Navy," U.S. Senate, 35th Congress, 1st session, Mis. Doc. no. 207, pp. 34–35，轉引自 Norwood, "Trading in Liberty," p. 273.
44. John Murray Forbes, *Letters and Recollections of John Murray Forbes,* ed. Sarah Forbes Hughes (Boston: Houghton, Mifflin and Company, 1899), vol. 1, p. 115.
45. John Murray Forbes to Daniel Webster, April 29, 1843, in *Letters (supplementary) of John Murray Forbes,* ed. Sarah Forbes Hughes (Boston: George H. Ellis, 1905), vol. 1, pp. 40–41（把 "an hundred" 改成 "a hundred"）。
46. "List of Articles for the Legation to China," April 11, 1843, in Kenneth E. Shewmaker, ed., *The Papers of Daniel Webster; Diplomatic Papers, Volume 1: 1841–1843* (Hanover, NH: University Press of New England, 1983), p. 907.
47. William J. Donahue, "The Caleb Cushing Mission," *Modern Asian Studies* 16, no. 2 (1982): 193–216, see pp. 200–201.
48. "List of Articles for the Legation to China," April 11, 1843, in Shewmaker, *Papers of Daniel Webster,* pp. 907–10.
49. Donahue, "The Caleb Cushing Mission," pp. 202–16.
50. "China: The High Commissioner' s Second Letter to the Queen of England," *Times,*

Addiction, ed. Janet Brodie and Marc Redfield (Berkeley: University of California Press, 2002): 63–84. 這篇文章未掛德昆西之名刊行，但在David Masson, *The Collected Writings of Thomas De Quincey* (Edinburgh: Adam and Charles Black, 1890), vol. 14, footnote on p. 146，可找到他是本文作者的證據。

22. Thomas De Quincey, "Postscript on the China and the Opium Question," *Blackwood's Edinburgh Magazine* 47, no. 296 (June 1840): 847–53, quotation on p. 849.
23. De Quincey, "The Opium and the China Question," pp. 723, 728, 735, 738.
24. Grevel Lindop, "Quincey, Thomas Penson De (1785–1859)," *Oxford Dictionary of National Biography* (Oxford: Oxford University Press, 2004).
25. Charles Elliot, undated notes in his own defense, 1840s, Minto Papers, MS 21218, National Library of Scotland.
26. *Hansard,* HC Deb., April 4, 1843, vol. 68, c. 417.
27. *Hansard,* HC Deb., March 17, 1842, vol. 61, c. 786.
28. *Hansard,* HC Deb., April 4, 1843, vol. 68, cc. 453–57.
29. Richard J. Grace, *Opium and Empire: The Lives and Careers of William Jardine and James Matheson* (Montreal and Kingston: McGill-Queen's University Press, 2014), p. 299.
30. "Sir Jamsetjee Jeejeebhoy, the First Indian Knight," *Asiatic Journal and Monthly Miscellany,* vol. 38, new series (August 1842): 376.
31. Gyan Prakash, *Mumbai Fables: A History of an Enchanted City* (Princeton, NJ: Princeton University Press, 2010), pp. 37, 51.
32. *Rast Goftar,* April 17, 1859, as translated and quoted by Jesse Palsetia in "Merchant Charity and Public Identity Formation in Colonial India: The Case of Jamsetjee Jejeebhoy," *Journal of Asian and African Studies* 40, no. 3 (2005): 197–217, see pp. 199–200.
33. "English Outrage in China," *Youth's Companion* (Boston), March 26, 1841, p. 183, cited by Dael Norwood in "Trading in Liberty: The Politics of the American China Trade, c. 1784–1862" (Ph.D. dissertation, Princeton University, 2012), p. 255.
34. "China," *Liberator,* April 24 1840 (from the "Mer. Journal").
35. "Opium," *Liberator,* April 10, 1840（轉載自 *Boston Weekly Magazine,* March 28, 1840）.

Board of Control, extract, December 31, 1841, in *China. Return to two addresses of the Honourable The House of Commons, dated 3 August 1843*（一八四三年八月二十一日奉下議院的命令付印），p. 23；士兵數目詳情，也見同一出處的頁20– 24, 28, 32– 33。

13. 以 “At the present season . . .” 為開頭的聖誕節社論，*Times,* December 24, 1842.

14. 以 “We were scarcely aware of the pain we were inflicting . . .” 為開頭的社論，*Times,* November 28, 1842.

15. Capt. Granville G. Loch, *The Closing Events of the Campaign in China: The Operations in the Yang-tze kiang; and Treaty of Nanking* (London: John Murray, 1843), pp. 173–74.

16. Hobhouse to Auckland, September 22, 1839, in Broughton Correspondence, British Library, MSS EUR F.213.7, fol. 189; Hobhouse to Auckland, May 4, 1840, in ibid., fol. 342; Hobhouse to Auckland, June 4, 1840, in ibid., fol. 364; Henry St. George Tucker, as quoted in George Thomas Staunton, *Miscellaneous Notices Relating to China, and Our Commercial Intercourse with That Country,* 2nd ed., enlarged (London: John Murray, 1822– 50), p. 35; Glenn Melancon, “Honour in Opium? The British Declaration of War on China, 1839– 1840,” *International History Review* 21, no. 4 (December 1999): 855– 74.

17. 如同Lord Stanley在下議院所做的說明，「商人已收到警告，如果他們選擇違反中國法律，不管是把違禁品引入法定口岸，還是把任何貨物引入非法定口岸，都別指望得到英國政府的保護，定會受到中國法律的處罰。」*Hansard's Parliamentary Debates,* 3rd series (London: T. C. Hansard), HC Deb., February 10, 1844, vol. 72, c. 473.

18. Aberdeen to Pottinger, December 29, 1842, as quoted by Robert Peel in *Hansard,* HC Deb., April 4, 1843, vol. 68, c. 464.

19. 小斯當東關於消滅鴉片貿易的發言全文，在*Hansard,* HC Deb., April 4, 1843, vol. 68, cc. 411–24.

20. Lady Napier to Palmerston, March 12, 1840, Palmerston Papers, GC/NA/18, University of Southampton.

21. Thomas De Quincey, “The Opium and the China Question,” *Blackwood's Edinburgh Magazine* 47, no. 296 (June 1840): 717–38; Cannon Schmitt, “Narrating National Addictions: De Quincey, Opium, and Tea,” in *High Anxieties: Cultural Studies in*

17; Julia Lovell, *The Opium War: Drugs, Dreams, and the Making of China* (London: Picador, 2011), p. 162和書內多處；D. MacPherson, M.D., *Two Years in China. Narrative of the Chinese Expedition from its Formation in April, 1840, till April, 1842* (London: Saunders and Otley, 1842), pp. 230–31; Keith Stewart Mackenzie, *Narrative of the Second Campaign in China* (London: Richard Bentley, 1842), p. 28; Mark C. Elliott, "Bannerman and Townsman: Ethnic Tension in Nineteenth-Century Jiangnan," *Late Imperial China* 11, no. 1 (June 1990): 36–74.

3. Lovell, *Opium War,* p. 116.
4. As reported by Karl Gutzlaff, based on an uncited source, in *The Life of Taou-kwang, Late Emperor of China* (London: Smith, Elder and Co., 1852), p. 180.
5. W. H. Hall, *Narrative of the Voyages and Services of the Nemesis, from 1840 to 1843,* ed. W. D. Bernard (London: Henry Colburn, 1844), vol. 1, p. 334.
6. 貝青喬，〈咄咄吟〉，在齊思和等編，《鴉片戰爭》(上海：新知識出版社，1955)，第三冊，頁198。
7. 「黑壓壓」、「濺汙」: McPherson, *Two Years in China,* pp. 73, 74;「許多極野蠻的事」: Journal of Henry Norman, quoted in David McLean, "Surgeons of the Opium War: The Navy on the China Coast, 1840– 42," *English Historical Review* 121, no. 491 (April 2006): 487– 504, see p. 492; "our visitations" : Sir William Parker to Lord Minto, July 30, 1842, quoted in ibid., pp. 497– 98; "a war in which" : Charles Elliot to Earl of Aberdeen, January 25, 1842, Minto Papers, MS 21218, National Library of Scotland.
8. "Letter of Hyu- Ly (鴉片吸食者) to Captain Elliot" (轉載自 *Charivari*), *Times,* April 17, 1841.
9. 以 "While the public are abundantly convinced . . ." 為開頭的社論，*Times,* June 14, 1841.
10. Glenn Melancon, *Britain's China Policy and the Opium Crisis: Balancing Drugs, Violence and National Honour, 1833– 1840* (Aldershot, UK: Ashgate, 2003), p. 129.
11. Jonathan Parry, "Graham, Sir James Robert George, second baronet (1792– 1861)," *Oxford Dictionary of National Biography* (Oxford: Oxford University Press, 2004– 13).
12. 按照陸軍及殖民地大臣Lord Stanley的命令，新政府想要「增加用在中國沿海地區的兵力，為早早以萬鈞之勢打一場戰爭做好準備。」Lord Stanley to the

University of Southampton.

58. Palmerston to Elliot, November 4, 1839 (rec'd April 9, 1840), in *Papers Relating to China (Private and Confidential) 1839–40 and 1841,* p. 3, Minto Papers, MS 21216A, National Library of Scotland.
59. Palmerston to Plenipotentiaries, February 20, 1840, ibid., p. 9.
60. Charles Elliot to Lord Palmerston, July 20, 1842, Minto Papers, MS 21218, National Library of Scotland.
61. 為讓帕麥斯頓知道他會在談判時偏離他所收到的指示，義律寫信告訴帕麥斯頓，「如果我能不費一兵一卒就大有斬獲」，那麼與其「讓我國蒙受打一場遙遠戰爭的負擔……承受必然招來強烈恨意的後果」，還不如在取得小幅讓步後就此打住。Quoted in Lovell, *Opium War,* p. 129.
62. W. C. Costin, *Great Britain and China, 1833–1860* (Oxford: Clarendon Press, 1937), p. 87.
63. Palmerston to Elliot, private (draft), April 21, 1841, PRO FO 17/45/36–56, see fol. 43.
64. Palmerston to Elliot, private (draft), April 21, 1841, PRO FO 17/45/36–56.
65. Hobhouse, *Recollections of a Long Life,* vol. 6, p. 14；就連維多利亞女王都對義律的行為表示不解，寫信告訴她的舅舅，「要不是義律莫名其妙的行徑……完全違抗他所收到的指示，竭力取得他所能取得的最低條件，我們想要的或許都能如願。」Queen Victoria to Leopold, the King of the Belgians, April 13, 1841, in *The Letters of Queen Victoria* (New York: Longmans, Green, and Co., 1907), vol. 1, p. 329.
66. Elliot to his sister Emma Hislop, May 12, 1840, Minto Papers, MS 13135, National Library of Scotland.

十五、餘波蕩漾

1. John Horsley Mayo, *Medals and Decorations of the British Army and Navy* (Westminster: A. Constable, 1897), pp. 255–256; George Tancred, *Historical Record of Medals and Honorary Distinctions Conferred on the British Navy, Army & Auxiliary Forces from the Earliest Period* (London: Spink & Son, 1891), pp. 270–71. 有件原始紀念章的複製品，藏於Fitzwilliam Museum in Cambridge, England.
2. 茅海建，《天朝的崩潰：鴉片戰爭再研究》（北京：三聯書店，2012），頁416–

38. "Letter to Lord Palmerston," from the *Morning Post,* 轉載於 *Canton Register,* August 18, 1840.
39. "The Whigs and the Tories on the China Question," *Spectator,* April 4, 1840.
40. 以 "The House of Commons has been engaged . . ." 為開頭的社論，*Hampshire Advertiser,* April 11, 1840.
41. "News of the Week," *Spectator,* April 11, 1840.
42. *Hansard,* HL Deb., May 12, 1840, vol. 54, c. 26.
43. Ibid., c. 35.
44. "The Late Mr. Thomas Manning," *Friend of India,* July 30, 1840, 轉載於 *Asiatic Journal and Monthly Register,* vol. 33, new series (November 1840): 182–83.
45. "Thomas Manning, Esq.," *Gentleman's Magazine,* vol. 14, new series (July 1840): 97–100.
46. Jardine to Palmerston, October 27, 1839, Minto Papers, MS 12058, National Library of Scotland.
47. Palmerston to Admiralty (secret), November 4, 1839, UK National Archives, Public Record Office, Foreign Office records (hereafter PRO FO), 17/36/76.
48. Jardine to Palmerston, October 26, 1839, PRO FO 17/35/281–83.
49. Letter to editor, *Canton Register,* July 21, 1840.
50. Julia Lovell, *The Opium War: Drugs, Dreams, and the Making of China* (London: Picador, 2011), p. 110.
51. Rick Bowers, ed., "Lieutenant Charles Cameron' s Opium War Diary," *Journal of the Royal Asiatic Society Hong Kong Branch,* vol. 52 (2012): 29–61, see p. 37.
52. 道光二十年七月二十四日（1840年8月21日）敕諭，張馨保英譯，在 *Commissioner Lin and the Opium War* (New York: Norton, 1964), p. 212.
53. 琦善的奏摺，在齊思和等編，《鴉片戰爭》(上海：新知識出版社，1955)，第一冊，頁387。
54. Lord Jocelyn, *Six Months with the Chinese Expedition; or, Leaves from a Soldier's Note-book* (London: John Murray, 1841), p. 110.
55. Ibid., p. 116.
56. David Brown, *Palmerston: A Biography* (New Haven, CT: Yale University Press, 2010).
57. Palmerston to Elliot, January 24, 1840, Palmerston Papers, GC/EL/29/1-2,

18. 格雷姆的發言全文，在*Hansard's Parliamentary Debates,* 3rd series (London: T. C. Hansard), HC Deb., April 7, 1840, vol. 53, cc. 669–704.
19. 一八四〇年五月十五日財政大臣向下議院報告，政府來年歲入會是四六七〇萬英鎊，支出會是四九四〇萬英鎊，赤字將近三百萬英鎊。見*Hansard,* HC Deb., May 15, 1840, vol. 54, c. 130；一八四〇年九月一日的*Canton Register*也報導了此消息。
20. *Hansard,* HC Deb., April 9, 1840, vol. 53, cc. 925–48.
21. Letter to the editor of the *Morning Post,* April 31, 1839, 轉載於一八四〇年八月十八日的*Canton Register.*
22. *Hansard,* HC Deb., April 8, 1840, vol. 53, c. 829.
23. Ibid., c. 828.
24. *Hansard,* HC Deb., April 9, 1840, vol. 53, c. 856.
25. *Hansard,* HC Deb., April 7, 1840, vol. 53, c. 694, and April 8, 1840, vol. 53, c. 775.
26. *Hansard,* HC Deb., April 7, 1840, vol. 53, c. 737.
27. *Hansard,* HC Deb., April 8, 1840, vol. 53, c. 836.
28. 「我非常憂心」: Roy Jenkins, *Gladstone* (New York: Random House, 1997), p. 60; 格萊斯頓發言全文，在*Hansard,* HC Deb., April 8, 1840, vol. 53, cc. 800–825.
29. 當時某報描述，內皮爾「這個皇家海軍上校，和歷來憑藉高貴出身弄到一官半職的人一樣魯莽、無知、專橫、帶有偏見。」見 "Narrative of the events which led to the steps taken by the Chinese government for the suppression of the opium-trade," *Colonial Gazette,* 轉載於*Spectator,* March 28, 1840.
30. "The Chinese Question," *Times,* January 27, 1840.
31. *Hansard,* HC Deb., April 7, 1840, vol. 53, cc. 675, 676.
32. *Hansard,* HC Deb., March 24, 1840, vol. 53, c. 8.
33. John Cam Hobhouse, Baron Broughton, *Recollections of a Long Life, by Lord Broughton (John Cam Hobhouse),* ed. Lady Dorchester (London: John Murray, 1911), vol. 5, p. 257.
34. 小斯當東的發言，在*Hansard,* HC Deb., April 7, 1840, vol. 53, cc. 738–45.
35. George Thomas Staunton, *Memoirs of the Chief Incidents of the Public Life of Sir George Thomas Staunton, Bart.* (London: L. Booth, 1856，私人印行), pp. 88–90.
36. "News of the Week," *Spectator,* April 11, 1840.
37. "Sir James Graham' s Motion," *Manchester Courier,* April 11, 1840.

遭死刑伺候之事。《林則徐全集》，第九冊，日記，頁396，398。

3. Elliot to Palmerston, August 27, 1839, in *Correspondence relating to China. Presented to both Houses of Parliament, by Command of Her Majesty, 1840* (London: T. R. Harrison, 1840), p. 434; Astell, Braine et al. to Elliot, August 25, 1839, in ibid., p. 436.
4. 林則徐一八三九年八月三十一日的宣告，馬禮遜譯成英文，在 *Correspondence relating to China* (1840), p. 456.
5. *British Opium Trade with China*，是一本會轉載《里茲信使報》複印報導的小冊子, 1839–40 (Birmingham, UK: B. Hudson, n.d.), pp. 3–4.
6. Anna Stoddart, *Elizabeth Pease Nichol* (London: J. M. Dent, 1899), p. 93.
7. "The Opium Question," *Northern Star,* February 22, 1840.
8. "The 'Shopkeepers;' Their 'Profit' and Our 'Loss,' " *Northern Star,* January 18, 1840（把 "principal" 改成 "principle"）。
9. T. H. Bullock, *The Chinese Vindicated, or Another View of the Opium Question* (London: Wm. H. Allen and Co., 1840), pp. 111–16.
10. 以 "The war against China . . ." 為開頭的社論，*Times,* March 23, 1840.
11. 以 "The reckless negligence and gross incapacity of the Queen' s Ministers . . ." 為開頭的社論，*Times,* April 7, 1840.
12. *Mirror of Parliament* for 1840, vols. 1–4，列出許多這類請願書。
13. "The Opium War," *Spectator,* March 28, 1840; "The Opium War," *Northern Star,* April 4, 1840; "Opium War with China," *Times,* April 25, 1840.
14. "The Opium Trade and War," *Eclectic Review,* vol. 7 (June 1840): 699–725, quotation on pp. 709–10.
15. "The Opium War," *Spectator,* March 28, 1840.
16. 《泰晤士報》顯然就是如此解讀此事：他們站在格雷姆這一邊，寫道「如果與中國交戰之事未遭阻止，如果不讓使我們走上這條路的那些罪人失勢、解除他們的權力，這場中國紛爭只會是我們未來會遭遇的多不勝數的苦難裡小小一樁而已。」見以 "The reckless negligence . . . " 為開頭的社論，*Times,* April 7, 1840.
17. 就在這場辯論開始之後幾星期，新（現今）下議院議事廳奠基。對臨時議場的描述，來自 from T. H. S. Escott, *Gentlemen of the House of Commons* (London: Hurst and Blackett, Ltd., 1902), vol. 2, pp. 303–4.

80. London petition: PRO FO 17/35/109–10. Bristol petition: PRO FO 17/35/190–91.
81. 這些請願書分散在PRO FO 17/35各處；曼徹斯特資料，位在PRO FO 17/35/102.
82. 引文來自Manchester petition (PRO FO 17/35/104–5), the Blackburn, Lancashire, petition (PRO FO 17/35/188–89), and the Leeds petition (PRO FO 17/35/120–21).
83. 渣甸在寫給馬地臣的信中抱怨「（這裡）許多人贊成什麼都不要做；他們非常愚蠢的把侮辱、暴力與這項非法貿易混為一談，贊成繼續不吭聲、忍受侮辱、不要付鴉片錢。」Jardine to Matheson, September 25, 1839, quoted in Melancon, *Britain's China Policy and the Opium Crisis,* p. 102.
84. Editorial beginning "Proceeding with our view of the 'opium question,' " *Times,* October 23, 1839.
85. George Macartney, *An Embassy to China: Being the Journal Kept by Lord Macartney during His Embassy to the Emperor Ch'ien-lung, 1793–1794,* ed. J. L. Cranmer-Byng (Hamden, CT: Archon Books, 1963), p. 211.
86. David Brown, *Palmerston: A Biography* (New Haven, CT: Yale University Press, 2010), pp. 217–25; Grace, *Opium and Empire,* p. 248.
87. Lord Broughton diary, entry for October 1, 1839, British Library, Add. MS 56561.
88. Draper, *The Price of Emancipation,* pp. 106–8.
89. Lord Broughton diary, entries for September 30–October 1, 1839, British Library, Add. MS 56561.
90. Broughton diary, entry for October 1, 1839.
91. John Cam Hobhouse, Baron Broughton, *Recollections of a Long Life, by Lord Broughton (John Cam Hobhouse),* ed. Lady Dorchester (London: John Murray, 1911), vol. 5, p. 229.

十四、意志與命運

1. William C. Hunter, *The 'Fan Kwae' at Canton before Treaty Days, 1825–1844* (London: Kegan Paul, Trench & Co., 1882), pp. 89–90.
2. 林則徐道光十九年五月二十六日（1839年7月6日）日記，記載了收到新規定之事。道光十九年六月九日（1839年7月19日）的日記，記載了外國販子會

68. Elliot to Palmerston (secret), April 3, 1839. PRO FO 17/31/113–17.
69. Elliot to his wife, Clara, April 4, 1839, Minto Papers, MS 13140, National Library of Scotland（把 "Peking" 改成 "Beijing"）。
70. 送交鴉片之事記載於林則徐一八三九年四月、五月的日記裡，《林則徐全集》，第九冊，日記，頁386-91。
71. Robert Inglis的證詞，在*Report from the Select Committee on the Trade with China* (1840), p. 26.
72. James Matheson to Jamsetjee Jeejeebhoy, May 3, 1839, Matheson private letterbook, JM C5/4, Jardine Matheson Archive.
73. 皇上收回成命一事，記載於林則徐道光十九年四月十三至十八日（1839年5月25日至30日）的日記裡，《林則徐全集》，第九冊，日記，頁392。
74. 林則徐在道光十九年五月二十五日（1839年7月5日）的奏摺中描述了這個過程，《林則徐全集》，第三冊，奏摺，頁160。在場目睹銷毀的裨治文，其對銷毀場所的描述，刊於*Chinese Repository* 8, no. 2 (June 1839): 70–77. 林則徐祭告海神之事，記載於他道光十九年四月二十日（1839年6月1日）的日記裡，《林則徐全集》，第九冊，日記，頁392。
75. Letter extract enclosed in John Abel Smith to Palmerston, August 18, 1839, in PRO FO 17/35/14–17.
76. 馬地臣一八三九年四月四日寫給史密斯的信，記載於馬地臣的私人書信冊（Matheson' s private letterbook）, JM C5/4. 書信冊只概述了此封信的內容，但說此信和同一天寫給孟買吉吉博伊那封被全文記錄下來的信幾乎一模一樣，而給吉吉博伊這封信含有史密斯給帕麥斯頓那份看來匿名的摘要一模一樣的用語。
77. James Matheson to Jamsetjee Jeejeebhoy, April 4, 1839, Matheson private letterbook, JM C5/4, Jardine Matheson Archive.
78. *Canton Register,* July 21, 1840.
79. 得知廣州發生繳交鴉片之事時，奧克蘭寫道，「關於印度，眼下我們必須把鴉片收入看成是泡湯了。」他接著寫道，「這會令我們損失慘重，但……我始終對印度日益增長的資源很有信心，對於我們的財務前景，我仍看好。」Auckland to Hobhouse, June 6, 1839, quoted in Glenn Melancon, *Britain's China Policy and the Opium Crisis: Balancing Drugs, Violence and National Honour, 1833–1840* (Aldershot, UK: Ashgate, 2003), p. 99.

54. Robert Bennet Forbes to Rose Forbes, January 31, 1840, in *Letters from China,* p. 205.
55. Elliot to Palmerston, March 30, 1839 (rec' d August 29, 1839), *Correspondence relating to China* (1840), p. 357.
56. Nicholas Draper, *The Price of Emancipation: Slave-Ownership, Compensation and British Society at the End of Slavery* (Cambridge: Cambridge University Press, 2010), pp. 75–113.
57. Slade, *Narrative,* p. 46.
58. "Remarks on the Opium Question," *Chinese Repository* 8, no. 3 (July 1839): 120.
59. Samuel Warren, *The Opium Question* (London: James Ridgway, 1840), p. 92.
60. 就連當時人在美國的約翰·福貝斯都認為英國未來在華的貿易不會包含鴉片，隨之擔心銀塊重新流入中國對美國會有的影響。John Murray Forbes to Robert Bennet Forbes, December 20, 1839, Forbes Family Business Records, vol. F-8, p. 50, Baker Library, Harvard Business School.
61. Elliot to Palmerston, April 6, 1839, in *Correspondence relating to China* (1840), p. 386. 誠如義律私下向其姊姊解釋的，「我很清楚鴉片理由站不住腳，因此提議為了和平和正規貿易的遂行，應完全放棄它」：Elliot to his sister Emma Hislop, February 23, 1840, Minto Papers, MS 13135, National Library of Scotland.
62. Elliot to Palmerston, July 18, 1839, in *Correspondence relating to China* (1840), p. 431.
63. 茅海建，《天朝的崩潰：鴉片戰爭再研究》（北京：三聯書店，2012），頁92-93。琦善已沒收了十三萬兩銀子的鴉片。一箱鴉片含有未加工鴉片約一百斤，也就是一千六百兩（加工後會得到約八百兩煙膏）。
64. 茅海建，《天朝的崩潰》，頁103。鄧廷楨沒收了約四十六萬兩的煙膏，相當於七百七十六箱生鴉片。
65. 林則徐道光十九年二月二十九日（1839年4月12日）奏摺，在《林則徐全集》，第三冊，奏摺，頁131-34。
66. A. A. Low letter to Harriet Low, April 17, 1839, in Loines, *China Trade Post-Bag,* p. 71.
67. 林則徐道光十九年二月二十九日（1839年4月12日）奏摺；他具體建議每箱一三三磅重的鴉片以五斤茶葉（將近七磅）賠償。在正常情況下，鴉片的價錢比同樣重量的茶葉貴至少九倍。

349.

40. 一八三九年五月一日馬地臣寫給渣甸的一封信，描述了他來到的情景，Matheson private letterbook, JM C5/4, Jardine Matheson Archive. 劍的細節來自A. A. Low' s letter in Loines, *China Trade Post-Bag,* p. 69.
41. 義律的通知和他後來的非正式評論，在Slade, *Narrative,* pp. 53–54.
42. Slade, *Narrative,* p. 54 (exclamation point added in place of period, based on his having "exclaimed" this phrase according to Slade).
43. 林則徐在報告繳交鴉片一事的一八三九年四月十二日奏摺中，提到封鎖廣州之事，說過去碰到這類情況，即如此處理。見《林則徐全集》，第三冊，奏摺，頁132。
44. 林則徐道光十九年二月二十九日（1839年4月12日）奏摺，在《林則徐全集》，第三冊，奏摺，頁131-34，見132。
45. W. C. Hunter, "Journal of Occurrances at Canton, during the Cessation of Trade at Canton, 1839," ed. E. W. Ellsworth, *Journal of the Royal Asiatic Society Hong Kong Branch,* vol. 4 (1964): 9–36, see p. 15.
46. Robert Inglis的證詞，在*Report from the Select Committee on the Trade with China* (1840), p. 22; Grace, *Opium and Empire,* p. 236.
47. Robert Bennet Forbes, *Remarks on China and the China Trade* (Boston: Samuel N. Dickinson, 1844), p. 49.
48. Robert Bennet Forbes, *Personal Reminiscences* (Boston: Little, Brown, 1882), p. 147; Robert Bennet Forbes to Rose Forbes, March 25, 1839, in *Letters from China,* p. 111; 米布丁：Robert Bennet Forbes to Rose Forbes, March 29, 1839, in ibid., p. 113.
49. Robert Inglis的證詞，在*Report from the Select Committee on the Trade with China* (1840), pp. 7–9.
50. Ibid., pp. 14–15.
51. Matheson to Middleton, April 9, 1839, Matheson private letterbook, JM C5/4, Jardine Matheson Archive.
52. "Private Correspondence," *Times,* November 1, 1839.（「海軍上校義律的鴉片交付收據已出現在加爾各答貨幣市場，掛名『鴉片收據』，而且最近已有某些收據透過公開拍賣以三五五盧比的價錢賣出。」）
53. *Canton Register,* March 26, 1839（出刊延到三月二十七日）。

Queen' s University Press, 2014), pp. 224–26; Robert Bennet Forbes to Rose Forbes, January 25, 1839, in *Letters from China*, pp. 87–90.

26. 雷瑨，〈蓉城閒話〉，在齊思和等編，《鴉片戰爭》(上海：新知識出版社，1955)，第一冊，頁314。
27. 龔自珍，〈送欽差大臣侯官林公序〉，在胡秋原編，《近代中國對西方及列強認識資料彙編》(臺北：中央研究院近代史研究所，1972)，第一冊，頁824–25。
28. 林則徐在一八三九年二月十五日和前後日子的日記裡，記載了這個日子和當天的天氣，《林則徐全集》，第九冊，日記，頁375。
29. 包世臣，〈致前四川督部蘇公書〉，在《安吳四種》(出版地不詳，1888)，卷三十五，頁24b。
30. Testimony of Capt.Thacker, *Report from the Select Committee on the Trade with China* (1840), p. 60.
31. Matheson to Henderson, February 13, 1839, and Matheson to Chas. Smith, February 11, 1839, both in Matheson private letterbook, JM C5/3, Jardine Matheson Archive.
32. 林則徐，〈曉諭粵省士商軍民人等速戒鴉片告示稿〉，在《林則徐全集》，第五冊，文錄，頁107。
33. Chang Hsin-pao(張馨保), *Commissioner Lin and the Opium War* (New York: Norton, 1964), p. 129.
34. Robert Bennet Forbes to Rose Forbes, March 11, 1839, in *Letters from China,* p. 105.
35. 會議紀錄在John Slade, *Narrative of the Late Proceedings and Events in China* (Canton: Canton Register Press, 1839), pp. 42–46. 當時人在該地的美國人Abiel Abbot Low說，每個人都知道不必把林則徐的命令太當一回事；見lma Loines, *The China Trade Post-Bag of the Seth Low Family of Salem and New York, 1829–1873* (Manchester, ME: Falmouth Publishing House, 1953), pp. 68–69.
36. Abiel Abbot Low to Harriet Low, April 17, 1839, in Loines, *China Trade Post-Bag,* p. 68; also Slade, *Narrative,* p. 49.
37. Robert Bennet Forbes to Rose Forbes, March 25, 1839, in *Letters from China,* p. 109.
38. Ibid., p. 110.
39. Elliot to Palmerston, March 22, 1839, in *Correspondence relating to China* (1840), p.

11. Capt. Elliot to the Governor of Canton, December 23, 1838, in ibid., p. 333.
12. Matheson to James A. Stewart-Mackenzie（時任錫蘭行政長官），January 26, 1839. Matheson private letterbook, JM C5/3, Jardine Matheson Archive, Cambridge University.
13. *Canton Register,* December 18, 1838.
14. *Canton Register,* December 25, 1838.
15. Robert Bennet Forbes to Rose Forbes, December 20, 1838, in Forbes, *Letters from China,* p. 77.
16. Robert Bennet Forbes to Rose Forbes, December 2, 1838, in ibid., pp. 72–73.
17. Robert Bennet Forbes to Samuel Russell, January 12, 1839, cited in He Sibing, "Russell and Company, 1818–1891: America' s Trade and Diplomacy in Nineteenth-Century China" (Ph.D. dissertation, Miami University, Ohio, 1997), p. 108.
18. Robert Bennet Forbes to Rose Forbes, February 27, 1839, in Forbes, *Letters from China,* pp. 98–99.
19. Jacques Downs, "American Merchants and the Opium Trade, 1800–1840," *Business History Review* 42, no. 4 (Winter 1968): 418–42, see p. 441.
20. 一八三八年三月二十日渣甸寫給A. Thomson的信，提到渣甸打算於一月離開之事；Jardine private letterbook, JM C4/7, Jardine Matheson Archive. 鄧廷楨會呈給皇上一份私心甚重的報告，說掌管大部分外國鴉片船的渣甸已回國，因為害怕鄧廷楨取締走私。見林則徐證實渣甸已離去的道光十九年三月二十一日（1839年5月4日）奏摺，在《林則徐全集》，茅林立等編（福州：海峽文藝出版社，2002），第三冊，奏摺，頁139-40。
21. *Canton Register,* January 29, 1839.
22. Elliot letter of introduction to Palmerston for William Jardine, January 26, 1839, UK National Archives, Public Record Office, Foreign Office records (hereafter PRO FO), PRO FO 17/30/236–37.
23. "Public Dinner to Mr. Jardine, on the occasion of his departure for Europe," *Canton Register,* January 29, 1839.
24. Robert Bennet Forbes to Rose Forbes, January 25, 1839, in *Letters from China,* p. 88.
25. *Canton Register,* January 29, 1839; Richard J. Grace, *Opium and Empire: The Lives and Careers of William Jardine and James Matheson* (Montreal and Kingston: McGill-

2. 一八三八年四月，義律報告，「過去兩個月，用於伶仃島、廣州之間非法買賣的英格蘭船隻大增，那些船在運送鴉片時常與官府緝私船發生駁火衝突。」Elliot to Palmerston, April 1, 1838, in *Correspondence relating to China. Presented to both Houses of Parliament, by Command of Her Majesty, 1840* (London: T. R. Harrison, 1840), p. 299.
3. Palmerston to Elliot, March 23, 1839, in ibid., pp. 317–18.
4. 例如義律相信如果中國朝廷向國內吸食者施壓的力度，只要保持在跟林則徐到來之前一樣，英國鴉片商「將已經大規模垮掉」。屆時就沒有理由動武。義律替其在華行為辯護的筆記，未注明日期，Minto Papers, MS 21218, National Library of Scotland. 附帶一提的，渣甸等人後來會說當時唯一順利的鴉片買賣，乃是鄧廷楨的自己人在珠江做的買賣，但沒有證據顯示鄧廷楨涉入。見渣甸證詞，在 *Report from the Select Committee on the Trade with China* (1840), p. 101.
5. Jardine to Capt. Jauncey, December 10, 1838, Jardine private letterbook, JM C4/7, Jardine Matheson Archive, Cambridge University.
6. John Slade, *Narrative of the Late Proceedings and Events in China* (Canton: Canton Register Press, 1839), p. 3A–3C; Elliot to Palmerston, December 13, 1838, in *Correspondence relating to China* (1840), p. 324; Robert Forbes to Rose Forbes, December 18, 1838, in *Letters from China: The Canton-Boston Correspondence of Robert Bennet Forbes, 1838–1840,* ed. Phyllis Forbes Kerr (Mystic, CT: Mystic Seaport Museum, 1996), p. 76; William C. Hunter, *The 'Fan Kwae' at Canton before Treaty Days, 1825–1844* (London: Kegan Paul, Trench & Co., 1882), pp. 73–77（日期不對）; *Canton Register,* "Extra" of December 13, 1838.
7. Palmerston to Elliot, April 15, 1839, in *Correspondence relating to China* (1840), p. 325.
8. "To the editor of the Canton Press," *Canton Press,* February 27, 1839, in *Canton Press: Communications and Notes Relating to Chinese Customs, 1826–1840* (n.p.: 1826–40), p. 55.
9. Elliot to Palmerston, January 2, 1839, in *Correspondence relating to China* (1840), pp. 326–329.
10. "Public Notice to Her Majesty' s Subjects," December 18, 1839, in ibid., pp. 332–33.

43. *Hansard,* HC Deb., July 28, 1838, vol. 44, c. 745；聽眾的反應，依據一八三八年十二月十一日*Canton Register*的報導。
44. Elliot to Palmerston, January 2, 1839, in *Correspondence relating to China* (1840), p. 342.
45. 黃爵滋道光十八年閏四月十日（1838年6月2日）奏摺，在《鴉片戰爭檔案史料》，第一冊，頁254–57，引文在頁255。
46. Ibid., p. 256.
47. 楊國楨，《林則徐傳》（北京：人民出版社，1995），頁197。
48. 茅海建，《天朝的崩潰：鴉片戰爭再研究》（北京：三聯書店，2012），頁94。
49. 〈戒煙方〉，林則徐道光十八年五月十九日（1838年7月10）〈籌議嚴禁鴉片章程摺〉的附件，在《鴉片戰爭檔案史料》，第一冊，頁274–77。這份奏摺亦在該冊書籍裡，頁270–74。諷刺的是，據晚近某歷史學家的說法，用於其中許多處方的鴉片灰，基本上已被加工成海洛英，因此如此治療反使毒癮加重許多。見朱維錚，《重讀近代史》（*Rereading Modern Chinese History*），英譯本，Michael Dillon (Boston: Brill, 2015), p. 172.
50. 楊國楨，《林則徐傳》，頁195。
51. 林則徐道光八年八月二日（1838年9月20日）奏摺，在《林則徐全集》，茅林立等編（福州：海峽文藝出版社，2002），第三冊，奏摺，頁76-79，引文在頁79。英譯文來自P. C. Kuo, *A Critical Study of the Anglo-Chinese War, with Documents*（臺北：成文出版社，1970），頁85。
52. 戴學稷編，《鴉片戰爭人物傳》（福州：福建教育出版社，1985），頁32。
53. 茅海建，《天朝的崩潰》，頁92–93。
54. 從一八三八年十二月二十七日到一八三九年一月三日（道光十八年十一月十一日到道光十八年十一月十八日）的林則徐日記，在《林則徐全集》，第九冊，日記，頁363–64。
55. Chang Hsin-pao（張馨保）, *Commissioner Lin and the Opium War* (New York: Norton, 1964), p. 120.

十三、攤牌

1. Robert Inglis的證詞，在*Report from the Select Committee on the Trade with China; together with the Minutes of Evidence taken before Them*（一八四〇年六月五日奉下議院命令付印），頁17–18。

26. Forbes, *Reminiscences of John Murray Forbes,* vol. 1, pp. 245–47. 十萬銀圓這個數字來自一八三六年六月十九日約翰・福貝斯寫給羅伯特・福貝斯的信，Forbes Family Papers, Massachusetts Historical Society. 伍秉鑑的五十萬銀圓：*Reminiscences of John Murray Forbes,* vol. 1, p. 273.
27. 吳義雄，〈鄧廷楨與廣東禁煙問題〉，《近代史研究》(二〇〇八年第五期)：頁37–55，見頁41。
28. Jardine to Capt. Rees on the *Austen,* April 25, 1837, Jardine private letterbook, JM C4/6, Jardine Matheson Archive, Cambridge University.
29. Jardine to Jamsetjee Jeejeebhoy, November 27, 1837, Jardine private letterbook, JM C4/6.
30. Jardine to Jamsetjee Jeejeebhoy, January 8, 1838, Jardine private letterbook, JM C4/6.
31. Jardine to H. Fawcett in Bombay, February 21, 1838, Jardine private letterbook, JM C4/7.
32. Extract of letter from Charles Elliot to George Lenox-Conygnham, June 12, 1837, PRO FO 17/28/269–70.
33. Elliot to Palmerston, November 19, 1837, in *Correspondence relating to China* (1840), pp. 241–42.
34. Elliot to Palmerston, November 18, 1837, in ibid., p. 233.
35. Elliot to Palmerston, November 19, 1837, in ibid., p. 242.
36. Ibid., p. 245.
37. Palmerston to Elliot, June 15, 1838, in ibid., p. 258.
38. A draft of the China Courts Bill is in PRO FO 17/28/48–49.
39. Staunton to Palmerston, May 3, 1838, Palmerston Papers, GC/ST/36, University of Southampton.
40. Staunton to Palmerston, June 10, 1838, Palmerston Papers, GC/ST/37; Palmerston to Staunton, June 10, 1838, Palmerston Papers, GC/ST/46.
41. 他向帕麥斯頓私下透露，「我未忘記五年前我所遭遇不足法定出席人數而宣告休會之事，如今比那時更不願向無心聆聽的聽眾講話。」Staunton to Palmerston, June 12, 1838. Palmerston Papers, GC/ST/38.
42. *Hansard's Parliamentary Debates,* 3rd series (London: T. C. Hansard), HC Deb., July 28, 1838, vol. 44, c. 744.

13. Elliot to Palmerston, January 25, 1836 (rec'd June 6, 1836), PRO FO 17/15/3–7, quotation on fol. 5.
14. Elliot to Palmerston, February 2, 1837 (rec'd Jul. 17, 1837), in *Correspondence relating to China* (1840), p. 153.
15. PRO FO 17/24 is fully dedicated to Gutzlaff's reports from 1835 to 1837.
16. "Remarks on the Opium Trade with China," *Chinese Repository* 5, no. 6 (November 1836): 300.
17. 他曾寫信告訴帕麥斯頓，「如果我的個人感受無足輕重……我或許可以公正地說，無人可比簽署這份報告的卑微個人，更加痛惡這一強加於中國沿海的貿易所帶來的恥辱和罪惡。」他覺得「這和在海上劫掠沒有差別」。Elliot to Palmerston, November 16, 1839, in *Additional Papers Relating to China. Presented to both Houses of Parliament by Command of Her Majesty, 1840* (London: T. R. Harrison, 1840), pp. 3–5, quotation on p. 5.
18. Elliot to Palmerston, February 21, 1837, in *Correspondence relating to China* (1840), pp. 189–90.
19. William C. Hunter, *Bits of Old China* (London: Kegan Paul, Trench & Co., 1885), p. 270.
20. Harriet Low Hillard, *Lights and Shadows of a Macao Life: The Journal of Harriett* [*sic*] *Low, Traveling Spinster,* ed. Nan P. Hodges and Arthur W. Hummel (Woodinville, WA: The History Bank, 2002), vol. 1, pp. 14–15.
21. John Murray Forbes to his wife, Sarah Forbes, February 20, 1835, in *Reminiscences of John Murray Forbes,* ed. Sarah Forbes Hughes (Boston: George H. Ellis, 1902), vol. 1, p. 192.
22. John Murray Forbes to Sarah Forbes, July 11, 1835, in John Murray Forbes, *Letters (supplementary) of John Murray Forbes,* ed. Sarah Forbes Hughes (Boston: George H. Ellis, 1905), vol. 1, p. 22.
23. John Murray Forbes to Sarah Forbes, March 25, 1836, in ibid., vol. 1, p. 26.
24. Robert Bennet Forbes to Thomas Handasyd Perkins, October 25, 1831, Forbes Family Papers, Massachusetts Historical Society.
25. 在一八三六年八月寫給Sarah Forbes的信中，約翰・福貝斯說他告訴伍秉鑑他要回國時，伍秉鑑「驚恐萬狀」。*Reminiscences of John Murray Forbes,* vol. 1, p. 227；「尚足以溫飽的收入」，出處同上，頁273。

2. Charles Elliot to his sister Emma Hislop, January 25, 1834, Minto Papers, MS 13135, National Library of Scotland.
3. Ibid.
4. Elliot to his sister, May 10, 1834, ibid.
5. Elliot' s promotion: "Official Notification," *Canton Register,* October 28, 1834.「很喜歡他」: 誠如義律向其姊姊吹噓的,「我們過從甚密,在公務上彼此非常信任」: Elliot to his sister, January 19, 1835, Minto Papers, MS 13135, National Library of Scotland.「向暴風雨低頭」: Elliot to George Lenox-Conyngham, March 18, 1837, UK National Archives, Public Record Office, Foreign Office records (hereafter PRO FO), 17/20/56–57. 先行辭職返國: John F. Davis to George Staunton, October 20, 1835, PRO FO 17/12/101–3. 應具備的「性情」: Davis to Palmerston, December 9, 1834, PRO FO 17/6/222. 如果當初就挑義律而非內皮爾當商務總監: Davis to John Barrow, November 8, 1834, PRO FO 17/12/176.「我對那裡的情況會很不放心」: Davis to Palmerston, June 26, 1835, PRO FO 17/12/341.
6. Elliot to George Lenox-Conyngham, January 28, 1836 (rec' d at Foreign Office June 6, 1836), PRO FO 17/15/7–13, see fol. 13; W. C. Costin, *Great Britain and China, 1833–1860* (Oxford: Clarendon Press, 1937), p. 32.
7. Petition from the "East India and China Association," June 29, 1836, PRO FO 17/16/142–44.
8. Palmerston to the Treasury, November 8, 1836, PRO FO 17/17/160–64.
9. Elliot to his sister, April 28, 1835, Minto Papers, MS 13135, National Library of Scotland; Susanna Hoe and Derek Roebuck, *The Taking of Hong Kong: Charles and Clara Elliot in China Waters* (Richmond, Surrey: Curzon Press, 1999), p. 46.
10. 道光批准讓義律照大班規定來廣州的敕諭,日期注明為道光十七年正月十八日(1838年2月12日),在《鴉片戰爭檔案史料》(上海:人民出版社,1987),第一冊,頁226。
11. Elliot to Palmerston, December 14, 1836 (rec' d May 1, 1837), in *Correspondence relating to China. Presented to both Houses of Parliament, by Command of Her Majesty, 1840* (London: T. R. Harrison, 1840), p. 139.
12. Clara Elliot to Emma Hislop, November 4, 1839, Minto Papers, MS 13137, National Library of Scotland.

46. Lady Napier to Hugh Hamilton Lindsay, January 18, 1836, Lindsay Papers, D(W)1920-4-1, Staffordshire Records Office, Stafford, England.
47. Le Pichon, *China Trade and Empire,* p. 376, n. 65.
48. James Matheson, *The Present Position and Prospects of the British Trade with China* (London: Smith, Elder and Co., 1836), p. 1.
49. Ibid., quotations from pp. 5, 6, and 79–80.
50. Hugh Hamilton Lindsay, *Letter to the Right Honourable Viscount Palmerston on British Relations with China* (London: Saunders and Otley, 1836), quotations from pp. 3, 4, 6, and 19.
51. George Staunton, *Remarks on the British Relations with China, and the Proposed Plans for Improving Them* (London: Edmund Lloyd, 1836), quotations from pp. 1, 7, 11, and 24.
52. Ibid., p. 28.
53. 許乃濟，〈鴉片煙例禁愈嚴流弊愈大亟請變通辦理摺〉，在齊思和等編，《黃爵滋奏疏許乃濟奏議合刊》（北京：中華書局，1959），頁216-18。
54. 戴學稷編，《鴉片戰爭人物傳》（福州：福建教育出版社，1985），頁38；"Teng T'ing-chen," in Arthur W. Hummel, ed., *Eminent Chinese of the Ch'ing Period* (Taipei: SMC Publishing, Inc., 1991), vol. 2, pp. 716–17.
55. 鄧廷楨回應許乃濟奏議的奏摺，在《籌辦夷務始末》，文慶等編（北京：故宮博物院，1929-30），道光卷一，頁5b, 6b。

十二、最後一個老實人

1. Charles Elliot report of March 7, 1832, from Office of Protector of Slaves, in *Papers Presented to Parliament, by His Majesty's Command, in Explanation of the Measures Adopted by His Majesty's Government for the Melioration of the Condition of the Slave Population in His Majesty's Possessions in the West Indies, on the Continent of South America, and at the Mauritius*（一八三二年八月八日奉下議院命令付印），pp. 241–44, see p. 244. 關於義律成為廢奴主義者：他於一八三二年寫給在政府任職的友人的信中說，「該給予奴隸的，乃是他們如今已適合擁有的自由狀態。」Charles Elliot to Lord Howick, 1832, excerpt, in Kenneth Ball and W. P. Morrell, eds., *Select Documents on British Colonial Policy, 1830–1860* (Oxford: Clarendon Press, 1928), p. 382.

PRO FO), 17/12/251– 52.

29. Houqua to John Perkins Cushing, October 10, 1834, Forbes Family Business Records, vol. F- 5, p. 98, Baker Library, Harvard Business School.
30. John Murray Forbes to Joshua Bates, September 20, 1834, ibid., vol. F- 6, p. 23.
31. John Murray Forbes to John Perkins Cushing, December 22, 1834, ibid., vol. F- 6, n.p.（把 "Viceroy" 改為 "governor- general"）。
32. John Barrow to John Backhouse (private), March 13, 1834, PRO FO 17/12/172–73.
33. John F. Davis, trans., *The Fortunate Union: A Romance* (London: Printed for the Oriental Translation Fund, 1829), p. vi.
34. 一八三四年一月二十五日帕麥斯頓寫給內皮爾的信，說此委員會的任何空缺都應找東印度公司前商館的其他人員填補；PRO FO 17/5/69.
35. John F. Davis to George Staunton, October 20, 1834, PRO FO 17/12/101–2.
36. Davis to Palmerston, January 19, 1835, in *Correspondence relating to China. Presented to both Houses of Parliament, by Command of Her Majesty, 1840* (London: T. R. Harrison, 1840), pp. 78–80, quotation on p. 80.
37. Davis to Palmerston, January 2, 1835, ibid., p. 76.
38. "Imperial Edict, against extortions of Hong Merchants under the name of Duties, and against incurring debts to Foreigners," enclosure to ibid., p. 77.
39. Lady Napier to Alexander Hunter, Macao, November 4, 1834, PRO FO 17/12/194.
40. Richard J. Grace, *Opium and Empire: The Lives and Careers of William Jardine and James Matheson* (Montreal and Kingston: McGill–Queen's University Press, 2014), p. 166.
41. Matheson to Jardine from London, July 8, 1835, Jardine Matheson Archive, JM B-10, Cambridge University.
42. 例如見她一八三五年四月二十日寫給帕麥斯頓的信，PRO FO 17/12/257–59.
43. Lady Napier to Palmerston, Castle Craig, July 14, 1835, PRO FO 17/12/346–48.
44. Matheson to Jardine, August 24, 1835, in Alain Le Pichon, ed., *China Trade and Empire: Jardine, Matheson & Co. and the Origins of British Rule in Hong Kong, 1827–1843* (Oxford: Oxford University Press for the British Academy, 2006), p. 271.
45. Matheson to Jardine from London, August 1, 1835, Jardine Matheson Archive, JM B-10, Cambridge University.

帝實錄》(臺北：臺灣華文書局，1964)，卷二五六，頁3b-5b，引文在4b。

14. 盧坤道光十四年十月三日(1834年11月3日)奏摺，在齊思和等編，《鴉片戰爭》(上海：新知識出版社，1955)，第一冊，頁118-19。
15. 梁廷楠，《夷氛聞記》，在《鴉片戰爭》，第六冊，頁1-104，見頁7。
16. 吳蘭修，〈弭害〉，在梁廷楠《夷氛聞記》，在《鴉片戰爭》，第六冊，頁6-7。
18. Paul Howard, "Opium Suppression in Qing China: Responses to a Social Problem, 1729– 1906" (Ph.D. dissertation, University of Pennsylvania, 1998), pp. 104– 5.
19. *Report from the Select Committee of the House of Commons on the Affairs of the East-India Company, 16th August, 1832* (London: J. L. Cox and Son, 1833), p. 89. 小斯當東在其*Corrected Report of the Speech of Sir George Staunton, on Sir James Graham's Motion on the China Trade* (London: Edmund Lloyd, 1840)一書頁10，表達了其對那個決議「完全不贊同」之意。
20. *Hansard's Parliamentary Debates,* 3rd series (London: T. C. Hansard), HC Deb., June 13, 1833, vol. 18, c. 770.
21. Charles Marjoribanks, *Letter to the Right Hon. Charles Grant, President of the Board of Controul, on the Present State of British Intercourse with China* (London: J. Hatchard and Son, 1833), p. 16.
22. Ibid., p. 17.
23. 如同郭士立於一八三八年所寫，「非法的鴉片貿易再怎麼樣都不能原諒。鴉片有害健康，大大戕害吸食者的精神；數千人圖一時的爽快失去一輩子的幸福，早早就命喪黃泉。」Charles (Karl) Gutzlaff, *China Opened* (London: Smith, Elder and Co., 1838), vol. 2, p. 73.
24. Robert Philip and Thomas Thompson, *No Opium! or: Commerce and Christianity Working Together for Good in China* (London: Thomas Ward and Co., 1835)；這本小冊子為匿名作品，但出自兒子之手的Robert Philip傳記交待了這本小冊子的作者。見Robert Philip, *Manly Piety: A Book for Young Men* (London: William P. Nimmo, 1879), p. 36.
25. Phipps and Thompson, *No Opium!,* p. 7.
26. Ibid., pp. 10, 13.
27. Ibid., p. 56.
28. "The Petition of the Undermentioned British Subjects at Canton," December 9, 1834, UK National Archives, Public Record Office, Foreign Office records (hereafter

Social Structure, 1796–1864 (Cambridge, MA: Harvard University Press, 1971), pp. 106– 7；〈因兵丁吸食鴉片致使連州進兵不能得力著重處李鴻賓等上諭〉，《鴉片戰爭檔案史料》(上海：人民出版社，1987)，第一冊，頁130；James Polachek, *The Inner Opium War* (Cambridge, MA: Council on East Asian Studies/ Harvard University Press, 1992), p. 109.

3. "Formosa," *Canton Register,* October 24, 1833.
4. "Formosa," *Chinese Courier and Canton Gazette,* March 22, 1832.
5. Philip Kuhn and Susan Mann, "Dynastic Decline and the Roots of Rebellion," in *The Cambridge History of China,* vol. 10, *Late Ch'ing, 1800– 1911, Part 1,* ed. John K. Fairbank and Denis Twitchett (Cambridge: Cambridge University Press, 1978), pp. 107– 62和書內多處; Ts' ui- jung Liu, "A Retrospection of Climate Changes and their Impacts in Chinese History," in *Nature, Environment and Culture in East Asia: The Challenge of Climate Change,* ed. Carmen Meinert (Leiden: Brill, 2013), pp. 107– 36, see p. 132.
6. Lin Man- houng (林滿紅), *China Upside Down: Currency, Society, and Ideologies, 1808– 1856* (Cambridge, MA: Harvard University Asia Center, 2006), p. 107. 7. Ibid., pp. 86– 87.
8. William T. Rowe, "Money, Economy, and Polity in the Daoguang- Era Paper Currency Debates," *Late Imperial China* 31, no. 2 (December 2010): 69– 96, see p. 70.
9. Hosea Ballou Morse, *The Chronicles of the East India Company Trading to China, 1635– 1834* (Oxford: Clarendon Press, 1926), vol. 4, pp. 259– 60. 關於中國銀錠在倫敦熔解，見John Phipps, *A Practical Treatise on the China and Eastern Trade* (London: Wm. H. Allen and Co., 1836), p. 168.
10. Richard von Glahn, "Cycles of Silver in Chinese Monetary History," in *The Economy of Lower Yangzi Delta in Late Imperial China,* ed. Billy K. L. So (New York: Routledge, 2013), pp. 17– 71, see pp. 45– 46.
11. Ibid., p. 54; Rowe, "Money, Economy, and Polity," pp. 71– 72.
12. Lin, *China Upside Down,* pp. 107– 14. 根據林滿紅的說法，到了一八五〇年代，就在從海外買進的鴉片會大增之時，中國會恢復自身的白銀供給，從而使鴉片貿易其實並非引發一八三〇年代貨幣危機的主要因素一說更加可信。
13. 道光十四年九月三日(1834年10月5日)敕諭，在《大清宣宗成(道光)皇

51. Napier to Palmerston, August 14, 1834, in *Correspondence relating to China* (1840), pp. 11–15, see p. 12.
52. Ibid., pp. 12–14.
53. Napier to Palmerston, August 27, 1834, in *Correspondence relating to China* (1840), p. 29.
54. "Present state of relations between China and Great Britain—Interesting to the Chinese merchants—A true and official Document," in *Correspondence relating to China* (1840), p. 33.
55. Per account given in Johnston to Astell, October 11, 1834, PRO FO 17/12/180–85.
56. Napier letter for communication to the Chinese authorities and Hong merchants, September 8, 1834, in *Correspondence relating to China* (1840), pp. 35–36.
57. Duke of Wellington to Lord Napier, February 2, 1835, PRO FO 17/8/2. 政府更迭後，威靈頓會短暫出任外交大臣，但又一次政府更迭後，帕麥斯頓會很快坐回這位置。
58. John F. Davis to George Staunton, October 20, 1834, PRO FO 17/12/101–3. 在場目擊此衝突的德庇時，說每艘船發了三百五十發炮彈。
59. James Goddard, *Remarks on the Late Lord Napier's Mission to Canton; in Reference to the Present State of our Relations with China* (London, 1836，私人印行), pp. 8–9.
60. Napier to Palmerston (postscript), August 17, 1834, in *Correspondence relating to China* (1840), pp. 15–16, quotation on p. 16.
61. 內皮爾的遺孀尤其生氣其他英國人與她丈夫作對。她在某封家書中寫道，內皮爾勛爵的談判本來會成功，「若不是私利和黨派意識阻撓，以及英國商人自己失和，中國人看在了眼裡，才敢堅持到底。」她還說，他們不願支持內皮爾一事，「在這裡是人盡皆知」。Lady Napier to Alexander Hunter, November 4, 1834, PRO FO 17/12/191– 95.

十一、解決之道

1. Joyce Madancy, *The Troublesome Legacy of Commissioner Lin: The Opium Trade and Opium Suppression in Fujian Province, 1820s to 1920s* (Cambridge, MA: Harvard University Asia Center, 2003), p. 51，引用了林仁川，〈清代福建的鴉片貿易〉，《中國社會經濟史研究》，1985年第一期（廈門：廈門大學歷史研究所）。
2. Philip Kuhn, *Rebellion and Its Enemies in Late Imperial China: Militarization and*

to China. Presented to both Houses of Parliament, by Command of Her Majesty, 1840 (London: T. R. Harrison, 1840), pp. 4–5.

34. Harriet Low Hillard, *My Mother's Journal: A Young Lady's Diary of Five Years Spent in Manila, Macao, and the Cape of Good Hope,* ed. Katharine Hillard (Boston: George H. Ellis, 1900), p. v.
35. Palmerston to Napier, January 25, 1834, UK National Archives, Public Record Office, Foreign Office records (hereafter PRO FO), 17/5/87–89.
36. Napier diary, February 25, 1834.
37. William John Napier, "Remarks and Extracts relative to diplomatic relations with China," 航往中國期間寫的私人筆記。屬Lord Napier and Ettrick私人擁有。
38. Ibid.
39. Ibid.
40. Heat wave reported in the *Commercial Advertiser,* January 19, 1835.
41. Eliza Morrison, *Life and Labours,* vol. 2, p. 524.
42. 誠如帕麥斯頓在一八四〇年寫給內皮爾遺孀的信中所說的，「我認為內皮爾勛爵搞錯了去廣州這一指示的意思；那只是要他以向來沿用的方式去那裡，無意暗示他應不經一般辦理通行證等正式手續，就從澳門直接去那裡。」Palmerston to Elizabeth Napier, April 5, 1840. Palmerston Papers, GC/NA/20/enc 1, University of Southampton.
43. Eliza Morrison, *Life and Labours,* vol. 2, p. 526.
44. 道光十四年八月二十八日（1834年9月30日）盧坤的奏摺即如此表述，在齊思和等編，《鴉片戰爭》（上海：新知識出版社，1955），第一冊，頁119。
45. Napier to Palmerston, August 8, 1834, in *Correspondence relating to China* (1840), p. 8.
46. Ibid., p. 9.
47. George Thomas Staunton, *Remarks on the British Relations with China, and the Proposed Plans for Improving Them* (London: Edmund Lloyd, 1836), p. 38.
48. *Correspondence relating to China* (1840), pp. 25, 47, 62, 65.
49. Napier to Margaret Heron Maxwell, August 6, 1834, 此信屬Clan Napier Society所有。
50. Napier to Charles Grant, August 14, 1834, in Napier notebook, "Letters to Earl Grey, Lord Palmerston and Others."

交往，可望在宗教、科學、商業上為雙方帶來最了不起的結果。」Gutzlaff to William Jardine, Canton, June 20, 1834, in Le Pichon, *China Trade and Empire,* pp. 216–17.

22. "Letter from Mr. Gutzlaff," *Boston Recorder,* April 5, 1834.
23. "Mission to China," *Boston Recorder,* May 31, 1834.
24. 該會立會宗旨宣告，「我們很高興從事一場戰爭，堅信在那場戰爭裡勝者和敗者相遇之後，只會一塊歡欣鼓舞。」"Society for the Diffusion of Useful Knowledge," *Chinese Repository*, December 1834, p. 380; Report of a meeting of the Society, as "Supplement to the Canton Register," *Canton Register,* October 20, 1835.
25. "Barbarism. Civilisation," *Canton Register,* December 30, 1834.
26. As observed by George Staunton in *Miscellaneous Notices Relating to China, and Our Commercial Intercourse with That Country,* 2nd ed. (London: John Murray, 1822–50), p. 155.
27. Quoted in Anne Bulley, *The Bombay Country Ships, 1790–1833* (Richmond, Surrey: Curzon Press, 2000), p. 172.
28. 令《廣州紀錄報》主筆大為憤怒且不敢相信的，小斯當東告訴下議院，中國人是個「勤奮、聰明的種族」，他們的政府「再怎麼專制獨斷，實際上並不高壓。」"British Merchants' Petition to Parliament," *Canton Register,* August 16, 1832. 後來，在一八三三年十二月五日出刊的該報中，主筆指出小斯當東在廣州最為人記得的事蹟，乃是「激烈反對」商人這項請願案。
29. "A funeral sermon, occasioned by the death of the Right Honorable William-John, Lord Napier, his Britannic Majesty' s chief superintendent in China," *Chinese Repository* 3, no. 6 (October 1834): 271–80.
30. Diary of William John, 9th Lord Napier, entry for October 26, 1833, manuscript in private possession of Lord Napier and Ettrick.
31. 內皮爾啟程前，英王威廉私下告訴他，「我可以告訴你，我替你打了一場硬仗——要不是有我，你絕不可能得到這項職務。」William John Napier diary, Christmas Day 1833.
32. William John Napier, "Letters to Earl Grey, Lord Palmerston and Others. 1833–1834. China," manuscript notebook in private possession of Lord Napier and Ettrick.
33. Viscount Palmerston to Lord Napier, January 25, 1834, in *Correspondence relating*

6. Hugh Hamilton Lindsay, *Report of Proceedings on a Voyage to the Northern Ports of China, in the Ship Lord Amherst,* 2nd ed. (London: B. Fellowes, 1834), pp. 10–11.
7. Ibid., p. 44.
8. *Ship Amherst: Return to an Order of the Honourable the House of Commons, dated 17 June 1833 . . .*（一八三三年六月十九日奉下議院命令付印），p. 4.
9. 〈大英國人事略說〉（“A Brief Account of the English Character”），英文原文重現於Ting Man Tsao, “Representing ‘Great England’ to Qing China in the Age of Free Trade Imperialism: The Circulation of a Tract by Charles Marjoribanks on the China Coast,” *Victorians Institute Journal* 33 (2005): 179–96；也有個英文版登在*Canton Register,* July 18, 1832；中文版見《鴉片戰爭檔案史料》（上海：人民出版社，1987），第一冊，頁118-20。
10. “Voyage of the Amherst to Northern China,” *Eclectic Review,* October 1833, p. 332, cited in Ting Man Tsao, “Representing China to the British Public in the Age of Free Trade, c. 1833–1844” (Ph.D. dissertation, SUNY Stony Brook, 2000), p. 51.
11. “Mr. Gutzlaff’ s Voyages along the Coast of China,” *Times,* August 26, 1834.
12. For example, “The Chinese,” *Farmer’s Cabinet,* Amherst, New Hampshire, December 7, 1832.
13. For example, the *Evangelical Magazine and Missionary Chronicle,* vol. 12, new series (September 1834): 381.
14. *Ship Amherst,* p. 5.
15. Robert Bickers, “The *Challenger:* Hugh Hamilton Lindsay and the Rise of British Asia, 1832–1865,” *Transactions of the Royal Historical Society,* vol. 22 (December 2012): 141–69, see pp. 146, 152–57.
16. William Jardine to James Matheson, January 28, 1832, in Le Pichon, *China Trade and Empire,* pp. 143–45.
17. “Voyage of the ‘Sylph,’ ” *Canton Register,* May 31, 1833.
18. “Political Economy,” *Canton Register,* May 13, 1831.
19. “Prize Essay,” *Canton Register,* June 18, 1831.
20. 他的諸多著作，可見於Alexander Wylie, *Memorials of the Protestant Missionaries to the Chinese* (Shanghai: American Presbyterian Mission Press, 1867), pp. 56–66.
21. 例如，在一八三四年六月的一封信中，郭士立說他要把他的下一本書（中國史）題獻給渣甸，讚許這位鴉片大王「大力協助推動與中華帝國不受約束的

27.；David Brown, *Palmerston: A Biography* (New Haven, CT: Yale University Press, 2010), pp. 170–74.

45. Staunton, *Memoirs,* p. 77.
46. "Sir George Staunton, we find, has postponed his motion on the China trade . . . ," *Times,* April 1, 1833.
47. George Thomas Staunton, *Corrected Report of the Speeches of Sir George Staunton, on the China Trade, in the House of Commons, June 4, and June 13, 1833* (London: Edmund Lloyd, 1833), pp. 6, 9.
48. 小斯當東的含糊發言：小斯當東一八三一至一八三七年日記裡無標題的剪報（Staunton Papers），在此剪報中，白金漢議員提到「這位準男爵閣下在議場發言時語調低沉」，記者聽不到他說什麼，因而他的整個發言在隔天報紙刊出時只剩幾行；「不能指望」：*Hansard,* HC Deb., June 4, 1833, vol. 18, c. 378.
49. Ibid., June 13, 1833, vol. 18, c. 708.
50. William James Thompson in London to Jardine, Matheson & Co. in Canton, April 8, 1833 (and allowing six months for the letter' s arrival in Canton). In Le Pichon, *China Trade and Empire,* p. 180.

十、黯淡的轉折

1. Eliza Morrison, *Memoirs of the Life and Labours of Robert Morrison, D.D.* (London: Longman, Orme, Brown, Green, and Longmans, 1839), vol. 2, p. 505.
2. Houqua to John Murray Forbes, January 25, 1834, Forbes Family Business Records, vol. F-5, pp. 56–57, Baker Library Historical Collections, Harvard Business School.
3. Basil Lubbock, *The Opium Clippers* (Glasgow: Brown, Son & Ferguson, Ltd., 1933), pp. 4, 13和書中多處；A. R. Williamson, *Eastern Traders: Some Men and Ships of Jardine, Matheson & Company* (S.l.: Jardine, Matheson & Co., 1975), p. 191.
4. William Jardine to James Matheson, January 28, 1832, in Alain Le Pichon, ed., *China Trade and Empire: Jardine, Matheson & Co. and the Origins of British Rule in Hong Kong, 1827–1843* (Oxford: Oxford University Press for the British Academy, 2006), pp. 143–45, quotation on p. 144.
5. Harriet Low Hillard, *Lights and Shadows of a Macao Life: The Journal of Harriett* [*sic*] *Low, Traveling Spinster,* ed. Nan P. Hodges and Arthur W. Hummel (Woodinville, WA: The History Bank, 2002), vol. 2, p. 590.

34. Yukihisa Kumagai, "The Lobbying Activities of Provincial Mercantile and Manufacturing Interests against the Renewal of the East India Company's Charter, 1812–1813 and 1829–1833" (Ph.D. dissertation, University of Glasgow, 2008), p. 133.
35. John Slade, *Notices on the British Trade to the Port of Canton* (London: Smith, Elder, and Co., 1830), pp. 65–68.
36. Webster, *Twilight of the East India Company,* p. 98.
37. Bates testimony, March 15, 1830, in *Reports from the Select Committee of the House of Commons Appointed to Enquire into the Present State of the Affairs of the East India Company, together with the Minutes of Evidence, and Appendix of Documents, and a General Index* (London: Printed by order of the Honourable Court of Directors, 1830), pp. 332–56.
38. John Murray Forbes, *Reminiscences of John Murray Forbes,* ed. Sarah Forbes Hughes (Boston: George H. Ellis, 1902), vol. 1, p. 154.
39. C. H. Philips, *The East India Company, 1784–1834* (Manchester: Manchester University Press, 1940), pp. 289, 291–292; Webster, *Twilight of the East India Company,* pp. 99–100;「董事們正苦熬著等死」: Charles Marjoribanks to Hugh Hamilton Lindsay from St. Helena, April 19, 1832, Lindsay Papers, D(W)1920-4/1, Staffordshire Records Office, Stafford, England.
40. George Thomas Staunton diary, November 17, 1831, Staunton Papers, Rubenstein Library, Duke University, Durham, NC, accessed via Adam Matthew Digital, "China: Trade, Politics and Culture, 1793–1980."
41. Staunton diary, December 10, 1831.
42. George Staunton, "To the Freeholders of the County of Southampton," and "To the Freeholders and other Electors of South Hants"(未注明日期，收於小斯當東一八三一至一八三七年日記裡的剪報)。
43. "slipshod and untidy" : George W. E. Russell, *Collections and Recollections* (New York and London: Harper & Brothers, 1903), p. 138, cited in Antonia Fraser, *Perilous Question: Reform or Revolution? Britain on the Brink, 1832* (New York: PublicAffairs, 2013), p. 59.
44. George Thomas Staunton, *Memoirs of the Chief Incidents of the Public Life of Sir George Thomas Staunton, Bart.* (London: L. Booth, 1856，私人印行), pp. 124–

15. 關於巡撫的說法，見Morse, *Chronicles,* vol. 4, p. 286；關於大堂裡兩幅肖像的位置，見Gideon Nye, *The Morning of My Life in China* (Canton, 1873), p. 20.
16. "Resolutions of the British Merchants of Canton," May 30, 1831, in Morse, *Chronicles,* vol. 4, p. 311.
17. 一八三一年六月十八日決策委員會寫給董事會的密函，在*Papers Relating to the Affairs of the East India Company, 1831–32* (House of Commons, 1832), pp. 6–10.
18. Robert Bennet Forbes to John Perkins Cushing, June 30, 1831, Forbes Family Papers, Massachusetts Historical Society.
19. Robert Bennet Forbes to Thomas H. Perkins, December 21, 1831, ibid.
20. 一八三二年九月五日，她說他「郭士立，我難得的仰慕者。」Hillard, *Journal of Harriett Low,* vol. 2, p. 435.
21. Issachar Roberts in 1839, as quoted in Jessie Lutz, *Opening China: Karl F. A. Gutzlaff and Sino-Western Relations, 1827–1852* (Grand Rapids, MI: William B. Eerdmans, 2008), p. 20.
22. Charles (Karl) Gutzlaff, *Journal of Three Voyages along the Coast of China* (London: Frederick Westley and A. H. Davis, 1834), p. 71.
23. Lutz, *Opening China,* p. 72.
24. Gutzlaff, *Journal,* pp. 68, 69, 70, 88.
25. Ibid., pp. 73, 128, 107.
26. Ibid., pp. 132–33.
27. Ibid., p. 151.
28. *Hansard's Parliamentary Debates,* 3rd series (London: T. C. Hansard), HC Deb., June 28, 1831, vol. 4, quotations from cc. 432, 433, and 435.
29. *Hansard,* HL Deb., December 13, 1831, vol. 9, quotations from cc. 211, 212.
30. Quoted in Capt. T. H. Bullock, *The Chinese Vindicated, or Another View of the Opium Question* (London: Wm. H. Allen and Co., 1840), pp. 8, 10.
31. Charles Stuart Parker, *Life and Letters of Sir James Graham, Second Baronet of Netherby, P.C., G.C.B., 1792–1861* (London: John Murray, 1907), vol. 1, p. 150.
32. Anthony Webster, *The Twilight of the East India Company* (Woodbridge, Suffolk, UK: Boydell Press, 2009), p. 62.
33. "East India Company—China Question," *Edinburgh Review,* January 1831, pp. 281–322, quotation on p. 311.

53. 包世臣，〈答蕭梅生書〉，頁800。
54. 蕭令裕，〈英吉利記〉，頁22。
55. 這其實與亨利・埃利斯在其使華記中所敘述的阿美士德的回應若合符節，見 Ellis, *Journal of the Proceedings of the Late Embassy to China* (London: John Murray, 1817), p. 412.

九、自由

1. Harriet Low Hillard, *Lights and Shadows of a Macao Life: The Journal of Harriett* [*sic*] *Low, Traveling Spinster,* ed. Nan P. Hodges and Arthur W. Hummel (Woodinville, WA: The History Bank, 2002), vol. 1, p. 196.
2. Hosea Ballou Morse, *The Chronicles of the East India Company Trading to China, 1635–1834* (Oxford: Clarendon Press, 1926), vol. 4, pp. 199–21.
3. In Hillard, *Journal of Harriett Low,* vol. 1, p. 73, 哈麗特・洛說她是澳門最美的女人（「她是個美女」）。
4. Ibid., pp. 110, 141; William C. Hunter, *The 'Fan Kwae' at Canton before Treaty Days, 1825–1844* (London: Kegan Paul, Trench & Co., 1882), p. 120.
5. Hillard, *Journal of Harriett Low,* vol. 1, pp. 141–42.
6. Ibid., vol. 2, p. 435.
7. 哈麗特・洛向她姊姊抱怨自己受冷落，寫到有個令她擔心會來廣州攪和的女人，「我很希望她這一季不會來廣（州），因為她如果來，我們會被冷落。」Hillard, *Journal of Harriett Low,* vol. 1, p. 110.
8. Morse, *Chronicles,* vol. 4, p. 236.
9. Ibid., p. 237.
10. Ibid., pp. 237–38.
11. Hillard, *Journal of Harriett Low*, vol. 1, p. 193.
12. Ibid., vol. 1, pp. 193, 194.
13. Hunter, *The 'Fan Kwae' at Canton,* p. 120.
14. "China Trade: Copy of a Petition of British Subjects in China . . . ," House of Commons, March 20, 1833；這份請願書也被重現於Alain Le Pichon, ed., *China Trade and Empire: Jardine, Matheson & Co. and the Origins of British Rule in Hong Kong, 1827–1843* (Oxford: Oxford University Press for the British Academy, 2006), appendix IV, pp. 553–59.

36. Susan Mann的英譯文，在*The Talented Women of the Zhang Family* (Berkeley: University of California Press, 2007), p. 251, n. 83.
37. 我對包世臣生平的概述，大大受益於William Rowe, *Speaking of Profit,* chapter 1.
38. Philip Kuhn, *Origins of the Modern Chinese State* (Stanford, CA: Stanford University Press, 2002), pp. 19–20.
39. William Rowe, "Bao Shichen and Agrarian Reform in Early Nineteenth-Century China," *Frontiers of History in China* 9, no. 1 (2014): 1–31, see p. 9.
40. Rowe, "Bao Shichen and Agrarian Reform," p. 15.
41. 包世臣，〈庚辰雜誌二〉，在《包世臣全集》(《管情三議》、《齊民四術》)，李星編（合肥：黃山書社，1997），頁209-13，見頁213。
42. Rowe, "Bao Shichen and Agrarian Reform," p. 17.
43. 包世臣，〈庚辰雜誌二〉。
44. Ibid.
45. 管同，〈禁用洋貨議〉，在胡秋原編，《近代中國對西方及列強認識資料彙編》（臺北：中央研究院近代史研究所，1972）第一輯，頁819-20。
46. 管同，〈禁用洋貨議〉，頁819–820。
47. 《近代中國對西方及列強認識資料彙編》第一輯頁817，對程含章的生平注解；Inoue Hiromasa（井上裕正），"Wu Lanxiu and Society in Guangzhou on the Eve of the Opium War," trans. Joshua Fogel, *Modern China* 12, no. 1 (January 1986): 103–15, see pp. 110–12；程含章，〈論洋害〉，在《近代中國對西方及列強認識資料彙編》第一輯頁817。
48. 程含章，〈論洋害〉，頁817。
49. 包世臣，〈答蕭梅生書〉，在《近代中國對西方及列強認識資料彙編》第一輯頁800。
50. 《近代中國對西方及列強認識資料彙編》第一輯頁766，對蕭令裕的生平注解。
51. 蕭令裕，〈英吉利記〉，在《近代中國對西方及列強認識資料彙編》第一輯頁19–30。
52. 關於清朝對印度的看法，有很精闢的研究，見Matthew W. Mosca, "Qing China' s Perspectives on India, 1750–1847" (Ph.D. dissertation, Harvard University, 2008)，後來經修訂出書，書名*From Frontier Policy to Foreign Policy: The Question of India and the Transformation of Geopolitics in Qing China* (Stanford, CA: Stanford University Press, 2013).

University of California Press, 1975), p. 145.

17. Medhurst, "Remarks on the Opium Trade."
18. Lin Man-houng（林滿紅）, "Late Qing Perceptions of Native Opium," *Harvard Journal of Asiatic Studies* 64, no. 1 (June 2004): 117–44, see pp. 119–20.
19. Paul A. Van Dyke, *The Canton Trade: Life and Enterprise on the China Coast, 1700–1845* (Hong Kong: Hong Kong University Press, 2005), pp. 122–23.
20. Melissa Macauley, "Small Time Crooks: Opium, Migrants, and the War on Drugs in China, 1819–1860," *Late Imperial China* 30, no. 1 (June 2009): 1–47, see p. 40.
21. Lin, "Late Qing Perceptions of Native Opium," p. 118–19, 128.
22. Zheng, *Social Life of Opium,* pp. 71–86.
23. Bello, *Opium and the Limits of Empire,* pp. 1–2.
24. Zheng, *Social Life of Opium,* pp. 65, 71–86.
25. 一八三〇年，Hollingworth Magniac對上議院與東印度公司事務有關的委員會的證詞，在*Parliamentary Papers Relating to the Opium Trade . . . 1821 to 1832*（為供下議院中國貿易委員會使用而收集）頁25。
26. 《大清宣宗成（道光）皇帝實錄》（臺北：臺灣華文書局，1964），卷一六三，頁18b。
27. 盧蔭溥等人的奏摺，在齊思和等編，《鴉片戰爭》（上海：新知識出版社，1955），第一冊，頁413-15，引文在頁414。
28. 一八三一年這些奏摺重刊於齊思和等編，《鴉片戰爭》，第一冊，頁411-48。
29. Spence, "Opium Smoking," p. 162.
30. William W. Wood, *Sketches of China* (Philadelphia: Carey & Lea, 1830), pp. 208–10.
31. Macauley, "Small Time Crooks," pp. 6, 7, 8, 22.
32. Joyce Madancy, *The Troublesome Legacy of Commissioner Lin: The Opium Trade and Opium Suppression in Fujian Province, 1820s to 1920s* (Cambridge, MA: Harvard University Asia Center, 2003), p. 52.
33. 前面這一段的撰寫，大大受益於Melissa Macauley, "Small Time Crooks."
34. 于恩德，在《中國禁煙法令變遷史》（上海：中華書局，1934）頁51，表述了陶澍的看法。陶澍是當時的兩江總督。
35. "Pao Shih-ch' en," in Hummel, ed., *Eminent Chinese,* vol. 2, pp. 610–11; William T. Rowe, *Speaking of Profit: Bao Shichen and Reform in Nineteenth-Century China*，出版前書稿第一章。

頁8a– 9b；英譯文依據Robert Morrison, *Translations from the Original Chinese, with Notes* (Canton: P. P. Thoms, The Honorable East India Company's Press, 1815), pp. 4– 8.

4. January 29, 1814（把 "Peking" 改成 "Beijing"）, as transcribed by Roger Houghton at http://www.houghton.hk/?p=84. 他依據的是哪份印度報紙，並不清楚。
5. Zheng Yangwen（鄭揚文）的英譯文，在 *The Social Life of Opium in China* (Cambridge: Cambridge University Press, 2005), p. 57（把 "yan" 改成 "smoke"）。
6. 依據鄭揚文的英譯文，出處同上，頁57；她在這裡也有說明為何是這不是指菸斗。
7. 胡金野，《中國禁煙禁毒史綱》（臺北：唐山出版社，2005），頁6。
8. Paul Howard, "Opium Suppression in Qing China: Responses to a Social Problem, 1729–1906" (Ph.D. dissertation, University of Pennsylvania, 1998), p. 40.
9. 胡金野，《中國禁煙禁毒史綱》，頁6–13; Howard, "Opium Suppression," pp. 77–80；朱維錚，《重讀近代史》（*Rereading Modern Chinese History*），英譯本，Michael Dillon (Boston: Brill, 2015), p. 178; David Bello, *Opium and the Limits of Empire: Drug Prohibition in the Chinese Interior, 1729–1850* (Cambridge, MA: Harvard University Asia Center, 2005), p. 118.
10. Zheng, *Social Life of Opium,* p. 58.
11. 《大清仁宗睿（嘉慶）皇帝實錄》，卷二二七，頁4a–b。
12. 出處同上，卷二七〇，頁12a。
13. 道光二年十二月八日（1823年1月19日）敕諭，在于恩德，《中國禁煙法令變遷史》（上海：中華書局，1934），頁40。請留意，于恩德將此文件中的年份轉為西元年時有誤。
14. Zheng, *Social Life of Opium,* p. 66.
15. 見第七章注釋27對鴉片使用量的籠統計算。假設每個煙民一天平均用掉〇．二八兩的鴉片，一箱生鴉片一般來講可熬製出八百兩煙膏，那麼每年五千箱就足以滿足約四萬名有癮煙民所需。輕度上癮者每天只會用掉約〇．一兩，但那被認為劑量甚小，不致對煙民健康有明顯傷害；重度上癮者使用量就多了許多。見W. H. Medhurst, "Remarks on the Opium Trade," *North-China Herald,* November 3, 1855.
16. Jonathan Spence, "Opium Smoking in Ch' ing China," in *Conflict and Control in Late Imperial China,* ed. Frederic Wakeman Jr. and Carolyn Grant (Berkeley:

一一六〇億美元（在此應該指出的，阿斯特能入手這麼多不動產，其資金有一部分靠他早期主宰賣到廣州的毛皮生意取得，這又提醒世人這時從中國能攢得多大財富）。Anna Youngman, "The Fortune of John Jacob Astor: II," *Journal of Political Economy* 16, no. 7 (July 1908): 436– 41, see p. 441. "The Wealthiest Americans Ever," *New York Times,* July 15, 2007.

72. Elma Loines, "Houqua, Sometime Chief of the Co- Hong at Canton (1769– 1843)," *Essex Institute Historical Collections* 89, no. 2 (April 1953): 99– 108, description on pp. 99– 100.
73. State Street Trust Company, *Old Shipping Days in Boston* (Boston: Walton Advertising & Printing Co., 1918), p. 24.
74. 誠如伍秉鑑在寫給年輕福貝斯的一封信中所說的，「我覺得你比其他任何外國人都遠更願意考慮我的看法和協助落實我的看法」: Houqua to John Murray Forbes, January 25, 1834, Forbes Family Business Records, vol. F- 5, p. 56, Baker Library, Harvard Business School.
75. John Murray Forbes, *Reminiscences of John Murray Forbes,* vol. 1, pp. 141– 42.
76. Robert B. Forbes to Thomas Handasyd Perkins, October 25, 1831, Forbes Family Papers, Massachusetts Historical Society.
77. Henry Greenleaf Pearson, *An American Railroad Builder: John Murray Forbes* (Boston: Houghton, Mifflin and Company, 1911), p. 6; Forbes, *Reminiscences of John Murray Forbes,* vol. 1, p. 142.

八、火與煙

1. 這段敘述依據Susan Naquin, *Millenarian Rebellion in China: The Eight Trigrams Uprising of 1813* (New Haven, CT: Yale University Press, 1976), pp. 166– 84; also Arthur W. Hummel, ed., *Eminent Chinese of the Ch'ing Period* (Taipei: SMC Publishing, Inc., 1991), vol. 2, p. 574.
2. Leo Tolstoy, *War and Peace,* trans. Leo Weiner, vol. 6 of *The Complete Works of Count Tolstoy* (London: J. M. Dent & Co., 1904), vol. 2, p. 537; Walter Barlow Stevens, *Missouri: The Center State, 1821– 1915* (Chicago– St. Louis: S. J. Clarke Publishing Co., 1915), vol. 2, p. 545; Elizabeth Rusch, "The Great Midwest Earthquake of 1811," *Smithsonian,* December 2011; Naquin, *Millenarian Rebellion,* pp. 89, 314.
3. 《大清仁宗睿（嘉慶）皇帝實錄》（臺北：臺灣華文書局，1964），卷二七四，

58. 關於蘭姆助德昆西出版著作一事，見一八八八年版 *Confessions* (London: George Routledge and Sons, 1888) 頁7的引言。附帶一提，當時謠傳此著作的真正作者可能是蘭姆本人，或甚至是柯立芝：見一八二三年三月 *Monthly Review*（頁296）所刊出對 *Confessions* 的書評。
59. De Quincey, *Confessions* (1823), pp. 4–5.
60. Ibid., pp. 171, 172–73.
61. Ibid., p. 169.
62. M. H. Abrams, *The Milk of Paradise* (New York: Octagon Books, 1971), p. x. 原稿現藏於 British Library, Add. MS 50847.
63. Thomas Talfourd, ed., *The Works of Charles Lamb, with A Sketch of His Life and Final Memorials* (New York: Harper and Bros., 1875), vol. 1, p. 437.
64. Grevel Lindop, "Quincey, Thomas Penson De (1785–1859)," *Oxford Dictionary of National Biography*.
65. Eliza Morrison, *Memoirs of the Life and Labours of Robert Morrison, D.D.* (London: Longman, Orme, Brown, Green, and Longmans, 1839), vol. 2, p. 203.
66. Wood, *Sketches of China,* pp. 206–7.
67. Michael C. Lazich, "E. C. Bridgman and the Coming of the Millennium: America' s First Missionary to China" (Ph.D. dissertation, SUNY Buffalo, 1997), p. 259.
68. John P. Cushing memo to Thomas T. Forbes respecting Canton Affairs, March, 1828, Forbes Family Papers, Massachusetts Historical Society.
69. 約翰・福貝斯對伍秉鑑的印象：*Reminiscences of John Murray Forbes,* vol. 1, p. 140；「能力不凡的人」：Robert Forbes, *Personal Reminiscences,* pp. 370–71；有許多例子證明伍秉鑑不碰鴉片，但不妨參見 Michael D. Block, "New England Merchants, the China Trade, and the Origins of California" (Ph.D. dissertation, University of Southern California, 2011), pp. 386–87；「唯一的壞人」：John D. Wong, "Global Positioning: Houqua and his China Trade Partners in the Nineteenth Century" (Ph.D. dissertation, Harvard University, 2012), p. 133.
70. Sydney Greenbie, "Houqua of Canton— A Chinese Croesus," *Asia,* vol. 25 (October 1925): 823– 27 and 891– 95, quotation on p. 823.
71. 伍秉鑑的財富數據來自 William C. Hunter, *The 'Fan Kwae' at Canton before Treaty Days, 1825– 1844* (London: Kegan Paul, Trench & Co., 1882), p. 48. 阿斯特在紐約持有的不動產，一八四八年他去世時值二千萬美元左右，相當於今日約

42. Meriwether Lewis journal entry of January 9, 1806, in Reuben Gold Thwaites, ed., *Original Journals of the Lewis and Clark Expedition, 1804–1806* (New York: Dodd, Mead & Company), vol. 3, p. 327, cited in Fichter, *So Great a Profitt,* p. 213.
43. J. R. Child, logbook of the *Hunter*, pp. 47, 129–30, Massachusetts Historical Society, Boston.
44. Roger Houghton耗費極大心力研究了一八三〇年代（和之後）的《廣州紀錄報》，並將此研究成果放在網上（http://www.houghton.hk）供人取閱，這段對一般美國船的描述，有一部分就以他對其研究成果的概述為依據；尤其見Houghton對一八三〇年八月二日《廣州紀錄報》這個詞目的陳述。He Sibing, "Russell and Company," pp. 90–92.
45. Hao Yen-p' ing, *The Commercial Revolution in Nineteenth-Century China: the Rise of Sino-Western Mercantile Capitalism* (Berkeley: University of California Press, 1986), p. 215.
46. "The Opium Trade," *Canton Register,* April 12, 1828.
47. "Foreign Vessels Visiting China," *The Canton Register,* Apr. 19, 1828.
48. 誠如William Wood在一八三〇年所論道，「捕獲鴉片船之事不常見，未經激烈搏鬥就辦到此事，很少見」：Wood, *Sketches of China,* p. 208.
49. Ibid., p. 209.
50. Jardine to R. Rolfe, April 6, 1830, quoted in Grace, *Opium and Empire,* p. 108.
51. Dr. Duncan, *Wholesome Advice Against the Abuse of Hot Liquors, Particularly of Coffee, Chocolate, Tea, Brandy, and Strong-Waters* (London, H. Rhodes and A. Bell, 1706), p. 15.
52. Anon., *An Essay on the Nature, Use, and Abuse, of Tea, in a Letter to a Lady; with an Account of its Mechanical Operation* (London: J. Bettenham, 1722), pp. 30 and 39.
53. Ibid., p. 44.
54. Anon., *An Essay on Modern Luxuries* (Salisbury, UK: J. Hodson, 1777), pp. 7, 13, 14, 26–27.
55. Mike Jay, *Emperors of Dreams: Drugs in the Nineteenth Century* (Sawtry, UK: Dedalus, 2000), p. 73.
56. Robert Bennet Forbes, *Personal Reminiscences* (Boston: Little, Brown, 1882), p. 17.
57. Thomas De Quincey, *Confessions of an English Opium-Eater,* 3rd ed. (London: Taylor and Hessey, 1823), p. 91.

on the China and Eastern Trade (London: Wm. H. Allen and Co., 1836), p. viii.

29. Richard Grace, "Jardine, William (1784–1843)," *Oxford Dictionary of National Biography* (Oxford: Oxford University Press, 2004–13); Maggie Keswick, ed., *The Thistle and the Jade: A Celebration of 175 Years of Jardine Matheson* (London: Frances Lincoln, 2008), p. 14.
30. Grace, *Opium and Empire,* pp. 94, 99–100, 106和書中多處。
31. 二〇一六年，怡和洋行有四十四萬名員工，營收為三百七十億美元：http://beta.fortune.com/global500/jardine-matheson-273 (accessed February 21, 2017).
32. Richard Grace, "Matheson, Sir (Nicholas) James Sutherland, first baronet (1796–1878)," *Oxford Dictionary of National Biography;* Grace, *Opium and Empire,* p. 104.
33. E. J. Rapson, "Jeejeebhoy, Sir Jamsetjee, first baronet (1783–1859)," *Oxford Dictionary of National Biography.* 成為孤兒：Cooverjee Sorabjee Nazir, *The First Parsee Baronet, Being Passages from the Life and Fortunes of the Late Sir Jamsetjee Jeejeebhoy Baronet* (Bombay: The Union Press, 1866), pp. 5–7. 吉吉博伊對布倫瑞克號被擄走一事的記述，刊於一八〇六年四月十九日的*Bombay Courier*。
34. Nazir, *The First Parsee Baronet,* pp. 27–28.
35. 關於吉吉博伊一八二二年起的慈善義舉，見出處同上，頁30-72。
36. William Wood, *Sketches of China,* p. 68.
37. John Murray Forbes journal, Forbes Family Business Records, vol. F-2, Baker Library, Harvard Business School.
38. He Sibing, "Russell and Company, 1818–1891: America' s Trade and Diplomacy in Nineteenth-Century China" (Ph.D. dissertation, Miami University, Ohio, 1997), p. 60.
39. 5%這個數據來自Hao Yen-p' ing（郝延平）, "Chinese Teas to America," in *America's China Trade in Historical Perspective,* ed. Ernest R. May and John K. Fairbank (Cambridge, MA: Harvard Studies in American–East Asian Relations, 1986), pp. 11–31, see p. 28.
40. 對於美國商人從大洋各處蒐羅來廣州賣掉的形形色色貨物，學界有多種描述，但James Fichter在*So Great a Proffit: How the East Indies Trade Transformed Anglo-American Capitalism* (Cambridge, MA: Harvard University Press, 2010)一書，"America' s China and Pacific Trade" 這一章（頁205–31），描述特別精闢。
41. Hao, "Chinese Teas to America," pp. 22–23, 25.

the Year ending 30th June 1828" 一文，此文被當成他一八三〇年對下議院東印度公司事務特別委員會的證詞的一部分提出。見*First Report from the Select Committee on the Affairs of the East India Company (China Trade),* House of Commons, July 8, 1830, pp. 56–57. 具體地說，在止於一八二八年六月的那一年裡，英國輸華貨物總額為二〇三六萬四六〇〇銀圓，其中帕特納、馬爾瓦這兩種鴉片就值一一二四萬三四九六銀圓。那一年該公司自華出口的茶葉總額為五七五萬六八七二兩銀子，也就是七六五萬六六四〇銀圓。

26. Trocki, *Opium, Empire and the Global Political Economy,* p. 95.
27. 每箱生鴉片有約一百斤（一三三磅）鴉片，提煉成可供抽煙的煙膏後，重量剩一半，也就是約五十斤。一斤合十六兩，所以每箱生鴉片可製成約八百兩的煙膏。這一時期的軼事，一般來講，認為煙民抽掉的鴉片，為輕度癮者每日〇・一兩，而煙癮最大者每日整整一兩。為取得更加精確的數據，一八六九年倫敦傳道會北京醫院院長、蘇格蘭籍醫生John Dudgeon花了五年時間，觀察過數百位煙民，然後報告了他的結論。據他的調查，他們每日的使用量細分如下：接受此次調查的煙民裡，兩成每天用掉〇・〇五兩，兩成用掉〇・一兩，兩成用掉〇・二兩，三成用掉〇・三至〇・四兩，一成用掉整整一兩或更多。根據他的數據，煙民平均每天用掉〇・二八兩。一箱生鴉片可製成八百兩煙膏，也就是足以滿足八位煙民一年所需，而一八三〇至一八三一年輸入的將近一萬九千箱生鴉片，將足以滿足全中國超過十五萬鴉片癮者一年所需。見J. Dudgeon, M.D., "On the Extent and Some of the Evils of Opium Smoking," *The Chinese Recorder and Missionary Journal,* February 1869, pp. 203–4. Zheng Yangwen（鄭揚文）在*The Social Life of Opium in China* (Cambridge: Cambridge University Press, 2005)一書頁158，舉出這些統計數字做為「基準尺度」。一八七九年大清皇家海關總稅務司赫德（Robert Hart）所做的調查，也得到類似數據：每日平均用掉〇・三兩；見Frank Dikötter, Lars Laamann, and Zhou Xun, *Narcotic Culture: A History of Drugs in China* (Chicago: University of Chicago Press, 2004), p. 53.
28. 學界提到外國與中國的鴉片貿易時，一再將它稱作「當時最大宗的商品貿易，此一誇大說法最早來自Michael Greenberg常被人引用的*British Trade and the Opening of China*一書頁104上的陳述：鴉片「大概是當時最大宗的商品」。但Greenberg錯誤解讀了他所依據的資料。那份資料來自一八三六年的一篇論文，文中只暗示鴉片是最大宗的商品之一。見John Phipps, *A Practical Treatise*

15. 光是一八三一年，羅伯特・福貝斯就賺了三萬銀圓。見Jacques Downs, "American Merchants and the Opium Trade, 1800–1840," *Business History Review* 42, no. 4 (Winter 1968): 418–42, see 436, n. 65. 價值對比，按照Measuringworth.com.網站上的計算工具。
16. Daniel Defoe, *The Farther Adventures of Robinson Crusoe; Being the Second and Last Part of His Life* (London: W. Taylor, 1719), pp. 249, 274.
17. Morse, *Chronicles,* vol. 1, p. 215.
18. Ibid., vol. 2, p. 239.
19. Clements R. Markham, ed., *Narratives of the Mission of George Bogle to Tibet, and of the Journey of Thomas Manning to Lhasa* (London: Trübner and Co., 1876), p. 238.
20. Robert A. Morrison, *A Memoir of the Principal Occurrences during an Embassy from the British Government to the Court of China in the Year 1816* (London: 1819), p. 197; Clarke Abel, *Narrative of a Journey in the Interior of China, and of a Voyage to and from That Country in the Years 1816 and 1817* (London: Longman, Hurst, Rees, Orme, and Brown, 1818), pp. 213–14.
21. John F. Davis testimony to the Committee of the House of Commons on the East India Company' s Affairs, 1830, in *Parliamentary Papers Relating to the Opium Trade . . . 1821 to 1832*（為了下議院中國貿易委員會之用而收集，1840）, p. 30.
22. Amar Farooqui, *Opium City: The Making of Early Victorian Bombay* (Gurgaon, India: Three Essays Collective, 2006), p. 39.
23. David Edward Owen, *British Opium Policy in China and India* (New Haven, CT: Yale University Press, 1934), p. 87.
24. Ibid., pp. 69–72, 80–101; Carl Trocki, *Opium, Empire and the Global Political Economy: A Study of the Asian Opium Trade, 1750–1950* (New York: Routledge, 1999), p. 94.
25. Michael Greenberg, *British Trade and the Opening of China, 1800–1842* (Cambridge: Cambridge University Press, 1951), pp. 81, 88–90, 105, 106; Richard J. Grace, *Opium and Empire: The Lives and Careers of William Jardine and James Matheson* (Montreal and Kingston: McGill-Queen' s University Press, 2014), p. 92, citing Paul A. Van Dyke, *The Canton Trade: Life and Enterprise on the China Coast, 1700–1845* (Hong Kong: Hong Kong University Press, 2005), pp. 126–41. 我的資料取自Charles Marjoribanks的 "Statement of British trade at the port of Canton, for

(Oxford: Clarendon Press, 1926), vol. 4, p. 231.

2. Peter C. Holloran, "Perkins, Thomas Handasyd," *American National Biography Online* (Oxford University Press, 2000).
3. Forbes, *Reminiscences of John Murray Forbes,* vol. 1, p. 90.
4. Thomas T. Forbes to John M. Forbes, Canton, Jane 30, 1828, in Forbes, *Reminiscences,* vol. 1, pp. 92–95.
5. 他所代表的選區是康沃爾郡的Mitchell，一八三二年改革法案廢掉該選區。
6. George Thomas Staunton, *Memoirs of the Chief Incidents of the Public Life of Sir George Thomas Staunton, Bart.* (London: L. Booth, 1856，私人印行), pp. 74–77.
7. Thomas Noon Talfourd, ed., *The Works of Charles Lamb* (New York: Harper and Bros., 1838), vol. 1, p. 262.
8. Lindsay Ride, *An East India Company Cemetery: Protestant Burials in Macao* (Hong Kong: Hong Kong University Press, 1996), p. 253. 對烏舍和鸚鵡的描述：Harriet Low Hillard, *Lights and Shadows of a Macao Life: The Journal of Harriett* [*sic*] *Low, Traveling Spinster,* ed. Nan P. Hodges and Arthur W. Hummel (Woodinville, WA: The History Bank, 2002), vol. 1, p. 120.
9. Marshall Broomhall, *Robert Morrison: A Master Builder* (Edinburgh: Turnbull & Spears, 1927), pp. 127–30.
10. *Canton Register,* November 15, 1830.
11. Hosea Ballou Morse, *The Chronicles of the East India Company Trading to China, 1635–1834* (Oxford: Clarendon Press, 1926), vol. 4, pp. 254–55; 具體地說，有二十名東印度公司商館人員、三十二名英國民間商人、二十一名美國人、四十一名帕西人。
12. William W. Wood, *Sketches of China* (Philadelphia: Carey & Lea, 1830), p. 64.
13. "The Opium Trade," *Canton Register,* April 12, 1828.「換錢鋪子」: Jonathan Spence, "Opium Smoking in Ch' ing China," in *Conflict and Control in Late Imperial China,* ed. Frederic Wakeman Jr. and Carolyn Grant (Berkeley: University of California Press, 1975), p. 162.
14. Paul A. Van Dyke, "Smuggling Networks of the Pearl River Delta before 1842: Implications for Macao and the American China Trade," in *Americans and Macao: Trade, Smuggling, and Diplomacy on the South China Coast,* ed. Paul A. Van Dyke (Hong Kong: Hong Kong University Press, 2012), pp. 49–72, see p. 63.

1819," in *Miscellaneous Notices*, p. 313.

50. M' Leod, *Narrative of a Voyage in His Majesty's Late Ship Alceste,* pp. 137, 144, 140.
51. Abel, *Narrative,* p. 111.
52. 嘉慶二十一年七月八日（1816年8月30日）敕諭，在《大清仁宗睿（嘉慶）皇帝實錄》，卷三二〇，頁6b–9a。
53. 嘉慶二十一年七月三日（1816年8月25日）敕諭，在《文獻叢編》全編，第十一輯，頁357（嘉慶二十一年英使來聘案，頁30a）。
54. M' Leod, *Narrative of a Voyage in His Majesty's Late Ship Alceste,* p. 140.
55. 嘉慶二十一年七月八日（1816年8月30日）敕諭，在《大清仁宗睿（嘉慶）皇帝實錄》，卷三二〇，頁4b-6b（引文在6b）；英譯文根據小斯當東在 *The Gentleman's Magazine,* vol. 89（一八一九年九月）所發表的 "Letter from the Emperor of China" 一文頁264–65裡的英譯文改寫而成。
56. "The Late Embassy to China," *Times,* August 11, 1818.
57. "Chinese Embassy and Trade," *Edinburgh Review* 29, no. 58 (February 1818): 433–53; Staunton, *Memoirs of the Chief Incidents,* p. 72.
58. "Embassy to China," *Quarterly Review* 17, no. 34 (July 1817): 464–506, quotation on pp. 464, 465.
59. "Chinese Drama—Lord Amherst' s Embassy," *Quarterly Review* 16, no. 32 (January 1817): 396–416, quotation on p. 412.
60. *Monthly Review,* vol. 83 (June 1817): 222–23.
61. Barry E. O' Meara, *Napoleon in Exile; Or, A Voice from St. Helena. The Opinions and Reflections of Napoleon on the Most Important Events of His Life and Government, in His Own Words* (London: W. Simpkin and R. Marshall, 1822), vol. 1, p. 471.
62. Ibid., vol. 1, p. 472. 阿美士德的醫生Clarke Abel，在這場交談後不久遇見拿破崙，描述了拿破崙交談期間眼神的轉變。他嚴肅且認真時，用Abel的話說，似乎「眼神非常黯淡」。Abel, *Narrative,* p. 316.

七、榮景時期

1. John Murray Forbes, *Reminiscences of John Murray Forbes,* ed. Sarah Forbes Hughes (Boston: George H. Ellis, 1902), vol. 1, p. 139. 福貝斯說有「十五或二十艘船」，但H. B. Morse給了更精確的數字，說這支船隊有十六艘船。Hosea Ballou Morse, *The Chronicles of the East India Company Trading to China, 1635–1834*

告知，馬戛爾尼勛爵第一次覲見後，曾於某個場合按照中國人一貫的跪拜次數，俯首九次。」Amherst to Canning, February 12, 1817, PRO FO 17/3/59.

33. Lord Amherst to George Canning from Batavia, February 20, 1817, PRO FO 17/3/83.
34. 阿美士德勛爵一八一七年四月二十一日急報，PRO FO 17/3/128; Amherst to George Canning, August 8, 1816, PRO FO 17/3/50; Amherst to Canning, February 12, 1817, PRO FO 17/3/62–65; Ellis, *Journal of the Proceedings of the Late Embassy,* pp. 93–97.
35. Morrison, *Memoir of the Principal Occurrences,* pp. 32, 33.
36. Amherst to Canning, February 20, 1817, PRO FO 17/3/86.
37. Staunton, *Notes of Proceedings,* p. 99; Ellis, *Journal of the Proceedings of the Late Embassy,* p. 153.
38. Staunton, *Notes of Proceedings,* pp. 102–3.
39. Ibid., p. 103.
40. 阿美士德信的英文草稿，PRO FO 17/3/88–89; Amherst to Canning, February 20, 1817, PRO FO 17/3/86; Staunton, *Notes of Proceedings,* p. 103.
41. Amherst to Canning, August 8, 1816, PRO FO 17/3/51.
42. John F. Davis, "Sketches of China," supplement to *The Chinese: A General Description of China and Its Inhabitants* (London: Charles Knight & Co., 1846), p. 86; Amherst to Canning from Batavia, March 8, 1817, PRO FO 17/3/90.
43. Staunton, *Notes of Proceedings,* p. 112.
44. Clarke Abel, *Narrative of a Journey in the Interior of China, and of a Voyage to and from That Country in the Years 1816 and 1817* (London: Longman, Hurst, Rees, Orme, and Brown, 1818), p. 104.
45. Ellis, *Journal of the Proceedings of the Late Embassy,* p. 178.
46. Abel, *Narrative of a Journey in the Interior of China,* p. 106.
47. Amherst to Canning, Batavia, March 8, 1817, PRO FO 17/3/92.
48. Abel, *Narrative,* p. 107; Ellis, *Journal of the Proceedings of the Late Embassy,* pp. 179–80.
49. Morse, *Chronicles,* vol. 3, p. 306; M' Leod, *Narrative of a Voyage in His Majesty's Late Ship Alceste,* pp. 136–37. 小斯當東說無人遭阿爾塞斯特號殺害：見Staunton, "Extract of a Letter upon the Propositions entertained relative to the China Trade, in

17. Henry Ellis, *Journal of the Proceedings of the Late Embassy to China* (London: John Murray, 1817), p. 39.
18. Ibid., pp. 440, 491.
19. Robert A. Morrison, *A Memoir of the Principal Occurrences during an Embassy from the British Government to the Court of China in the Year 1816* (London, 1819), p. 16.
20. "Abel' s Journey in China," *Quarterly Review* 21, no. 41 (January 1819): 67–91, quotation on p. 74.
21. 阿美士德勛爵一八一七年四月二十一日的急報，PRO FO 17/3/128.
22. John M' Leod, *Narrative of a Voyage in His Majesty's Late Ship Alceste to the Yellow Sea* (London: John Murray, 1817), pp. 27–47.
23. Ellis, *Journal of the Proceedings of the Late Embassy,* pp. 72, 91–92 etc.
24. 引文來自阿美士德收到的指示，PRO FO 17/3/21.
25. 嘉慶帝的指示，日期注明為一八一六年七月十六日，在《文獻叢編》全編（北京：北京圖書館出版社，2008），第十一輯，頁352（嘉慶二十一年英使來聘案，頁20b）。
26. Amherst to George Canning, February 12, 1817, PRO 17/3/59; 嘉慶親眼見到馬戛爾尼叩頭一事，Staunton, *Notes of Proceedings,* p. 96，也提及。
27. Ellis, *Journal of the Proceedings of the Late Embassy,* pp. 154, 157–58; Morrison, *Memoir of the Principal Occurrences,* p. 35. 畢爾的鳥舍：Peter Fay, *The Opium War, 1840–1842: Barbarians in the Celestial Empire in the Early Part of the Nineteenth Century and the War by Which They Forced Her Gates Ajar* (Chapel Hill: University of North Carolina Press, 1975), p. 26.
28. Amherst to Canning, February 12, 1817, PRO FO 17/3/59.
29. 小斯當東一七九三至一七九四年日記，一七九三年九月十四日記載，Staunton Papers, Duke University.
30. 小斯當東一七九三至一七九四年日記，一七九三年九月十七日記載；嘉慶在乾隆壽宴上看到馬戛爾尼叩頭一事，見Ellis, *Journal of the Proceedings of the Late Embassy,* p. 110.
31. George Macartney, *An Embassy to China: Being the Journal Kept by Lord Macartney during His Embassy to the Emperor Ch'ien-lung, 1793–1794,* ed. J. L. Cranmer-Byng (Hamden, CT: Archon Books, 1963), p. 131.
32. 事隔許久以後，阿美士德在給George Canning的報告裡解釋說，「我先前就被

the Embassy to China"), January 1, 1816, UK National Archives, Public Record Office, Foreign Office records (hereafter PRO FO), 17/5/18.

3. Hosea Ballou Morse, *The Chronicles of the East India Company Trading to China, 1635–1834* (Oxford: Clarendon Press, 1926), vol. 3, pp. 214–19.
4. 阿美士德收到的指示：Ibid., vol. 3, p. 281.
5. Douglas M. Peers, "Amherst, William Pitt, First Earl Amherst of Arracan (1773–1857)," *Oxford Dictionary of National Biography* (Oxford: Oxford University Press, 2004–13).
6. Thomas Handasyd Perkins (in Boston) to Perkins & Co., Canton, July 15, 1814, in Thomas Greaves Cary, *Memoir of Thomas Handasyd Perkins; containing Extracts from his Diaries and Letters* (Boston: Little, Brown, 1856), p. 298.
7. George Thomas Staunton, *Miscellaneous Notices Relating to China, and Our Commercial Intercourse with That Country* (London: John Murray, 1822), p. 240.
8. 《大清仁宗睿（嘉慶）皇帝實錄》(臺北：臺灣華文書局，1964)，卷二九九，頁30b–31a。
9. Morse, *Chronicles,* vol. 3, pp. 259–60.
10. Staunton to his mother, July 12, 1816, George Thomas Staunton Papers, Rubenstein Library, Duke University, Durham, NC, accessed via Adam Matthew Digital, "China: Trade, Politics and Culture 1793–1980."
11. George Thomas Staunton, *Notes of Proceedings and Occurrences, during the British Embassy to Pekin, in 1816* (London: Habant Press,1824，私人印行), pp. 5–8.
12. Staunton to his mother, July 12, 1816, Staunton Papers, Duke University.
13. Thomas Noon Talfourd, ed., *The Works of Charles Lamb* (New York: Harper and Bros., 1838), vol. 1, p. 173.
14. Matthew Mosca, "Qing China's Perspectives on India, 1750–1847" (Ph.D. dissertation, Harvard University, 2008), p. 313.
15. Staunton, *Notes of Proceedings and Occurrences,* p. 9;「懶散天性」: John Davis, quoted in Clements R. Markham, ed., *Narratives of the Mission of George Bogle to Tibet, and of the Journey of Thomas Manning to Lhasa* (London: Trübner and Co., 1876), p. clix.
16. "Embassy to China," *British Review and London Critical Journal* 11, no. 21 (February 1818): 140–73, quotation on p. 141.

58. Markham, *Narratives,* p. 278.
59. 《大清仁宗睿（嘉慶）皇帝實錄》（臺北：臺灣華文書局，1964），卷二五一，頁14b–15a。
60. Markham, *Narratives,* p. 293. 他未遭處死，而是流放到遙遠西北的伊犁。見 Mosca, "Qing China's Perspectives on India," p. 274.
61. 見馬吝一八二一年五月十七日的證詞，在 "Third Report from the Select Committee appointed to consider the means of improving and maintaining the Foreign Trade of the Country. East Indies and China," House of Commons, July 10, 1821, pp. 355–57.
62. Murray A. Rubinstein, *The Origins of the Anglo-American Missionary Enterprise in China, 1807–1840* (Lanham, MD: Scarecrow Press, 1996), p. 95.
63. Ibid., p. 114.
64. Elphinstone to the Court of Directors, November 11, 1812, quoted in Su Ching（蘇精）, "The Printing Presses of the London Missionary Society among the Chinese" (Ph.D. dissertation, University of London, 1996), p. 48.
65. Su, "Printing Presses," p. 48.
66. Robert Morrison, *A Dictionary of the Chinese Language, in Three Parts* (Macao: The Honourable East India Company's Press, 1815), vol. 1, part 1, 題獻頁。
67. Ibid., vol. 1, part 1, pp. 746–85.
68. Prospectus for Morrison's dictionary in the *Literary Panorama and National Register,* September 1818, cc. 1137–38.
69. "Morrison's Dictionary of the Chinese Language," *Asiatic Journal and Monthly Register* 2, no. 9 (September 1816): 258–65, quotation on p. 265.
70. "Missionary Chinese Works," *Quarterly Review* (July 1816): 350–75, quotation on p. 371.

六、暗礁

1. 小斯當東兩萬英鎊的薪水：C. H. Philips, The East India Company, 1784–1834 (Manchester: Manchester University Press, 1940), p. 14, n. 6；「相當高尚之比賽」: George Thomas Staunton, Memoirs of the Chief Incidents of the Public Life of Sir George Thomas Staunton, Bart. (London: L. Booth, 1856，私人印行), p. 40.
2. Lord Castlereagh給阿美士德勛爵的指示（"General Instructions on Undertaking

39. Morse, *Chronicles,* vol. 3, p. 72.
40. "The Late Mr. Thomas Manning," 訃告在 *Asiatic Journal and Monthly Register,* vol. 33, new series (September–December 1840), part 2, pp. 182–83.
41. Manning to his father from Calcutta, April 28, 1810, Manning Papers, TM/1/1/51.
42. 趙金秀的正式書面聲明，按照Matthew William Mosca, "Qing China's Perspectives on India, 1750–1847" (Ph.D. dissertation, Harvard University, 2008), p. 274的剖析。
43. Manning to Lamb, October 11, 1810, in *The Letters of Thomas Manning to Charles Lamb,* ed. Gertrude Anderson (London: Martin Secker, 1925), p. 114.
44. 根據馬吝在離去前夕寄出的一封信，中間那一年有許多時間浪費在等待取得通行證以便通過不丹，他因此痛苦得連寫信給朋友都寫不成（他寫道，「想到自己把寶貴時間浪費在這裡，我就喘得呼吸困難。」）Manning to George Tuthill from Rangpur, August 27, 1811, Manning Papers, TM/2/3/7.
45. Markham, *Narratives,* p. 215. 馬吝敘述其拉薩行的原稿，如今在倫敦皇家亞洲學會的Thomas Manning Papers檔案裡。Markham所出版的那份手稿與原稿差異甚小（造成措詞上有一些小更動——主要是無關緊要的更動——並拿掉馬吝對所喝之酒頻頻發出的某些看法），因此我一般來講會引用下文中已出版的那個版本。
46. Ibid., p. 217.
47. Ibid., pp. 217, 242.
48. Manning manuscript narrative, part 1, p. 9, Manning Papers, TM/10.
49. Markham, *Narratives,* p. 230; Manning manuscript narrative, part 2, p. 7.
50. Markham, *Narratives,* p. 260.
51. Ibid., pp. 255, 256.
52. Ibid., p. 259.
53. Ibid., pp. 264–65. 對覲見廳的描述，也依據Sarat Chandra Das, *Journey to Lhasa and Tibet* (London: John Murray, 1902), pp. 166–67.
54. Markham, *Narratives,* pp. 265, 266–67.
55. Ibid., pp. 275–76.
56. Ibid., pp. 238, 258, 275–76.
57. 《大清仁宗睿（嘉慶）皇帝實錄》（臺北：臺灣華文書局，1964），卷二五一，頁14b。

25. Eliza Morrison, *Life and Labours,* vol. 1, pp. 163, 168.
26. Ibid., vol. 1, pp. 212, 245.
27. Hosea Ballou Morse, *The Chronicles of the East India Company Trading to China, 1635–1834* (Oxford: Clarendon Press, 1926), vol. 3, p. 103, 說馬吝的譯文幾乎是天書：「非常糟糕」: Clements R. Markham, ed., *Narratives of the Mission of George Bogle to Tibet, and of the Journey of Thomas Manning to Lhasa* (London: Trübner and Co., 1876), p. 260.
28. William Milne, *A Retrospect of the First Ten Years of the Protestant Mission to China* (Malacca: Anglo-Chinese Press, 1820), p. 79.
29. Morse, *Chronicles,* vol. 3, p. 134; Laurence Kitzan, "The London Missionary Society in India and China, 1798–1834" (Ph.D. dissertation, University of Toronto, 1965), p. 84; Susan Reed Stifler, "The Language Students of the East India Company' s Canton Factory," *Journal of the North China Branch of the Royal Asiatic Society* 69 (1938): 46–82, see p. 62.
30. Stifler, "Language Students," p. 62.
31. Eliza Morrison, *Life and Labours,* vol. 1, p. 288.
32. Ibid., vol. 1, pp. 286, 295 (quotation on p. 286).
33. Lo-shu Fu（傅樂淑）, *A Documentary Chronicle of Sino-Western Relations (1644–1820)* (Tucson: Published for the Association for Asian Studies by the University of Arizona Press, 1966), vol. 1, pp. 397–98.
34. Stifler, "Language Students," p. 64; Kitzan, "The London Missionary Society in India and China," pp. 87–88.
35. Eliza Morrison, *Life and Labours,* vol. 1, pp. 414–17; Kitzan, "The London Missionary Society in India and China," pp. 88–89.
36. Peter Auber, *China. An Outline of Its Government, Laws, and Policy: and of the British and Foreign Embassies to, and Intercourse with That Empire* (London: Parbury, Allen and Co., 1834), pp. 221–22; Thomas Manning to his father, William Manning, February 12, 1808, Manning Papers, TM/1/1/44, Royal Asiatic Society, London; "veiled mysteries" : Manning to his father, August 18, 1808, Manning Papers, TM/1/1/46.
37. Soup: Markham, *Narratives,* p. 230.
38. Manning to his father from Canton, March 1, 1809, Manning Papers, TM/1/1/49.

14. "Penal Code of China," *Edinburgh Review.*
15. 關於鴉片戰爭前英國人對中國法律的看法，Chen Li（陳利）, *Chinese Law in Imperial Eyes: Sovereignty, Justice, and Transcultural Politics* (New York: Columbia University Press, 2016)有深入研究。對於鴉片戰爭後中國境內治外法權的漫長歷史，探討最精闢者，乃是Pär Cassell' s *Grounds of Judgment: Extraterritoriality and Imperial Power in Nineteenth-Century China and Japan* (New York: Oxford University Press, 2012).
16. Eliza Morrison, *Memoirs of the Life and Labours of Robert Morrison, D.D.* (London: Longman, Orme, Brown, Green, and Longmans, 1839), vol. 1, p. 136.
17. William Johns, *A Sermon, Preached in the Meeting-House of the Baptist Society in Salem . . . for the Benefit of the Translations of the Scriptures into the Languages of India and China* (Boston: Lincoln & Edmands, 1812), p. 14.
18. William W. Moseley, *The Origin of the First Protestant Mission to China* (London: Simpkin and Marshall, 1842), pp. 9, 12.
19. Ibid., pp. 20, 24, 53–63, 108, 109, n. 1; see also A. C. Moule, "A Manuscript Chinese Version of the New Testament (British Museum, Sloane 3599)," *Journal of the Royal Asiatic Society of Great Britain and Ireland,* no. 1 (April 1949): 23–33.
20. Marshall Broomhall, *Robert Morrison: A Master Builder* (Edinburgh: Turnbull & Spears, 1927), p. 39.
21. William Brown to the directors of the London Missionary Society, April 12, 1806, quoted in Christopher A. Daily, *Robert Morrison and the Protestant Plan for China* (Hong Kong: Hong Kong University Press, 2013), p. 96.
22. Broomhall, *Master Builder,* p. 59.
23. "Memoir of the Rev. Robert Morrison," *Asiatic Journal and Monthly Register,* vol. 11, new series (January–April 1835): 198–220, see pp. 199–200. 關於馬禮遜內心的愧疚，他一八〇九年一月十日的日記寫道，「我晚上和莫頓先生及他的家人在一塊。沒把時間用於學習，我覺得不安。」兩天後，「我晚上和莫頓一家人在一塊。照理應該更專心（學習）。」Eliza Morrison, *Life and Labours,* vol. 1, pp. 247–49（犯了把「一月」誤植為「六月」的錯誤）。
24. George Thomas Staunton, *Memoirs of the Chief Incidents,* p. 37. 小斯當東指出，他為了不同目的而學習，「專心和用功程度大大不如」馬禮遜，他「最終比我更精熟許多」。

vol. 31, no. 4 (October 1992): 309–29, see p. 323.

56. Dai Yingcong, "Civilians Go into Battle: Hired Militias in the White Lotus War," *Asia Major,* 3rd series, vol. 22, part 2 (2009): 145–78, see pp. 176–77.
57. Rutter, *Glasspoole and the Chinese Pirates,* p. 19; Morse, *Chronicles,* vol. 3, pp. 144–45.

五、進入點

1. George Thomas Staunton to Charles Grant, November 20, 1809, Staunton Papers, Rubenstein Library, Duke University, Durham, NC, accessed via Adam Matthew Digital, "China: Trade, Politics and Culture 1793–1980."
2. George Thomas Staunton, *Memoirs of the Chief Incidents of the Public Life of Sir George Thomas Staunton, Bart.* (London: L. Booth, 1856，私人印行), pp. 42–43.
3. William Foster, *The East India House: Its History and Associations* (London: John Lane, 1924), pp. 139–40.
4. Staunton, *Memoirs of the Chief Incidents,* p. 44.
5. George Thomas Staunton, trans., *Ta Tsing Leu Lee; being the Fundamental Laws, and a Selection from the Supplementary Statutes, of the Penal Code of China* (London: T. Cadell and W. Davies, 1810), p. i.
6. John Barrow, *Some Account of the Public Life and a Selection from the Unpublished Writings, of the Earl of Macartney,* 2 vols. (London: T. Cadell and W. Davies, 1807).
7. See "Staunton' s Translation of the Penal Code of China," *Critical Review,* Series the Third, vol. 21, no. 4 (December 1810): 337–53, pp. 338–39.
8. Staunton, *Ta Tsing Leu Lee,* p. xi.
9. George Staunton, review of J. Marshman, *A Dissertation on the Characters and Sounds of the Chinese Language,* in *Quarterly Review* (May 1811): 372–403, see p. 396；在後一引文裡，他引用了當時一位地理學家的話。
10. Staunton, *Ta Tsing Leu Lee,* p. 493.
11. "Ta Tsing Leu Lee; or, The Laws of China," *Quarterly Review* 3, no. 6 (May 1810): 273–319.
12. "Penal Code of China," *Edinburgh Review,* no. 32 (August 1810): 476–99, quote on pp. 481–82.
13. "Staunton' s Translation of the Penal Code of China," *Critical Review.*

故宮博物院，1932-33），嘉慶卷一，頁33a。

42. Wang, "White Lotus Rebels," pp. 498, 501.
43. Dian Murray, "Piracy and China' s Maritime Transition," in *Maritime China in Transition, 1750–1850,* ed. Wang Gung-wu and Ng Chin-keong (Wiesbaden: Harrassowitz Verlag, 2004), pp. 43–60, see p. 58.
44. Hosea Ballou Morse, *The Chronicles of the East India Company Trading to China, 1635–1834* (Oxford: Clarendon Press, 1926), vol. 3, p. 117.
45. Ibid., vol. 3, p. 118.
46. J. H. and Edith C. Hubback, *Jane Austen's Sailor Brothers: Being the Adventures of Sir Francis Austen, G.C.B., Admiral of the Fleet and Rear-Admiral Charles Austen* (New York: John Lane, 1906), p. 219; Morse, *Chronicles,* vol. 3, p. 121.
47. Quoted in Hubback and Hubback, *Jane Austen's Sailor Brothers,* p. 220.
48. Hubback and Hubback, *Jane Austen's Sailor Brothers,* p. 220; Morse, *Chronicles,* vol. 3, p. 122.
49. 袁永綸，《靖海氛記》（廣州：上苑堂，1830），第二冊，頁5a，英譯文根據 Charles Friedrich Neumann, *History of the Pirates Who Infested the China Sea from 1807 to 1810* (London: Oriental Translation Fund, 1831), p. 59，改寫而成。
50. Rutter, *Glasspoole and the Chinese Pirates,* p. 56.
51. 袁永綸，《靖海氛記》，第二冊，頁11a–12a，英譯，Neumann, *History of the Pirates,* pp. 71–72.
52. 出處同上，第二冊，頁21b，英譯，Neumann, *History of the Pirates,* p. 88.
53. Murray, "Cheng I Sao in Fact and Fiction," p. 260.
54. 平定白蓮教亂花掉兩億兩白銀一說，來自 "Living through Rebellion," p. 196, and Wang, "White Lotus Rebels," p. 104.　Roger Knight 在 *Britain against Napoleon: The Organization of Victory, 1793–1815* (London: Allen Lane, 2013) 一書頁386，認為從一七九三到一八一五年，英國打拿破崙戰爭總共花掉八億三千萬英鎊；針對英國為了這場戰爭所積欠的債務，他也給了五億七千八百萬英鎊這個數據。在 *The Rise and Fall of British Naval Mastery* (Malabar, FL: R. E. Krieger Pub. Co., 1982) 一書頁139，Paul Kennedy 所提出的戰爭開銷，比前者多了一倍：十六億五千七百萬英鎊；根據三兩銀子換一英鎊這個標準匯率，八億三千萬英鎊值二十四億九千萬兩銀子。
55. Linda Colley, "Britishness and Otherness: An Argument," *Journal of British Studies,*

28. Wang Wensheng, "White Lotus Rebels and South China Pirates: Social Crises and Political Changes in the Qing Empire, 1796–1810" (Ph.D. dissertation, University of California, Irvine, 2008), pp. 147–48, 151–52.
29. Quoted in David Faure, *Emperor and Ancestor: State and Lineage in South China* (Stanford, CA: Stanford University Press, 2007), p. 173.
30. Faure, *Emperor and Ancestor,* pp. 277–78.
31. Robert J. Antony, "State, Continuity, and Pirate Suppression in Guangdong Province, 1809–1810," *Late Imperial China* 27, no. 1 (June 2006): 1–30, see pp. 7–10.
32. Chung-shen Thomas Chang, "Ts' ai Ch' ien, the Pirate King Who Dominates the Seas: A Study of Coastal Piracy in China, 1795–1810" (Ph.D. dissertation, University of Arizona, 1983), p. 37; Dian Murray, *Pirates of the South China Coast, 1790–1810* (Stanford, CA: Stanford University Press, 1987), pp. 101–5.
33. Robert J. Antony, "Piracy and the Shadow Economy in the South China Sea, 1780–1810," in *Elusive Pirates, Pervasive Smugglers: Violence and Clandestine Trade in the Greater China Seas,* ed. Robert J. Antony (Hong Kong: Hong Kong University Press, 2010), pp. 99–114, see p. 111.
34. Rutter, *Narrative of Mr. Richard Glasspoole,* p. 55; Murray, "Cheng I Sao in Fact and Fiction," p. 259.
35. Antony, "Piracy and the Shadow Economy," p. 109.
36. John Turner, *A Narrative of the Captivity and Sufferings of John Turner . . . among the Ladrones or Pirates, on the Coast of China . . . in the year 1807* (New York: G. & R. Waite, 1814), p. 12.
37. Ibid., p. 33.
38. "Substance of Mr. Glasspoole' s Relation, upon his return to England, respecting the Ladrones," in *Further Statement of the Ladrones on the Coast of China: Intended as a Continuation of the Accounts Published by Mr. Dalrymple,* ed. Anon. (London: Lane, Darling, and Co., 1812), pp. 40–45, see p. 40.
39. Rutter, *Narrative of Mr. Richard Glasspoole,* pp. 36–39.
40. 嘉慶十年二月七日（1805年3月7日）敕諭，在《清代外交史料》（北京：故宮博物院，1932-33），嘉慶卷一，頁21b–22a。
41. 嘉慶十年十月十七日（1805年12月7日）敕諭，在《清代外交史料》（北京：

16. Ibid., p. 171.
17. Dai Yingcong（戴瑩琮）, "Broken Passage to the Summit: Nayancheng's Botched Mission in the White Lotus War," in *The Dynastic Centre and the Provinces: Agents and Interactions,* ed. Jeroen Duindam and Sabine Dabringhaus (Leiden: Brill, 2014), pp. 49–73, see pp. 69–70. 關於額勒登堡以不怕吃苦而為人稱道，見John Fairbank對Suzuki Ch　sei的*Shinchō chūkishi kenkyū*一書的評論，刊於*Far Eastern Quarterly* 14, no. 1 (November 1954): 104–6.
18. Cecily McCaffrey, "Living through Rebellion: A Local History of the White Lotus Uprising in Hubei, China" (Ph.D. dissertation, University of California, San Diego, 2003), p. 229; Philip Kuhn and Susan Mann, "Dynastic Decline and the Roots of Rebellion," in *The Cambridge History of China,* vol. 10, *Late Ch'ing, 1800–1911, Part 1,* ed. John K. Fairbank and Denis Twitchett (Cambridge: Cambridge University Press, 1978), p. 142.
19. 關於堅壁清野辦法，見Philip Kuhn, *Rebellion and Its Enemies in Late Imperial China: Militarization and Social Structure, 1796–1864* (Cambridge, MA: Harvard University Press, 1971), pp. 37–63.
20. 龔景翰，〈堅壁清野議〉，在《清中期五省白蓮教起義資料》第五冊，頁178–84。
21. 一八〇〇年二月十三日的一份敕諭提到陝西境內四百四十八座堡寨透過地方籌款建成，只有九十三座由官府建造；《清中期五省白蓮教起義資料》第二冊，頁293。
22. 魏源，《聖武記》(1842)，卷十，頁p. 34a。
23. 見嘉慶八年七月十五日敕諭，在《清中期五省白蓮教起義資料》第三冊，頁344–46。
24. Hummel, *Eminent Chinese,* pp. 222–24; Crossley, *The Wobbling Pivot,* pp. 21–22.
25. 魏源，《聖武記》(1842)，卷十，頁39b。
26. Dian Murray, "Cheng I Sao in Fact and Fiction," in *Bandits at Sea: A Pirate Reader,* ed. C. R. Pennell (New York: New York University Press, 2001), pp. 253–82. 與西班牙無敵艦隊的比較，在Murray的著作；見頁275。
27. Owen Rutter, ed., *Mr. Glasspoole and the Chinese Pirates: Being the Narrative of Mr. Richard Glasspoole of the Ship Marquis of Ely: Describing His Captivity . . .* (London: The Golden Cockerel Press, 1935), p. 57.

and Demographic Change, ed. Timothy Guinnane (Stanford, CA: Stanford University Press, 2004), p. 396，一八〇〇年美國國內生產總額約三億五千萬美元。

4. David Nivison, "Ho-shen and His Accusers," in *Confucianism in Action,* ed. David Nivison and Arthur Wright (Stanford, CA: Stanford University Press, 1959), pp. 209–43, see p. 241.
5. Benjamin Elman, *Classicism, Politics, and Kinship: The Ch'ang-chou School of New Text Confucianism in Late Imperial China* (Berkeley: University of California Press, 1990), pp. 278–82.
6. Susan Mann Jones, "Hung Liang-chi (1746–1809): The Perception and Articulation of Political Problems in Late Eighteenth Century China" (Ph.D. dissertation, Stanford University, 1971), p. 162.
7. Ibid., p. 158.
8. Elman, *Classicism Politics, and Kinship,* pp. 287–90; Jones, "Hung Liang-chi," pp. 159–60; Nivison, "Ho-shen and His Accusers," p. 242.
9. Elman, *Classicism Politics, and Kinship,* p. 289, citing Jones, "Hung Liang-chi," p. 160, and Nivison, "Ho-shen and His Accusers," p. 243.
10. 嘉慶四年元月四日（1799年2月8日）敕諭，在王先謙編，《十朝東華錄》（1899），第三十三冊，嘉慶卷七，頁19b；也節錄於《清中期五省白蓮教起義資料》第三冊，頁103–4。
11. Wang Wensheng（王文生）, *White Lotus Rebels and South China Pirates: Crisis and Reform in the Qing Empire* (Cambridge, MA: Harvard University Press, 2014), p. 140.
12. "E-le-teng-pao," in Arthur W. Hummel, ed., *Eminent Chinese of the Ch'ing Period* (Taipei: SMC Publishing, Inc., 1991), vol. 1, pp. 222–24; Pamela Crossley, *The Wobbling Pivot: China since 1800, an Interpretive History* (Malden, MA: Wiley-Blackwell, 2010), pp. 21–22.
13. 龔景翰，〈平賊議〉，在《清中期五省白蓮教起義資料》第五冊，頁169–78；沉重行李之說，依據《清中期五省白蓮教起義資料》第五冊，頁179。
14. Daniel Mark McMahon, "Restoring the Garden: Yan Ruyi and the Civilizing of China's Internal Frontiers, 1795–1805" (Ph.D. dissertation, University of California, Davis, 1999), p. 168.
15. 《清中期五省白蓮教起義資料》第三冊，頁170。

Chronicles, vol. 3, p. 96.

57. Wakeman, "Drury' s Occupation," p. 29.
58. Morse, *Chronicles of the East India Company,* vol. 3, p. 86.
59. Ibid., p. 87.
60. Stifler, "The Language Students of the East India Company' s Canton Factory," p. 61; Eastberg, "West Meets East," p. 158, n. 398; Morse, *Chronicles,* vol. 3, p. 93.
61. Wakeman, "Drury' s Occupation," p. 31.
62. Auber, *China,* pp. 233–34, quotation on p. 233。度路利提到自己時寫道，「劍半出鞘，基於職責，他不得對中國動武」: Wood, "England, China, and the Napoleonic Wars," p. 149.
63. Wakeman, "Drury's Occupation," p. 32；《大清仁宗睿（嘉慶）皇帝實錄》（臺北：臺灣華文書局，1964），卷二〇二，頁29b–30a。
64. Wood, "England, China, and the Napoleonic Wars," p. 149; Drury to Roberts, November 8, 1808, excerpted in ibid., p. 150.
65. Wood, "England, China, and the Napoleonic Wars," pp. 150, 153.
66. Morse, *Chronicles,* vol. 3, p. 88.
67. Quoted in Wood, "England, China, and the Napoleonic Wars," p. 156.
68. Wakeman, "Drury' s Occupation," p. 33, citing M. C. B. Maybon, "Les Anglais à Macao, en 1802 et en 1808," *Bulletin de l'École française d'Extrême-Orient,* tôme 6, 1906, pp. 301–25; "Sun Yu-t' ing," in Arthur W. Hummel, ed., *Eminent Chinese of the Ch'ing Period* (Taipei: SMC Publishing, Inc., 1991), vol. 2, p. 684.

四、海與陸

1. Harold Kahn, *Monarchy in the Emperor's Eyes: Image and Reality in the Ch'ien-lung Reign* (Cambridge, MA: Harvard University Press, 1971), p. 259.
2. 嘉慶四年正月十六日（1799年2月20日）敕諭，在《史料旬刊》（香港九龍：蝠池書院出版有限公司，2005），第六期，頁398–401; Wook Yoon, "Prosperity with the Help of 'Villains,' 1776–1799: A Review of the Heshen Clique and Its Era," *T'oung Pao* 98, issue 4/5 (2012): 479–527, see pp. 520–21.
3. 八億兩白銀：Wook Yoon, "Prosperity with the Help of 'Villains,' " p. 514. 按照Peter Mancall et al., "Conjectural Estimates of Economic Growth in the Lower South, 1720 to 1800," in *History Matters: Essays on Economic Growth, Technology,*

40. Susan Reed Stifler, "The Language Students of the East India Company' s Canton Factory," *Journal of the North China Branch of the Royal Asiatic Society* 69 (1938): 46–82, see p. 57.
41. Eliza Morrison, *Memoirs of the Life and Labours of Robert Morrison, D.D.* (London: Longman, Orme, Brown, Green, and Longmans, 1839), vol. 1, p. 93.
42. Ibid., vol. 1, p. 98.
43. 引文出處同上，vol. 1, pp. 94, 117–18。向船員講道：Christopher A. Daily, *Robert Morrison and the Protestant Plan for China* (Hong Kong: Hong Kong University Press, 2013), p. 99.
44. Eliza Morrison, *Life and Labours,* vol. 1, pp. 127–31.
45. Marshall Broomhall, *Robert Morrison: A Master Builder* (Edinburgh: Turnbull & Spears, 1927), p. 52.
46. Smith, *Life of Sir Joseph Banks,* p. 271.
47. Eliza Morrison, *Life and Labours,* vol. 1, pp. 153, 162.
48. Broomhall, *Master Builder,* p. 57 (emphasis added).
49. Eliza Morrison, *Life and Labours*, vol. 1, p. 222; Stifler, "The Language Students of the East India Company' s Canton Factory," p. 60.
50. Eliza Morrison, *Life and Labours,* vol. 1, p. 153.
51. 關於走私入英國幾乎不可能：Patrick K. O' Brien, "The Political Economy of British Taxation, 1660–1815," *Economic History Review,* new series, vol. 41, no. 1 (February 1988): 1–32, see p. 26.
52. Morse, *Chronicles,* vol. 2, p. 117.
53. H. V. Bowen, *The Business of Empire: The East India Company and Imperial Britain, 1756–1833* (Cambridge: Cambridge University Press, 2006), pp. 234, 245.
54. Wakeman, "Drury' s Occupation," p. 30; see also O' Brien, "The Political Economy of British Taxation," p. 15 and table 4 on p. 9（關稅總收入占一八一〇年收入的三成）。Michael Greenberg, *British Trade and the Opening of China, 1800–1842* (Cambridge: Cambridge University Press, 1951), p. 3，提出英國政府歲入一成來自中國茶葉這個一再被提及的數據。
55. Peter Hopkirk, *The Great Game: The Struggle for Empire in Central Asia* (New York: Kodansha International, 1994), pp. 33–34.
56. Select Committee's report to Secret Committee, March 3, 1809, excerpted in Morse,

Royal Asiatic Society, London；大部分立傳者認為他的計畫始於一八〇二年，但蘭姆於一八〇一年八月三十一日寫信給他，說「聽說你要去中國」：Talfourd, *Letters of Charles Lamb,* vol. 1, p. 196.

30. 關於哈格那套方法的欠缺效率，見William Huttmann, "Notice of Several Chinese-European Dictionaries which have Preceded Dr. Morrison' s," in the *Asiatic Journal and Monthly Register,* vol. 12 (September 1821): 242。此文舉出兩本表明為揭穿哈格著作的真面目而寫的後來著作。
31. A. J. Dunkin, "Only Passport to England Signed by Napoleon I," in *Notes and Queries,* 2nd series, vol. 10 (August 25, 1860): 143–44.
32. Manning to Joseph Banks (draft, 1806), Manning Papers, TM/4/5, Royal Asiatic Society, London.
33. Charles Lamb to William Hazlitt, November 18, 1805: "Manning is come to town in spectacles, and studies physic; is melancholy, and seems to have something in his head which he don' t impart." Talfourd, *The Works of Charles Lamb. To which are prefixed, His Letters, and a Sketch of His Life* (New York: Harper and Bros., 1838), vol. 1, p. 133.
34. Talfourd, *The Letters of Charles Lamb,* vol. 1, p. 242. 蘭姆似乎自創了smouchy（手腳可能不乾不淨）一詞——牛津英語字典舉出這封寫給馬吝的信，作為此詞唯一已知的使用例子。
35. Clements R. Markham, ed., *Narratives of the Mission of George Bogle to Tibet, and of the Journey of Thomas Manning to Lhasa* (London: Trübner and Co., 1876), pp. clvi–clvii.
36. Peter Auber, *China. An Outline of Its Government, Laws, and Policy: and of the British and Foreign Embassies to, and Intercourse with That Empire* (London: Parbury, Allen and Co., 1834), pp. 220–21.
37. Quoted in Edward Smith, *The Life of Sir Joseph Banks: President of the Royal Society* (London: John Lane, The Bodley Head, 1911), p. 269, n. 1；接著是班克斯寫給斯當東的信。
38. Lamb to Manning, December 5, 1806, in Talfourd, *Letters of Charles Lamb,* vol. 1, pp. 285–89.
39. Baldwin, R. C. D. "Sir Joseph Banks and the Cultivation of Tea," *RSA Journal* 141, no. 5444 (November 1993): 813–17.

11. George Thomas Staunton, *Memoirs of the Chief Incidents of the Public Life of Sir George Thomas Staunton, Bart.* (London: L. Booth, 1856，私人印行), pp. 15–17.
12. Staunton letter to his parents, July 28, 1799, in the George Thomas Staunton Papers, Rubenstein Library, Duke University, Durham, NC, accessed via Adam Matthew Digital, "China: Trade, Politics and Culture 1793–1980." 有趣的是，一七九三年馬戛爾尼離華時，認為東印度公司在廣州的貨監會開始鼓勵他們的下層職員學習中文，但這樣的事似乎並未發生；Macartney to the Chairman and Deputy Chairman of the East India Company, September 4, 1794, British Library, India Office Records, IOR/G/12/92, fol. 488.
13. Staunton to his parents, July 15, 1799, Staunton Papers, Duke University.
14. Staunton to his parents, July 28, 1799.
15. Staunton, *Memoirs of the Chief Incidents,* p. 25.
16. C. H. Philips, *The East India Company, 1784–1834* (Manchester: Manchester University Press, 1940), p. 14, n. 6.
17. Jodi Rhea Bartley Eastberg, "West Meets East: British Perceptions of China through the Life and Works of Sir George Thomas Staunton, 1781–1859" (Ph.D. dissertation, Marquette University, 2009), p. 95.
18. Staunton, *Memoirs,* p. 26.
19. Staunton to his father, April 18, 1801.
20. Staunton to his father, February 26, 1801.
21. Hosea Ballou Morse, *The Chronicles of the East India Company Trading to China, 1635–1834* (Oxford: Clarendon Press, 1926), vol. 2, p. 338.
22. Staunton to his father, March 27, 1800.
23. Morse, *Chronicles,* vol. 2, p. 342.
24. Staunton to his father, March 27, 1800.
25. Staunton to his father, January 19, 1801; to his parents, June 27, 1800.
26. Staunton, *Memoirs,* p. 39.
27. William C. Hunter, *The 'Fan Kwae' at Canton before Treaty Days, 1825–1844* (London: Kegan Paul, Trench & Co., 1882), p. 126.
28. Thomas Noon Talfourd, *The Letters of Charles Lamb, with a Sketch of His Life* (London: Edward Moxon, 1837), vol. 1, footnote on p. 208 (Talfourd' s words, not Lamb' s).
29. Thomas Manning letter to Joseph Banks (draft, 1806), Manning Papers, TM/4/5,

37. 此英譯文依據Wang Wensheng在 "White Lotus Rebels," p. 282的譯文。
38. Wang, "White Lotus Rebels," p. 300.

三、世界的邊緣

1. 一八〇〇年廣州是世上第三大城：Jürgen Osterhammel, *The Transformation of the World: A Global History of the Nineteenth Century* (Princeton, NJ: Princeton University Press, 2014), p. 251. 當時世上前十大城市，中國城市占了其中四席。
2. Patrick Hanan, trans., *Mirage* (Hong Kong: Chinese University Press, 2014), p. 82（把 "Guangdong" 改成 "Canton"）。
3. George Leonard Staunton, *An Authentic Account of an Embassy from the King of Great Britain to the Emperor of China* (Philadelphia: Robert Campbell, 1799), vol. 2, p. 360. 這些不幸的海豹獵人會在阿姆斯特丹島上受困三年多，其中一名法國人Pierre François Péron在回憶錄裡講述了他們在島上的遭遇，回憶錄則化為兩卷本的*Mémoires du capitaine Péron, sur ses voyages* . . . (Paris: Brissot-Thivars, 1824)出版。
4. 對高爾船長戰鬥隊形的概述，見William Alexander的日記，頁8，William Alexander, "Journal of a voyage to Pekin in China, on board the 'Hindostan' E.I.M., which accompanied Lord Macartney on his embassy to the Emperor," British Library, Add MS 35174, fol. 86.
5. Macartney to the Chairman and Deputy Chairman of the East India Company, September 4, 1794, British Library, India Office Records, IOR/G/12/92, fols. 487–88; Staunton, *An Authentic Account,* vol. 2, p. 465.
6. Quoted in James Fichter, *So Great a Proffit: How the East Indies Trade Transformed Anglo-American Capitalism* (Cambridge, MA: Harvard University Press, 2010), p. 207.
7. Herbert J. Wood, "England, China, and the Napoleonic Wars," *Pacific Historical Review* 9, no. 2 (June 1940): 139–56, see p. 141.
8. Ibid., p. 142.
9. Frederic Wakeman Jr., "Drury's Occupation of Macau and China's Response to Early Modern Imperialism," *East Asian History* 28 (December 2004): 27–34, see p. 28.
10. Ibid., p. 29.

in *Confucianism in Action,* ed. David Nivison and Arthur Wright (Stanford, CA: Stanford University Press, 1959), pp. 209–43, see p. 211.

22. Nivison, "Ho-shen and His Accusers," pp. 232–34.
23. Dai Yingcong（戴瑩琮）, "Civilians Go into Battle: Hired Militias in the White Lotus War," *Asia Major,* 3rd series, vol. 22, part 2 (2009): 145–78, see p. 153.
24. 《清中期五省白蓮教起義資料》第四冊頁164, 268; McCaffrey, "Living through Rebellion," pp. 161–62.
25. 《清中期五省白蓮教起義資料》第四冊頁267。
26. Ibid., p. 269.
27. Blaine Campbell Gaustad, "Religious Sectarianism and the State in Mid Qing China: Background to the White Lotus Uprising of 1796–1804" (Ph.D. dissertation, University of California, Berkeley, 1994), p. 315; Liu, "Religion and Politics in the White Lotus Rebellion," pp. 286–87, 289, 296–97, 301; Robert Eric Entenmann, "Migration and Settlement in Sichuan, 1644–1796" (Ph.D. dissertation, Harvard University, 1982), pp. 236–37.
28. 關於乾隆不願派出精銳八旗軍，見Dai, "Civilians Go into Battle," pp. 149, 153.
29. Dai, "Civilians Go into Battle," pp. 153–55; Wang, "White Lotus Rebels," pp. 304–5.
30. Dai, "Civilians," pp. 156–58; Wang Wensheng, *White Lotus Rebels and South China Pirates: Crisis and Reform in the Qing Empire* (Cambridge, MA: Harvard University Press, 2014), p. 142.
31. 勒保的報告，來自《錦里新編》，節錄於蔣維明編《川湖陝白蓮教起義資料》（成都：四川人民出版社，1980），頁214–15。
32. Kahn, *Monarchy,* p. 257; Hummell, *Eminent Chinese,* p. 289; Wang, "White Lotus Rebels," pp. 282, 292–94; Beatrice Bartlett, *Monarchs and Ministers: The Grand Council in Mid-Ch'ing China, 1723–1820* (Berkeley: University of California Press, 1991), pp. 231–38.
33. Dai, "Civilians Go into Battle," pp. 159–62.
34. 章學誠，被David Nivison翻成英文，引用於*The Life and Thought of Chang Hsüeh-ch'eng* (Stanford, CA: Stanford University Press, 1966), p. 268.
35. 汪輝祖，被David Nivison翻成英文，"Ho-shen and His Accusers," pp. 216–17.
36. Nivison, *The Life and Thought of Chang Hsüeh-ch'eng,* p. 268.

University of California, San Diego, 2003)一文中，對漢江高地這場叛亂有出色的探討。她的描述對我影響甚大。

8. 除非另行加注，後面的段落都依據《清中期五省白蓮教起義資料》第五冊頁35–36中的張正謨自述寫成。
9. 多了數倍：Wang, "White Lotus Rebels," p. 109, citing Eduard B. Vermeer, "The Mountain Frontier in Late Imperial China: Economic and Social Developments in the Bashan," *T'oung Pao,* 2nd series, vol. 77, livr. 4/5 (1991): 300–329, see p. 306.
10. 《清中期五省白蓮教起義資料》第一冊頁18。
11. Kwang-Ching Liu（劉廣京）, "Religion and Politics in the White Lotus Rebellion of 1796 in Hubei," in *Heterodoxy in Late Imperial China,* ed. Kwang-Ching Liu and Richard Shek (Honolulu: University of Hawaii Press, 2004), p. 293.
12. 張正謨的第二份自述，《清中期五省白蓮教起義資料》第五冊頁36–41，見頁37。
13. 《清中期五省白蓮教起義資料》第四冊頁165。
14. 向瑤明自述，出處同上，第五冊頁4。
15. 張正謨的第二份自述，出處同上，第五冊頁40。
16. George Macartney, *An Embassy to China: Being the Journal Kept by Lord Macartney during His Embassy to the Emperor Ch'ien-lung, 1793–1794,* ed. J. L. Cranmer-Byng (Hamden, CT: Archon Books, 1963), p. 202; George Leonard Staunton, *An Authentic Account of an Embassy from the King of Great Britain to the Emperor of China* (Philadelphia: Robert Campbell, 1799), vol. 2, pp. 78–79.
17. Wook Yoon, "Prosperity with the Help of 'Villains,' 1776–1799: A Review of the Heshen Clique and Its Era," Heshen Clique and Its Era," *T'oung Pao* 98, issue 4/5 (2012): 479–527, p. 520.
18. Harold Kahn, *Monarchy in the Emperor's Eyes: Image and Reality in the Ch'ien-lung Reign* (Cambridge, MA: Harvard University Press, 1971), p. 255.
19. 關於軍機處，見Wook Yoon, "Prosperity with the Help of 'Villains,' " pp. 483–85.
20. Staunton, *An Authentic Account,* vol. 2, p. 66.
21. Philip Kuhn and Susan Mann, "Dynastic Decline and the Roots of Rebellion," in *The Cambridge History of China,* vol. 10, *Late Ch'ing, 1800–1911, Part 1,* ed. John K. Fairbank and Denis Twitchett (Cambridge: Cambridge University Press, 1978), pp. 107–62, see pp. 127–28; David Nivison, "Ho-shen and His Accusers,"

二、黑風

1. “Hung-li” , in Arthur W. Hummel, ed., *Eminent Chinese of the Ch'ing Period* (Taipei: SMC Publishing, Inc., 1991), vol. 1, p. 369; John E. Wills, *Mountain of Fame: Portraits in Chinese History* (Princeton, NJ: Princeton University Press, 1994), p. 234; Mark Elliott, *Emperor Qianlong: Son of Heaven, Man of the World* (New York: Longman, 2009), p. 8.
2. Clae Waltham, *Shu Ching: Book of History* (Chicago: Henry Regnery Company, 1971), p. 134; Ye Xiaoqing, “Ascendant Peace in the Four Seas: Tributary Drama and the Macartney Mission of 1793,” *Late Imperial China* 26, no. 2 (December 2005): 89–113, see p. 105.
3. Elliott, *Emperor Qianlong,* p. 138; Ye, “Ascendant Peace in the Four Seas,” pp. 105–6.
4. Elliott, *Emperor Qianlong,* p. 134; Chang Te-Ch' ang, “The Economic Role of the Imperial Household in the Ch' ing Dynasty,” *Journal of Asian Studies* 31, no. 2 (February 1972): 243–73, see pp. 256–59; Preston M. Torbert, *The Ch'ing Imperial Household Department: A Study of Its Organization and Principal Functions, 1662–1796* (Cambridge, MA: Council on East Asian Studies, Harvard University, 1977), p. 100 etc.
5. 人口數據來自Ho Ping-ti（何炳棣）, *Studies on the Population of China, 1368–1953* (Cambridge, MA: Harvard East Asian Series, 1959), pp. 23, 264, 270, and 278, as cited in Wang Wensheng（王文生）, “White Lotus Rebels and South China Pirates: Social Crises and Political Changes in the Qing Empire, 1796–1810” (Ph.D. dissertation, University of California, Irvine, 2008), p. 35, n. 60.
6. Ssu-yü Teng（鄧嗣禹）, “Chinese Influence on the Western Examination System,” *Harvard Journal of Asiatic Studies* 7, no. 4 (September 1943): 267–312; Voltaire, from “Essai sur les moeurs,” and Montesquieu, from “De l' esprit des lois,” book 8, chapter 21 (Paris, 1878), both quoted in ibid., p. 281; Derek Bodde, “Chinese Ideas in the West,” prepared for the Committee on Asiatic Studies in American Education, Washington, DC, 1948.
7. 張正謨自述，收於《清中期五省白蓮教起義資料》(蘇州：江蘇人民出版社，1981)，第五冊，頁35–36；Cecily McCaffrey在 “Living through Rebellion: A Local History of the White Lotus Uprising in Hubei, China” (Ph.D. dissertation,

Knopf, 1992), p. 271.

60. George Thomas Staunton diary, September 29, 1793.
61. Proudfoot, *Dinwiddie,* p. 53.
62. Anderson, *A Narrative of the British Embassy,* p. 171.
63. Ibid., p. 181（把 "Pekin" 改成 "Beijing"）。
64. Proudfoot, *Dinwiddie,* pp. 54–55.
65. 乾隆五十八年八月六日（1793年9月10日）敕諭，見《英使馬戛爾尼訪華檔案史料匯編》，頁148–49。
66. "Letter from the Emperor of China to the King of England," British Library, India Office Records, IOR/G/12/92, fols. 243–55；乾隆五十八年八月二十日（1793年9月24日）諭原文，見《英使馬戛爾尼訪華檔案史料匯編》，頁165–66。
67. 一如前面那一段，引文來自當時東印度公司請人完成的英譯文，唯獨最後幾行（從「奇怪、貴重之物」起）例外。這最後幾行以此形態在今日廣為人知，因而與此文件最常被引用的那一版英譯文一致。這一版英譯文問世時間晚了許多，可見於J. O. P. Bland and Edmund Backhouse, *Annals & Memoirs of the Court of Peking (from the 16th to the 20th Century)* (Boston: Houghton, Mifflin and Company, 1914), pp. 324–25.
68. 乾隆五十八年八月二十九日（1793年10月3日）敕諭，見《英使馬戛爾尼訪華檔案史料匯編》，頁172–75；當時請人完成供英國政府過目的英譯文，藏於British Library, India Office Records, IOR/G/12/92, fols. 283–98.
69. Macartney, *An Embassy to China,* p. 171.
70. Ibid., pp. 170, 211.
71. Ibid., pp. 212, 213.
72. "Embassies to China," *Chinese Repository,* vol. 6 (May 1837): 17–27, see p. 18.
73. Ibid., p. 26.
74. Peter Pindar（John Wolcot的化名）, "Ode to the Lion Ship of War," in *The Works of Peter Pindar, Esq.* (London: J. Walker, 1809), vol. 3, pp. 348–50.
75. Macartney, *An Embassy to China,* pp. 212–13.
76. Ibid., pp. 236, 238.
77. Ibid., p. 239.

41. Macartney, *An Embassy to China,* p. 114; Proudfoot, *Dinwiddie,* p. 51.
42. Anderson, *A Narrative of the British Embassy,* p. 138; Staunton, *An Authentic Account,* vol. 2, p. 8.
43. Caleb Cushing to John Nelson, July 13, 1844:：「在這以前一直誤以為北京有個重要的國務大臣叫Grand Colao，外國政府要找人談就該找他」。*Public Documents Printed by Order of the Senate of the United States, Second Session of the Twenty-Eighth Congress* (Washington, DC: Gales and Seaton, 1845), vol. 2, no. 67, p. 55.
44. Anderson, *A Narrative of the British Embassy,* pp. 139–41.
45. Ibid., pp. 148–49；乾隆皇賜給英國使團之禮物的完整三十二頁清單，收藏於British Library, India Office Records, IOR/G/12/92, fols. 317–49.
46. Staunton, *An Authentic Account,* p. 68.
47. Macartney to Dundas, November 9, 1793, British Library, India Office Records, IOR/G/12/92, fols. 56–57.
48. Staunton, *An Authentic Account,* pp. 68, 70.
49. Macartney, *An Embassy to China,* p. 118.
50. Anderson, *A Narrative of the British Embassy,* pp. 146–47.
51. Staunton, *An Authentic Account*, p. 77.
52. Ibid., p. 78.
53. 此信的英文原件，在Morse, *Chronicles,* vol. 2, pp. 244–47；中譯見《英使馬戛爾尼訪華檔案史料匯編》(北京：國際文化出版公司，1996)，頁162–64。
54. Macartney, *An Embassy to China,* p. 124.
55. George Thomas Staunton diary for 1793–94, entry for September 14, 1793.
56. Anderson, *A Narrative of the British Embassy,* p. 148; Staunton, *An Authentic Account,* p. 78.
57. Ye Xiaoqing(葉曉青), "Ascendant Peace in the Four Seas: Tributary Drama and the Macartney Mission of 1793," *Late Imperial China* 26, no. 2 (December 2005): 89–113, see p. 100.
58. Macartney, *An Embassy to China,* p. 143; Anderson, *A Narrative of the British Embassy,* pp. 179–80.
59. Proudfoot, *Dinwiddie,* p. 51. Letters read: Macartney, *An Embassy to China,* p. 102; Alain Peyrefitte, *The Immobile Empire,* trans. Jon Rothschild (New York: Alfred A.

Duke University.

25. Robbins, *Our First Ambassador,* pp. 203–4; Anderson, *A Narrative of the British Embassy to China,* pp. 27–28; George Thomas Staunton diary, February 1–2, 1793, Staunton Papers, Duke University.
26. Susan Reed Stifler, "The Language Students of the East India Company' s Canton Factory," *Journal of the North China Branch of the Royal Asiatic Society* 69 (1938): 46–82, see p. 52; Macartney, *An Embassy to China,* p. 64；關於雅各布斯・李把中文譯成義大利語而非英語，見Macartney letter to Henry Dundas, November 9, 1793, British Library, India Office Records, IOR/G/12/92, fol. 35.
27. George Thomas Staunton diary for 1792–93, pp. 108, 207–9, 213–14, 223, 241; Anderson, *A Narrative of the British Embassy,* p. 54.
28. Leonard Blussé, *Visible Cities: Canton, Nagasaki, and Batavia and the Coming of the Americans* (Cambridge, MA: Harvard University Press, 2008), p. 10.
29. Anderson, *A Narrative of the British Embassy,* pp. 34, 35.
30. Macartney letter to Henry Dundas from near Hangzhou, Zhejiang province, November 9, 1793, British Library, India Office Records, IOR/G/12/92, fol. 32.
31. Macartney, *An Embassy to China,* pp. 63, 69.
32. Anderson, *A Narrative of the British Embassy,* p. 57; William Alexander diary, entries for July 9, 11, 22, and 23, 1793.
33. William Alexander日記，一七九三年七月十七日記載（「中國人會從我們少數人這兒形成對英格蘭人素質的看法」）；「贏得中國人的友善相待」：Staunton, *An Historical Account,* p. 232.
34. Staunton, *An Historical Account,* p. 234.
35. Macartney, *An Embassy to China,* pp. 69, 101.
36. Ibid., pp. 66, 74, and 75.
37. Macartney, *An Embassy to China,* p. 71; William Alexander diary, August 1, 1793; Anderson, *A Narrative of the British Embassy,* p. 63.
38. Macartney, *An Embassy to China,* pp. 77–78；「一路拖著沉重腳步走」：William Alexander日記，一七九三年八月九日記載。
39. Macartney, *An Embassy to China,* p. 112.
40. Anderson, *A Narrative of the British Embassy,* p. 137; Macartney, *An Embassy to China,* p. 114; Staunton, *An Authentic Account,* vol. 2, pp. 61–62.

11. William Jardine Proudfoot, *Biographical Memoir of James Dinwiddie, Ll.D., Astronomer in the British Embassy to China, 1792, '3, '4* (Liverpool: Edward Howell, 1868), p. 26.
12. William Alexander, "Journal of a voyage to Pekin in China, on board the 'Hindostan' E.I.M., which accompanied Lord Macartney on his embassy to the Emperor," British Library, Add MS 35174, fol. 86; Staunton, *An Authentic Account,* pp. 492–98; 完整的禮物目錄，在British Library, India Office Records, IOR/G/12/92, fols. 155–86.
13. *Times,* September 7, 1792, p. 2（無文章標題）。
14. Proudfoot, *Memoir of James Dinwiddie,* pp. 26, 27.
15. "Letter from King George III to the Emperor of China," in Morse, *Chronicles,* vol. 2, pp. 244–47.
16. Staunton, *An Authentic Account,* pp. 47–48.
17. Baring and Burges to Macartney, September 8, 1792, quoted in Pritchard, "The Instructions of the East India Company to Lord Macartney," part 1, p. 210.
18. George Leonard Staunton, *An Historical Account of the Embassy to the Emperor of China, undertaken by order of the King of Great Britain* (London: John Stockdale, 1797), p. 20.
19. Staunton, *An Historical Account,* p. 21; details of visit taken from 1792 diary of Staunton' s son, in the George Thomas Staunton Papers, Rubenstein Library, Duke University, Durham, NC, accessed via Adam Matthew Digital, "China: Trade, Politics and Culture 1793–1980."
20. 馬戛爾尼的日記，*An Embassy to China*，頁 231，說他們是孤兒或買來的；D. E. Mungello, *The Great Encounter of China and the West, 1500–1800* (Lanham, MD: Rowman & Littlefield, 1999), p. 117.
21. Hamilton letter to Staunton from Naples, February 21, 1792, Staunton Papers, Duke University; Mungello, *The Great Encounter,* p. 140.
22. Staunton, *An Historical Account,* p. 21。馬戛爾尼本人說他們「沒什麼活力或說服力」: Macartney, *An Embassy to China,* p. 231.
23. Macartney to Chairman and Deputy Chairman of the East India Company, from near Sumatra, March 25, 1793, British Library, India Office Records, IOR/G/12/92, fols. 16–17.
24. George Thomas Staunton letter to his mother, December 9, 1792, Staunton Papers,

21. Morse, *Chronicles,* vol. 1, p. 158.
22. Michael Greenberg, *British Trade and the Opening of China, 1800–1842* (Cambridge: Cambridge University Press, 1951), p. 3.

一、嘖嘖稱奇的時代

1. 馬戛爾尼給東印度公司董事長的信，一七九二年九月二十六日，British Library, India Office Records, IOR/G/12/92。關於海軍準備工作：William James, *The Naval History of Great Britain, from the Declaration of War by France in 1793 to the Accession of George IV* (London: Richard Bentley, 1859), vol. 1, p. 53; George Leonard Staunton, *An Authentic Account of an Embassy from the King of Great Britain to the Emperor of China* (Philadelphia: Robert Campbell, 1799), vol. 1, p. 17.
2. Helen Robbins, *Our First Ambassador to China: An Account of the Life and Correspondence of George, Earl of Macartney, with Extracts from His Letters, and the Narrative of His Experiences in China, as Told by Himself, 1737–1806* (New York: Dutton and Company, 1908), p. 220.
3. Roland Thorne, "Macartney, George, Earl Macartney (1737–1806)," *Oxford Dictionary of National Biography* (Oxford: Oxford University Press, 2004–13).
4. Aeneas Anderson, *A Narrative of the British Embassy to China, in the Years 1792, 1793, and 1794* (London: J. Debrett, 1795), p. 146.
5. George Macartney, *An Embassy to China: Being the Journal Kept by Lord Macartney during His Embassy to the Emperor Ch'ien-lung, 1793–1794,* ed. J. L. Cranmer-Byng (Hamden, CT: Archon Books, 1963), p. 213.
6. 這裡的英美比較，依據Hosea Ballou Morse, *The Chronicles of the East India Company Trading to China, 1635–1834* (Oxford: Clarendon Press, 1926–29) 一書中的1792年圖表，第二冊，頁193；那一年有三十九艘英國船隻造訪廣州（包括東印度公司船隻和民間船隻），來自美國的則是六艘。
7. "The China Trade," *Times,* June 8, 1791.
8. Earl H. Pritchard, "The Instructions of the East India Company to Lord Macartney on His Embassy to China," part 1, *Journal of the Royal Asiatic Society of Great Britain and Ireland,* no. 2 (April 1938): 201–30, see pp. 202–3 and 210–11.
9. Staunton, *An Authentic Account,* p. 18.
10. Ibid., p. 17（把 "Pekin" 改成 "Beijing"）。

63.

8. 下令將洪任輝的老師砍頭的上諭，見《大清高宗純皇帝實錄》，卷五九八，頁5a– 6b。
9. 關於洪任輝之死，見，例如張德昌〈清代鴉片戰爭前之中西沿海通商〉頁124，收錄於包遵彭等人所編《中國近代史論叢》，第一輯第三卷，頁91-132。關於豆腐，見Benjamin Franklin to John Bartram, January 11, 1770, in William Darlington, ed., *Memorials of John Bartram and Humphry Marshall* (Philadelphia: Lindsay & Blakiston, 1849), pp. 404– 5.
10. Adam Smith, *An Inquiry into the Nature and Causes of the Wealth of Nations,* 2nd ed. (London: W. Strahan and T. Cadell, 1778), vol. 1, pp. 87– 88.
11. Voltaire, *A Philosophical Dictionary,* vol. 3 of 10 (Cannibals– Councils), pp. 81–82, in series vol. 7 of *The Works of Voltaire, A Contemporary Version,* 43 vols. (Akron, OH: Werner Company, 1905).
12. A. E. Van-Braam Houckgeest, *An Authentic Account of the Embassy of the Dutch East-India Company, to the Court of the Emperor of China, In the Years 1794 and 1795* (London: R. Phillips, 1798), vol. 1, pp. v– vi.
13. Kenneth Pomeranz, *The Great Divergence: China, Europe, and the Making of the Modern World Economy* (Princeton, NJ: Princeton University Press, 2000), pp. 36–39, 116–22.
14. Aeneas Anderson, *A Narrative of the British Embassy to China, in the Years 1792, 1793, and 1794* (London: J. Debrett, 1795), p. v.
15. Henry Defeynes (Monsieur de Monsart), *An Exact and Curious Survey of all the East Indies, even to Canton, the chiefe Cittie of China* (London: Thomas Dawson, 1615), p. 30 (changing numeral 6 to "six").
16. Lt.-Col. Sir Richard Carnac Temple, ed., *The Travels of Peter Mundy in Europe and Asia, 1608–1667* (London: Hakluyt Society, 1919), vol. 3, part 1, p. 173.
17. Ibid., vol. 3, part 1, p. 178.
18. Anon. ("A Looker-On"), *Chinese Commerce and Disputes, from 1640 to 1840. Addressed to Tea Dealers and Consumers* (London: W. Morrison, 1840), p. 8.
19. Ibid.; and Andrew Ljungstedt, *An Historical Sketch of the Portuguese Settlements in China* (Boston: James Monroe and Co., 1836), pp. 276–78.
20. Temple, *The Travels of Peter Mundy,* vol. 3, part 1, p. 191.

(Bethlehem, PA: Lehigh University Press, 1997); Samuel Wells Williams, The Middle Kingdom (London: W. H. Allen, 1883)；以及馬吝、羅伯特・福貝斯的個人書信。

2. 這種看法在針對一般讀者的鴉片戰爭相關書籍裡屢見不鮮，但有個令人樂見的例外，那就是藍詩玲（Julia Lovell）的晚近著作，《鴉片戰爭：毒品、夢與中國建構》（*The Opium War: Drugs, Dreams, and the Making of China,* London: Picador, 2011）。我要特別推薦此書給感興趣於軍事史的讀者，因為該書對此戰爭的介紹，遠比本書詳細。

序幕：洪任輝之旅

1. Hosea Ballou Morse, *The Chronicles of the East India Company Trading to China, 1635– 1834* (Oxford: Clarendon Press, 1926), vol. 1, pp. 266– 67; George Anson, *A Voyage Round the World, in the Years 1740– 1744* (Edinburgh: Campbell Denovan, 1781), vol. 2, book 3, p. 244.
2. Charles Frederick Noble, *A Voyage to the East Indies in 1747 and 1748* (London: T. Becket and P. A. Dehondt, at the Tully' s Head, 1762), p. 306；洪任輝給聯合東印度公司董事會（欲成為貨監）的請願書，一七四五年二月十九日宣讀於董事會，British Library, East India Office Records, IOR/E/1/33.
3. "Transactions of a Voyage in the *Success* Snow from Canton to Limpo and afterwards to Tien-Tsin, 1759," British Library, East India Office Records, IOR/G/12/195 (China and Japan, Miscellaneous Papers, 1710– 1814), item 12; Susan Reed Stifler, "The Language Students of the East India Company' s Canton Factory," *Journal of the North China Branch of the Royal Asiatic Society* 69 (1938): 46– 82, see p. 49; Robert Bennet Forbes, *Remarks on China and the China Trade* (Boston: Samuel N. Dickinson, 1844), pp. 22– 23.
4. 洪任輝此次航行的細節，取自他的日記，" Transactions of a Voyage in the *Success* Snow from Canton to Limpo and afterwards to Tien-Tsin, 1759," BL IOR/G/12/195. 當時的外國人大多將白河稱作Peiho。
5. Morse, *Chronicles,* vol. 1, p. 75.
6. 《大清高宗純皇帝實錄》（臺北：臺灣華文書局），卷五九八，頁5a– 6b。
7. As translated in the *Canton Register,* August 25, 1830; also in Anon. ("A Visitor to China"), *Address to the People of Great Britain, Explanatory of Our Commercial Relations with the Empire of China* (London: Smith. Elder and Co., 1836), pp. 62–

注釋

引言：廣州

1. 此處對廣州的描述，根據多種資料拼湊而成，包括（未按特定順序排列）：Valery M. Garrett, *Heaven Is High, the Emperor Far Away: Merchants and Mandarins in Old Canton* (New York: Oxford University Press, 2002); Robert Bickers, *The Scramble for China: Foreign Devils in the Qing Empire, 1832–1914* (London: Allen Lane, 2011); Aeneas Anderson, *A Narrative of the British Embassy to China, in the Years 1792, 1793, and 1794* (London: J. Debrett, 1795); James Johnson, *An Account of a Voyage to India, China, &c. in His Majesty's Ship Caroline* (London: Richard Phillips, 1806); Harriet Low Hillard, *My Mother's Journal: A Young Lady's Diary of Five Years Spent in Manila, Macao, and the Cape of Good Hope,* ed. Katharine Hillard (Boston: George H. Ellis, 1900); Jürgen Osterhammel, *The Transformation of the World: A Global History of the Nineteenth Century* (Princeton, NJ: Princeton University Press, 2014); Samuel Kidd, "Canton," in *The Christian Keepsake, and Missionary Annual,* ed. William Ellis (London: Fisher, Son, & Co., 1836), pp. 170–78; Jonathan Spence, *God's Chinese Son* (New York: Norton, 1996); Charles Godfrey Leland, *Pidgin-English Sing-song; or, Songs and Stories in the China-English Dialect* (London: Trübner and Co., 1876); William C. Hunter, *The 'Fan Kwae' at Canton before Treaty Days, 1825–1844* (London: Kegan Paul, Trench & Co., 1882); Tiffany Osmond, *The Canton Chinese: or, The American's Sojourn in the Celestial Empire* (Boston, MA, and Cambridge, UK: James Munroe, 1849); Anon., *An Intercepted Letter from J—T—, Esq. Writer at Canton to His Friend in Dublin Ireland* (Dublin: M. N. Mahon, 1804); Jacques Downs, *The Golden Ghetto: The American Commercial Community at Canton and the Shaping of American China Policy, 1784–1844*

Nineteenth Century." Ph.D. dissertation, Harvard University, 2012.

Wood, Herbert J. "England, China, and the Napoleonic Wars." *Pacific Historical Review* 9, no. 2 (June 1940): 139–56.

Wood, William W. *Sketches of China.* Philadelphia: Carey & Lea, 1830.

Wylie, Alexander. *Memorials of the Protestant Missionaries to the Chinese.* Shanghai: American Presbyterian Mission Press, 1867.

Ye Xiaoqing（葉曉青）. "Ascendant Peace in the Four Seas: Tributary Drama and the Macartney Mission of 1793." *Late Imperial China* 26, no. 2 (December 2005): 89–113.

Yoon, Wook. "Prosperity with the Help of 'Villains,' 1776–1799: A Review of the Heshen Clique and Its Era." *T'oung Pao* 98, issue 4/5 (2012): 479–527.

Zheng Yangwen（鄭揚文）. *The Social Life of Opium in China.* Cambridge: Cambridge University Press, 2005.

Zhu Weizheng（朱維錚）. *Rereading Modern Chinese History.* Translated by Michael Dillon. Boston: Brill, 2015.

Lower Yangzi Delta in Late Imperial China, ed. Billy K. L. So. New York: Routledge, 2013.

Wakeman, Frederic Jr. *The Fall of Imperial China.* New York: Free Press, 1975.

——. "Drury's Occupation of Macau and China's Response to Early Modern Imperialism." *East Asian History* 28 (December 2004): 27–34.

Waley, Arthur. *The Opium War Through Chinese Eyes.* Stanford, CA: Stanford University Press, 1968.

Waley-Cohen, Joanna. *The Culture of War in China: Empire and the Military under the Qing Dynasty.* London: I. B. Tauris, 2006.

Waltham, Clae. *Shu Ching: Book of History.* Chicago: Henry Regnery Company, 1971.

Wang Wensheng（王文生）. "White Lotus Rebels and South China Pirates: Social Crises and Political Changes in the Qing Empire, 1796–1810." Ph.D. dissertation, University of California, Irvine, 2008.

——. *White Lotus Rebels and South China Pirates: Crisis and Reform in the Qing Empire.* Cambridge, MA: Harvard University Press, 2014.

Warren, Samuel. *The Opium Question.* 3rd ed. London: James Ridgway, 1840.

Webster, Anthony. *The Twilight of the East India Company: The Evolution of Anglo-Asian Commerce and Politics, 1790–1860.* Woodbridge, Suffolk, UK: Boydell Press, 2009.

Webster, Daniel. *The Papers of Daniel Webster; Diplomatic Papers, Volume 1: 1841–1843.* Edited by Kenneth E. Shewmaker. Hanover, NH: University Press of New England, 1983.

Wei, Betty Peh-T'i（魏白蒂）. *Ruan Yuan, 1764–1849: The Life and Work of a Major Scholar-Official in Nineteenth-Century China before the Opium War.* Hong Hong: Hong Kong University Press, 2006.

Williams, Samuel Wells. *The Middle Kingdom.* 2 vols. London: W. H. Allen, 1883.

Williamson, Capt. A. R. *Eastern Traders: Some Men and Ships of Jardine, Matheson & Company and their Contemporaries in the East India Company's Maritime Service.* S.l.: Jardine, Matheson & Co., 1975.

Wills, John E. *Mountain of Fame: Portraits in Chinese History.* Princeton, NJ: Princeton University Press, 1994.

Wong, J. Y. "British Annexation of Sind in 1843: An Economic Perspective." *Modern Asian Studies* 31, no. 2 (May 1997): 225–44.

Wong, John D. "Global Positioning: Houqua and his China Trade Partners in the

Thoms, P. P. *Dialogues and Detached Sentences in the Chinese Language; with a Free and Verbal Translation into English.* Macao: The Honorable East India Company' s Press, 1816.

Torbert, Preston M. *The Ch'ing Imperial Household Department: A Study of Its Organization and Principal Functions, 1662–1796.* Cambridge, MA: Council on East Asian Studies, Harvard University, 1977.

Townsend, William John. *Robert Morrison: The Pioneer of Chinese Missions.* London Missionary Society' s edition. London: S. W. Partridge & Co., 1888.

Trocki, Carl. *Opium, Empire and the Global Political Economy: A Study of the Asian Opium Trade, 1750–1950.* New York: Routledge, 1999.

Tsao, Ting Man. "Representing China to the British Public in the Age of Free Trade, c. 1833–1844." Ph.D. dissertation, SUNY Stony Brook, 2000.

——. "Representing 'Great England' to Qing China in the Age of Free Trade Imperialism: The Circulation of a Tract by Charles Marjoribanks on the China Coast." *Victorians Institute Journal* 33 (2005): 179–96.

Turner, John. *A Narrative of the Captivity and Sufferings of John Turner . . . among the Ladrones or Pirates, on the Coast of China . . . in the year 1807.* New York: G. & R. Waite, 1814.

Van Dyke, Paul A. *The Canton Trade: Life and Enterprise on the China Coast, 1700–1845.* Hong Kong: Hong Kong University Press, 2005.

——. *Merchants of Canton and Macao: Politics and Strategies in Eighteenth-Century Chinese Trade.* Hong Kong: Hong Kong University Press, 2011.

——. "Smuggling Networks of the Pearl River Delta before 1842: Implications for Macao and the American China Trade." In *Americans and Macao: Trade, Smuggling, and Diplomacy on the South China Coast,* ed. Paul A. Van Dyke. Hong Kong: Hong Kong University Press, 2012.

Vermeer, Eduard B. "The Mountain Frontier in Late Imperial China: Economic and Social Developments in the Bashan." *T'oung Pao,* 2nd series, vol. 77, livr. 4/5 (1991): 300–329.

Victoria, Queen of Great Britain. *The Letters of Queen Victoria.* Edited by Arthur Christopher Benson and Viscount Esher. 3 vols. New York: Longmans, Green, and Co., 1907.

von Glahn, Richard. "Cycles of Silver in Chinese Monetary History." In *The Economy of*

Country. London: John Murray, 1822.

——. *Miscellaneous Notices Relating to China, and Our Commercial Intercourse with That Country*. 2nd ed., enlarged. London: John Murray, 1822–50.

——. *Notes of Proceedings and Occurrences, during the British Embassy to Pekin, in 1816*. Printed for private circulation. London: Habant Press, 1824.

——. *Corrected Report of the Speeches of Sir George Staunton, on the China Trade, in the House of Commons, June 4, and June 13, 1833*. London: Edmund Lloyd, 1833.

——. *Remarks on the British Relations with China, and the Proposed Plans for Improving Them*. London: Edmund Lloyd, 1836.

——. *Corrected Report of the Speech of Sir George Staunton on Sir James Graham's Motion on the China Trade in the House of Commons, April 7, 1840*. London: Edmund Lloyd, 1840.

——. *Memoirs of the Chief Incidents of the Public Life of Sir George Thomas Staunton, Bart*. Printed for private circulation. London: L. Booth, 1856.

Stevens, Walter Barlow. *Missouri: The Center State, 1821–1915*. 2 vols. Chicago and St. Louis, S. J. Clarke Publishing Co., 1915.

Stifler, Susan Reed. "The Language Students of the East India Company' s Canton Factory." *Journal of the North China Branch of the Royal Asiatic Society* 69 (1938): 46–82.

Su Ching（蘇精）. "The Printing Presses of the London Missionary Society among the Chinese." Ph.D. dissertation, University of London, 1996.

Talfourd, Thomas Noon. *The Letters of Charles Lamb, with a Sketch of His Life*. 2 vols. London: Edward Moxon, 1837.

——. *The Works of Charles Lamb. To which are prefixed, His Letters, and a Sketch of His Life*. 2 vols. New York: Harper and Bros., 1838.

——. *The Works of Charles Lamb, with A Sketch of His Life and Final Memorials*. 2 vols. New York: Harper and Bros., 1875.

Temple, Lt.-Col. Sir Richard Carnac, ed. *The Travels of Peter Mundy in Europe and Asia, 1608–1667*. 5 vols. London: Hakluyt Society, 1919.

Teng, Ssu-yü（鄧嗣禹）. "Chinese Influence on the Western Examination System." *Harvard Journal of Asiatic Studies* 7, no. 4 (September 1943): 267–312.

——. *Chang Hsi and the Treaty of Nanking, 1842*. Chicago: University of Chicago Press, 1944.

Cambridge, MA: Harvard University Asia Center, forthcoming.

Rubinstein, Murray A. *The Origins of the Anglo-American Missionary Enterprise in China, 1807–1840.* Lanham, MD: Scarecrow Press, 1996.

Rutter, Owen, ed. *Mr. Glasspoole and the Chinese Pirates: Being the Narrative of Mr. Richard Glasspoole of the Ship Marquis of Ely: Describing His Captivity* . . . London: The Golden Cockerel Press, 1935.

Schell, Orville, and John Delury. *Wealth and Power: China's Long March to the Twenty-First Century.* New York: Random House, 2013.

Schmitt, Cannon. "Narrating National Addictions: De Quincey, Opium, and Tea." In *High Anxieties: Cultural Studies in Addiction,* ed. Janet Brodie and Marc Redfield. Berkeley: University of California Press, 2002.

Ship Amherst: Return to an Order of the Honourable the House of Commons, dated 17 June 1833 . . . Printed by order of the House of Commons, June 19, 1833.

Slade, John. *Notices on the British Trade to the Port of Canton.* London: Smith, Elder and Co., 1830.

——. *Narrative of the Late Proceedings and Events in China.* Canton: Canton Register Press, 1839.

Smith, Adam. *An Inquiry into the Nature and Causes of the Wealth of Nations.* 2nd ed. 2 vols. London: W. Strahan and T. Cadell, 1778.

Smith, Edward. *The Life of Sir Joseph Banks: President of the Royal Society*. London: John Lane, The Bodley Head, 1911.

Spence, Jonathan. "Opium Smoking in Ch' ing China." In *Conflict and Control in Late Imperial China,* ed. Frederic Wakeman Jr. and Carolyn Grant. Berkeley: University of California Press, 1975.

——. *God's Chinese Son.* New York: Norton, 1996.

Staunton, George Leonard. *An Historical Account of the Embassy to the Emperor of China, undertaken by order of the King of Great Britain.* London: John Stockdale, 1797.

——. *An Authentic Account of an Embassy from the King of Great Britain to the Emperor of China.* 2 vols. Philadelphia: Robert Campbell, 1799.

Staunton, George Thomas. *Ta Tsing Leu Lee; being the Fundamental Laws, and a Selection from the Supplementary Statutes, of the Penal Code of China.* London: T. Cadell and W. Davies, 1810.

——. *Miscellaneous Notices Relating to China, and Our Commercial Intercourse with That*

Press, 1940.

Phipps, John. *A Practical Treatise on the China and Eastern Trade.* London: Wm. H. Allen and Co., 1836.

Polachek, James M. *The Inner Opium War.* Cambridge, MA: Council on East Asian Studies/Harvard University Press, 1992.

Pomeranz, Kenneth. *The Great Divergence: China, Europe, and the Making of the Modern World Economy.* Princeton, NJ: Princeton University Press, 2000.

Prakash, Gyan. *Mumbai Fables: A History of an Enchanted City.* Princeton, NJ: Princeton University Press, 2010.

Pritchard, Earl H. *The Crucial Years of Early Anglo-Chinese Relations, 1750–1800.* New York: Octagon Books, 1970.

Proudfoot, William Jardine. *Biographical Memoir of James Dinwiddie, Ll.D., Astronomer in the British Embassy to China, 1792, '3, '4.* Liverpool: Edward Howell, 1868.

Report from the Select Committee of the House of Commons on the Affairs of the East-India Company, 16th August, 1832. London: J. L. Cox and Son, 1833.

Report from the Select Committee on the Trade with China; together with the Minutes of Evidence taken before Them. Printed by order of the House of Commons, June 5, 1840.

Reports from the Select Committee of the House of Commons Appointed to Enquire into the Present State of the Affairs of the East India Company, together with the Minutes of Evidence, and Appendix of Documents, and a General Index. London: Printed by order of the Honourable Court of Directors, 1830.

Ride, Sir Lindsay. *An East India Company Cemetery: Protestant Burials in Macao.* Hong Kong: Hong Kong University Press, 1996.

Robbins, Helen. *Our First Ambassador to China: An Account of the Life and Correspondence of George, Earl of Macartney, with Extracts from His Letters, and the Narrative of His Experiences in China, as Told by Himself, 1737–1806.* New York: Dutton and Company, 1908.

Rowe, William T. "Money, Economy, and Polity in the Daoguang-Era Paper Currency Debates." *Late Imperial China* 31, no. 2 (December 2010): 69–96.

——. "Bao Shichen and Agrarian Reform in Early Nineteenth-Century China." *Frontiers of History in China* 9, no. 1 (2014): 1–31.

——. *Speaking of Profit: Bao Shichen and Reform in Nineteenth-Century China.*

History Review, new series, vol. 41, no. 1 (February 1988): 1–32.

O' Meara, Barry E. *Napoleon in Exile; Or, A Voice from St. Helena. The Opinions and Reflections of Napoleon on the Most Important Events of His Life and Government, in His Own Words.* 2 vols. London: W. Simpkin and R. Marshall, 1822.

Osmond, Tiffany. *The Canton Chinese: or, The American's Sojourn in the Celestial Empire.* Boston, MA, and Cambridge, UK: James Munroe, 1849.

Osterhammel, Jürgen. *The Transformation of the World: A Global History of the Nineteenth Century.* Princeton, NJ: Princeton University Press, 2014.

Owen, David Edward. *British Opium Policy in China and India.* New Haven, CT: Yale University Press, 1934.

Palsetia, Jesse S. "Merchant Charity and Public Identity Formation in Colonial India: The Case of Jamsetjee Jejeebhoy." *Journal of Asian and African Studies* 40, no. 3 (2005): 197–217.

——. *Jamsetjee Jejeebhoy of Bombay: Partnership and Public Culture in Empire.* Oxford: Oxford University Press, 2015.

Papers Presented to Parliament, by His Majesty's Command, in Explanation of the Measures Adopted by His Majesty's Government for the Melioration of the Condition of the Slave Population in His Majesty's Possessions in the West Indies, on the Continent of South America, and at the Mauritius. Printed by order of the House of Commons, August 8, 1832.

Papers Relating to China (Private and Confidential) 1839–40 and 1841. N.p., n.d. In Minto Papers, MS 21216A, National Library of Scotland.

Parker, Charles Stuart. *Life and Letters of Sir James Graham, Second Baronet of Netherby, P.C., G.C.B., 1792–1861.* 2 vols. London: John Murray, 1907.

Parry, Jonathan. *The Rise and Fall of Liberal Government in Victorian Britain.* New Haven, CT: Yale University Press, 1993.

Pearson, Henry Greenleaf. *An American Railroad Builder: John Murray Forbes.* Boston: Houghton, Mifflin and Company, 1911.

Peyrefitte, Alain. *The Immobile Empire.* Translated by Jon Rothschild. New York: Alfred A. Knopf, 1992.

Philip, Robert, and Thomas Thompson. *No Opium! or: Commerce and Christianity Working Together for Good in China.* London: Thomas Ward and Co., 1835.

Philips, C. H. *The East India Company, 1784–1834.* Manchester: Manchester University

Moule, A. C. "A Manuscript Chinese Version of the New Testament (British Museum, Sloane 3599)." *Journal of the Royal Asiatic Society of Great Britain and Ireland,* no. 1 (April 1949): 23–33.

Mungello, D. E. *The Great Encounter of China and the West, 1500–1800.* Lanham, MD: Rowman & Littlefield, 1999.

Murray, Dian. *Pirates of the South China Coast, 1790–1810.* Stanford, CA: Stanford University Press, 1987.

——. "Cheng I Sao in Fact and Fiction." In *Bandits at Sea: A Pirates Reader,* ed. C. R. Pennell. New York: New York University Press, 2001.

——. "Piracy and China' s Maritime Transition." In *Maritime China in Transition, 1750–1850,* ed. Wang Gung-wu and Ng Chin-keong. Wiesbaden: Harrassowitz Verlag, 2004.

Murray, John Fisher. *The Chinese and the Ministry: An Inquiry into the Origins and Progress of our Present Difficulties with China, and into the Expediency, Justice, and Necessity of the War.* London: T. Cadell, 1840.

Naquin, Susan. *Millenarian Rebellion in China: The Eight Trigrams Uprising of 1813.* New Haven, CT: Yale University Press, 1976.

Nazir, Cooverjee Sorabjee. *The First Parsee Baronet, Being Passages from the Life and Fortunes of the Late Sir Jamsetjee Jeejeebhoy Baronet.* Bombay: The Union Press, 1866.

Newman, R. K. "Opium Smoking in Late Imperial China: A Reconsideration." *Modern Asian Studies* 29, no. 4 (October 1995): 765–94.

Nivison, David. "Ho-shen and His Accusers: Ideological and Political Behavior in the Eighteenth Century." In *Confucianism in Action,* ed. David Nivison and Arthur Wright. Stanford, CA: Stanford University Press, 1959.

——. *The Life and Thought of Chang Hsüeh-ch'eng.* Stanford, CA: Stanford University Press, 1966.

Noble, Charles Frederick. *A Voyage to the East Indies in 1747 and 1748.* London: T. Becket and P. A. Dehondt, at the Tully' s Head; and T. Durham, at the Golden Ball, 1762.

Norwood, Dael A. "Trading in Liberty: The Politics of the American China Trade, c. 1784–1862." Ph.D. dissertation, Princeton University, 2012.

Nye, Gideon. *The Morning of My Life in China.* Canton, 1873.

O' Brien, Patrick K. "The Political Economy of British Taxation, 1660–1815." *Economic*

Seventeenth to the Nineteenth Centuries." Ph.D. dissertation, University of California, Berkeley, 1988.

Miles, Steven B. *The Sea of Learning: Mobility and Identity in Nineteenth-Century Guangzhou.* Cambridge, MA: Harvard University Asia Center, 2006.

Milne, William. *A Retrospect of the First Ten Years of the Protestant Mission to China.* Malacca: Anglo-Chinese Press, 1820.

Mitchell, Peter M. "Wei Yüan (1794–1857) and the Early Modernization Movement in China and Japan." Ph.D. dissertation, Indiana University, 1970.

——. "The Limits of Reformism: Wei Yüan' s Reaction to Western Intrusion." *Modern Asian Studies* 6, no. 2 (1972): 175–204.

M' Leod, John. *Narrative of a Voyage in His Majesty's Late Ship Alceste to the Yellow Sea.* London: John Murray, 1817.

Mody, Jehangir R. P. *Jamsetjee Jejeebhoy: The First Indian Knight and Baronet (1783–1859).* Bombay: R.M.D.C. Press, 1959.

Monteith, Robert. *Reasons for Demanding Investigation into the Charges against Lord Palmerston.* Glasgow: William Collins & Co., 1840.

Morley, John. *The Life of William Ewart Gladstone.* 3 vols. New York: Macmillan, 1904.

Morrison, Eliza. *Memoirs of the Life and Labours of Robert Morrison, D.D.* 2 vols. London: Longman, Orme, Brown, Green, and Longmans, 1839.

Morrison, Robert. *Translations from the Original Chinese, with Notes.* Canton: P. P. Thoms, The Honorable East India Company' s Press, 1815.

——. *A Dictionary of the Chinese Language, in Three Parts.* 6 Vols. Macao: The Honourable East India Company' s Press, 1815–1823.

——. *A Memoir of the Principal Occurrences during an Embassy from the British Government to the Court of China in the Year 1816.* London, 1819.

Morriss, Roger. *The Foundations of British Maritime Ascendancy: Resources, Logistics and the State, 1755–1815.* Cambridge: Cambridge University Press, 2011.

Morse, Hosea Ballou. *The Chronicles of the East India Company Trading to China, 1635–1834.* 5 vols. Oxford: Clarendon Press, 1926–29.

Mosca, Matthew William. "Qing China' s Perspectives on India, 1750–1847." Ph.D. dissertation, Harvard University, 2008.

Moseley, William W. *The Origin of the First Protestant Mission to China.* London: Simpkin and Marshall, 1842.

Mackenzie, Keith Stewart. *Narrative of the Second Campaign in China.* London: Richard Bentley, 1842.

McLean, David. "Surgeons of The Opium War: The Navy on the China Coast, 1840–42." *English Historical Review* 121, no. 491 (April 2006): 487–504.

McMahon, Daniel Mark. "Restoring the Garden: Yan Ruyi and the Civilizing of China's Internal Frontiers, 1795–1805." Ph.D. dissertation, University of California, Davis, 1999.

McMahon, Keith. *The Fall of the God of Money: Opium Smoking in Nineteenth-Century China.* Lanham, MD: Rowman & Littlefield, 2002.

McPherson, D., M.D. *Two Years in China. Narrative of the Chinese Expedition from its Formation in April, 1840, till April, 1842.* London: Saunders and Otley, 1842.

Madancy, Joyce. *The Troublesome Legacy of Commissioner Lin: The Opium Trade and Opium Suppression in Fujian Province, 1820s to 1920s.* Cambridge, MA: Harvard University Asia Center, 2003.

Malcom, Howard. *Travels in South-Eastern Asia.* 2 vols. Boston: Gould, Kendall, and Lincoln, 1839.

Mandler, Peter. *Aristocratic Government in the Age of Reform: Whigs and Liberals, 1830–1852.* Oxford: Clarendon Press, 1990.

Mann, Susan. *The Talented Women of the Zhang Family.* Berkeley: University of California Press, 2007.

Marjoribanks, Charles. *Letter to the Right Hon. Charles Grant, President of the Board of Controul, on the Present State of British Intercourse with China.* 2nd ed. London: J. Hatchard and Son, 1833.

Markham, Clements R., ed. *Narratives of the Mission of George Bogle to Tibet, and of the Journey of Thomas Manning to Lhasa.* London: Trübner and Co., 1876.

Matheson, James. *The Present Position and Prospects of the British Trade with China.* London: Smith, Elder and Co., 1836.

Medhurst, W. H. *China: Its State and Prospects.* London: John Snow, 1838.

Melancon, Glenn. "Honour in Opium? The British Declaration of War on China, 1839–1840." *International History Review* 21, no. 4 (December 1999): 855–74.

——. *Britain's China Policy and the Opium Crisis: Balancing Drugs, Violence and National Honour, 1833–1840.* Aldershot, UK: Ashgate, 2003.

Menzies, Nicholas Kay. "Trees, Fields and People: The Forests of China from the

of Asiatic Studies 64, no. 1 (June 2004): 117–44.

——. *China Upside Down: Currency, Society, and Ideologies, 1808–1856.* Cambridge, MA: Harvard University Asia Center, 2006.

Litzinger, Ralph A. "Making Histories: Contending Conceptions of the Yao Past." In *Cultural Encounters on China's Ethnic Frontiers,* ed. Stevan Harrell. Seattle: University of Washington Press, 1995.

Liu, Kwang-Ching（劉廣京）. "Religion and Politics in the White Lotus Rebellion of 1796 in Hubei." In *Heterodoxy in Late Imperial China,* ed. Kwang-Ching Liu and Richard Shek. Honolulu: University of Hawaii Press, 2004.

Liu, Ts' ui-jung. "A Retrospection of Climate Changes and Their Impacts in Chinese History." In *Nature, Environment and Culture in East Asia: The Challenge of Climate Change,* ed. Carmen Meinert. Leiden: Brill, 2013.

Ljungstedt, Andrew. *An Historical Sketch of the Portuguese Settlements in China.* Boston: James Monroe and Co., 1836.

Loch, Capt. Granville G. *The Closing Events of the Campaign in China: The Operations in the Yang-tze-kiang; and Treaty of Nanking.* London: John Murray, 1843.

Loines, Elma. *The China Trade Post-Bag of the Seth Low Family of Salem and New York, 1829–1873.* Manchester, ME: Falmouth Publishing House, 1953.

Lovell, Julia. *The Opium War: Drugs, Dreams, and the Making of China.* London: Picador, 2011.

Lubbock, Basil. *The Opium Clippers.* Glasgow: Brown, Son & Ferguson, Ltd., 1933.

Lutz, Jessie G. *Opening China: Karl F. A. Gutzlaff and Sino-Western Relations, 1827–1852.* Grand Rapids, MI: William B. Eerdmans, 2008.

Macartney, George. *An Embassy to China: Being the Journal Kept by Lord Macartney during His Embassy to the Emperor Ch'ien-lung, 1793–1794.* Edited by J. L. Cranmer-Byng. Hamden, CT: Archon Books, 1963.

Macauley, Melissa. "Small Time Crooks: Opium, Migrants, and the War on Drugs in China, 1819–1860." *Late Imperial China* 30, no. 1 (June 2009): 1–47.

McCaffrey, Cecily Miriam. "Living through Rebellion: A Local History of the White Lotus Uprising in Hubei, China." Ph.D. dissertation, University of California, San Diego, 2003.

Machin, Ian. *The Rise of Democracy in Britain, 1830–1918.* New York: St. Martin' s Press, 2001.

Knight, Roger. *Britain against Napoleon: The Organization of Victory, 1793–1815.* London: Allen Lane, 2013.

Kuhn, Philip. *Rebellion and Its Enemies in Late Imperial China: Militarization and Social Structure, 1796–1864.* Cambridge, MA: Harvard University Press, 1971.

——. *Origins of the Modern Chinese State.* Stanford, CA: Stanford University Press, 2002.

Kuhn, Philip, and Susan Mann. "Dynastic Decline and the Roots of Rebellion." In *The Cambridge History of China,* vol. 10, *Late Ch'ing, 1800–1911, Part 1.,* edited by John K. Fairbank and Denis Twitchett. Cambridge: Cambridge University Press, 1978.

Kumagai, Yukihisa. "The Lobbying Activities of Provincial Mercantile and Manufacturing Interests against the Renewal of the East India Company' s Charter, 1812–1813 and 1829–1833." Ph.D. dissertation, University of Glasgow, 2008.

Kuo, P. C. *A Critical Study of the Anglo-Chinese War, with Documents.* Taipei: Ch' eng Wen Publishing Co., 1970 (reprint of 1935 Shanghai edition).

Lamas, Rosmarie W. N. *Everything in Style: Harriet Low's Macau.* Hong Kong: Hong Kong University Press, 2006.

Larson, John Lauritz. *Bonds of Enterprise: John Murray Forbes and Western Development in America's Railway Age.* Cambridge, MA: Harvard University Graduate School of Business Administration, 1984.

Lazich, Michael C. "E. C. Bridgman and the Coming of the Millennium: America' s First Missionary to China." Ph.D. dissertation, SUNY Buffalo, 1997.

Le Fevour, Edward. *Western Enterprise in Late Ch'ing China: A Selective Survey of Jardine, Matheson and Company's Operations, 1842–1895.* Cambridge, MA: East Asia Research Center, Harvard University, 1968.

Leland, Charles Godfrey. *Pidgin-English Sing-song; or, Songs and Stories in the China-English Dialect.* London: Trübner and Co., 1876.

Le Pichon, Alain, ed. *China Trade and Empire: Jardine, Matheson & Co. and the Origins of British Rule in Hong Kong, 1827–1843.* Oxford: Oxford University Press for the British Academy, 2006.

Lindsay, Hugh Hamilton. *Report of Proceedings of a Voyage to the Northern Ports of China, in the Ship Lord Amherst.* 2nd ed. London: B. Fellowes, 1834.

——. *Letter to the Right Honourable Viscount Palmerston on British Relations with China.* London: Saunders and Otley, 1836.

Lin Man-houng（林滿紅）. "Late Qing Perceptions of Native Opium." *Harvard Journal*

1839." Edited by E. W. Ellsworth. *Journal of the Royal Asiatic Society Hong Kong Branch,* vol. 4 (1964): 9–36.

Inoue Hiromasa. "Wu Lanxiu and Society in Guangzhou on the Eve of the Opium War." Translated by Joshua Fogel. *Modern China* 12, no. 1 (January 1986): 103–15.

James, William. *The Naval History of Great Britain, from the Declaration of War by France in 1793 to the Accession of George IV.* 6 vols. London: Richard Bentley, 1859.

Janin, Hunt. *The India-China Opium Trade in the Nineteenth Century.* Jefferson, NC: McFarland & Co., 1999.

Jay, Mike. *Emperors of Dreams: Drugs in the Nineteenth Century.* Sawtry, UK: Dedalus, 2000.

Jenkins, Roy. *Gladstone.* New York: Random House, 1997.

Jiang Weiming. *Chuan-Hu-Shan bailianjiao qiyi ziliao jilu* (Historical materials on the White Lotus uprisings in Sichuan, Hubei, and Shaanxi). Chengdu: Sichuan renmin chubanshe, 1980.

Jocelyn, Lord. *Six Months with the Chinese Expedition; or, Leaves from a Soldier's Note-book.* London: John Murray, 1841.

Johnson, James. *An Account of a Voyage to India, China, &c. in His Majesty's Ship Caroline.* London: Richard Phillips, 1806.

Johnson, Kendall, ed. *Narratives of Free Trade: The Commercial Cultures of Early US-China Relations.* Hong Kong: Hong Kong University Press, 2012.

Jones, Susan Mann. "Hung Liang-chi (1746–1809): The Perception and Articulation of Political Problems in Late Eighteenth Century China." Ph.D. dissertation, Stanford University, 1971.

Kahn, Harold. *Monarchy in the Emperor's Eyes: Image and Reality in the Ch'ien-lung Reign.* Cambridge, MA: Harvard University Press, 1971.

Keay, John. *The Honourable Company: A History of the East India Company.* New York: Macmillan, 1991.

Kennedy, Paul. *The Rise and Fall of British Naval Mastery.* Malabar, FL: R. E. Krieger Pub. Co., 1982.

Keswick, Maggie, ed. *The Thistle and the Jade: A Celebration of 175 Years of Jardine Matheson.* London: Frances Lincoln, 2008.

Kitzan, Laurence. "The London Missionary Society in India and China, 1798–1834." Ph.D. dissertation, University of Toronto, 1965.

He Sibing（何思兵）. "Russell and Company, 1818–1891: America's Trade and Diplomacy in Nineteenth-Century China." Ph.D. dissertation, Miami University, Ohio, 1997.

Hevia, James. *Cherishing Men from Afar: Qing Guest Ritual and the Macartney Embassy of 1793.* Durham, NC: Duke University Press, 1995.

Hillard, Harriet Low. *My Mother's Journal: A Young Lady's Diary of Five Years Spent in Manila, Macao, and the Cape of Good Hope.* Edited by Katharine Hillard. Boston: George H. Ellis, 1900.

——. *Lights and Shadows of a Macao Life: The Journal of Harriett* [*sic*] *Low, Traveling Spinster.* Edited by Nan P. Hodges and Arthur W. Hummel. 2 vols. Woodinville, WA: The History Bank, 2002.

Hilton, Boyd. *A Mad, Bad, and Dangerous People?: England, 1783–1846.* Oxford: Clarendon Press, 2006.

Ho Ping-ti（何炳棣）. *Studies on the Population of China, 1368–1953.* Cambridge, MA: Harvard East Asian Series, 1959.

Hoe, Susanna, and Derek Roebuck. *The Taking of Hong Kong: Charles and Clara Elliot in China Waters.* Richmond, Surrey: Curzon Press, 1999.

Hopkirk, Peter. *The Great Game: The Struggle for Empire in Central Asia.* New York: Kodansha, 1994.

Houckgeest, A. E. Van-Braam. *An Authentic Account of the Embassy of the Dutch East-India Company, to the Court of the Emperor of China, In the Years 1794 and 1795.* 2 vols. London: R. Phillips, 1798.

Howard, Paul. "Opium Suppression in Qing China: Responses to a Social Problem, 1729–1906." Ph.D. dissertation, University of Pennsylvania, 1998.

Hubback, J. H., and Edith C. Hubback. *Jane Austen's Sailor Brothers: Being the Adventures of Sir Francis Austen, G.C.B., Admiral of the Fleet and Rear-Admiral Charles Austen.* New York: John Lane, 1906.

Hummel, Arthur W., ed. *Eminent Chinese of the Ch'ing Period.* 2 vols. Taipei: SMC Publishing, Inc., 1991.

Hunter, William C. *The 'Fan Kwae' at Canton before Treaty Days, 1825–1844.* London: Kegan Paul, Trench & Co., 1882.

——. *Bits of Old China.* London: Kegan Paul, Trench & Co., 1885.

——. "Journal of Occurrances at Canton, during the Cessation of Trade at Canton,

University of California, Berkeley, 1994.

Goddard, James. *Remarks on the Late Lord Napier's Mission to Canton; in Reference to the Present State of our Relations with China.* Printed for private circulation. London, 1836.

Grace, Richard J. *Opium and Empire: The Lives and Careers of William Jardine and James Matheson.* Montreal and Kingston: McGill-Queen' s University Press, 2014.

Grant, Frederic Delano. *The Chinese Cornerstone of Modern Banking: The Canton Guaranty System and the Origins of Bank Deposit Insurance, 1780–1933.* Leiden: Brill, 2014.

Greenberg, Michael. *British Trade and the Opening of China, 1800–1842.* Cambridge: Cambridge University Press, 1951.

Guan Shijie. "Chartism and the First Opium War." *History Workshop,* no. 24 (Autumn 1987): 17–31.

Gutzlaff, Charles (Karl). *Journal of Three Voyages along the Coast of China, in 1831, 1832, & 1833, with Notices of Siam, Corea, and the Loo-Choo Islands.* London: Frederick Westley and A. H. Davis, 1834.

——. *China Opened: or, A Display of the Topography, History, Customs, Manners, Arts, Manufactures, Commerce, Literature, Religion, Jurisprudence, etc., of the Chinese Empire.* 2 vols. London: Smith, Elder and Co., 1838.

——. *The Life of Taou-kwang, Late Emperor of China.* London: Smith, Elder and Co., 1852.

Haddad, John Rogers. *The Romance of China: Excursions to China in U.S. Culture, 1776–1876.* New York: Columbia University Press, 2008.

Hall, Captain Basil. *Account of a Voyage of Discovery to the West Coast of Corea, and the Great Loo-Choo Island.* London: John Murray, 1818.

Hall, Commander W. H. *Narrative of the Voyages and Services of the Nemesis, from 1840 to 1843.* Edited by W. D. Bernard. 2 vols. London: Henry Colburn, 1844.

Hanan, Patrick, trans. *Mirage.* Hong Kong: Chinese University Press, 2014.

Hansard's Parliamentary Debates. 3rd series. London: T. C. Hansard.

Hao Yen-p' ing（郝延平）. "Chinese Teas to America." In *America's China Trade in Historical Perspective,* edited by Ernest R. May and John K. Fairbank. Cambridge, MA: Harvard Studies in American–East Asian Relations, 1986.

——. *The Commercial Revolution in Nineteenth-Century China: The Rise of Sino-Western Mercantile Capitalism.* Berkeley: University of California Press, 1986.

Chinese Social and Political Science Review 17, no. 2 (July 1933): 215–63.

Farooqui, Amar. *Opium City: The Making of Early Victorian Bombay.* Gurgaon, India: Three Essays Collective, 2006.

Faure, David. *Emperor and Ancestor: State and Lineage in South China.* Stanford, CA: Stanford University Press, 2007.

Fay, Peter. *The Opium War, 1840–1842: Barbarians in the Celestial Empire in the Early Part of the Nineteenth Century and the War by Which They Forced Her Gates Ajar.* Chapel Hill: University of North Carolina Press, 1975.

Fichter, James R. *So Great a Proffit: How the East Indies Trade Transformed Anglo-American Capitalism.* Cambridge, MA: Harvard University Press, 2010.

Forbes, John Murray. *Letters and Recollections of John Murray Forbes.* Edited by Sarah Forbes Hughes. 2 vols. Boston: Houghton, Mifflin and Company, 1899.

——. *Letters (supplementary) of John Murray Forbes.* Edited by Sarah Forbes Hughes. 3 vols. Boston: George H. Ellis, 1905.

——. *Reminiscences of John Murray Forbes.* Edited by Sarah Forbes Hughes. 3 vols. Boston: George H. Ellis, 1902.

Forbes, Robert Bennet. *Remarks on China and the China Trade.* Boston: Samuel N. Dickinson, 1844.

——. *Personal Reminiscences.* 2nd ed. Boston: Little, Brown, 1882.

——. *Letters from China: The Canton-Boston Correspondence of Robert Bennet Forbes, 1838–1840.* Edited by Phyllis Forbes Kerr. Mystic, CT: Mystic Seaport Museum, 1996.

Foster, William. *The East India House: Its History and Associations.* London: John Lane, 1924.

Fraser, Antonia. *Perilous Question: Reform or Revolution? Britain on the Brink, 1832.* New York: PublicAffairs, 2013.

Fu, Lo-shu（傅樂淑）. *A Documentary Chronicle of Sino-Western Relations (1644–1820).* 2 vols. Tucson: Published for the Association for Asian Studies by the University of Arizona Press, 1966.

Garrett, Valery M. *Heaven Is High, the Emperor Far Away: Merchants and Mandarins in Old Canton.* New York: Oxford University Press, 2002.

Gaustad, Blaine Campbell. "Religious Sectarianism and the State in Mid Qing China: Background to the White Lotus Uprising of 1796–1804." Ph.D. dissertation,

——, trans. *The Fortunate Union: A Romance.* 2 vols. London: Printed for the Oriental Translation Fund, 1829.

Defeynes, Henry (Monsieur de Monsart). *An Exact and Curious Survey of all the East Indies, even to Canton, the chiefe Cittie of China.* London: Thomas Dawson, 1615.

De Quincey, Thomas. *Confessions of an English Opium-Eater.* 3rd ed. London: Taylor and Hessey, 1823.

Dikötter, Frank, Lars Laamann, and Zhou Xun. *Narcotic Culture: A History of Drugs in China.* Chicago: University of Chicago Press, 2004.

Donahue, William J. "The Caleb Cushing Mission." *Modern Asian Studies* 16, no. 2 (1982): 193–216.

Downs, Jacques. "American Merchants and the Opium Trade, 1800–1840." *Business History Review* 42, no. 4 (Winter 1968): 418–42.

——. *The Golden Ghetto: The American Commercial Community at Canton and the Shaping of American China Policy, 1784–1844.* Bethlehem, PA: Lehigh University Press, 1997.

Draper, Nicholas. *The Price of Emancipation: Slave-Ownership, Compensation and British Society at the End of Slavery.* Cambridge: Cambridge University Press, 2010.

Duncan, Dr. *Wholesome Advice Against the Abuse of Hot Liquors, Particularly of Coffee, Chocolate, Tea, Brandy, and Strong-Waters.* London: H. Rhodes and A. Bell, 1706.

Eames, James Bromley. *The English in China.* London: Curzon Press, 1909.

Eastberg, Jodi Rhea Bartley. "West Meets East: British Perceptions of China through the Life and Works of Sir George Thomas Staunton, 1781–1859." Ph.D. dissertation, Marquette University, 2009.

Elliott, Mark C. "Bannerman and Townsman: Ethnic Tension in Nineteenth-Century Jiangnan." *Late Imperial China* 11, no. 1 (June 1990): 36–74.

——. *Emperor Qianlong: Son of Heaven, Man of the World.* New York: Longman, 2009.

Ellis, Henry. *Journal of the Proceedings of the Late Embassy to China.* London: John Murray, 1817.

Elman, Benjamin, *Classicism, Politics, and Kinship: The Ch'ang-chou School of New Text Confucianism in Late Imperial China.* Berkeley: University of California Press, 1990.

Entenmann, Robert Eric. "Migration and Settlement in Sichuan, 1644–1796." Ph.D. dissertation, Harvard University, 1982.

Fairbank, John King. "The Legalization of the Opium Trade before the Treaties of 1858."

Chang, Chung-shen Thomas. "Ts' ai Ch' ien, the Pirate King Who Dominates the Seas: A Study of Coastal Piracy in China, 1795–1810." Ph.D. dissertation, University of Arizona, 1983.

Chang Hsin-pao. *Commissioner Lin and the Opium War.* New York: Norton, 1964.

Chang Te-Ch' ang. "The Economic Role of the Imperial Household in the Ch' ing Dynasty." *Journal of Asian Studies* 31, no. 2 (February 1972): 243–73.

Chatterton, E. Keble. *The Old East Indiamen.* Greenwich, UK: Conway Maritime Press, 1970.

Chen Li（陳利）. *Chinese Law in Imperial Eyes: Sovereignty, Justice, and Transcultural Politics.* New York: Columbia University Press, 2016.

Cheong, W. E. *Mandarins and Merchants: Jardine, Matheson, & Co., a China Agency of the Early Nineteenth Century.* London: Curzon Press, 1979.

Colley, Linda. "Britishness and Otherness: An Argument." *Journal of British Studies* 31, no. 4 (October 1992): 309–29.

Correspondence relating to China. Presented to both Houses of Parliament, by Command of Her Majesty, 1840. London: T. R. Harrison, 1840.

Costin, W. C. *Great Britain and China, 1833–1860.* Oxford: Clarendon Press, 1937.

Crossley, Pamela. *The Wobbling Pivot: China since 1800, an Interpretive History.* Malden, MA: Wiley-Blackwell, 2010.

Cushman, Richard David. "Rebel Haunts and Lotus Huts: Problems in the Ethnohistory of the Yao." Ph.D. dissertation, Cornell University, 1970.

Dai Yingcong（戴瑩琮）. "Civilians Go into Battle: Hired Militias in the White Lotus War." *Asia Major,* 3rd series, vol. 22, part 2 (2009): 145–78.

——. "Broken Passage to the Summit: Nayancheng' s Botched Mission in the White Lotus War." In *The Dynastic Centre and the Provinces: Agents and Interactions,* edited by Jeroen Duindam and Sabine Dabringhaus. Leiden: Brill, 2014.

Daily, Christopher A. *Robert Morrison and the Protestant Plan for China.* Hong Kong: Hong Kong University Press, 2013.

Darlington, William, ed. *Memorials of John Bartram and Humphry Marshall.* Philadelphia: Lindsay & Blakiston, 1849.

Das, Sarat Chandra. *Journey to Lhasa and Central Tibet.* London: John Murray, 1902.

Davis, John Francis. *The Chinese: A General Description of China and Its Inhabitants.* 3 vols. and supplement, "Sketches of China." London: Charles Knight & Co., 1846.

Cleaver-Hume Press, 1960.

Blake, Robert. *Jardine Matheson: Traders of the Far East.* London: Weidenfeld & Nicolson, 1999.

Block, Michael D. "New England Merchants, the China Trade, and the Origins of California." Ph.D. dissertation, University of Southern California, 2011.

Blussé, Leonard. *Visible Cities: Canton, Nagasaki, and Batavia and the Coming of the Americans.* Cambridge, MA: Harvard University Press, 2008.

Bodde, Derek. "Chinese Ideas in the West." Prepared for the Committee on Asiatic Studies in American Education, Washington, DC, 1948.

Bourne, Kenneth. *The Foreign Policy of Victorian England, 1830–1902.* Oxford: Clarendon Press, 1970.

Bowen, H. V. *The Business of Empire: The East India Company and Imperial Britain, 1756–1833.* Cambridge: Cambridge University Press, 2006.

Bowers, Rick, ed. "Lieutenant Charles Cameron' s Opium War Diary." *Journal of the Royal Asiatic Society Hong Kong Branch,* vol. 52 (2012): 29–61.

British Opium Trade with China (pamphlet containing reprints from the *Leeds Mercury,* 1839–40). Birmingham, UK: B. Hudson, n.d.

Broomhall, Marshall. *Robert Morrison: A Master Builder.* 2nd impression. Edinburgh: Turnbull & Spears, 1927.

Broughton, John Cam Hobhouse, Baron. *Recollections of a Long Life, by Lord Broughton (John Cam Hobhouse).* Edited by Lady Dorchester. 6 vols. London: John Murray, 1911.

Brown, David. *Palmerston: A Biography.* New Haven, CT: Yale University Press, 2010.

Bulley, Anne. *The Bombay Country Ships, 1790–1833.* Richmond, Surrey: Curzon Press, 2000.

Bullock, Capt. T. H. *The Chinese Vindicated, or Another View of the Opium Question.* London: Wm. H. Allen and Co., 1840.

Canton Press: Communications and Notes Relating to Chinese Customs, 1826–1840. N.p., 1826–40.

Cary, Thomas Greaves. *Memoir of Thomas Handasyd Perkins; containing Extracts from his Diaries and Letters.* Boston: Little, Brown, 1856.

Cassell, Pär. *Grounds of Judgment: Extraterritoriality and Imperial Power in Nineteenth-Century China and Japan.* New York: Oxford University Press, 2012.

Ireland. Dublin: M. N. Mahon, 1804.

Anson, George. *A Voyage Round the World, in the Years 1740–1744.* 2 vols. Edinburgh: Campbell Denovan, 1781.

Antony, Robert J. *Like Froth Floating on the Sea: The World of Pirates and Seafarers in Late Imperial South China.* Berkeley: Institute of East Asian Studies, University of California, 2003.

——. "State, Continuity, and Pirate Suppression in Guangdong Province, 1809–1810." *Late Imperial China* 27, no. 1 (June 2006): 1–30.

——, ed. "Piracy and the Shadow Economy in the South China Sea, 1780–1810." In *Elusive Pirates, Pervasive Smugglers: Violence and Clandestine Trade in the Greater China Seas.* Hong Kong: Hong Kong University Press, 2010.

Auber, Peter. *China. An Outline of Its Government, Laws, and Policy: and of the British and Foreign Embassies to, and Intercourse with That Empire.* London: Parbury, Allen and Co., 1834.

Baldwin, R. C. D. "Sir Joseph Banks and the Cultivation of Tea." *RSA Journal* 141, no. 5444 (November 1993): 813–17.

Ball, Kenneth, and W. P. Morrell, eds. *Select Documents on British Colonial Policy, 1830–1860.* Oxford: Clarendon Press, 1928.

Barrow, John. *Some Account of the Public Life and a Selection from the Unpublished Writings, of the Earl of Macartney.* 2 vols. London: T. Cadell and W. Davies, 1807.

Bartlett, Beatrice. *Monarchs and Ministers: The Grand Council in Mid-Ch'ing China, 1723–1820.* Berkeley: University of California Press, 1991.

Baumler, Alan, ed. *Modern China and Opium.* Ann Arbor: University of Michigan Press, 2001.

Beaty, Frederick L., ed. *The Lloyd-Manning Letters.* Bloomington: Indiana University Press, 1957.

Bello, David. *Opium and the Limits of Empire: Drug Prohibition in the Chinese Interior, 1729–1850.* Cambridge, MA: Harvard University Asia Center, 2005.

Bickers, Robert. *The Scramble for China: Foreign Devils in the Qing Empire, 1832–1914.* London: Allen Lane, 2011.

——. "The *Challenger:* Hugh Hamilton Lindsay and the Rise of British Asia, 1832–1865." *Transactions of the Royal Historical Society,* vol. 22 (December 2012): 141–69.

Blake, Clagette. *Charles Elliot R.N., 1801–1875: A Servant of Britain Overseas.* London:

Neumann，*History of the Pirates Who Infested the China Sea from 1807 to 1810*，倫敦：Oriental Translation Fund，1831。
《清代外交史料》（嘉慶、道光朝），北京：故宮博物院，1932–33。
《清中期五省白蓮教起義資料》，五冊，南京：江蘇人民出版社，1981。
楊國楨，《林則徐傳》，北京：人民出版社，1995。
齊思和等編，《黃爵滋奏疏許乃濟奏議合刊》，北京：中華書局，1959。
齊思和等編，《鴉片戰爭》，六冊，上海：新知識出版社，1955。
戴學稷編，《鴉片戰爭人物傳》，福州：福建教育出版社，1985。
魏源，《聖武記》，1842。
——《夷艘入寇記》，臺北：廣文書局，1974（手稿影印本，未注明日期）。
《鴉片戰爭檔案史料》，中國第一歷史檔案館編，上海：人民出版社，1987–。

Abel, Clarke. *Narrative of a Journey in the Interior of China, and of a Voyage to and from That Country in the Years 1816 and 1817.* London: Longman, Hurst, Rees, Orme, and Brown, 1818.

Ainger, Alfred, ed. *The Letters of Charles Lamb*. 2 vols. London: Macmillan, 1904.

Anderson, Aeneas. *A Narrative of the British Embassy to China, in the Years 1792, 1793, and 1794.* London: J. Debrett, 1795.

Anderson, Gertrude A., ed. *The Letters of Thomas Manning to Charles Lamb.* London: Martin Secker, 1925.

Andrade, Tonio. *The Gunpowder Age: China, Military Innovation, and the Rise of the West in World History.* Princeton, NJ: Princeton University Press, 2016.

Anon. ("A Visitor to China"). *Address to the People of Great Britain, Explanatory of Our Commercial Relations with the Empire of China.* London: Smith, Elder and Co., 1836.

Anon. ("A Looker-On"). *Chinese Commerce and Disputes, from 1640 to 1840. Addressed to Tea Dealers and Consumers*. London: W. Morrison, 1840.

Anon. *An Essay on Modern Luxuries*. Salisbury, UK: J. Hodson, 1777.

Anon. *An Essay on the Nature, Use, and Abuse, of Tea, in a Letter to a Lady; with an Account of its Mechanical Operation*. London: J. Bettenham, 1722.

Anon., ed. *Further Statement of the Ladrones on the Coast of China: Intended as a Continuation of the Accounts Published by Mr. Dalrymple.* London: Lane, Darling, and Co., 1812.

Anon. *An Intercepted Letter from J—T—, Esq. Writer at Canton to His Friend in Dublin*

書目

《大清高宗純皇帝實錄》，三十卷，臺北：臺灣華文書局，1964。
《大清仁宗睿皇帝實錄》，八卷，臺北：臺灣華文書局，1964。
《大清宣宗成皇帝實錄》，十二卷，臺北：臺灣華文書局，1964。
于恩德，《中國禁煙法令變遷史》，上海：中華書局，1934。
文慶等編，《籌辦夷務始末》，北京：故宮博物院，1929–30。
王先謙編，《十朝東華錄》，1899。
《文獻叢編》，北京：故宮博物院文獻館，1930–43。
《文獻叢編》全編，十二冊，北京：北京圖書館出版社，2008。
包世臣，《安吳四種》，三十六卷，出版地不詳：1888：
——《包世臣全集》，李星、劉長桂點校，合肥：黃山書社，1997。
包遵彭等編，《中國近代史論叢》，臺北：正中書局，1956–59。
《史料旬刊》，香港九龍：蝠池書院出版有限公司，2005；北京故宮博物院1930年原版影印本。
林仁川，〈清代福建的鴉片貿易〉，收於《中國社會經濟史研究》，1985年第一期，廈門：廈門大學歷史研究所。
林則徐，《林則徐全集》，十冊，福州：海峽文藝出版社，2002。
林慶元，《林則徐評傳》，南京：南京大學出版社，2000。
吳義雄，〈鄧廷楨與廣東禁煙問題〉，收於《近代史研究》，2008年第五期。
《英使馬戛爾尼訪華檔案史料匯編》，中國第一歷史檔案館編，北京：國際文化出版公司，1996。
胡金野，《中國禁煙禁毒史綱》，臺北：唐山出版社，2005。
胡秋原編，《近代中國對西方及列強認識資料彙編》，臺北：中央研究院近代史研究所，1972。
茅海建，《天朝的崩潰：鴉片戰爭再研究》，北京：三聯書店，2012。
袁永綸，《靖海氛記》，廣州：上苑堂，1830。英譯本：Charles Friedrich

藍書系
知識共同體 29

帝國暮色：鴉片戰爭與中國最後盛世的終結

Imperial Twilight: The Opium War and the End of China's Last Golden Age

作者	史蒂芬・普拉特 Stephen R. Platt（裴士鋒）
譯者	黃中憲
執行長	陳蕙慧
副總編輯	洪仕翰
責任編輯	盧意寧、吳崢鴻、王晨宇
編輯協力	向淑容、吳芳碩
行銷總監	陳雅雯
行銷企劃	趙鴻祐、張偉豪
封面設計	張瑜卿
排版	藍天圖物宣字社
出版	衛城出版 / 左岸文化事業有限公司
發行	遠足文化事業股份有限公司（讀書共和國出版集團）
地址	231 新北市新店區民權路 108-3 號 8 樓
電話	02-22181417
傳真	02-22180727
客服專線	0800-221029
法律顧問	華洋法律事務所 蘇文生律師
製版	瑞豐電腦製版印刷股份有限公司
初版一刷	2018 年 12 月
初版十一刷	2024 年 4 月
定價	560 元

帝國暮色：鴉片戰爭與中國最後盛世的終結 / 史蒂芬.普拉特（Stephen R. Platt）著；黃中憲譯. -- 初版. -- 新北市：衛城，左岸文化, 2018.12
面；　公分. --（藍書系；29）
譯自：Imperial twilight : the Opium War and the end of China's last golden age
ISBN 978-986-97165-0-5（平裝）

1.晚清史 2.鴉片戰爭 3.中國史

627.6　　107019504

填寫本書線上回函

ACRO POLIS
衛城出版

Email acropolis@bookrep.com.tw
Blog www.acropolis.pixnet.net/blog
Facebook www.facebook.com/acropolispublish

● 親愛的讀者你好，非常感謝你購買衛城出版品。
我們非常需要你的意見，請於回函中告訴我們你對此書的意見，
我們會針對你的意見加強改進。

若不方便郵寄回函，歡迎傳真回函給我們。傳真電話 —— 02-2218-1142

或是到「衛城出版 FACEBOOK」填寫回函
http://www.facebook.com/acropolispublish

● 讀者資料

你的性別是 □ 男性 □ 女性 □ 其他

你的職業是 ________________ 你的最高學歷是 ________________

年齡 □20歲以下 □21～30歲 □31～40歲 □41～50歲 □51～60歲 □60歲以上

若你願意留下 e-mail，我們將優先寄送________________衛城出版相關活動訊息與優惠活動

● 購書資料

● 請問你是從哪裡得知本書出版訊息？（可複選）
□ 實體書店 □ 網路書店 □ 報紙 □ 電視 □ 網路 □ 廣播 □ 雜誌 □ 朋友介紹
□ 參加講座活動 □ 其他 ________

● 是在哪裡購買的呢？（單選）
□ 實體連鎖書店 □ 網路書店 □ 獨立書店 □ 傳統書店 □ 團購 □ 其他 ________

● 讓你燃起購買慾的主要原因是？（可複選）
□ 對此類主題感興趣 □ 參加講座後，覺得好像不賴
□ 覺得書籍設計好美，看起來好有質感！ □ 價格優惠吸引我
□ 議題好熱，好像很多人都在看，我也想知道裡面在寫什麼 □ 其實我沒有買書啦！這是送（借）的
□ 其他 ________

● 如果你覺得這本書還不錯，那它的優點是？（可複選）
□ 內容主題具參考價值 □ 文筆流暢 □ 書籍整體設計優美 □ 價格實在 □ 其他 ________

● 如果你覺得這本書讓你好失望，請務必告訴我們它的缺點（可複選）
□ 內容與想像中不符 □ 文筆不流暢 □ 印刷品質差 □ 版面設計影響閱讀 □ 價格偏高 □ 其他 ________

● 大都經由哪些管道得到書籍出版訊息？（可複選）
□ 實體書店 □ 網路書店 □ 報紙 □ 電視 □ 網路 □ 廣播 □ 親友介紹 □ 圖書館 □ 其他 ________

● 習慣購書的地方是？（可複選）
□ 實體連鎖書店 □ 網路書店 □ 獨立書店 □ 傳統書店 □ 學校團購 □ 其他 ________

● 如果你發現書中錯字或是內文有任何需要改進之處，請不吝給我們指教，我們將於再版時更正錯誤

____

____

____

____

____

請沿虛線剪下

廣告回信
臺灣北區郵政管理局登記證
第 1 4 4 3 7 號

請直接投郵•郵資由本公司支付

23141
新北市新店區民權路108-2號9樓

衛城出版 收

● 請沿虛線對折裝訂後寄回，謝謝！

ACRO POLIS 衛城出版

藍書系
知識共同體

ACRO
POLIS
衛城
出版

ACRO
POLIS
衛城
出版